उत्तराखंड का राजनैतिक इतिहास :

एक मूल्यांकन

उत्तराखंड का राजनैतिक इतिहास :

एक मूल्यांकन

लेखक
डॉ. मेहरबान सिंह गुसांई
अनुराधा गुसांई

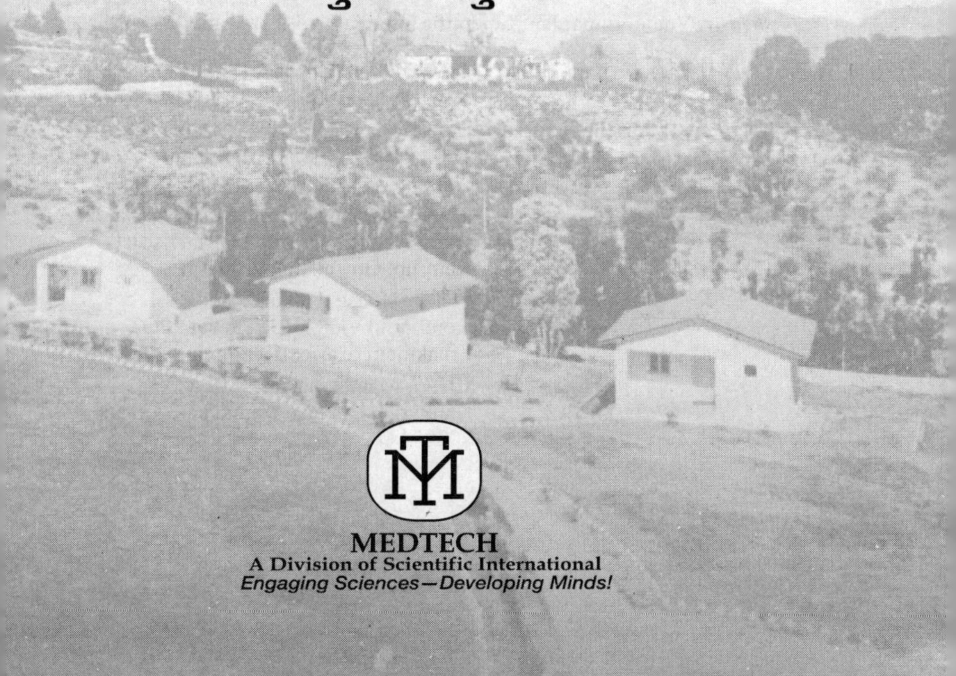

MEDTECH
A Division of Scientific International
Engaging Sciences—Developing Minds!

उत्तरारवंड का
राजनैतिक इतिहास :
एक मूल्यांकन

MEDTECH
A Division of
Scientific International Pvt. Ltd.

First Edition: 2019

ISBN: 978-93-88716-12-3 (PB)
ISBN: 978-93-88716-11-6 (HB)

Published by: Vinod Kumar Jain, Scientific International (Pvt.) Ltd.

Registered Office: • **New Delhi:** 4850/24, Ansari Road, Daryaganj, New Delhi-110002

Branch Offices: • **Bengaluru:** House No. 1665, Ground Floor, 18th Main, BSK 2nd Stage, Bengaluru-560070

• **Guwahati:** House No. 31, 1st Floor, KKB Road, Chenikuthi, Opp. Sirdi Sai Bidya Mandir High School, PO-Silpukhuri, District-Kamrup, Guwahati-781003

• **Kerala:** Ponary House, Paudua Raod, Konthuruthy-682013, Thevara PO-Ernakulam district, Kerala, India

• **Kolkata:** 127/G, Manicktala Main Road, Kankurgachi, Near Yogodyan, Kolkata-700054

Laser typeset by SIPL

Printed in India**

समर्पित

अपने समस्त् पूर्वजों का स्मरण करते हुए हम अपनी यह पुस्तक अपने पूज्य पिताजी स्व. श्री भगवान सिंह गुसांई, ग्राम बरस्वार,पट्टी तल्ला बदलपुर,पोस्ट ऑफिस लैन्सडाउन को समर्पित करते हैं। उनके आर्शीवाद का परिणाम है कि हम आपके सम्मुख इस पुस्तक को लाने में सफल हुए हैं।

स्व. श्री भगवान सिंह गुसांई (1947–28 सितम्बर 2009)

SHRI GURU RAM RAI EDUCATION MISSION
Darbar Sahib, Jhanda Mohalla
Dehradun - 248 001
Estd. 1952

प्राक्कथन

अत्यन्त हर्ष का विषय है कि डॉ. एम०एस० गुसांई, विभागाध्यक्ष इतिहास विभाग, श्री गुरू राम राय (पी०जी०) कालेज देहरादून ***"उत्तराखण्ड का राजनीतिक इतिहासः एक मूल्यांकन"*** पुस्तक प्रकाशित करने जा रहे है। यह पुस्तक उत्तराखण्ड के राजनैतिक इतिहास को एक कमबद्ध सूत्र में बाँधने का सराहनीय प्रयास है।

निश्चित रूप से यह पुस्तक हेमवती नन्दन बहुगुणा विश्वविद्यालय, श्री देव सुमन विश्वविद्यालय, कुमॉऊ विश्वविद्यालय के इतिहास एवं राजनीति विज्ञान के विद्यार्थियों के लिए उपयोगी सिद्ध होगी, साथ ही उत्तराखण्ड की विविद्य प्रतियोगी परिक्षाओं के लिए भी यह पुस्तक मील का पत्थर साबित होगी। उत्तराखण्ड सदियों से देशी–विदेशी पर्यटकों का पर्यटन स्थल रहा है, इस पुस्तक के माध्यम से पर्यटक उत्तराखण्ड के राजनीतिक उतार–चढ़ाव की महत्वपूर्ण जानकारियों से लाभान्वित होगे।

मैं लेखक को इस सराहनीय कार्य के लिये अपनी शुभकामनाएँ प्रेषित करता हूँ और आशा करता हूँ कि यह पुस्तक उत्तराखण्ड ही नहीं समस्त भारत वर्ष के पाठकों को आकर्षित करेगी।

शुभकामनाओं सहित।

देवेन्द्रदास

(सचिव, गुरु राम राय एजुकेशन मिशन)
(कुलाधिपति, एस०जी०आर०आर० विश्वविद्यालय, देहरादून)

Phones : Darbar Sahib 0135-2623635 (O), 2624810 (R), 2726698 (Fax)
Phones : SGRRITS 0135 - 2721763, 2726435, 2726209, 2726457 Fax : 2721762
Website : www.sgrrits.ac.in

भूमिका

उत्तराखंड निर्माण के पश्चात् जब राज्य में लोक सेवाओं की शुरूआत हुई, तो उसके पाठ्यक्रम के अनुरूप प्रस्तुत पुस्तक लिखने का कार्य मैंने अपने लेखन के प्रति लगाव के साथ प्रारम्भ किया। मुझे प्रसन्नता हो रही है कि कठिन परिश्रम के पश्चात् मैं श्रीमती अनुराधा गुसांई के सहयोग से उत्तराखंड के इतिहास को वर्तमान आवश्यकता के अनुरूप प्रस्तुत करने में सफल हो पाया हूँ। पुस्तक में हमारा प्रयास यह रहा है कि उत्तराखंड राज्य के विभिन्न **विश्वविद्यालयों, राज्य की समस्त एक–दिवसीय प्रतियोगी परीक्षाओं और लोक सेवा आयोग की सभी प्रारम्भिक एवं मुख्य परीक्षाओं** के प्रतिभागियों को उत्तराखंड के इतिहास की जानकारी उनके पाठ्यक्रम के अनुरूप क्रमबद्ध मिल सके।

विश्वविद्यालय अनुदान आयोग (यू.जी.सी.) के निर्देशों के अनुरूप गढ़वाल एवं कुमाऊँ विश्वविद्यालयों ने स्नात्तकोत्तर कक्षाओं में सेमेस्टर प्रणाली एवं सी0बी0सी0एस0 पैटर्न प्रारम्भ कर दिया है, जिसमें उत्तराखंड राज्य का इतिहास पाठ्यक्रम में अनिवार्य प्रश्न–पत्र के रूप में समाहित किया गया है। छात्रों को किसी भी पुस्तक में इस विषय की सम्पूर्ण सामग्री नहीं मिल पा रही थी। इसका समाधान काफी हद तक इस पुस्तक के प्रकाशित होने के बाद हो जाएगा। इसके अतिरिक्त उत्तराखंड एक सुन्दर हिमालयी राज्य है, जहाँ वर्षभर पर्यटक आते रहते हैं। अतः इस दृष्टि से भी यह पुस्तक पाठकों को राज्य की जानकारी देने में उपयोगी सिद्ध होगी।

प्रस्तुत पुस्तक में हमने राज्य का इतिहास पाषाणकाल से लेकर वर्तमान तक समेटने का प्रयास उपलब्ध ऐतिहासिक सामग्री से किया है। हमें पूरी उम्मीद है कि पाठकों को हमारा यह प्रयास पसंद आएगा और उनके सुझावों और सहयोग से हम भविष्य में इसे और भी बेहतर बनाने में सफल रहेंगे।

धन्यवाद

डॉ. एम. एस. गुसांई,
विभागाध्यक्ष, इतिहास विभाग, एस.जी.आर.आर.
(पी.जी.) कॉलेज, पथरीबाग, देहरादून

श्रीमति अनुराधा गुसांई
आर्शीवाद इन्कलेव, संघर्ष विहार,
निकट गुरू राम राय इण्टर कॉलेज, मोथोरोवाला, देहरादून

विषय-सूची

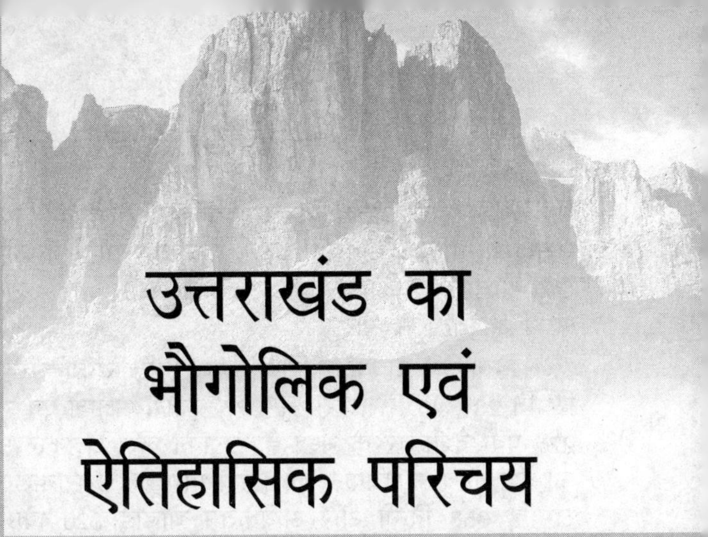

1
अध्याय

उत्तराखंड का भौगोलिक एवं ऐतिहासिक परिचय

भौगोलिक परिचय

हम जानते हैं कि स्वतंत्रता के अवसर पर भारत में केवल एक ही हिमालयी राज्य 'असम' अस्तित्व में था। देश का शेष हिमालयी क्षेत्र किसी न किसी मैदानी राज्य का हिस्सा था। 26 अक्टूबर 1947 को जम्मू और कश्मीर के भारत में विलय के साथ वह भारत का दूसरा हिमालयी राज्य बना। इसके पश्चात् क्रमशः नागालैंड (1966), हिमाचल प्रदेश (1971), मेघालय (1972), त्रिपुरा एवं मणिपुर (1972) और सिक्किम (1975) में हिमालयी राज्य वर्तमान अस्तित्व में आए। इसी क्रम में 9 नवम्बर 2000 को उत्तराखंड को 11वें हिमालयी राज्य और देश के 27वें राज्य के रूप में मान्यता मिली।

उपरोक्त विवरण से स्पष्ट होता है कि कोई न कोई कारण ऐसा उपस्थित रहा जिसके कारण लगातार पृथक हिमालयी राज्यों की माँग उठती रही और नए राज्य गठित होते रहे। यदि कारण को जानने का प्रयास किया जाए तो हम पाते हैं कि जब भारत में पाँच–वर्षीय कार्यक्रम और विकास योजनाओं की शुरूआत हुई तो कुछ समय पश्चात् ही पाया गया कि मैदानी क्षेत्रों की अपेक्षा पहाड़ी क्षेत्रों में विकास की गति अत्यधिक मंद थी जिसके कारण धीरे–धीरे वे विकास की दौड़ में पिछड़ते चले गये। इन क्षेत्रों की जनता को अनुभव होने लगा कि उनकी विषम भौगोलिक परिस्थिति के कारण मैदानी क्षेत्रों के साथ पर्वतीय क्षेत्र का विकास सम्भव नहीं है। दोनों ही क्षेत्रों की मूल आवश्यकताएँ, प्राथमिकताएँ, आधार और

मानकों में भारी अंतर है। अतः पर्वतीय क्षेत्रों के विकास की अवधारणा उसके भौगोलिक, आर्थिक एवं संसाधनिक स्रोतों के अनुरूप होनी चाहिए। इसी मान्यता के आधार पर स्वतंत्रता के पश्चात् अब तक 11 हिमालयी राज्य अस्तित्व में आए।

हिमालयी राज्यों में सबसे नवनिर्मित राज्य उत्तराखंड की ग्लोब में स्थिति 28°, 43′ उत्तर से 31°, 27′ उत्तरी अक्षांश एवं 77°, 34′ पूर्व से 81° 22′′ पूर्वी देशान्तर के मध्य है। इसका कुल क्षेत्रफल 53484 वर्ग किमी है जो देश के कुल क्षेत्रफल का 1.6वाँ भाग है। उत्तराखंड राज्य की अधिकतम लम्बाई 358 किमी और अधिकतम चौड़ाई 320 किमी है। क्षेत्रफल की दृष्टि से इसका देश में 18वाँ स्थान है जबकि 2011 की जनगणना के अनुसार जनसंख्या की दृष्टि से इसका 20वाँ स्थान है। यह राज्य देश के उत्तर–पश्चिम में और पश्चिम मध्य हिमालय में अवस्थित है। इस राज्य से राज्य और अन्तर्राष्ट्रीय सीमाएँ लगती है। इस राज्य के उत्तर में तिब्बत और पूर्व में नेपाल की सीमाएँ लगती हैं जबकि पश्चिम में हिमाचल प्रदेश और दक्षिण में उत्तर प्रदेश से राज्य की सीमाएँ मिलती हैं।

उत्तराखंड राज्य पूर्व में उत्तर प्रदेश का भाग था। इस प्रदेश की समुद्र तल से अधिकतम ऊँचाई 7816 मीटर है। सामान्यतः प्रदेश का न्यूनतम तापमान 1.9° सेल्सियस और अधिकतम 40.5° सेल्सियस के मध्य रहता है। इस क्षेत्र की औसत वर्षा 1079 मि0मी0 तक रहती है।

प्रदेश के नरेन्द्रनगर क्षेत्र में सर्वाधिक वर्षा होती है जिस कारण यह क्षेत्र उत्तराखंड का चेरापूंजी के नाम से भी जाना जाता है। प्रदेश के द्वारहाट क्षेत्र में सबसे कम वर्षा होती है। प्रदेश के कुल क्षेत्रफल के 34,662 वर्ग किमी पर वनक्षेत्र का विस्तार है। राज्य का भौगोलिक विस्तार पर्वतीय एवं मैदानी भाग तक है। जिसका विभाजन अध्ययन की सुविधा दृष्टि से चार भागों में किया जा सकता है, जो इस प्रकार है–

(1) महान हिमालयी क्षेत्र

(2) मध्य हिमालयी क्षेत्र,

(3) शिवालिक हिमालयी क्षेत्र

(4) गंगा का मैदानी क्षेत्र

तालिका–1

राज्य	निर्माण का वर्ष	क्षेत्रफल वर्ग किमी
असम	स्वतंत्रता से पूर्व	78,438
जम्मू और कश्मीर	1947	2,22,236
नागालैंड	1966	16,579
हिमाचल प्रदेश	1971	55,673
मेघालय	1972	22,429
मणिपुर	1972	22,327
त्रिपुरा	1972	10,491
सिक्किम	1975	7096
अरूणाचल प्रदेश	1987	83, 743
मिजोरम	1987	20,987
उत्तराखंड	2000	53,484

1. महान हिमालयी क्षेत्र – इस क्षेत्र की ऊँचाई 4800 से 6000 मीटर के मध्य है और यह राज्य को तिब्बत की पठारी सीमाओं से पृथक करता है। लगभग 50 किमी0 चौड़ाई वाला यह क्षेत्र भारतीय मानसून के हिसाब से वृष्टिछाया क्षेत्र है। इस भाग में अनेक हिमनद हैं इसलिए कई प्रमुख नदियाँ जैसे भागीरथी, अलकनंदा और यमुना का उद्‌गम इसी क्षेत्र से है। इस भाग की मिट्‌टी तलछट की चट्‌टानों से निर्मित है जिसके कारण इस क्षेत्र में अनेक घाटियों का निर्माण हो गया है। इस क्षेत्र की प्रमुख चोटियाँ नंदादेवी, कामेत, बंदरपूछ इत्यादि हैं।

इस भू–भाग की जलवायु अत्यन्त ठंडी है और इस क्षेत्र की पर्वत चोटियाँ वर्ष भर बर्फ से ढकी रहती हैं। यह क्षेत्र अत्यन्त कटा–फटा है जो पंखाकार आकृति वाली मोड़दार पर्वत श्रृंखलाओं द्वारा निर्मित है। यह कठोर जलवायु दशा, वनस्पति शून्य एवं निर्जन भू–भाग वाला क्षेत्र है। प्रसिद्‌ध मानसरोवर यात्रा का मार्ग भी इसी क्षेत्र में है। इस भाग में जून से सितम्बर के मध्य औसतन, 100–200 मिमी0 तक वर्षा होती है। हिमालय के इस भाग में शीतोष्ण कटिबंधीय सदाबहार वन पाये जाते हैं जिनमें साल, चीड़ और सागौन के वृक्ष बहुतायत में होते हैं। घाटियों के निचले क्षेत्रों में वनस्पति का पूर्ण अभाव होता है।

हिमालय का यह क्षेत्र प्राचीन काल से ही उद्‌यमी जनजाति (शौका) का ग्रीष्मकालीन निवास रहा है। तिब्बत व चीन से प्राचीन एवं आधुनिक सम्बन्धों

को केन्द्र भी यही क्षेत्र है। इस क्षेत्र के निवासियो का मुख्य व्यवसाय पशुपालन है। इसके अतिरिक्त ऊनी वस्त्र, हस्तशिल्प, जड़ी–बूटी इत्यादि का परम्परागत व्यापार इस क्षेत्र के निवासियों की आय का प्रमुख साधन रहे हैं।

2. मध्य हिमालयी क्षेत्र – महान हिमालय एवं शिवालिक पर्वतमाला के मध्य का क्षेत्र मध्य हिमालय कहलाता है। मध्य हिमालय सरयू, गोमती, रामगंगा, नयार आदि कई नदियों का उद्‌गम स्थल है। इस क्षेत्र की चोटियाँ 3000–4000 मीटर तक ऊँची है। यह हिमालय का नवीन भाग है जिसकी संरचना अवसादी चट्‌टानों से हुई है। जलवायु की दृष्टि से यह भी शीत प्रदेश है। सर्दियों में कड़ाके की ठंड के साथ तापमान शून्य से नीचे चला जाता है जबकि ग्रीष्मकाल में मौसम अत्यंत ही सुहावना बना रहता है। इस कारण इस क्षेत्र में पर्यटकों की आवाजाही बनी रहती है। इस क्षेत्र में ग्रीष्म ऋतु में मानसूनी वर्षा होती है। इस क्षेत्र के आधे भाग में चीड़, देवदार, साल के वनों का विस्तार है।

उत्तराखंड राज्य के क्षेत्रफल का लगभग आधा हिस्सा मध्य हिमालय पर अवस्थित है। इसमें अधिकांशतः ग्रामीण जनसंख्या एवं बस्तियों का विस्तार है। उत्तराखंड में पर्यटन की दृष्टि से महत्वपूर्ण अधिकांश स्थल यथा–नैनीताल, टिहरी, उत्तरकाशी, पौड़ी, अलमोड़ा, इत्यादि इस भाग में ही अवस्थित हैं। इस भाग की दक्षिणी सीमा पर कुमाऊँ का झील प्रदेश एक विशिष्ट इकाई के रूप में लगभग 200 वर्ग किमी0 में फैला हुआ है। नैनी, भीमताल, नौकुचया इत्यादि प्रमुख झील इस क्षेत्र में स्थित हैं।

3. शिवालिक हिमालयी क्षेत्र – हिमालय क्षेत्र के सबसे निचले हिस्से में स्थित पर्वत–शृंखलाएँ शिवालिक हिमालय के नाम से जानी जाती हैं। इन्हें ''पाद शृंखलाओं' की संज्ञा भी दी जाती है। इस क्षेत्र के दक्षिण भाग में कम ऊँचाई वाली पहाड़ियाँ और मध्य क्षेत्र में कई चपटी घाटियाँ हैं जिन्हें ''दून'' कहा जाता है। उत्तराखंड राज्य के दक्षिणी अल्मोड़ा, मध्य नैनीताल एवं देहरादून जिले का कुछ हिस्सा इस हिमालय क्षेत्र में पड़ता है। इस क्षेत्र की पहाड़ियों की ऊँचाई 750 से 1200 मीटर के मध्य है। इस क्षेत्र का तापमान शीतकाल में 4° सेल्सियस एवं ग्रीष्मकाल में 33° सेल्सियस तक जाता है। इस क्षेत्र में ग्रीष्मकाल में मानसूनी वर्षा औसतन 150–220 मिमी के मध्य होती है।

हिमालय के इस क्षेत्र में सर्वाधिक वनस्पति पायी जाती है जिनमें मुख्यतः आँवला, शीशम, साल, चीड़, देवदार, बाँस आदि हैं। इस क्षेत्र में मसूरी, लैन्सडाउन, रानीखेत, चकराता, नैनीताल, भीमताल, खिर्सु, कौसानी इत्यादि प्रमुख पर्यटक स्थल अवस्थित हैं जहाँ वर्षभर पर्यटकों का तांता

लगा रहता है। इसके अतिरिक्त हर की दून, कोटली दून, पाटली दून जैसे प्राकृतिक सौन्दर्य के महत्वपूर्ण स्थान भी इस भाग में ही हैं। अतः पर्यटन उद्योग की दृष्टि से यह उत्तराखंड राज्य का सबसे महत्वपूर्ण क्षेत्र है।

4. गंगा का मैदानी क्षेत्र – शिवालिक पर्वतमाला के पाद पर स्थित गंगा के मैदानी भाग का कुछ हिस्सा नवीन राज्य उत्तराखंड का हिस्सा है। राज्य का यह क्षेत्र लगभग 10–25 किमी चौड़ा है। इस क्षेत्र में राज्य के काशीपुर, किच्छा, ऊधमसिंह नगर एवं देहरादून, पौड़ी जिलों का कुछ भाग आता है। यह अत्यंत उपजाऊ क्षेत्र है एवं इस क्षेत्र की जलवायु ग्रीष्मकाल में अत्यधिक गर्म होती है। क्षेत्र को तराई–भाबर के नाम से जाना जाता है।

उत्तराखंड राज्य प्राकृतिक आपदाओं की दृष्टि से अति संवेदनशील है। वस्तुतः यह क्षेत्र दो प्लेटों का मिलन स्थल है। यूरेशियन अथवा तिब्बत प्लेट मिलती हैं और भारतीय प्लेट 5 सेमी0 की गति से यूरेशियन प्लेट की ओर खिसक रही है। इसके परिणामस्वरूप इस क्षेत्र में भूकम्प की निरन्तरता बनी रही है। वैज्ञानिको ने सम्पूर्ण राज्य को भूकम्प के जोन–4 व 5 में रखा है। भारतीय उपमहाद्वीप की ''मेन सेन्ट्रल थ्रस्ट लाईन'' जो उत्तर की ओर खिसक रही है, क्रमशः चमोली, गोपेश्वर गंगाघाटी से होती हुई कुमाऊँ के कई क्षेत्रों से होकर नेपाल तक जाती है।

तालिका–2

उत्तराखंड राज्य क्षेत्र में भूकम्प	
राज्य	**निर्माण का वर्ष**
उत्तरकाशी	मई 1803, अक्टूबर 1991
बद्रीनाथ	सितम्बर 1803
मसूरी	मार्च 1842
नैनीताल	फरवरी 1851, जुलाई 1869
धारचूला–बंजाग	अक्टूबर 1916, मार्च 1935, दिसम्बर 1958, मई 1979, जुलाई 1980
देहरादून	अक्टूबर 1937
अल्मोड़ा	जून 1945
सेराघाट	मई 1979
चमोली	मार्च 1999

नोट– उपरोक्त सभी भूकम्प 6 से अधिक तीव्रता वाले हैं।

इस क्षेत्र के प्रख्यात अन्तर्राष्ट्रीय वैज्ञानिक डॉ0 के.एस.वाल्दिया के कथानुसार उत्तराखंड राज्य के अधिकांश स्थल फाल्ट लाईन के ऊपर अवस्थित हैं, इस कारण यहाँ भूकम्प, भूस्खलन जैस आपदाओं की निरन्तरता बनी रहती है। इसी कारण उत्तराखंड प्रथम भारतीय राज्य भी है जिसने पृथक आपदा प्रबन्धन मंत्रालय का गठन किया है। इस मंत्रालय का मॉडल ऑस्ट्रेलिया मॉडल पर आधारित है।

राज्य का लगभग 66 प्रतिशत क्षेत्र वनों से घिरा हुआ है जो 1952 की राष्ट्रीय वननीति में रखे गए न्यूनतम वनक्षेत्र (33%) की सीमा से लगभग दो गुना है। इसके बावजूद इस क्षेत्र के लोगो में वनो के प्रति लगाव का अन्दाजा 'चिपको आन्दोलन', मैती आन्दोलन इत्यादि से लगाया जा सकता है। इस प्रदेश में जड़ी–बूटी का विशाल भण्डार मौजूद हैं। यहाँ तक की पौराणिक महाकाव्य रामायण में वर्णित 'संजीवनी' बूटी भी इसी क्षेत्र में पाई जाती है यद्यपि अब तक इसकी पहचान नहीं हो पाई है, लेकिन फिर भी इस क्षेत्र में कई जीवन रक्षक बूटियाँ उपलब्ध हैं। किलमोड़ा से पीलिया, मधुमेह का उपचार हो रहा है। कैंसर के ईलाज में प्रयुक्त ''टैक्साल'' की कई गुना प्रभावी मात्रा थूनेर प्रजाति के वृक्ष की छाल से प्राप्त होती है। इसके अतिरिक्त तेजपात, मैंथा, सतवरी जैसी अनगिनत प्राकृतिक जड़ी बूटियों का भण्डार इस राज्य में भरा पड़ा है।

वन्य जीवों की दृष्टि से भी उत्तराखंड राज्य बहुत धनी है। एशिया का सबसे पहला राष्ट्रीय पार्क 'हेली नेशनल पार्क' वर्ष 1936 में इस क्षेत्र में ही स्थापित किया गया जो वर्तमान में 'कार्बेट नेशनल पार्क' के नाम से प्रसिद्ध है । राज्य में वर्तमान समय से 6 राष्ट्रीय उद्यान और 6 वन्य जीव विहार हैं।

राज्य में 2011 की जनगणना के अनुसार जनसंख्या घनत्व 189 व्यक्ति प्रति वर्ग किमी है। राज्य में सर्वाधिक जनसंख्या हरिद्वार जिले तथा सबसे कम रूद्रप्रयाग जिले की है। राज्य में स्त्री–पुरूष का अनुपात 963 है। राज्य में सामान्य जाति के लोगों के अतिरिक्त कई जनजातियाँ भी निवास करती हैं इनमें– भोटिया, बुक्सा, जौनसारी, थारू, महीगीर आदि प्रमुख हैं। आई आई टी रूड़की के प्रो0 डी0के0 नोटियाल के शोध कार्य– 'मध्य हिमालय की जनजातियों के सामाजिक आर्थिक विश्लेषण' से ज्ञात होता है कि राज्य में निवासरत जनजातियों की कुल आबादी तीन लाख है। इनका शैक्षिण स्तर अत्यन्त निम्न है। आज भी ये जन जातियाँ पारम्परिक समाज में ही अपना जीवन यापन कर रही हैं।

मानचित्र

राज्य का सबसे बड़ा जनजातीय समुदाय जौनसारी है, जो जनपद देहरादून के जौनसार–भावर क्षेत्र में निवास करते हैं। नैनीताल और ऊधम सिंह नगर के सीमांत क्षेत्रों में रहने वाली थारू जनजाति राज्य की दूसरी बड़ी जनजाति है। जबकि उच्च हिमालय पर निवास करने वाली भोटिया जनजाति में 'मौसमी प्रवास' का प्रचलन है।

राज्य निर्माण के पश्चात् वर्ष 2001 में राज्य के राज्य–चिन्हों और प्रतीकों का निर्धारण किया गया। इसके अनुसार गोलाकार मुद्रा में तीन पर्वतों की एक श्रृंखला के ऊपर अशोक की लाट है, जिसके नीचे मुंडक उपनिषद् का वाक्य 'सत्यमेव जयते' उदधृत है तथा ऊपर गंगा नदी के प्रतीक रूप में चार लहरें अंकित हैं। हिमालयी क्षेत्रों में पाया जाने वाल दुर्लभ प्राणी कस्तूरी मृग को राज्य का राजकीय पशु घोषित किया गया है, जिसका वैज्ञानिक नाम 'मॉस्कस क्राइसोगॉस्टर' है। हिमालय

की हिमाच्छादित उतुंग पर्वत श्रेणियो पर पाया जाने वाला पक्षी मोनाल (Lophophorw Impejanaus) राज्य पक्षी है। ऊँचे पर्वतों की कठोर चट्टानों एवं दुर्गम क्षेत्रों पर उगने वाले बारहमासी पौधे 'ब्रहाकमल' का (Saussurea abvallata) पुष्प राज्य का पुष्प है तथा महोगनी प्रजाति के वृक्षों के साथ उगने वाला बुरांश (Rhododendron arbrreum) राज्य का राजकीय वृक्ष है।

इस प्रकार, भूगर्भिक संरचना, धरातलीय विन्यास की विविधता नदी–घाटियों, पर्वतो के विस्तार ढाल, प्राकृतिक एवं जैव विविधता की बहुलता वाले क्षेत्र, राज्य को एक विशिष्ट नैसर्गिक पहचान प्रदान करते हैं, वहीं मानवीय प्रयास की सीमाओं व क्रियाकलापों के वितरण, सामाजिक–सांस्कृतिक तथा कार्य व्यवस्था के स्थानीय स्वरूप को भी विलक्षणता प्रदान करते हैं। इस कारण उत्तराखंड राज्य ही नहीं वस्तुतः सभी हिमालयी राज्यों के समग्र विकास के लिए नियोजन के विशिष्ट ढाँचे की जरूरत है, जिसमें पर्वतीय क्षेत्र की भौगौलिक विभिन्नताओं का विशेष ध्यान रखा जाना चाहिए।

उत्तराखंड के ऐतिहासिक स्त्रोत

नवगठित उत्तराखण्ड का इतिहास अत्यधिक प्राचीन है। भजन सिंह के अनुसार एवं यहाँ से प्राप्त पुरातात्विक अवशेष इस बात का संकेत देते हैं कि इस क्षेत्र में पाषाणकाल से ही सभ्यताओं का विकास आरम्भ हो चुका था। इस क्षेत्र में इतिहास निर्माण की प्रचुर सामग्री उपलब्ध है। अध्ययन की सुविधा दृष्टि से हमने इनका विभाजन इस प्रकार किया है।

(1) साहित्यिक स्त्रोत

(2) पुरातात्विक स्त्रोत

(1) साहित्यिक स्त्रोत – उत्तराखंड क्षेत्र का प्राचीनतम् विवरण रामायण और महाभारत में मिलता है। महाभारत के वनपर्व में गंगाद्वार (हरिद्वार) से भृंगतुग (केदारनाथ) तक की यात्रा का वर्णन है जिससे इस यात्रा के मध्य पड़ने वाले कई स्थानों की प्राचीन जानकारी प्राप्त होती है। इन प्राचीन महाकाव्यों के अतिरिक्त पुराणों से भी उत्तराखंड के इतिहास की प्रचुर जानकारी उपलब्ध है। ब्रहा–पुराण, विष्णु–पुराण, वायु–पुराण, अग्नि–पुराण, में इस क्षेत्र की तीर्थयात्रा से संबन्धित जानकारी उपलब्ध है। ब्रहा–पुराण में भारतीयों की पहचान से हिमालय का वर्णन है तो स्कंदपुराण में केदारखण्ड के विस्तार का वर्णन है। इसी ग्रन्थ में वर्णित है कि नंदा पर्वत केदारखंड (गढ़वाल क्षेत्र) और मानस खंड (कुमाऊ क्षेत्र) को विभाजित करता है।

जातकों में भी हिमालय के गंगातट का वर्णन मिलता है। प्राचीन ग्रन्थों में इस क्षेत्र के स्थलों का वर्णन तीर्थयात्रा महत्व से ही मिलता है लेकिन साथ ही इस क्षेत्र की भौगौलिक, सांस्कृतिक और ऐतिहासिक पृष्ठभूमि का वर्णन यत्र–तत्र समाहित मिलता है। कालिदास की कृतियों रघुवंश, कुमारसम्भव, अभिज्ञान शाकुंतलम् इत्यादि की रचना भी इसी क्षेत्र में की गई मानी जाती है। बाणभट्ट की पुस्तक हर्षचरित् में भी इस क्षेत्र की यात्रा पर आने–जाने वाले लोगों का उल्लेख मिलता है।

हर्षवर्धन के शासनकाल में ही चीनी यात्री हवेनसांग उत्तराखण्ड राज्य की यात्रा पर आया था, उसने अपने यात्रा वृतांत में हरिद्वार का उल्लेख 'मो–यू–लो' नाम से एवं हिमालय का ''पो–लि–हि–मो–यू–ला' अथवा ब्रहापुर राज्य के नाम से किया है।

कल्हण की पुस्तक राजतरंगिणी में कश्मीर के शासक ललितादित्य मुक्तापीड़ द्वारा गढ़वाल विजय का उल्लेख मिलता है। इसके अतिरिक्त कई अन्य स्थानीय ग्रन्थ हैं जो इस राज्य की ऐतिहासिक पृष्ठ–भूमि पर प्रकाश डालते हैं। उदाहरणार्थ जोशीमठ से प्राप्त हस्तलिखित ग्रन्थ 'गुरूपादुक' में अनेक शासक और वंशों का उल्लेख प्राप्त होता है।

इसके अतिरिक्त इस क्षेत्र के प्राचीन इतिहास से सम्बन्धित जानकारी का भण्डार यहाँ की लोकगाथाओं में भरा मिलता है। जिनका विवरण इस प्रकार है–

1. मालूशाही – इसमें मालूशाह की गाथा को गेय रूप में प्रस्तुत किया जाता है। मूलतः यह राजूली एवं मालू की प्रेमगाथा है किन्तु इसमें मध्ययुगीन सामन्ती शासन व्यवस्था का ऐतिहासिक रूप देखा जा सकता है।

2. रमौला गाथा – यह मूलतः गढ़वाल के रमौलगढ़ के रमौला जाति से सम्बन्धित गाथाएँ हैं। इसमें एक साथ 15–20 वीर रमोलों की वीर गाथाएँ वर्णित होती हैं– जिसके कारण इसमें सूत्र बद्धता की कमी आ जाती है। इसमें वर्णित बरमी–कंबल गाथा एक ओर रमोलों का सम्बन्ध नागवंश से जोड़ती है, दूसरी ओर उदा–रौतिली की गाथा उनका सम्बन्ध श्रीकृष्ण एवं पाण्डवों से स्थापित करती है।

3. हुड़की बोल गाथाएँ – मूलतः ये कृषि, खेती–बाड़ी से सम्बन्धित प्राचीन गाथाएँ हैं। इसमें महाभारत की गाथाओं के अतिरिक्त नागवंश से सम्बन्धित गाथाओं का वर्णन होता है।

4. जागर – ये सामान्यतः लोकविश्वासों पर आधारित गाथाएँ होती हैं, जिनका सम्बन्ध तंत्र–मंत्र, पूजन अथवा देवी–देवताओं को नचाने से होता है। मूलतः यह प्रेतबाधा निवारण के मंत्र होते थे। विषयवस्तु के आधार पर ''जागर'' तीन प्रकार की होती हैं जैसे–

(i) देवी–देवताओं के जागर (ii) प्रेतबाधा के जागर (iii) स्थानीय शासकों के जागर

उपरोक्त में तृतीय कोटि के जागर विशेष ऐतिहासिक महत्व के हैं। इस क्षेत्र के ऐतिहासिक वंशो, कत्युरी, चंद और परमार का इतिहास निर्माण की प्रचुर सामग्री की जागर हैं।

5. पावड़े अथवा भड़ौ – भड़ शब्द का शाब्दिक अर्थ है वीर अथवा योद्धा अतः किसी वीर के सम्बन्ध में गाये जाने वाली लोकगाथाएँ 'भड़ौ' अथवा 'पावड़े' कहलाती हैं। इनको गाने वाले 'भाट' कहलाते हैं। विषय वस्तु की दृष्टि से इनमें वीर, श्रृंगार रस का प्रधान्य होता है, युद्धों का सजीव वर्णन भी इनमें मिलता है। कुछ महत्वपूर्ण ''भड़ौ'' इस प्रकार हैं – रमीचन, बिक्रमचन, रानीरौत, सौबीरौत, राम्य भूतौ इत्यादि।

(2) पुरातात्विक स्त्रोत – पुरातत्व वह विज्ञान है जिसके माध्यम से पृथ्वी के गर्भ में छिपी हुई सामग्री की खुदाई कर लोगो के भौतिक जीवन का ज्ञान प्राप्त किया जाता है। पुरातात्विक साधन अत्यन्त प्रमाणिक होते हैं तथा इनके माध्यम से इतिहास के अन्ध–युगो की भी जानकारी प्राप्त हो जाती है। इसके तहत मूलतः अभिलेख, स्मारक एवं मुद्रा सम्बन्धी अवशेष आते हैं। उत्तराखंड के इतिहास निर्माण में तो इनकी महत्ता और भी अधिक है।

उत्तराखंड में अभिलेखन मुख्य रूप से चट्टानों, प्राकृतिक शिलाओं, ईटों, मुद्राओं, स्तम्भों, ताम्रपत्रों, मृदभाण्डो हस्तिदंत तथा काष्ठफलकों आदि पर किया गया है। प्राचीन काल से ही यहाँ के शासको ने अपनी राजाज्ञाएँ घोषणाएँ इत्यादि को शिलालेखों तथा ताम्रपत्रों पर उत्कीर्ण करवाया है। इन अभिलेखों की भाषा संस्कृत, पालि, प्राकृत, तिब्बती एवं पहाड़ी है। जिनका अंकन प्राचीन ब्राही, दक्षिणी ब्राही, उत्तरी ब्राही, गुप्त, कुटिल, नागरी, तथा शंख पुरालिपियों में हुआ है। ईसा. पूर्व के इन अभिलेखों की प्राप्ति मुख्तः सिरोली, कालसी, गोपेश्वर, मंडल, माणा, देवप्रयाग आदि से होती है। जबकि श्रीनगर गढ़वाल के समीप अलकनन्दा घाटी, अल्मोड़ा, खुटानवाला चमोली आदि से पाषाण कालीन अभिलेखीय साक्ष्य मिलते हैं।

1968 ई0 में सुयाल नदी के बाएँ तट (अल्मोडा) पर स्थित लखु उड्यार राज्य में प्रागैतिहासिक चित्रित शैलाश्रयों की पहली खोज हुई। इसके पश्चात् गढ़वाल से दो शैलाश्रय प्राप्त हुए जिनमें अलकनन्दा घाटी में चमोली जनपद से प्राप्त ग्वरख्या, उड्यार प्रमुख है। चमोली जनपद के ही किमनी ग्राम से श्वेत रंग से चित्रित शिलाश्रय मिला हैं। धातुकाल में प्रवेश के साक्ष्य अल्मोड़ा जनपद से प्राप्त ताम्र मानव आकृतियों, बनकोट से प्राप्त आठ ताम्र मानव आकृतियों से मिलता है। हरिद्वार के बहादराबाद क्षेत्र की खुदाई से ताम्र उपकरण एवं गैरिक भाण्ड सदृश मृदभाण्ड (Orehro coloured Pots) प्राप्त हुए। यदि कहा जाए कि उत्तराखंड के प्राचीन इतिहास के ज्ञान के लिए हमारी निर्भरता पुरातात्विक अवशेषों पर अत्यधिक है, तो यह असत्य न होगा।

वामन गुफा (देवप्रयाग) और कल्पनाथ गुहा में गुहा भित्तिलेखन हुआ है। नैनीताल तथा बाड़वाला (देहरादून) से इष्टिका (ईट) के प्रयोग के साक्ष्य अश्वमेघ यज्ञकुण्डों से मिलता है। अभिलेखन में भी ईट का प्रयोग यहाँ प्राचीन काल से होता आ रहा है। कोलसारी तथा देवलगढ़ से मूर्ति की पीढिका पर लेख मिला है। इसके अतिरिक्त उत्तराखंड क्षेत्र से प्राप्त कुछ महत्वपूर्ण अभिलेख इस प्रकार है :–

- गोपेश्वर तथा बाड़ाहाट (उत्तरकाशी) से त्रिशुला पर अभिलेख उत्कीर्ण मिलता है जो सम्भवतः कत्युरी काल से सम्बन्धित है।
- बागेश्वर लेख से कत्युरी काल के राजा बंसतदेव खर्परदेव, राजनिंबर के वंशो की जानकारी प्राप्त होती है।
- मौर्य सम्राट अशोक का अभिलेख कालसी जनपद देहरादून से प्राप्त हुआ है जो मौर्य वंश के विस्तार को इस राज्य तक बताता है।
- लाखामंडल, जनपद देहरादून से प्राप्त अभिलेखों में छागलेश नामक राजाओं की जानकारी मिलती है।
- टिहरी के पलेठी से प्राप्त अभिलेख में नागवंश की जानकारी मिलती है।

इसके अतिरिक्त, सम्भवतः गुप्तकाल से इस क्षेत्र में ताम्रपत्रों पर अभिलेख उत्कीर्ण करने की प्रथा का आरम्भ हुआ। कार्तिकेयपुर (जोशीमठ) से प्राचीनतम् ताम्रपत्र प्राप्त हुआ है। तालेश्वर एवं पाडुकेश्वर से प्राप्त ताम्रपत्रों से कत्युरीकाल के प्रारम्भिक राजवंशों की जानकारी मिलती है।

बास्ते ताम्रपत्र (पिथौरागढ़) से गोरखा सेनानायक मोहन थापा और कुछ मांडलिको का उल्लेख मिलता है। चंदकाल के कई ताम्रपत्र मिलते हैं। जिनमें बाज–बहादुर का ताम्रपत्र, जगतचंद का झिझाड़ ताम्रपत्र, उद्योगचंद का ताम्रपत्र इत्यादि प्रमुख हैं। मध्यकाल के इतिहास से सम्बन्धित ताम्रपत्रों में महारानी कर्णावती का ताम्रपत्र, राज पृथ्वीपतशाह का 1657 ई0 का ताम्रपत्र प्रमुख है।

इसके अतिरिक्त उत्तराखंड राज्य के इतिहास निर्माण के महत्वपूर्ण साधन कुणिन्द, परमार एवं चंद सिक्के भी हैं। डॉ0 यशवन्त कटौच ने 200–300 ई0पू0 के मध्य कुणिन्द इतिहास के एकमात्र स्त्रोत के रूप में तीन प्रकार के सिक्कों का वर्णन किया है। प्रथम अमोधभूमि प्रकार के रजत एवं ताम्र सिक्के जिन पर अपूर्ण मुद्रालेख ब्राही–खरोष्ट्री अथवा केवल ब्राही में मिलता है। अल्मोड़ा प्रकार के 54 सिक्के जो कत्यूरघाटी से प्राप्त हुए हैं जबकि तृतीय चन्नेश्वर प्रकार की मुद्राएं हैं। परमार वंश के कई राजाओं के सिक्के भी प्राप्त हैं। इनके आधार पर हम इन वंशों के राजनैतिक विस्तार, धार्मिक विश्वास एवं समाज व सांस्कृतिक स्थिति का अनुमान लगा सकते हैं।

उत्तराखंड राज्य के इतिहास निर्माण में स्थापत्य कला के नमूने भी महत्वपूर्ण योगदान रखते हैं। राज्य के प्रारम्भिक राजवंशों के काल से ही मंदिर, महल, किले इत्यादि का निर्माण आरम्भ हो गया था। कार्तिकेयपुर, कत्यूर घाटी इत्यादि में इन सबके पुरावशेष अब भी उपलब्ध है। मध्य काल में 52 गढ़ियो के अवशेष यत्र–तत्र बिखेर पड़े हैं जिनमें चाँदपुरगढ़ी एवं वहाँ से प्राप्त स्थापत्यकला के नमूने महत्वपूर्ण स्त्रोत हैं। इसके अतिरिक्त गोविषाण (काशीपुर), द्वाराहाट, जागेश्वर, बैजनाथ, लोहाघाट, बैराट इत्यादि स्थलों पर आज भी प्राचीन उत्तराखंड राज्य के वैभवशाली युग के स्थापत्य नमूने प्राप्त हैं।

अन्ततः नवगठित उत्तराखंड राज्य भौगौलिक दृष्टि से अत्यन्त विकट क्षेत्र है। इसी कारण यहाँ पर सर्वत्र एक जैसी आर्थिक, राजनैतिक व्यवस्था की कल्पना व्यर्थ है। अतः यहाँ का इतिहास प्राचीन काल से ही इस विभिन्नता का वर्णन करता है। राज्य का राजनैतिक आकार हर काल में समान नहीं रहा है। राज्य की राजनैतिक, प्रशासनिक, आर्थिक व्यवस्था भी मैदानी क्षेत्रों से भिन्न रही है। राज्य के इतिहास निर्माण की प्रचुर लिखित एवं पुरातात्विक सामग्री भी उपलब्ध है। यद्यपि अभी भी इस सामग्री को क्रमानुसार व्यवस्थित करने की आवश्यकता है।

बहुविकल्पीय प्रश्न

1. स्वतंत्रता के अवसर पर भारत में हिमालयी राज्य अस्तित्व में था
   (क) असम (ख) उत्तराखंड
   (ग) नागालैंड (घ) सिक्किम
2. भारत का दूसरा हिमालयी राज्य था
   (क) असम (ख) जम्मू–कश्मीर
   (ग) मणिपुर (घ) हिमाचल प्रदेश
3. उत्तराखंड भारत का कौन से नम्बर का हिमालयी राज्य है?
   (क) प्रथम (ख) द्वितीय
   (ग) ग्यारहवां (घ) बारहवां
4. उत्तराखंड के किस क्षेत्र में सर्वाधिक वर्षा होती है?
   (क) टिहरी (ख) नरेन्द्रनगर
   (ग) द्वारहाट (घ) इनमें से कोई नहीं
5. उत्तराखंड के किस क्षेत्र में सबसे कम वर्षा होती है?
   (क) अल्मोड़ा (ख) नरेन्द्रनगर
   (ग) द्वाराहाट (घ) इनमें से कोई नहीं
6. उत्तराखंड के कितने क्षेत्र में वन हैं?
   (क) 34662 वर्ग किमी0 (ख) 35662 वर्ग किमी0
   (ग) 36662 वर्ग किमी0 (घ) 37662 वर्ग किमी0
7. उत्तराखंड का चेरापूँजी किस क्षेत्र को कहा जाता है?
   (क) लैन्सडाउन (ख) नरेन्द्रनगर
   (ग) रानीखेत (घ) इनमें से कोई नहीं
8. प्रथम भारतीय राज्य जिसने पृथक आपदा प्रबन्धन मंत्रालय का गठन किया है?
   (क) उत्तर प्रदेश (ख) उत्तराखंड
   (ग) हिमाचल प्रदेश (घ) इनमें से कोई नहीं
9. एशिया का सबसे पहला राष्ट्रीय पार्क हेली नेशनल पार्क किस वर्ष स्थापित किया गया?
   (क) 1935ई0 (ख) 1936ई0
   (ग) 1937ई0 (घ) इनमें से कोई नहीं
10. उत्तराखंड में कितने राष्ट्रीय उद्यान हैं?
    (क) 4 (ख) 6
    (ग) 9 (घ) 12
11. 'मध्य हिमालय की जनजातियों के सामाजिक आर्थिक विश्लेषण' के लेखक हैं?
    (क) के0एस0वाल्दिया (ख) डी0के0 नौटियाल
    (ग) एम0सी0भट्‌ट (घ) इनमें से कोई नहीं

12. कस्तूरी मृग का वैज्ञानिक नाम है
(क) सोखुरा इम्पीजनस (ख) रोडोड्रंजन
(ग) मास्कस क्राइसोगॉस्टर (घ) इनमें से कोई नहीं

13. कश्मीर के शासक ललितादित्य मुक्तापीड़ द्वारा गढ़वाल विजय का उल्लेख मिलता है
(क) इंडिका में (ख) राजतरंगिणी में
(ग) स्कंदपुराण में (घ) इनमें से कोई नहीं

14. लखु उड्यार अवस्थित है
(क) सुयाल नदी तट पर (ख) रामगंगा तट पर
(ग) काली नदी तट पर (घ) इनमें से कोई नहीं

15. ग्वारख्या उड्यार अवस्थित है
(क) चमोली जनपद में (ख) अल्मोड़ा जनपद में
(ग) रुद्रप्रयाग जनपद में (घ) इनमें से कोई नहीं

16. यज्ञ कुण्डों के अवशेष प्राप्त हुए हैं।
(क) बाड़वाला (ख) बाहदराबाद
(ग) देवप्रयाग (घ) इनमें से कोई नहीं

17. भड़ शब्द का शाब्दिक अर्थ है
(क) वीर (ख) प्रेमी
(ग) पुजारी (घ) इनमें से कोई नहीं

18. गोविषाण नाम से प्रसिद्व स्थल है
(क) काशीपुर (ख) नैनीताल
(ग) अल्मोड़ा (घ) इनमें से कोई नहीं

19. मौर्य सम्राट अशोक का शिलालेख प्राप्त हुआ है
(क) बाड़हाट में (ख) कार्तिकेयपुर में
(ग) कालसी में (घ) इनमें से कोई नहीं

20. उत्तराखंड भारत में क्षेत्रफल की दृष्टि से कौन से नम्बर का राज्य है?
(क) दसवां (ख) तेरहवां
(ग) पंद्रहवां (घ) अठारहवां

उत्तर

1 क	2 ख	3 ग	4 ख	5 ग	6 क	7 ग
8 ख	9 क	10 ख	11 ख	12 ग	13 ख	14 क
15 क	16 क	17 क	18 क	19 ग	20 घ	

2
अध्याय

प्राग एवं प्राक् ऐतिहासिक उत्तराखंड

हिमालय की गोद में बसे उत्तराखंड राज्य का प्राचीनतम उल्लेख रामायण और महाभारत में मिलता है। महाभारत के वनपर्व में गंगाद्वार (हरिद्वार) से केदारनाथ (भृंग त्रृंग) तक की यात्रा का वर्णन मिलता है। इसी खण्ड में बद्रीनाथ का वर्णन एवं लोमश ऋषि के साथ पांडवों की इस पर्वतीय राज्य की यात्रा का उल्लेख है। पुराणों में उत्तराखंड के कई तीर्थस्थलों का वर्णन है। विष्णु पुराण तो भारतीयता की पहचान को हिमालय से जोड़ता है। कालिदास ने इस क्षेत्र को देवतुल्य बताया है। उनके अनुसार यह सम्पूर्ण क्षेत्र जगमगाते रत्नों एवं दुर्लभ जीवन रक्षक औषधियों का भण्डार है। अपनी प्रसिद्ध कृति कुमारसंभव में कालिदास ने हिमालय का वर्णन इन शब्दों में किया है–

अष्टयुताश्रम दिशी देवाम्मा हिमालय नागधिराज।
पूर्वषवों तोयानिधि वाग्यायं स्थितः प्रतिधित्य इवामानधनादाः।।

साहित्यिक स्त्रोत मुख्यतः उत्तराखंड के ऐतिहासिक और मध्यकालीन इतिहास से सम्बन्धित है। इसका अर्थ यह कदापि नहीं है कि इससे पूर्व इस क्षेत्र में किसी प्रकार की बस्ती नहीं थी। इतना अवश्य है कि इस भूभाग की इन पूर्ववर्ती संस्कृतियों को जानने के लिए हम पूर्णतः पुरातात्विक स्त्रोतों पर ही निर्भर हैं। इन अवशेषों से उत्तराखंड की प्राक् एवं प्राग् ऐतिहासिक सांस्कृतियों की झांकी मिलती है।

प्राक् ऐतिहासिक काल

इस काल की संस्कृतियों का भास सर्वप्रथम पाषाण उपकरणों से होता है

जिनका उपयोग मानव ने अपने विकास के विभिन्न चरणों में किया। इन उपकरणों में हस्तकुठार (hand axe), चोपर, फ्लैक्स, स्कैपर इत्यादि मुख्य हैं। उत्तराखंड में कालसी, अलकनन्दा घाटी तथा शैलाश्रय के अवशेष भी मिले हैं। निम्न पर्वत श्रृंखलाओं में ऊखल जैसे गड्ढे जिन्हें पुरातत्ववेता कप–मार्क्स कहते हैं, भी इस युग के अन्तिम चरण के अवशेष हैं। यद्यपि विभिन्न आकार के इन ऊखलों के निर्माण का प्रयोजन भी अभी तक स्पष्ट नहीं हो सका है। पर्वत पादों एव नदियों के सन्निकट प्राप्त गुहाओं को स्थानीय भाषा में उड्यार कहा जाता है। इसके आस–पास से अस्थि अवशेष उपकरण मिले हैं।

उत्तराखंड के गढ़वाल तथा कुमाऊ क्षेत्र से प्राप्त अवशेषों से इस तथ्य की पुष्टि हो जाती है कि प्राक् ऐतिहासिक मानव इस क्षेत्र में निवास करता है। गोरखा उड्यार मलारी ग्राम से प्राप्त अवशेष एवं ओखली (Cupmarks) के अवशेषों से प्रारम्भिक मानव की उपस्थिति भी प्रमाणित हो जाती है। मलारी ग्राम (चमोली) से 5.2 किलोग्राम का सोने का मुखौटा मिला है। हुडली (उत्तरकाशी) से नीले रंग के शैलचित्र प्राप्त हुए हैं। कसारदेवी अल्मोड़ा से 14 नर्तकों का सुन्दर शैलचित्र प्राप्त हुआ है।

इस क्षेत्र का प्राग ऐतिहासिक मानव प्रायः गुफाओं, कन्दराओ में विश्राम करता था। उसने अपने विश्रामकाल में ही इन गुफाओं की दीवारों पर आड़ी–तिरछी रेखाओं से सुन्दर आकृतियों का निर्माण किया होगा। इस युग के अवशेषों से मानव के यायावर जीवन का आभास मिलता है। वह भोजन के लिए शिकार एवं कंदमूल फलों पर ही निर्भर रहता था। मिट्टी के बर्तनों की प्राप्ति इस ओर संकेत करती है कि वह इस युग में आग से परिचित हो गया था।

सुयाल नदी के दाएँ तट पर स्थित लखु प्रागैतिहासिक गुहा चित्रों की दिशा में प्रथम खोज थी। इस गुहा के चित्रों में तीन रंगों का प्रयोग है। सबसे नीचे श्याम, मध्य में कत्थाई लोहित एवं ऊपरी भाग में श्वेत रंग का उपयोग है। मनुष्य श्रृंखला, एक लम्बा पशु एवं एक बहुपदीय छिपकली की सी आकृति भी मिलती है। यहाँ लहरदार रेखाओं एवं बिन्दु समूहों से ज्यामितीय चित्रण भी हुआ है। शैलीगत आधार पर कुछ विद्वान इन शैलचित्रों को भीमबेटिका शैलाश्रयों के समान मानते हैं।

लखु उड्यार की खोज के पश्चात् सुयाल नदी क्षेत्र में ही फड़कानौली, लवेथाप, पेटशाल, कसारदेवी और पश्चिमी रामगंगा घाटी में महरू–उड्यार से भी चित्रित शैलाश्रय प्राप्त हुए। गढ़वाल हिमालय में भी अलकनन्दा घाटी में स्थित डुगरी एवं पिण्डर घाटी में किमनी नामक

स्थल से भी चित्रित शैलाश्रय प्राप्त हुए हैं। डुगरी स्थित ग्वरख्या–उड़यार के शैलचित्रों का मुख्य विषय पशुचारक संस्कृति है। इनमें लोहित रंग से चित्रित 33 मानव एवं 8 पशु आकृति मुख्य है। लखुउड़यार और पेटशाल से प्राप्त कुछ चित्रित शैलाश्रयों के तुलनात्मक अध्ययन के आधार पर यशोधर मठपाल महोदय ने इनको महापाषाण काल से भी प्राचीन होने की संभावना व्यक्त की है।

आद्य्– ऐतिहासिक काल

चतुर्थ सहस्त्राब्दी ई0पू0 से लेकर ऐतिहासिक काल के आरम्भ के मध्य को सामान्यतः आद्य्–ऐतिहासिक काल कहा गया है। वस्तुतः इस काल में ही वास्तविक सभ्यता का श्रीगणेश हुआ। यह प्राग् ऐतिहासिक एवं ऐतिहासिक काल के मध्य एक संक्रमण काल है। जिसके कुछ भाग की कोई लिखित सामग्री प्राप्त नहीं हुई जबकि इसके अंतिम चरण के अतिअल्प लिखित प्रमाण मिले हैं। उत्तराखंड राज्य से आद्य्–ऐतिहासिक काल के दो प्रकार के स्त्रोत प्राप्त होते हैं –

(1) पुरातात्विक स्त्रोत

(2) लिखित स्त्रोत

(1) पुरातात्विक स्त्रोत

उत्तराखंड राज्य में हुए उत्खनन एवं सर्वेक्षण के पश्चात् आद्य्–ऐतिहास काल के सम्बन्धित सामग्री प्रकाश में आई। अध्ययन की सुविधा दृष्टि से हम इन स्त्रोतों का वर्गीकरण इस प्रकार कर सकते हैं–

(अ) कप–मार्क्स – विशाल शिलाखण्ड़ो एवं चट्टानों पर बने ओखली के आकार के उथले गोल–गोल गड्ढे पुरातत्वीय भाषा में कप–मार्क्स कहलाते हैं। सर्वप्रथम 1856 ई0 में हेनवुड महोदय ने चम्पावत जिले के देवीधुरा नामक स्थान पर अवस्थित इस प्रकार की ओखलियों का विवरण प्रकाशित किया। इसके पश्चात् 1877 ई0 में रिवेट–कारनक ने द्वारहाठ के शैलचित्रों का वर्णन किया एवं यूरोप से प्राप्त शैलचित्रों के समान बताया। कारनक को यहाँ के चन्द्रेश्वर मन्दिर में बाहर समान्तर पंक्तियों में लगभग 200 कप–मार्क्स मिले। इसके पश्चात् यशोधर मठपाल महोदय को द्वारहाट में कुछ दूरी पर पश्चिमी रामगंगा घाटी के नौला ग्राम से इन्हीं के समान बहत्तर कप–मार्क्स प्राप्त हुए। कटौच महोदय ने कालान्तर में गोपेश्वर के निकट मण्डल, पश्चिमी नयार घाटी में ग्वाड़ आदि में इसी प्रकार की ओखलियों की खोज की।

(ब) ताम्र उपकरण – ऊपरी गंगा घाटी में फतेहगढ़, बिठूर, बसौली, सरथौली, शिवराजपुर आदि स्थलों से ताम्र संचय प्राप्त हुए हैं। हरिद्वार के निकट बहादराबाद से ताम्रनिर्मित भालाग्र, रिंग्स, चूड़ियाँ इत्यादि नहर की खुदाई के दौरान मिले। इन उपकरणों के साथ ही लोहित मृदभण्ड (Red Ware) भी मिले हैं। एच0डी0 सांकलिया ने इन मृदमाण्डों की साम्यता गोदावरी घाटी से प्राप्त मृदमाण्डों से की है। यज्ञदत शर्मा के अनुसार बहादराबाद से प्राप्त लोहित म्रदभाण्ड मोटे हैं तथा पर्याप्त पकाये हए नहीं हैं। वर्ष 1986 में अल्मोड़ा जनपद से एक एवं वर्ष 1989 ई0 में बनकोट (पिथौरागढ़) से आठ उपकरण प्राप्त हए हैं। आल्चिक महोदय ने इस उपकरण को '' यज्ञीयकुण्ड'' जबकि महेश्वर प्रसाद जोशी ने 'परशु–पुरूष' (Personified Axe) बताया है परन्तु डी0पी0 शर्मा महोदय इन्हें ताम्र संस्कृति के नये ''स्कन्धित कुठार'' (Hand Axe) मानते हैं।

इन स्कन्धित कुठार के प्रयोग के विषय में इतिहासकार मौन हैं क्योंकि न तो यह खनन के लिए उपयुक्त लगता है और न ही सुरक्षा की दृष्टि से सुविधाजनक प्रतीत होता है। आरम्भ में पुराविदों का मानना था कि इस क्षेत्र में ताम्र–आपूर्ति बाहर से होती थी किन्तु अब यह स्पष्ट हो गया है कि इस काल के लोग ताम्र के लिए गढ़वाल–कुमाऊ की धनपुर, डांडा, तम्बखानी, अस्कोट इत्यादि की ताम्र–खानों पर ही निर्भर थे। गढ़देश में उत्तमकोटि के ताम्र मिलने का वर्णन मिलता है। ''आगरी'' जाति के खनक यहाँ चिरकाल से खनन कार्य करते आ रहे हैं। अतः कहा जा सकता है कि उत्तराखंड का प्राचीन ताम्र संस्कृति के निर्माण में निश्चित ही योगदान रहा।

(स) महापाषाणीय शवाधान – चमोली जिले के मलारी ग्राम से महापाषाणीय संस्कृति के शवाधान एवं अवशेष मिले हैं। इन शवाधानों की आकृति मण्डलाकार गर्तों जैसी है जिनमें शव के चारो ओर अनगढ़ शिलाएँ खड़ी करके रखी गई हैं एवं इन्हें ऊपर से बड़े–बड़े पटालों से ढ़का गया है। इन शवाधानों में मानव अवशेषों के साथ अश्व, मेढ़, तश्तरिया, विभिन्न आकार की टोटी एवं हत्थेयुक्त कुतुप इत्यादि भी रखे गए हैं। सम्भवतः यह इस बात का संकेत है कि इस काल का मनुष्य मृत्यु के बाद भी जीवन की कल्पना करता है।

यहाँ से प्राप्त एक सुन्दर कुतुप पर चमकदार पॉलिश है एवं उसके हत्थे पर मोनाल पक्षी का आकर्षक चित्र अंकित है। इन शवाधानों की मुख्य विशेषता है कि शवों को सीधा नहीं अपितु औधा लिटाकर रखा गया है।

धृषमैन महोदय के अनुसार लगभग 2000 ई पू0 ऐसी शवाधान पद्धति ईरान, अफगानिस्तान एवं मध्य एशिया में प्रचलित थी। इस क्षेत्र के एकमात्र केन्द्रीय विश्वविद्यालय (हे0न0 ग विश्वविद्यालय) ने 1983 से 2001 ई0 के मध्य मलारी का वृहद सर्वेक्षण किया है। अपने सर्वेक्षण में उन्हें आखेट के लिए प्रयुक्त लौह उपकरणों के साथ एक पशु का पूर्ण कंकाल मिला है। जिसकी पहचान हिमालयी पशु जुबू के रूप में की गई है। इसके साथ ही कुत्ते, बकरी एवं भेड़ों के अस्थि अवशेष भी मिले हैं। यही से एक मानव कंकाल के ऊपर स्वर्ण मुखौटा एवं दश मृतिका पात्रों के साथ काँसे का कटोरा (Bowl) सर्वेक्षण की मुख्य उपलब्धि है। इन सर्वेक्षणों में लोहित एवं कृष्ण ओपदार पात्र, लौह बाणाग्र तथा छूरियां (Knife) इत्यादि भी प्रकाश में आए हैं। सम्भवतः मलारी के शवाधानों का निर्माण एक पहाड़ी को काटकर गुफा रूप में किया गया था। राहुल सांकृत्यांयन ने इन्हें खस जाति की समाधियाँ माना है जबकि एच0डी0 सांकलिया महोदय ने इन्हें आर्यो से सम्बद्ध किया है।

यशोधर गठपाल महोदय को अल्मोड़ा जिले की पश्चिमी रामगंगा घाटी के नौला–जैनल गाँव से भी शवधान मिले। उनके अनुसार–ये निश्चित ही महापाषाणिक लोग थे जो 2500–3000 सहस्त्र पूर्व इस घाटी में निवास करते थे। गढ़वाल विश्वविद्यालय को पश्चिमी रामगंगा घाटी के सानणा एवं बखेड़ी ग्रामों से दो प्रकार के शवाधान प्राप्त हुए, प्रथम प्रस्तरपेटिका शवाधान (Schist burial) एवं द्वितीय घट–शवाधान (Urn-Burial)। सानणा से प्राप्त नौ शिस्ट वरिअल को चोकोर प्रस्तर पट्टिकाओं से ढका गया है। शव रखने के किसी निश्चित विधान का पालन नहीं है एवं शिस्ट कक्ष को चारो ओर से सुरक्षा भित्ती से घेरा गया है। बसेड़ी में शिस्ट एवं अर्न वरिअल दोनों मिले हैं। इन अर्नबरिअल में हस्तनिर्मित घट के साथ मानव अस्थियों के साथ लौह उपकरण प्राप्त हुए हैं। इन घटों पर पटाई जैसी छाप बनी है। इन दोनों स्थलो से प्राप्त शिस्ट–कक्षों की योजना आयताकार है जिन्हें लम्बवत खड़ी तीन से छः शिलाओं से निर्मित किया गया है।

सानणा–बरोड़ी से प्राप्त मिट्टी के पात्र चित्रित धूसर मृदभाण्डों (PWG) से मिलते–जुलते हैं। इन शवाधानों से क्रमशः तश्तरियाँ, कटोर घट, चषक, पिन, कील एवं छत्र इत्यादि उपकरण भी प्राप्त हुए हैं। संभवत् ये शवाधान दूसरी सहस्राब्दी ई0पू0 के आस–पास के हैं। इसके अतिरिक्त विद्वानों ने अल्मोड़ा के निकट दीनापानी से प्राप्त एकाश्म शिला का सम्बन्ध भी महापाषाणीय संस्कृति से बताया है।

(द) चित्रित धूसर मृदभाण्ड (PGW) – ऊपरी गंगा घाटी में ताम्र संस्कृति के पश्चात् चित्रित धूसर मृदभाण्ड संस्कृति का उन्नयन हुआ। उत्तराखंड के परिवर्ती आद्य–ऐतिहासिक काल के लोग पी0जी0 डब्लू का प्रयोग करते थे। इसके साक्ष्य क्रमशः अलकनन्दा घाटी में थापली, यमुना घाटी में पुरोला एवं पश्चिमी रामगंगा घाटी से प्राप्त हुए हैं। अतः स्पष्ट है कि इस क्षेत्र में भी लोह के प्रयोग का श्रेय चित्रित धूसर मृदमाण्ड संस्कृति के लोगों को जाता है। (श्रीनगर गढ़वाल के निकट थापली नामक स्थान से तश्तरियाँ, कटोरे, जार इत्यादि मिले हैं) जिन पर काले रंग से क्षैतिज एवं अनुलम्ब रेखाएँ, सूर्य प्रतीक बिन्दु, तरंगें, पत्ते एवं वानस्पतिक आकृतियों आदि का चित्रांकन है। भूसी चिन्हित (husk marked) ढीकरों की प्राप्ति यहाँ धान की खेती के प्रमाण प्रस्तुत करता है। यद्यपि यहाँ से कोई लौह का उपकरण नहीं मिला है। यहाँ से पी0डब्लू0जी0 के साथ टेरीकॉटा, चित्रित पक्षी, सूअर, अश्व जैसे पशुओं के दंत अवशेष, ताम्र के कड़े, शलाकाएं तथा नखनर्तकी भी प्राप्त हुए हैं। जबकि पुरोला से लोहित एवं कृष्ण लेपित भांड, साधारण धूसर एवं लोहित भांड, टेरीकॉटा सिंह, वृषभ, चक्र चकती, घट आकार का मनका आदि मुख्य है। यद्यपि यहाँ धातु उपकरणों का नितान्त अभाव मिलता है।

इतिहासविद् बी0बी0 लाल महोदय ने इस चित्रित धूसर संस्कृति का साम्य महाभारत काल से स्थापित किया है। उपरोक्त स्थलों से प्राप्त पुरातत्वीय साक्ष्य एवं महाभारत के साहित्य प्रमाण दोनों से भी हिमवन्त का महाभारत कालीन संस्कृति से सम्बन्ध जुड़ता है। इस आधार पर उत्तराखंड की चित्रित धूसर संस्कृति का काल 1000 ई0पू0 के आस–पास बैठता है।

पुरातात्विक एवं साहित्यिक साक्ष्य उत्तराखंड राज्य में आद्य–ऐतिहासिक काल में नगर होने का प्रमाण प्रस्तुत करता है। गोविषाण (काशीपुर), गंगाद्वार (हरिद्वार), कनखल, श्रुध्न तथा कालकूट इत्यादि के अतिरिक्त सुबाहु की राजधानी श्रीनगर नगरीय स्थिति में थे। गोविषाण से 2600 ई0पू0 की इष्टकाऐं प्राप्त हो चुकी हैं, जिससे सिद्ध होता है कि इस स्थान का एक व्यापारिक नगर के रूप में अस्तित्व बन चुका था। अतः हम कह सकते हैं कि आद्य् ऐतिहासिक काल में मध्य हिमालय में नगरीयकरण प्रारम्भ हो चुका था।

लिखित स्त्रोत – ई0 पू0 चतुर्थ सहस्त्राब्दी से मध्य हिमालय के आद्य–इतिहास को जानने के पर्याप्त लिखित स्त्रोत भी उपलब्ध हैं जो वेद, पुराण, ब्राहण ग्रन्थों में कतिपय पुरातन संदर्भों के रूप में सुरक्षित हैं।

ऋग्वेद संसार का प्राचीनतम ग्रन्थ है। इस ग्रन्थ से ज्ञात होता है कि सप्त सैन्धव प्रदेश, सरस्वती की उपत्यका में आर्यों का निवास था। वैवस्तु मनु के वंशज दीर्घकाल तक मेरू पर्वत के आसपास सरस्वती के तटों पर निवास करते रहे हैं। उत्तराखंड नाम का सर्वप्रथम उल्लेख ऋग्वेद में मिलता है जिसमें इसे देवभूमि कहा गया है। ऋग्वेद के अनुसार प्रलय के बाद प्राणा ग्राम में सप्तऋषियों ने अपने प्राणों की रक्षा की और यहीं से पुनः सृष्टि आरम्भ हुई। यहाँ स्थित अलकापुरी नामक स्थान को आदि पुरूष मनु का निवास स्थल माना जाता है। ब्रहा के मानस पुत्रों दक्ष, मरीचि, पुलसत्य, पुलह, ऋतु और अत्रि का निवास भी गढवाल क्षेत्र में ही था। इतिहासकार भजनसिंह 'सिंह' और शिवानन्द मौटियाल का मत है कि बद्रीनाथ के समीप स्थित नारद, गणेश, व्यास, स्कंद और मुचकुंद गुफाओं में ही वैदिक ग्रन्थों की रचना की गई थी। ऐतरेय ब्राहाण में इसे उत्तर कुरूओं का निवास स्थल कहा गया है। स्कन्दपुराण में 5 हिमालयी खंडों का उल्लेख है। इसमें केदारखंड (गढ़वाल) तथा मानसखंड (कुमाऊँ) के मध्य विभाजक नन्दा पर्वत को उल्लेखित किया गया है। पुराणों में ही केदारखंड व मानसखंड के सयुंक्त क्षेत्र को ब्रहापुर, खसदेश अथवा उत्तराखंड के नाम से पुकारा गया है।

कनखल एवं मायापुर से प्राप्त पुरातात्विक साक्ष्यों के कारण हरिद्वार को 'गेरूए रंग की संस्कृति–सभ्यता' का नगर कहा गया है। पुराणों में इस धार्मिक नगरी का 'गंगाद्वार' के नाम से उल्लेख है। यह नगर शिवालिक पर्वतमाला में बिल्व पर्वत और नील पर्वत के मध्य बसा है। यहीं पर सांख्य दर्शन के प्रवर्तक कपिल मुनि का आश्रम था। रामायण के नायक श्री राम ने रावण वध के पश्चात् ब्रहाहत्या के प्रक्षलन के लिए हरिद्वार आकर गंगा स्नान किया तदुपरांत देवप्रयाग में तपस्या कर इस पाप से उऋण हुए।

टिहरी गढ़वाल स्थित विसोन नामक पर्वत पर वशिष्टगुहा, वशिष्ट कुंड तथा वशिष्ठाश्रम है। ऐसी मान्यता है कि राम के वनवास पर जाने के बाद ऋषि वशिष्ट ने अपनी पत्नी अरूंधती के साथ यहीं निवास किया था। देवप्रयाग की पट्टी सितोन्स्यू में सीताजी के पृथ्वी के गर्भ में समाने की मान्यता के कारण प्रतिवर्ष मनसार मेला लगता है। टिहरी जिले के तपोवन को लक्ष्मण की तपस्थली माना जाता है। रामायण कालीन वाणासूर की राजधानी ज्योतिषपुर (जोशीमढ) थी।

महाभारत के वनपर्वत में हरिद्वार से भृंगत्रृंग (केदारनाथ) तक की यात्रा का वर्णन है। इसी पर्व में बद्रीकाश्रम की चर्चा भी है एवं साथ ही

लोमश ऋषि के साथ पांडवों का इस क्षेत्र की यात्रा पर आने का वर्णन भी है। वनपर्व के अनुसार अस काल में इस क्षेत्र में पुलिंद (कुणिन्द) एवं किरात जातियों का अधिकार था। पुलिंद राजा सुबाहु ने पाण्डवों के पक्ष में महाभारत युद्ध में भाग लिया था। उसकी राजधानी वर्तमान श्रीनगर थी। इसके पश्चात् राजा विराट का उल्लेख मिलता है, जिसकी राजधानी बैराठगढी के अवशेष जौनसार से अभी भी मिल जाते हैं।

महाकाव्य काल में उत्तराखंड क्षेत्र उतर कुरू के अधीन था। इस काल में इस क्षेत्र में खश, तगण, रामढ तथा जागुण आदि जातियों का उल्लेख मिलता है आदिपर्व (महाभारत) के अनुसार अर्जुन का नागराज कौरव्य की पुत्री उलूपी से विवाह गंगाद्वार में हुआ था। कुणिदों का वर्णन महाभारत के सभापर्व, भीष्मपर्व व अरण्यपर्व में मिलता है। इस काल में इस क्षेत्र में कम से कम तीन राजनैतिक शक्तियों, खश, तगण एवं किम्मपुरूष के अस्तित्व का पता चलता है। हरिद्वार क्षेत्र में नागराज कोरव्य, सतलज से अलकनन्दा के मध्य कुणिन्द (राजा सुबाहु की राजधानी श्रीनगर अथवा सुबाहुपुर) और मन्दाकिनी के उत्तरी भाग में असुर बाण की सता महाभारत के रचनाकाल के समय इस क्षेत्र में स्थापित थी।

इस युग में बद्रीकाश्रम व कण्वाश्रम विद्या के दो प्रसिद्ध केन्द्र थे। कोटद्वार गढ़वाल स्थित कण्वाश्रम (मालिनी नदी तट पर) शकुन्तला एवं दुष्यंत की प्रणयकथा के लिए विख्यात है। इसी आश्रम में उनके पुत्र चक्रवर्ती सम्राट भरत का जन्म हुआ था। सम्भवतः महाकवि कालिदास ने यही अपने ग्रन्थ अभिज्ञान शकुन्तलम् की रचना की थी।

धार्मिक ग्रन्थों में कहीं–कहीं इस क्षेत्र को केदार खसमण्डले भी कहा गया है। संभवतः केदारखण्ड को खसप्रदेश का पर्याय माना गया है। खसकाल में ही इस क्षेत्र में बौद्ध मत का सबसे अधिक प्रचार हुआ। पालि भाषा में लिखे बौद्ध ग्रन्थों में उत्तराखंड के लिए 'हिमवतं' शब्द का प्रयोग किया गया है।

दूसरे खण्ड ''मानस खंड'' का प्रयोग उत्तराखंड के वर्तमान कुमाऊँ क्षेत्र के लिए प्रयोग हुआ है। पौराणिक मान्यता है कि प्राचीन चंपावत नदी के पूर्व में स्थित काडदेव अथवा कातेश्वर पर्वत पर भगवान विष्णु के कच्छप अवतार के जन्म के कारण इस क्षेत्र का नाम कूर्माचल पड़ा। आगे चलकर कूर्माचल का प्राकृत भाषा में ''कुमू'' और हिन्दी में कुमाऊँ नाम पड़ा। कुमाऊँ शब्द का सर्वाधिक उल्लेख स्कन्द पुराण के मानस खण्ड में हुआ है। ब्रहापुराण एवं वायुपुराण के किरात, किन्नर, गंधर्व, यक्ष, नाग,

विद्याधर आदि जातियों का निवास इस क्षेत्र में बताया गया है। महाभारत में किरात, किन्नर, यक्ष, तंगव, कुलिंद तथा खस जातियों के निवास की पुष्टि करता है।

प्राचीन काल से ही इस क्षेत्र में नाग जाति के निवास की पुष्टि बेरीनाग, धौलनाग, कालीनाग, पिंलगनाग, बासुकीनाग, खरहरनाग आदि स्थलों से प्राप्त नाग देवता के मन्दिरों से होती है। इनमें सर्वप्रसिद्ध नाग मन्दिर बेरीनाग (पिथौरागढ) में स्थित है। इस क्षेत्र में भी खसकाल में ही बौद्ध धर्म का प्रचार–प्रसार हुआ। किरातों के वंशज आज भी अस्कोट एवं डीडीहाट क्षेत्रों में निवास करते हैं। इन्होंने अपना स्वतंत्र भाषाई अस्तित्व बनाया हुआ है। इनकी भाषा ''मुंडा'' है। कुमाऊँ क्षेत्र पर राजपूत नियंत्रण से पूर्व तक खस जाति का आधिपत्य बना रहा।

बहुविकल्पीय प्रश्न

1. महाभारत के किस पर्व में गंगाद्वार (हरिद्वार) से भृंग त्रृंग तक की यात्रा का वर्णन मिलता है ?

   (क) वनपर्व (ख) भीष्मपर्व
   (ग) सभापर्व (घ) इनमें से कोई नहीं

2. उत्तराखंड में पाषाण उपकरणों के अवशेष मिले हैं

   (क) कालसी से (ख) अलकनन्दा घाटी से
   (ग) पश्चिमी रामगंगा घाटी से (घ) उपरोक्त सभी से

3. उत्तराखंड से स्वर्ण मुकुट मिला है

   (क) बनकोट में (ख) हुडली में
   (ग) मलारी में (घ) इनमें से कोई नहीं

4. उत्तराखंड में 14 नर्तकों का सुन्दर शैलचित्र प्राप्त हुआ है

   (क) कालसी में (ख) अल्मोड़ा में
   (ग) चमोली में (घ) इनमें से कोई नहीं

5. चम्पावत जिले के देवीधुरा नामक स्थान पर अवस्थित ओखलियों का विवरण प्रकाशित किया

   (क) कारनक ने (ख) हेनवुड ने
   (ग) आल्चिक ने (घ) इनमें से कोई नहीं

6. उत्तराखंड से महापाषाणीय संस्कृति के शवाधान एवं अवशेष मिले हैं

   (क) देहरादून में (ख) अल्मोड़ा में
   (ग) चमोली में (घ) इनमें से कोई नहीं

7. उत्तराखंड में किस ग्राम से प्राप्त मिट्टी के पात्र चित्रित धूसर मृदभाण्डों से मिलते–जुलते हैं?
   (क) सानणा–बसेड़ी (ख) नौला–जैनल
   (ग) मलारी (घ) इनमें से कोई नहीं
8. किस इतिहासविद् ने उत्तराखंड चित्रित धूसर संस्कृति का साम्य महाभारत काल से स्थापित किया है?
   (क) मदन चंद भट्ट (ख) बी0बी0 लाल
   (ग) यशवन्त कटौच (घ) इनमें से कोई नहीं
9. संसार का प्राचीनतम ग्रन्थ है
   (क) मनुस्मृति (ख) अर्थशास्त्र
   (ग) ऋग्वेद (घ) इनमें से कोई नहीं
10. उत्तराखंड के किस नगर को गेरूए रंग की संस्कृति–सभ्यता' का नगर कहा गया है?
   (क) देहरादून (ख) हरिद्वार
   (ग) हल्द्वानी (घ) इनमें से कोई नहीं
11. रामायणकालीन वाणासुर की राजधानी अवस्थित थी
   (क) ज्योतिषपुर (ख) कार्तिकेयपुर
   (ग) रामपुर (घ) इनमें से कोई नहीं
12. जोशीमठ का प्राचीन नाम था
   (क) ज्योतिषपुर (ख) ज्वालापुर
   (ग) जोगीपुर (घ) इनमें से कोई नहीं
13. उत्तराखंड का विद्या केन्द्र कण्वाश्रम किस नदी तट पर स्थित है?
   (क) मालन (ख) खोह
   (ग) सौंग (घ) इनमें से कोई नहीं
14. पालि भाषा में लिखे बौद्ध ग्रन्थों में उत्तराखंड के लिए किस शब्द का प्रयोग किया हुआ है?
   (क) हिमाचल (ख) हिमवंत
   (ग) हिमाद्री (घ) इनमें से कोई नहीं
15. स्कन्दपुराण में उत्तराखंड के वर्तमान कुमाऊँ क्षेत्र के लिए प्रयोग हुआ
   (क) हिमाचल (ख) कूर्मांचल
   (ग) गढवाल (घ) इनमें से कोई नहीं
16. उत्तराखंड के वर्तमान कुमाऊँ क्षेत्र का नाम विष्णु के किस अवतार पर माना जाता है?
   (क) कच्छप (ख) कूर्म
   (ग) वाराह (घ) इनमें से कोई नहीं

17. उत्तराखंड से ताम्र मानव आकृतियाँ प्राप्त हुई है
    (क) बनकोट (ख) बाड़ाहाट
    (ग) किमनी (घ) इनमें से कोई नहीं
18. उत्तराखंड से गैरिक सदृश मृद्भाण्ड (Ochre Coloured Pot) प्राप्त हुए है
    (क) बनकोट (ख) बाड़ाहाट
    (ग) बाहदराबाद (घ) इनमें से कोई नहीं
19. किस इतिहासविद् ने उत्तराखंड में फड़कानौला शैलाश्रय की खोज की?
    (क) मदन चंद भट्ट (ख) यशोधर मठपाल
    (ग) यशवन्त कटौच (घ) इनमें से कोई नहीं
20. पेटशाला ग्राम शैलाश्रय की खोज इतिहासविद् यशोधर मठपाल ने किस वर्ष की?
    (क) 1989 ई0 (ख) 1985 ई0
    (ग) 1995 ई0 (घ) इनमें से कोई नहीं
21. उत्तराखंड से नागफनी आकार का भव्य शैलाश्रय प्राप्त हुआ है
    (क) लखुउड्यार (ख) गोरखा उड्यार
    (ग) फड़कानौला (घ) इनमें से कोई नहीं

उत्तर

1 क	2 घ	3 ग	4 ख	5 ख	6 ग	7 क
8 ख	9 ग	10 ख	11 क	12 क	13 क	14 ख
15 ख	16 ख	17 क	18 ग	19 ख	20 क	21 क

3
अध्याय

उत्तराखंड का ऐतिहासिक युग

उत्तराखंड राज्य क्षेत्र प्राचीन काल से अतिदुर्गम क्षेत्र रहा है। इसका अधिकांश हिस्सा निर्जन व घने जंगलों से भरा था। अतः यहाँ किसी स्थायी सत्ता के स्थापित होने की कोई स्पष्ट जानकारी नहीं मिलती है। किन्तु कुछ सिक्कों, अभिलेखों एवं ताम्रपत्रों के आधार पर इसके प्राचीन इतिहास को संग्रहित करने का प्रयास हुआ है। राज्य के कई नगर प्राग् ऐतिहासिक काल में अपनी सामरिक एवं व्यापारिक महत्ता स्थापित कर चुके थे। इस सन्दर्भ में हमें साहित्यिक एवं पुरातात्विक दोनों प्रकार के साक्ष्यों से पर्याप्त जानकारी प्राप्त होती है। इन विभिन्न प्राचीन केन्द्रों से प्राप्त पुरातात्विक सामग्री का वर्णन संक्षेप में प्रस्तुत है।

श्रीनगर के ध्वंसावशेष

अलकनन्दा तट पर स्थित यह नगर राजधानी नहीं अपितु प्राचीन यात्रा मार्ग में एक महत्वपूर्ण पड़ाव था। अलकनन्दा के मध्य एक टापू स्थापित श्रीयंत्र तथा नगर के चारों ओर चार शिवलिंगों की स्थापना प्राचीन लगती है। पंवारकालीन लक्ष्मीनारायण मन्दिर समूहों में वैरागणा के पाँच मन्दिर, भक्तियाणा गोरखनाथ गुफा, अलकनन्दा तट पर केशवराम मन्दिर इत्यादि महत्वपूर्ण हैं। केशवराम मठ के द्वार पर शक् सम्वत् 1547 का लेख भी मिलता है। महाभारत काल में यह कुणिद नरेश सुबाहु की राजधानी थी। इस नगर ने कई बार विनाशकारी बाढ का सामना किया है। सम्भवतः इस कारण यहाँ स्थापित प्राचीन अवशेष पूर्णतः नष्ट हो गए हैं। कैप्टन हार्डविक ने 1796 ई0 में स्वयं इस नगर के मध्य जीर्ण– शीर्ण अजयपाल

के राजप्रसाद को देखा था। इसके अतिरिक्त नगर के समीप श्रीकोट गंगानाली में पंवारकाल से पहले का शिव मन्दिर मिला है। अलकनन्दा के दूसरे छोर पर स्थित रणीहाट गाँव का राज राजेश्वरी मन्दिर पूर्व पंवार कालीन उत्कृष्ट वास्तुकला का उदाहरण प्रस्तुत करता है।

गोविषाण के ध्वंसावशेष

वर्तमान कुमाऊँ के तराई क्षेत्र में स्थित काशीपुर नगर के आसपास प्राचीन आध–ऐतिहासिक नगर गोविषाण के अवशेष मिले हैं। चीनी यात्री फाहयान ने इसका उल्लेख किया है जबकि युवान च्वाड़ ने तो, किउ–पि–स्वड़ः–न' नाम से इस नगर का विस्तृत वर्णन दिया है। उसकी पुस्तक 'सियुकी' के अंग्रेजी अनुवाद ने 'किउ–पि–स्वड़ः– न' का संस्कृत रूपांतरण 'गोविषाण' दिया। सर्वप्रथम पुरातत्वविद कर्निंघम ने इस स्थल का सर्वेक्षण किया। इसके पश्चात् एएसआई ने उत्खनन् करवाया। उत्खनन् में प्राप्त इष्टकाओं के वैज्ञानिक अध्ययन से इस स्थल का दुर्ग काल 2600 ई0पू0 निर्धारित हुआ। इस स्थल के उत्खनन् में चित्रित धूसर भाण्ड (पीजी.डब्लू.) तथा 'ओपयुक्त मृदभाण्ड' की प्राप्ति भी इसकी प्राचीनता को प्रमाणित करती है। विशप हीबर की 1824 ई0 की नगर यात्रा के समय यह हिन्दू तीर्थ रूप में प्रसिद्ध था।

आधुनिक काशीपुर से प्राप्त पुरातात्विक महत्व की अन्य सामग्री में मुख्य एक टीले के उत्तरी भाग में इष्टका निर्मित वृताकार मन्दिर के भग्नावशेष, इसके निकट प्रस्तर की चौखट पर निर्मित विशाल द्वार एवं उस पर लगी लोहे की बड़ी–बड़ी कीले, टीले के मध्य में कुषाणकालीन भवन के अवशेष, नन्दी सहित एक शिवलिंग, जिस पर मानव लिंग की आकृति उभरी है, इत्यादि हैं।

कालसी ध्वंसावशेष

जनपद देहरादून में यमुना की सहायक अमलावा नदी के बाएँ तट अवस्थित कालसी का प्राचीन नाम 'कालकूट' था। पाँचवी शताब्दी ई0पू0 इस क्षेत्र पर कुणिन्द्र सता का अधिकार था। इस नगर से प्राप्त महत्वपूर्ण पुरातात्विक सामग्री में महान मौर्य सम्राट अशोक द्वारा यमुना–टौंस संगम पर स्थापित शिलालेख है जो कि पाली भाषा में है। कालसी शिला प्रज्ञापनों का पता वर्ष 1860 ई0 में लगा। स्फटिक शिलाखण्ड पर अभिलेख के साथ हस्ति पांव के मध्य 'गजतमे' अंकित है। इस शिला को स्थानीय लोग 'चित्रशिला' कहते हैं। इसके आस–पास एक खण्डित शिलालेख भी है।

अन्य नगरों से प्राप्त ध्वंसावशेष

हरिद्वार के आस–पास से उत्खनन में ताम्र संस्कृति के पुरावशेष प्राप्त होते हैं। कर्निंघम महोदय ने गंगाद्वार (मायापुर अथवा हरिद्वार) के पुरातात्विक महत्व को इस प्रकार वर्णित किया है कि – ''मायापुर का यह प्राचीन नगर सर्वनाथ मन्दिर से राजा बेन के दुर्ग तक विस्तृत था। इस प्राचीन दुर्ग के अवशेष, खण्डित ईष्टका के टीले, नारायणशिला एवं विभिन्न प्रकार की प्राचीन मुद्राएँ यहाँ से मिलती हैं। कर्निंघम तो यहाँ से प्राप्त बुद्ध प्रतिमा जिसकी पीठिका पर सिंह व चक्र अंकित है, को प्रथम आदि बुद्ध मानते हैं।

देव प्रयाग से ब्राह्मी लिपि में चालीस से अधिक यात्री लेख श्रीरघुनाथ मन्दिर के पीछे शिला पर मिले हैं जिनका संपादन छाबड़ा महोदय ने किया एवं इनकी काल अवधि पांचवी शताब्दी ई0 निर्धारित की है। इसके अतिरिक्त भित्तियों, घण्टियों तथा ताम्रपत्र पर पवांरकाल के अनेक लेख प्राप्त हैं। 1803 ई0 में आए विनाशकारी भूकम्प से क्षतिग्रस्त रघुनाथ मन्दिर का कालान्तर में दौलतराव सिधिंया द्वारा दिए दान से जीर्णोद्वार का ज्ञान होता है। केदारनाथ नामक ग्रन्थ के अध्याय –148 से लेकर अध्याय–163 तक इस देवतीर्थ के धार्मिक महात्मय का विस्तृत उल्लेख है। यहाँ से प्राप्त वामनगुहा लेख भी महत्वपूर्ण है।

केदारखण्ड में वर्णित 'गोस्थल' एवं राजस्व अभिलेखों में उल्लेखित 'गोथला' ग्राम ही प्राचीन गोपेश्वर है। यहाँ से गणपतिनाग द्वारा अपनी विजयों के उपलक्ष्य में स्थापित छठी शताब्दी का त्रिशूल अभिलेख मिला है। इसी अभिलेख के ऊपरी भाग पर 12वीं शताब्दी का अशोकचल्ल का लेख भी उतकीर्ण है। एटकिनसन ने अशोकचल्ल के एक तिथियुक्त लेख का उल्लेख किया है जो अब अप्राप्त है। नगर स्थित एक मन्दिर प्रागण के भवन की भित्ति पर 7–8वीं शताब्दी के शंखलिपि में लघु लेख महत्वपूर्ण है।

'बाड़ाहाट' वर्तमान उत्तरकाशी का प्राचीन नाम है। केदारखण्ड में सौम्यकाशी एवं उत्तरकाशी नाम से इस स्थल का वर्णन मिलता है। यहाँ से पूर्ववर्ती पवांरकाल एवं पवांरकाल से सम्बन्धित पुरातत्वीय सामग्री मिलती है। इनमें प्रमुख 'बाड़ा की शक्ति' एवं उस पर उत्कीर्ण राजा गुहा का लेख है। तीन पंक्तियों के इस लेख की लिपि छठी–सातवीं शताब्दी ई0 की उतरी ब्राह्मी है। राहुल साकृंत्यायन महोदय को लक्षेश्वर मन्दिर परिसर से अत्यन्त अलंकृत इष्टकाएँ मिली एवं डोलीनी टीले से सिंदूरी रंग की

ईंट भी प्राप्त हुई। डोलीनी टीले से प्राप्त प्रतिमाओं में महिषमर्दिनी दुर्गा की पाषाण प्रतिमा की तक्षणकला विशिष्ट है। ये सभी प्रतिमाएँ पूर्ववर्ती पवांरकाल की हैं। राहुल सांकृत्यायन ने दताश्रेय के रूप में पूजी जाने वाली बुद्ध की अभिलिखित मूर्ति को भोट राजा ज्ञान राज द्वार, अष्टधातु से निर्मित बताया है। बाड़ाहाट का प्रसिद्ध महामेला पवांर नरेशो द्वारा ही प्रारम्भ किया गया।

कुमाऊँ में गोमती नदी की घाटी में अवस्थित 'कत्यूर' अपने प्राकृतिक सौन्दर्य के लिए प्रसिद्ध है। सम्भवतः इसी कारण प्रारम्भिक कत्यूर वंश के शासकों ने वैजनाथ को राजधानी बनाकर शासन किया। यहाँ से शक् सम्वत् 1214 ई0 का लेख लक्ष्मी नारायण मन्दिर द्वार के पार्श्व पर मिला। इसके अतिरिक्त त्रिपाठी परिवार से राजा इन्द्रदेव का ताम्रपत्र महत्वपूर्ण है। इस क्षेत्र से प्राप्त दो अन्य शिलालेख भी बैजनाथ संग्रहालय में सुरक्षित हैं। कोट–की–माई मन्दिर में चन्द्र राजाओं के ताम्रपत्र भी रखे गए हैं।

द्वाराहाट को कत्यूरियों की पाली पछाऊँ शाखा की राजधानी माना जाता है। यहाँ से प्राप्त देवालयों एवं नालों पर उत्कीर्ण कत्युर काल के शिलालेख में अनन्तपाल का कालिकामूर्ति लेख, थलकुर्क का हरगौरी मूर्ति लेख, द्रोणगिरि शिलालेख, थलकुर्क का वापी लेख, राजा भानदेव का दानलेख, सोमदेव का वापीलेख, सोमदेव का गणाई गणेशमूर्ति लेख, बद्रीनाथ समूह का गणेशमूर्ति लेख, बद्रीनाथ समूह का विष्णुमूर्ति लेख प्रमुख हैं।

टनकपुर–पिथौरागढ़ राजमार्ग पर अवस्थित चम्पावत् को ही चन्दों की प्राचीनतम् राजधानी चम्पावती के रूप में पहचाना गया है। यहाँ से चंदों के प्राचीन दुर्ग कोटलगढ़ के अवशेष राजबूंगी नामक टीले पर स्थित हैं। बालेश्वर मन्दिर परिसर में अनेक चन्द अभिलेख मिले हैं। इनमें तरचन्द का क्षतिग्रस्त भित्तिलेख, अभयचंद के तीनलेख, ज्ञानचंद के लेख, बाजबहादुर चंद का ताम्रलेख, जगतचंद का नागनाथ मन्दिर ताम्रपत्र इत्यादि प्रमुख है।

लाखामण्डल शिलालेख

जनपद देहरादून के जौनसार–भावर क्षेत्र स्थित इस स्थल से राजकुमारी ईश्वरा का शिलालेख मिला है।

मन्दिर की दीवारों पर लेख

कालीमठ, केदारनाथ, गोपेश्वर तथा नाल से मन्दिरों की दीवारों पर लेख उत्कीर्ण मिले हैं।

मुद्रालेख

ऋषिकेश के निकट स्थित मुनि की रेती एवं सुमाड़ी ग्राम से प्रथम एवं द्वितीय सदी की मुद्राएँ प्राप्त हुई हैं। ये कुषाण राजाओं द्वारा प्रचलित मुद्राएँ हैं। इसके अतिरिक्त हमें काशीपुर, खटीमा इत्यदि से भी कुषाण स्वर्ण मुद्राएँ प्राप्त हुई हैं, जिनसे इस क्षेत्र में उनके साम्राज्य विस्तार को समझने में सहायता मिलती है।

प्राचीन चीनी यात्री द्वारा वर्णित ''मो–य–लो'' अर्थात मोरध्वज की उत्खनन में प्राप्त स्वर्ण मुद्राएँ भी कुषाण शासकों की ही हैं।

भद्रमित्र की मृणमृदा देहरादून जनपद के अम्बाड़ी ग्राम से प्राप्त हुई है, जिसकी लिपि शुंगकालीन होने के कारण जयचन्द्र विधालंकार ने संभावना व्यक्त की है कि यह कोई शुंग राजकर्मचारी रहा होगा। यद्यपि अधिकांश विद्वान इसे कुणिद राज्यकर्मचारी मानते हैं।

बाड़वाला एवं देवदुंग की ईष्टका–चितियां (Brick Altars)

यमुना नदी तट पर अवस्थित इन स्थलों से प्राप्त चितियों से ज्ञात होता है कि वैदिक यज्ञ परम्परा इस क्षेत्र में तृतीय सदी तक प्रचलन में रही। यह काल इस क्षेत्र में कुणिन्द सत्ता के वैभव का काल था। इस काल में इस क्षेत्र के काष्ठ निर्मित मन्दिरों की एक विशिष्ट शैली प्रचलित थी, जिसे वास्तुशास्त्रियों ने 'यमुना प्रासाद शैली' नाम दिया है।

लौकिक साहित्य

पाणिनि की कृति अष्टाध्यायी में 5वीं शताब्दी ई0पू0 से पूर्व विद्यमान मध्य हिमालयी जनपदों का उल्लेख हुआ है। गुप्तकालीन महाकवि कालीदास की प्रमुख रचनाओं अभिज्ञान शाकुनतलम् एवं मेघदूत से समकालीन गढदेश की ऐतिहासिक, सांस्कृतिक एवं भौगौलिक स्थिति का विस्तृत वर्णन मिलता है। कार्तिकेयपुर के राजा एवं उनके अभियानों का उल्लेख देवीचन्द्रगुप्तम, हर्षचरित्र एवं काव्यमीमांसा आदि ग्रन्थों से भी प्राप्त होता है। भारतीय संदर्भ में प्रथम ऐतिहासिक मानी जाने वाली कल्हण की रचना राजतंरगिनी में ललितादित्य के अभियानों की कड़ी में 'केदारमण्डल' एवं 'स्त्रीदेश' का उल्लेख प्राप्त होता है। केदारखण्ड में ''श्रीक्षेत्र'' माहात्मय का विस्तार से वर्णन है जो श्रीनगर के प्राचीन धार्मिक महत्व की ओर ईशारा करता है। इस क्षेत्र के प्राचीन इतिहास की जानकारी चीनी यात्रियों

के वर्णन में भी मिलती है। फाहयान एवं युवानच्वाड़ के द्वारा गोविषाण (काशीपुर) नगर का विस्तृत वर्णन दिया गया है। जिससे इस नगर की पहचान हिन्दू एवं बौद्ध धर्मनगरी के रूप में भी स्थापित हुई है। सिरमौर राज्य के ऐतिहासिक दस्तावेजों से भी इस प्रदेश का इतिहास ज्ञात होता है। सम्भवतः कालसी नगर कई बार सिरमौर की राजधानी भी रहा।

प्राचीन उत्तराखंड

प्रसिद्ध भूगोलविद् टालमी ने दूसरी शताब्दी ई0पू0 व्यास, गंगा और यमुना के ऊपरी क्षेत्र में कुलेद्र (कुणिन्द) जाति के वास का उल्लेख किया है। संभवत् कुणिन्द जाति उत्तराखंड पर राज्य करने वाली पहली राजनैतिक शक्ति थी। कालसी से प्राप्त अशोक के शिलालेख से प्रतीत होता है कि आरम्भ में कुणिद जाति मौर्यों की अधीनस्थ शक्ति थी। इस वंश का सबसे शक्तिशाली शासक अमोधभूति था जिसकी चाँदी (रजत) एवं ताँबे की मुद्राएँ व्यास नदी से लेकर अलकनन्दा नदी एवं दक्षिण में सुनेत एवं बहेत तक मिलती है। उसकी मुद्राओं के अग्रभाग पर प्राकृत भाषा में ''राजः कुणिनदस अमोधभूतिस महरजस'' अंकित है।

मौर्यकाल में यह क्षेत्र मौर्य साम्राज्य की उत्तरी सीमा था। कालसी शिलालेख (जनपद–देहरादून) से तराई क्षेत्र पर मौर्य साम्राज्य की अधीनता प्रमाणित होती है तथापि मध्य हिमालय के पर्वतीय भाग पर अभी भी कुणिद नरेशों का ही शासन रहा होगा। सम्भवतः अशोक के शासन के 17 वें–18वें वर्ष में बौद्ध धर्म की लहर पहली बार मध्य हिमालय में पहुँची।

सेवा–पानी से प्राप्त स्तूप के भाग्नावशेष का सम्पूर्ण अध्ययन अभी बाकी है। फिर भी अनुमानित किया गया है कि यह शुंगकालीन है। यद्यपि शुंगकाल में हिमालय का कुणिन्द राज्य दून एवं तराई क्षेत्र अपने स्वतंत्र अस्तित्व में था।

डॉ0 यशवन्त सिंह कटोच के अनुसार मध्य–हिमालय की कुणिन्द सत्ता के तीन प्रकार के सिक्के मिलते हैं। जो 200–300 ई0पू0 के मध्य की जानकारी का एकमात्र स्त्रोत है।

(i) अमोध भूति के सिक्के अढूड़ से प्राप्त उत्खनित सामग्री में अमोज्ञभूति की रजत मुद्राओं के साथ ही दो स्वर्ण शलाकाएं भी प्राप्त हुई हैं।

(ii) अल्मोड़ा से प्राप्त 4 मुद्राएँ जो कि ब्रिटिश संग्रहालय लंदन में रखी गई है। इसके अतिरिक्त कत्यूर घाटी से भी 54 मुद्राएँ प्राप्त हुई हैं।

(iii) कुणिन्द अराध्य छत्रेश्वर अथवा चत्रेश्वर के नाम पर निर्गत मुद्राएँ।

मौर्य साम्राज्य के विघटन के पश्चात् उत्तर भारत को पुनः एक राजनीतिज्ञ सूत्र में पिरोने का श्रेय कुषाणों को जाता है। महान सम्राट कनिष्क प्रथम ने मध्य हिमालय के तराई क्षेत्र पर अपना अधिकार जमाया। कुषाणों की मुद्राएँ उत्तराखंड के तराई क्षेत्र एवं शिवालिक श्रेणी के समीप से प्राप्त हो चुकी हैं। इससे प्रतीत होता है कि कुणिन्दों का मैदानी क्षेत्र कुषाणों के अधिकार में चला गया। यद्यपि मध्य हिमालय के पर्वतीय भाग पर कुणिन्दों की स्वतन्त्र सत्ता बनी रही। कुषाण साम्राज्य अधिक लम्बे समय तक स्थिर न रह सका और कुणिन्द वंश ने हिमालय के तराई एवं मैदानी क्षेत्र पर अपना अधिकार पुर्नस्थापित कर लिया।

कुषाणोत्तर काल में मध्य हिमालय पर गणतन्त्र एवं राजतन्त्र दो प्रकार के शासन का उल्लेख अभिलेखों एवं मुद्राओं से प्राप्त होता है। इनमें से युगशैल वंश (वार्षगण्य गोत्र) के प्रतापी राजा शीलवर्मन (250–300 ई0 के मध्य) के यमुना तट (कालसी) पर अश्वमेघ यज्ञ करने के साथ साक्ष्य प्राप्त हुए हैं।

कुशाणोत्तर काल में मध्य हिमालय के वंश

यौधेश वंश	मध्य हिमालय के पश्चिमी भाग में कांगडा, शिमला, जौनसार–भाबर, काला डांडा, सहारनपुर क्षेत्र से मुद्राएँ प्राप्त (गणतन्त्र)
परवर्ती कुणिन्द वंश	मध्य हिमालय के पर्वतीय भाग पर (राजतन्त्र)
युगशैलवंश (वार्षगण्य गोत्र)	कालसी प्रदेश पर (राजतन्त्र)

गुप्तकाल (3rd–5th शताब्दी) के मध्य तक की मध्य हिमालय की राजनैतिक तस्वीर अस्पष्ट ही है। समुद्रगुप्त के प्रयाग प्रशस्ति में वर्णित नेपाल के पश्चिम् स्थित कर्तापुर राज्य की साम्यता इतिहासकार गढ़वाल–कुमाऊँ से करते हैं, जिसमें वे रूहेलखण्ड (बरेली) और यमुना नदी का पश्चिमी भू–भाग भी शामिल मानते हैं। लाखामण्डल खण्डित शिलालेख के अनुसार इसके आस–पास का क्षेत्र गुप्त साम्राज्य का हिस्सा था। गुप्तकाल में कालसी के आसपास के भूभाग पर यादवों की शाखा के शासन का पता चलता है। गुप्त साम्राज्य के पतन के साथ ही

मध्य–हिमालयी क्षेत्र में पुनः परम्परागत राजवंशों का शासन स्थापित हुआ था, जिनमें यादव एवं नाग वंश प्रमुख थे। लाखामण्डल प्रशस्ति में यादव वंश की 11 पीढ़ियों के 12 शासकों का नाम उल्लेखित है। इसमें यमुना प्रदेश के यादवों की राजधानी सिंहपुर बताई गई है।

मध्य हिमालय के पर्वतीय भाग पर 6–7वीं ई0 में नाग सत्ता का अस्तित्व था। गोपेश्वर (चमोली) से प्राप्त त्रिशूल लेख में चार नागवंशी राजाओं स्कन्दनाग, विभुनाग, अंशुनाग एवं गणपतिनाग के नाम मिलते हैं। गणपतिनाग सम्भवतः इस वंश का सबसे शक्तिशाली राजा था।

पांचवीं शताब्दी के उतरार्ध में नागवंश ने कृर्तपुर के कुणिन्दों की सत्ता समाप्त कर उत्तराखंड पर अपना आधिपत्य स्थापित किया। छठी शताब्दी में कन्नौज के मौखरियों ने नाग सत्ता का अंत कर इस क्षेत्र पर अधिकार कर लिया। हर्षवर्धन का एक पर्वतीय राजकुमारी से विवाह का उल्लेख मिलता है। बाणभट्ट कृत् हर्षचरित में इस काल में उत्तराखंड की यात्रा पर आने वाले लोगों का वर्णन है। हर्ष के शासनकाल में भारत यात्रा पर आये चीनी यात्री हवेन सांग गंगाद्वार (हरिद्वार) तक आया था। वह लिखता है कि ''भागीरथी तट पर हरिद्वार नगर है जो लगभग 20 ली के घेरे में है। वह ब्रहापुर राज्य का वर्णन करता है जिसके लिए उसने 'पो–लि–हि–मो–पु–लो' शब्द का प्रयोग किया है।

हर्षोत्तर काल में पुनः यह क्षेत्र राजनैतिक विघटन का शिकार हुआ एवं कई छोटी–छोटी शक्तियों ने अपने छोटे–छोटे राज्य स्थापित किये। सैन्य दृष्टि से ये सभी बहुत ही दुर्बल राज्य थे। अतः सुरक्षा की दृष्टि से इन दुर्बल राजाओं ने छोटी–छोटी गाढ़ियो (कोटों) का निर्माण कर लिया था। डॉ0 कटोच के अनुसार इनमें तीन ब्रहापुर, शत्रुध्न और गोविषाण (काशीपुर) प्रसिद्ध थे। ये तीनों राज्य कुणिन्द राज्य से पृथक होकर कुछ समय तक कान्यकुब्ज (कन्नौज) साम्राज्य का हिस्सा भी रहे। चीनी यात्री युवानचुवाड़ के यात्रावृतांत में इन तीनों राज्यों का उल्लेख मिलता है। उसके अनुसार शत्रुध्न राज्य की पूर्वी सीमा पर गंगा और उत्तर में ऊँचे पर्वत अवस्थित थे जबकि यमुना इस राज्य के मध्य से होकर बहती थी। वह बताता है कि इन तीनों राज्यों में सर्वाधिक विस्तार ब्रहापुर राज्य का था, जिसका विस्तार गंगा नदी के पूर्व से लेकर करनाली नदी तक था। इसकी उत्तरी सीमा पर महाहिमालय में सुवर्णगोत्र देश था जिसमें वर्तमान काशीपुर के अतिरिक्त रामपुर एवं पीलीभीत शामिल थे। गोविषाण की पहचान कनिर्घम ने वर्तमान काशीपुर से लगभग डेढ़ किलोमीटर दूर उज्जैन गाँव के दुर्ग से की है।

डॉ. कटोच के अनुसार उपरोक्त तीनों राज्यों के अतिरिक्त देव प्रयाग के आस–पास गंगा के तटवर्ती क्षेत्र में एक स्वतंत्र राज्य का अस्तित्व भी था। जबकि गढ़वाल के दक्षिण में पाण्डुवाला और मोरध्वज के दो लघु राज्य भी थे।

कत्युरी युग (7वीं शताब्दी ई0– 15वीं शताब्दी ई0 तक)

हर्षवर्धन की मृत्यु के पश्चात् मध्य हिमालय में राजनैतिक अस्थिरता उत्पन्न हुई। इस काल में ब्रहापुर, शत्रुघ्न एवं गोविषाण राज्य अस्तित्व में आए। लगभग 675 ई0 के आस –पास इनमें से सबसे बड़े ब्रहापुर राज्य का पतन हो चुका था। तत्पश्चात् 700 ई0 के आस–पास वसंत देव ने कत्युरी घाटी में कार्तिकेयपुर (बैजनाथ के पास) जनपद अल्मोड़ा स्थान को केन्द्र बनाकर एक स्वतंत्र राज्य की स्थापना की। इस राज्य के अन्तर्गत गढ़वाल, कुमाऊँ एवं रूहेलखंड का विस्तृत भूभाग आता था। कत्युरी घाटी से उदित होने के कारण इतिहास में इसे ''कत्युरी राज्य'' के नाम से जाना जाता है।

कत्युरी युग के राजवंशों ने सम्भवतः मध्य हिमालय को प्रथम बार राजनैतिक एकता के सूत्र में बाँधा लगभग 300 वर्षों के शासनकाल में कत्युरी शासकों ने वास्तुकला की अनमोल धरोहर हमारे लिए छोड़ी है। इस वंश के अब तक नौ अभिलेख प्राप्त हो चुके हैं। इस काल में 7 कत्युरी राजवंशों ने इस भूभाग पर शासन किया। यह मध्य हिमालय का प्रथम ऐतिहासिक राजवंश है।

1. **बसंतदेव का राजवंश** – बागेश्वर से प्राप्त त्रिभुवनराज के शिलालेख से ज्ञात होता है कि प्रथम कत्युरी नरेश का नाम बसन्तदेव था। इसने सातवीं शताब्दी के पूर्वाद्ध में अपनी राजधानी कार्तिकेयपुर को बनाया। बागेश्वर लेख से बसन्तदेव की उपाधि 'परमभट्टारका महाराजाधिराज परमेश्वर' मिलती है, जो इस बात का स्पष्ट संकेत है कि बसंतदेव ने अपनी स्वतंत्र सत्ता की स्थापना कर ली थी। बसंतदेव ने बागेश्वर के निकट एक देवमन्दिर को स्वर्णेश्वर नामक ग्राम दान में दिया था। इसी लेख में उसके पुत्र की चर्चा भी है लेकिन जीर्ण शीर्ण होने के कारण उसका नाम स्पष्ट नहीं हो पाता है।
2. **खर्परदेव का वंश**– बागेश्वर लेख से ही हमें बसंतदेव के वंश के पश्चात् खर्परदेव के राजवंश का वर्णन मिलता है। खर्परदेव कन्नौज नरेश यशोवर्मन का समकालीन था। यशोवर्मन ने हिमालय का कुछ हिस्सा विजित किया था। जबकि कल्हण की राजतरगिणी

से कश्मीर के शासक ललितादित्य मुक्तापीड़ द्वारा गढ़वाल तक साम्राज्य विस्तार का उल्लेख है। सम्भवतः इन आक्रमणों के दौरान ही खर्परदेव ने कार्तिकेयपुर पर अधिकार किया होगा। खर्परदेव की वंशावली इस प्रकार मिलती है–

खर्परदेव –> कल्याणराज –> त्रिभुवन राज

त्रिभुवनराज राजा कल्याणराज और रानी लद्धादेवी का पुत्र था। त्रिभुवन राज की उपाधि 'परमभट्टारक महाराजाधिराज परमेश्वर त्रिभुवनराज' मिलती है। उसने किसी किरात–पुत्र से सन्धि की थी। इसके अतिरिक्त उसके द्वारा व्याघ्रेश्वर देवता के मन्दिर को भूमिदान का उल्लेख भी प्राप्त होता है।

3. **राजनिबंर का राजवंश** – बागेश्वर लेख से कत्युरी घाटी के तीसरे राजवंश का नाम राजनिंबर का वंश मिलता है। नालंदा से प्राप्त अभिलेख से हमें गौंड (बंगाल) नरेश धर्मपाल द्वारा गढ़वाल क्षेत्र तक अभियान का उल्लेख मिलता है। सम्भवतः इस अभियान के पश्चात् उत्पन्न अव्यवस्था का लाभ उठाकर राजनिम्बर ने खर्परदेव वंश को समाप्त कर अपना राज्य स्थापित किया। राजनिम्बर राजवंश की वंशावली अग्र प्रकार है –

राजनिबंर –> इष्टगण –> ललितसूर –> भूदेव

राजनिबंर एक शक्तिशाली शासक था। उसके पश्चात् उसका पुत्र इष्टगण गद्दी पर बैठा, जिसने पुनः परमभट्टारक महाराजधिराज परमेश्वर की उपाधि धारण की थी। पाण्डुकेश्वर से प्राप्त दो ताम्रपत्र अभिलेखों में इष्टगण तथा रानी वेगदेवी के पुत्र ललितशूर का उल्लेख मिलता है। सम्भवतः ललितशूर का पुत्र भूदेव इस वंश का अन्तिम शासक था।

4. **सलोणादित्य का राजवंश** – तालेश्वर एंव पाण्डुकेश्वर के ताम्रपत्र लेखों से राजनिबंर वंश के पश्चात् सलोणादित्य वंश के शासन का वर्णन मिलता है। इस नये वंश की स्थापना सलोणादित्य के पुत्र इच्छटदेव द्वारा हुई। उसकी उपाधि 'भूवन–विख्यात–दुर्भदाराति–सीमन्दिनी –वैधत्यदीक्षादान–दक्षैकगुरूः' मिलती है। जिसका अर्थ होता है कि वह स्वयं को विश्वविख्यात शत्रुओं की पत्नियों को वैधव्य की दीक्षा देने वाला सफल गुरु समझता था। सम्भवतः उसने कई युद्धों में सफलता प्राप्त की होगी।

5. **पालवंश** – बैजनाथ क्षेत्र से प्राप्त अभिलेखो में ''पाल'' नाम के राजाओं का उल्लेख हुआ है। इनमें प्रमुख थे – लखनपाल,

त्रिभुवनपाल, रूद्रपाल एवं उदयपाल आदि। इन राजाओं ने ग्यारहवीं एवं बाहरवीं शताब्दीं में कत्युर घाटी से मध्यहिमालय पर राज्य किया।

6. **क्राचलदेव का वंश** – गोपेश्वर अभिलेख (1223 ई0 जनपद–चमोली) से क्राचल्लदेव के शासनकाल का वर्णन मिलता है। वह ढुलू का शासक था। उसने 1223 ई0 में कत्युरी शासकों को परजित कर इस क्षेत्र पर अपना अधिकार कर लिया था। गोपेश्वर से ही प्राप्त त्रिशूल लेख (1268 ई0) से इसी वंश के अशोकचल्ल की विजयों का वर्णन मिलता है, जिसने 13वीं शताब्दी में नेपाल में मल्ल राजवंश की स्थापना की। यद्यपि गढ़वाल की लोकगाथाओं में मल्ल राजवंश का उल्लेख कत्युरी राज्य के नाम से ही प्राप्त होता है। मल्ल राजवंश के ढुलू से प्राप्त अभिलेख से ज्ञात होता है कि राजवंश के शासक कुमाऊँ, गढ़वाल तथा पश्चिमी तिब्बत तक बौद्ध धर्म के अनुयायी थे।

7. **आसंतिदेव का वंश** – मूलतः आसंतिदेव जोशीमठ का शासक था। कुछ समय पश्चात् उसने कत्युर राज्य पर अधिकार कर लिया था। जोशीमठ से प्राप्त हस्तलिखित ग्रन्थ "गुरूपादुक" में आसंतिदेव के वंशजों के नाम मिलते हैं। इसके अनुसार इस वंश का वंशवृक्ष इस प्रकार है

आसंतिदेव के पूर्वज

अग्निबराई –> फीणबराई –> सुबतीबराई –> आसंतिदेव

आंसतिदेव के बाद के शासक

बासंतीराई –> गोराराई –> सांवलाराई

आंसतिदेव का वंशवृक्ष

आंसतिदेव की राजधानी जोशीमठ थी। उसने नाथपंती संत नारसिंह के कहने पर अपनी राजधानी कत्यूर घाटी के रणचूलाकोट में स्थापित की। इस वंश का अंतिम शासक ब्रहादेव था, जो अत्यंत अत्याचारी शासक था। जियारानी की लोकगाथा के अनुसार तैमूरलंग ने इसके शासनकाल में (1398 ई0) हरिद्वार पर आक्रमण किया था। 15वीं शताब्दी के उतरार्द्ध में ब्रहादेव के साथ ही आंसतिदेव वंश का अंत हुआ।

कत्युरियों की प्रशासनिक व्यवस्था – सम्भवतः कत्युरी वंश की प्रारम्भिक राजधानी जोशीमठ थी और राज्य का विस्तार हो जाने के पश्चात् कालान्तर में इसे कत्यूर घाटी में स्थापित किया गया होगा। जनश्रुति के आधार पर प्रारम्भिक कत्युर राज्य पश्चिम में सतलज नदी तट से लेकर दक्षिण के मैदान तक विस्तृत था। कत्युरी राजतंत्र में विश्वास रखते थे। उन्होंने अपने राज्य में मौर्यों द्वारा स्थापित प्रशासनिक व्यवस्था को ही लागू किया। इस वंश के नरेशों ने अपने क्षेत्र से बाहर के योग्य व्यक्तियों को अपने दरबार में स्थान दिया।

प्रशासन की धुरी मौर्यों की भाँति राजा था। अभिलेखों में हम कत्युरी नरेशों के निम्नांकित पदाधिकारियों के नाम पाते हैं –

(1) **राजात्मय** – सम्भवतः यह इस काल का सर्वोच्च पद था जो राजा को समय–समय पर अपनी सलाह दिया करता था।

(2) **महासामन्त**– यह पदाधिकारी सेना का प्रधान था।

(3) **महाकरतृतिका** – निरीक्षण सम्बन्धी कार्यों की देखभाल का मुख्य अधिकारी था। इसे मुख्य ओवरसियर भी कह सकते हैं।

(4) **उदाधिला** – आधुनिक सुपरिटेन्डेण्ट जैसा पदाधिकारी था।

(5) **सौदा भंगाधिकृत** – यह राज्य का मुख्य–आर्किटेक्चर था जो राजकीय निर्माणों की रूपरेखा तैयार करता था।

(6) **करिका** – राज्य के मुख्य राजमिस्त्री को करिका कहा जाता है।

(7) **प्रान्तपाल** – सीमाओं की सुरक्षा को नियुक्त पदाधिकारी था।

(8) **वर्मपाल** – सीमावर्ती क्षेत्रों में आवागमन पर कड़ी नजर रखने वाला अधिकारी था। सम्भवतः इसकी नियुक्ति प्रान्तपाल की सहायता के लिए की गई होगी।

(9) **घट्पाल** – गिरी अथवा पर्वतीय प्रवेशद्वार की रक्षा के लिए नियुक्त पदाधिकारी था।

(10) **नरपति** – नदी के तटों अथवा घाटों पर आवागमन को सुगम बनाने के लिए नियुक्त पदाधिकारी था। ये चुंगी इत्यादि कि वसूली भी करता था एवं इन क्षेत्रों में संदिग्ध व्यक्तियों की गतिविधियों की जाँच भी उसका ही कार्य था।

सैन्य प्रशासन – कत्युरी वीरवाहिनी अपने शौर्य के लिए जग–प्रसिद्ध है। इसके बल पर कत्युरी नरेशों ने उत्तर एवं दक्षिण से आने वाले आक्रान्ताओं को पराजित किया और लम्बे समय तक उत्तराखंड पर अपना

शासन बनाए रखा। वीरवाहिनी कत्युरी सेना को चार भागों में विभाजित किया गया था।

(1) पदातिक (2) अश्वारोही

(3) गजारोही (3) ऊष्ट्रारोही

पदातिक सेना का नायक ''गौलिमक'' होता था। इसी प्रकार अश्वारोही सेना का 'अश्वबलाधिकृत'', गजारोही सेना का नायक 'हस्तिबलाधिकृत' तथा ''ऊष्ट्रारोही'' सेना का नायक ''ऊष्ट्राबलाधिकृत'' कहलाता था। तीनों आरोही सेनाओं का नायक 'हस्तयासवोष्ट्र बलाधिकृत' कहलाता था। जबकि सेना के चारों अंगों का प्रधान महासमामन्त कहलाता था। सैन्य संचालन राजा के द्वारा होता था।

आन्तरिक सुरक्षा व्यवस्था – कत्युरी वीरवाहिनी का शौर्य जग–प्रसिद्ध है लेकिन कत्युरी नरेशों के द्वारा प्रजा के जीवन, संपत्ति की सुरक्षा, आंतरिक शांति एवं व्यवस्था के लिए पुलिस व्यवस्था के होने के भी साक्ष्य मिलते हैं। अनेक कत्युरी ताम्रपत्र अभिलेख में कई पुलिस अधिकारियों के नाम मिलते हैं।

(1) **दाण्डिक** – सम्भवतः ये दण्ड एवं तलवार से सुसज्जित सिपाही थे, जो राज्य एवं जनता की संपत्ति की सुरक्षा के लिए उत्तरदायी थे।

(2) **दोशापराधिक** – अपराधियों को पकड़ने वाले विभाग का सबसे बड़ा अधिकारी था।

(3) **दुःसाध्य साधनिक** – गुप्तचर विभाग का सर्वोच्च पदाधिकारी था, जिसका कार्य आन्तरिक षंडयंत्रों पर अंकुश रखना था।

(4) **दण्डपाशिक, दण्डनायक, महादण्डनायक** – पुलिस विभाग के पदाधिकारी थे।

(5) **चोरोद्वरिणिक** – चोर तथा डाकुओं से समाज एवं राज्य की सुरक्षा की जिम्मेदारी के लिए यह विभाग था।

कत्युरी ताम्रलेखों से यह स्पष्ट होता है कि कत्युरी नरेशों द्वारा प्रजा उत्पीड़कों का कठोरता से दमन होता था। जागेश्वर तथा गोपेश्वर शिलालेख से स्पष्ट है कि कत्युरी नरेश प्रजा की सम्पत्ति, सम्मान एवं जीवन की सुरक्षा अपना महत्वपूर्ण कर्तव्य मानते थे। कत्युरी नरेशों की इस सुदृढ आन्तरिक सुरक्षा व्यवस्था की पुष्टि हमें समकालीन तीर्थ यात्रियों के आगमन से हो जाती है, जिनकी उत्तराखंड यात्राएँ निष्कटक एवं निर्विध्न पूरी हो जाती थी।

राजस्व व्यवस्था – प्राचीन भारत की भाँति ही कत्युरीकाल में राजस्व की मुख्य स्त्रोत भूराजस्व ही था। इसके अतिरिक्त इस पर्वतीय राज्य में वनों एवं खनिज सम्पदा से भी अच्छी आय होती थी। राज्य की ओर से 'क्षेत्रफल' नामक पदाधिकारी कृषि उन्नति का प्रयास करता था, 'प्रभातर' नाम के अधिकारी का कार्य भूमि की विधिवत् नाप–जोख करना था। भू–अभिलेख रखने के लिए पृथक से 'उपचारिक' अथवा 'पट्टकोषचरिक' नाम का पदाधिकारी होता था। भूमि का मापन भूमि में बोये जाने वाले बीज के आधार पर होता था। कत्युरी काल में द्रोणबामाप के अतिरिक्त नालीबामाप बीज वाली भूमि का वर्णन प्राप्त होता है। उत्तराखंड के ग्रामीण क्षेत्रों में आज भी हमें 'द्रोण' अथवा 'दूण' और 'नाली' अथवा 'पाथा' का प्रयोग मिलता है।

इस काल में वनों और खनिज सम्पदा पर राज्य का एकाधिकार होता था। इनकी रक्षा एवं इनसे सम्बन्धित उद्योगों की व्यवस्था के लिए 'खंडपति' व 'खंड रक्षा स्थानाधिपति' नाम के पदाधिकारी की नियुक्ति होती थी। सम्भवतः इस काल में मैदानी क्षेत्रों में यहाँ के लौह, ताम्र, स्वर्णचूर्ण, भोजनपत्र रिगांल एवं बाँस की भारी माँग होती थी। इसके अलावा ऊन एवं ऊनी वस्त्र, पालतू पशु–पक्षी,मधु एवं वन– औषधियों के व्यापार से राज्य की जनता एवं राज्य को लाभ प्राप्त होता था।

इस काल में हमें कत्युरी राजाओं द्वारा लगाए गए विभिन्न करों का उल्लेख मिलता है। कृषि तथा पशुओं से प्राप्त पदार्थों पर एक नियत अंश कर के रूप में लिया जाता था। भोगपति व शौल्किक नाम के अधिकारी 'योग तथा शुल्क' आदि करों का संग्रहण करते थे। भट् और 'चार–प्रचार' नामक पदाधिकारी जनता से बेगार (बिष्टि) लेते थे। मन्दिर को दान में प्राप्त भूमि पर बसे लोगों से बेगार नहीं ली जाती थी।

राजस्व निर्धारण में प्रयुक्त होने वाले पैमानों का उल्लेख कत्युरी ताम्रपत्रों में मिलता है। भूमिमापन की ईकाइयों में प्रमुख इकाईयाँ इस प्रकार थी –

द्रोणवाप – प्राचीन भारतीय अभिलेखों में 'वाप' का प्रयोग बीज की मात्रा प्रकट करने के लिए हुआ है। एक द्रोण प्राय 32 सेर के बराबर होता है। इसका आज भी 'दूण' के रूप में प्रयोग होता है। अतः एक द्रोणवाप भूमि से तात्पर्य उतने क्षेत्र से होता है, जितने में 32 सेर बीज छिटक कर बोया जा सकता है। ब्रिटिशकाल में एक नाली को 240 वर्गगज के बराबर मानक मान लिया गया। इस आधार पर एक द्रोणवाप 3840 वर्ग गज के बराबर क्षेत्र हुआ।

कुल्यवाप – गुप्तकाल में 'कुलय' शब्द का बहुत प्रयोग हुआ है। सम्भवतः एक कुलय (कुलि) 8 द्रोण के बराबर माना जाता है अर्थात् इतना क्षेत्र जिसमें 256 सेर बीज बोया जा सके। ब्रिटिश कालीन मानक के अनुसार एक कुल्यवाप 30720 वर्गगज के बराबर है।

खारिवाप – एक 'खारि' 20 द्रोण के बराबर मानी जाती है। अतः इसमें 640 सेर बीज बोया जा सकता है। ब्रिटिश काल में हुए मानकीकरण के आधार पर यह 76800 वर्ग गज क्षेत्र हुआ। महर्षि पाणिनि के विवरणानुसार भी 'खारिवाप' " द्रोणवाप" से बड़ी ईकाई है।

प्रान्तीय शासन – सम्पूर्ण कत्युरी राज्य कतिपय प्रान्तों में विभक्त था, जिनका शासन 'उपरिक' के द्वारा होता था। इसके नीचे 'आयुतक' नाम के अधिकारी प्रान्त के भिन्न–भिन्न हिस्सों का शासन चलाते थे। प्रान्तों के आगे विभाजन 'विषयों' (जिलों) में किया गया था, जिसका शासक 'विषयपति' कहलाता था। कत्युरी साक्ष्यों से चार विषयों और लोकगाथाओं से एक अन्य विषय का ज्ञान होता है। इस प्रकार कुल पाँच विषय इस प्रकार थे –

1. कार्तिकेयपुर विषय – सम्भवतः जोशीमठ से लेकर गोमती नदी तक का क्षेत्र इसमें शामिल था। सम्भवतः यह प्राचीन कत्युर क्षेत्र था।
2. टंकणपुर विषय – अलकनन्दा भागीरथी संगम से लेकर अलकनन्दा उपत्यका तक क्षेत्र इसमें शामिल था।
3. अन्तराग विषय – भागीरथी तथा अलकनन्दा के मध्य की उपत्यका।
4. एशाल विषय – भागीरथी एवं यमुना नदी के मध्य का क्षेत्र।
5. मायपुरहाट – हरिद्वार के निकटवर्ती का तराई–भावर क्षेत्र इसमें शामिल था।

इसके अतिरिक्त राज्य के अन्तर्गत कई शक्तिशाली ठकुराईयाँ होता था।

कत्युरी राजवंश

कत्युरी काल में नरेश राज्य का सर्वोपरि शासक था। अभिलेखों में केवल राजा की प्रधान रानी (महादेवी) तथा केवल उत्तराधिकारी राजपुत्र का उल्लेख मिलता है। अभिलेखों में वर्णित क्रम यथा–राजा, राजान्यक, राजामात्य, सामन्त, महासामन्त ठक्कुर, महामनुष्य, महाकर्ता इत्यादि से विदित होता है कि राजपरिवार के पुरूषों को महत्वपूर्ण पदों पर नियुक्त किया जाता था।

कत्युरी अभिलेखों से विदित होता है कि राजपरिवार की अपनी निजी सम्पत्ति होती थी, जिसमें मुख्यतः गाय, भैंस, घोड़े, खच्चर इत्यादि होते थे। उनकी देखभाल के लिए ''किशोर–बड़ा–गो–महिव्याधिकृत'' कर्मचारी नियुक्त था।

कत्युरी राजकाल में इस क्षेत्र की बहुसंख्य जनता हिन्दू धर्म की अनुयायी थी। वैष्णव व शैव सम्प्रदाय के अनगिनत मन्दिरों के साक्ष्य इस बात की पुष्टि करते हैं। सम्भवतः इसी काल में इस क्षेत्र में बौद्ध एवं जैन धर्म का प्रचार प्रसार हुआ। इसके अतिरिक्त इस क्षेत्र में काली पूजा के साक्ष्य भी मिलते हैं, जिससे स्पष्ट होता है कि कत्युरी धार्मिक सहिष्णुता का अनुपालन करते थे।

बहुविकल्पीय प्रश्न

1. महाभारत काल में कुणिद नरेश सुबाहु की राजधानी थी
   (क) श्रीनगर (ख) काशीपुर
   (ग) कालसी (घ) इनमें से कोई नहीं
2. निम्न में से किसने श्रीनगर के मध्य जीर्ण– शीर्ण अजयपाल के राजप्रसाद को देखा था?
   (क) आल्विक (ख) कैप्टन हार्डविक
   (ग) कैप्टन मेयर (घ) इनमें से कोई नहीं
3. कि–उ–पि–स्वड़ः–न' नाम से गोविषाण नगर का विस्तृत वर्णन दिया है
   (क) फाहयान ने (ख) युवान च्वाड ने
   (ग) मैगस्थनीज ने (घ) इनमें से कोई नहीं
4. गोविषाण नगर का सर्वप्रथम सर्वेक्षण किस पुरातत्वविद ने किया?
   (क) कर्निंघम (ख) टॉमसन
   (ग) एलेक्सजैण्डर (घ) इनमें से कोई नहीं
5. यमुना की सहायक अमलावा नदी के बाएँ तट अवस्थित कालसी का प्राचीन नाम था
   (क) कर्तपुर (ख) काशीपुर
   (ग) कालकूट (घ) इनमें से कोई नहीं
6. मौर्य सम्राट अशोक द्वारा यमुना–टौंस संगम पर स्थापित शिलालेख किस भाषा में है?
   (क) पाली (ख) खरोष्टी
   (ग) अरमाइक (घ) इनमें से कोई नहीं

7. किसके द्वारा किए गए दान से 1803 ई0 में आए विनाशकारी भूकम्प से क्षतिग्रस्त रघुनाथ मन्दिर का कालान्तर में जीर्णोद्धार हुआ?
   (क) दौलतराव सिंधिया (ख) महादजी सिंधिया
   (ग) नरेन्द्रशाह (घ) इनमें से कोई नहीं
8. केदारखण्ड में वर्णित 'गोस्थल' एवं राजस्व अभिलेखों में उल्लेखित 'गोथला' ग्राम ही है
   (क) गंगापुर (ख) गोविषाण
   (ग) गोपेश्वर (घ) इनमें से कोई नहीं
9. वर्तमान उत्तरकाशी का प्राचीन नाम है
   (क) बाड़ाहाट (ख) गोविषाण
   (ग) कुब्जाग्राम (घ) इनमें से कोई नहीं
10. केदारखण्ड में सौम्यकाशी नाम से इस स्थल का वर्णन मिलता है
    (क) उत्तरकाशी (ख) टिहरी
    (ग) गोपेश्वर (घ) इनमें से कोई नहीं
11. प्रारम्भिक कत्यूर वंश के शासकों की राजधानी थी
    (क) चम्पावत (ख) बागेश्वर
    (ग) बैजनाथ (घ) इनमें से कोई नहीं
12. टनकपुर–पिथौरागढ़ राजमार्ग पर अवस्थित चन्दों की प्राचीनतम् राजधानी के रूप में पहचाना गया है
    (क) चम्पावत (ख) बागेश्वर
    (ग) बैजनाथ (घ) इनमें से कोई नहीं
13. टनकपुर–पिथौरागढ़ राजमार्ग पर अवस्थित चम्पावत् से चंदों के प्राचीन दुर्ग कोटलगढ़ के अवशेष प्राप्त होते हैं
    (क) राजबूंगी नामक टीले पर (ख) कोटबूंगी टीले पर
    (ग) लोहाघाट से (घ) इनमें से कोई नहीं
14. जनपद देहरादून में स्थित इस स्थल से राजकुमारी ईश्वरा का शिलालेख मिला है
    (क) हरकी दून क्षेत्र (ख) जौनसार–भावर क्षेत्र
    (ग) रवांई क्षेत्र (घ) इनमें से कोई नहीं
15. भारतीय संदर्भ में प्रथम ऐतिहासिक मानी जाने वाली कल्हण की रचना राजतरंगिनी में ललितादित्य के अभियानों की कड़ी में उत्तराखंड का उल्लेख इस नाम से प्राप्त होता है
    (क) सिरमोर (ख) गढराज्य
    (ग) स्त्रीदेश (घ) इनमें से कोई नहीं

16. प्रसिद्ध भूगोलविद् टालमी ने दूसरी शताब्दी ई0पू0 व्यास, गंगा और यमुना के ऊपरी क्षेत्र में किस जाति के वास का उल्लेख किया है?
    (क) कुणिन्द (ख) खस
    (ग) कत्युरी (घ) इनमें से कोई नहीं
17. उत्तराखंड पर राज्य करने वाली पहली राजनैतिक शक्ति थी
    (क) कुणिन्द ख) नाग
    (ग) यौधेय (घ) इनमें से कोई नहीं
18. कुणिन्द वंश का सबसे शक्तिशाली शासक था
    (क) बसन्तदेव (ख) अमोधभूति
    (ग) त्रिभुवनराज (घ) इनमें से कोई नहीं
19. किस भारतीय नरेश का एक पर्वतीय राजकुमारी से विवाह का उल्लेख मिलता है?
    (क) समुद्रगुप्त (ख) हर्षवर्धन
    (ग) पुष्यमित्र (घ) इनमें से कोई नहीं
20. प्रथम कत्युरी नरेश का कौन था?
    (क) बसन्तदेव (ख) अमोधभूति
    (ग) त्रिभुवनराज (घ) इनमें से कोई नहीं
21. हस्तलिखित ग्रन्थ "गुरूपादुक" प्राप्त हुआ है
    (क) जोशीमठ से (ख) उत्तरकाशी से
    (ग) अल्मोड़ा से (घ) इनमें से कोई नहीं
22. कत्युरी राज्य के मुख्य राजमिस्त्री को कहा जाता है
    (क) नरपति (ख) घट्पाल
    (ग) करिका (घ) इनमें से कोई नहीं
23. कत्युरी राज्य गिरी अथवा पर्वतीय प्रवेशद्वार की रक्षा के लिए नियुक्त पदाधिकारी था
    (क) घट्पाल (ख) वर्मपाल
    (ग) अमात्य (घ) इनमें से कोई नहीं

उत्तर

1 क	2 ख	3 ख	4 क	5 ग	6 क	7 क
8 ग	9 क	10 क	11 ग	12 क	13 क	14 ख
15 ग	16 क	17 क	18 ख	19 ख	20 क	21 क
22 ग	23 क					

4
अध्याय

चंद वंश का इतिहास

ऐतिहासिक स्त्रोत

कुर्मांचल पर कत्युरियों के बाद शासन करने वाले 'चंद' वंश के इतिहास को जानने के हमारे पास पुरातात्विक, साहित्यक साक्ष्य एवं लोक गाथाएँ उपलब्ध हैं। इनका विवरण इस प्रकार है –

पुरातात्विक – यह चंद वंश के इतिहास को जानने के मुख्य स्त्रोत हैं। इनमें से मुख्य हैं – बालेश्वर मंदिर से प्राप्त क्राचल्लदेव का लेख, बास्ते ताम्रपत्र, गोपेश्वर त्रिशूल लेख, बोधगया, शिलालेख, लोहा घाट एवं हुडैती अभिलेख, गड़यूड़ा ताम्रपत्र, विजयचन्द्र का पाभै ताम्रपत्र, कलपानी–गाड़भेटा से प्राप्त कल्याण चंद का ताम्रपत्र, खेतीखान ताम्रपत्र, सीरा क्षेत्र से प्राप्त 1353 ई0 एवं 1357 ई0 के मल्ला ताम्रपत्र से भी इस वंश के इतिहास पर प्रकाश पड़ता है। सेरा–खड़कोट एवं मझेड़ा ताम्रपत्र से चंदों के बम शासकों से सम्बन्धों की जानकारी होती है। बास्ते ताम्रपत्र में मांडलिक राजाओं की लम्बी सूची दी गई है। इस प्रकार हमें चंदवंश से सम्बन्धित लगभग हर शासक द्वारा जारी ताम्रपत्र मिलते हैं। उपरोक्त के अतिरिक्त मूनकोट ताम्रपत्र, गडयूडा ताम्रपत्र, बरग से प्राप्त ताम्रपत्र, झिझाड़ ताम्रपत्र, लखनऊ संग्रहालय का ताम्रपत्र संख्या– 51.284 इत्यादि महत्वपूर्ण ताम्रपत्र हैं।

लिखित स्त्रोत – कुमाऊँ के चंद वंश के सम्बन्ध में लिखित स्त्रोतों से भी पर्याप्त जानकारी मिलती है। मानोदय अथवा ज्ञानोदय काव्य में चंद राजाओं की वंशावली दी गई है। पंवाड़े चंद राजाओं की जानकारी से भरे

पड़े हैं जैसे भारतीचंद के पंवाड़ा लिखित स्त्रोतों की श्रेणी में लोकगीतों एवं लोकगाथाओं में चंद राजाओं की यशगाथाओं का वर्णन है।

राज्य विस्तार – प्रारम्भ में चंद राज्य काली नदी की उपत्यका तक ही सीमित था किन्तु कालान्तर में इसका विस्तार तराई–भाबर क्षेत्र, सोर, सीरा दारमाजोहार, व्यास–गणकोट एवं सम्पूर्ण अल्मोड़ा जनपद तक हो गया था। इन्होंने डोटी की राजधानी अजमेरगढ़ एवं जुराइल–दिवाइल कोट तक विजय हासिल की। इनकी प्रारम्भिक राजधानी चंपावती नदी तट पर बसी चंपावत नगरी थी। राजधानी के लिए 'राजबुगा' अथवा 'राजध ााई' शब्दों का प्रयोग हुआ है। देवीसिंह के समय राजधानी 'देवीपुर' भी रही। राजा के महल को 'चौमहल' कहते थे। बालू कल्याण चंद के काल में 'अल्मोड़ा' को पूर्णतः चदों की राजधानी के रूप में स्थापित किया गया।

चंद वंश का प्रारम्भिक इतिहास

दसवीं शताब्दी के अंत अथवा ग्यारहवीं शताब्दी के प्रारम्भ में कूर्मांचल पर एक नए राजवंश का शासन स्थापित हुआ जिसे 'चंद' वंश के नाम से जाना जाता है। इस वंश ने कुमाऊँ पर लम्बे समय तक शासन किया। किन्तु इस वंश की स्थापना को लेकर इतिहास विद्वानों के मध्य मतैक्य का अभाव है। चंद वंश की स्थापना को लेकर विद्वानों ने अलग–अलग मत प्रतिपादित किए हैं, जिनमें से मुख्य इस प्रकार हैं –

लोहाघाट के निकट काली कुमाऊँ क्षेत्र में प्राचीन सुई राज्य था। 10वीं शताब्दी के अन्तिम चरण में इस राज्य पर ब्रहादेव का शासन था। ब्रहादेव महत्वकांक्षी शासक था और उसने सीमांत खस राज्यों को विजित करने का निश्चय किया। इस प्रक्रिया से सारे कुमाऊँ क्षेत्र में अव्यवस्था फैल गयी। ऐसी स्थिति में काली कुमाऊँ के प्रमुख ने योग्य शासक की खोज में गंगा मैदान की ओर दल भेजा। यह दल इलाहाबाद के निकट झूसी से सोमचंद नामक व्यक्ति को कुमाऊँ लाया और उसे काली–कुमाऊँ का राजा बनाया।

गणेश सिंह वेदी की पुस्तक 'शशिवंश विनोद' के अनुसार–" चंदेरी के राजा हरिहरचंद के 5 बेटे थे, वीरचंद, कबीरचंद, गम्भीरचंद, सबरीचंद और गोविन्दचंद। इनमे से वीरचंद ने 'छनेहनी' राज्य और सवीरचंद ने 'खलूर' राज्य की स्थापना की। कबीरचंद कुमाऊँ क्षेत्र में आया और वहाँ के राजा के यहाँ नौकरी करने लगा। उसकी योग्यता से प्रसन्न होकर राजा ने उसे दत्तक पुत्र के रूप में अपनाया। इस प्रकार कालान्तर में वह कुमाऊँ का शासक बना।

एक अन्य परम्परा के अनुसार –झुसी से एक चन्द्रवंशी राजकुमार सोमचन्द्र अपने साथ ब्राहाणों और राजपूतों की एक टोली के साथ बद्रीनाथ की यात्रा पर आया था। सौभाग्यवश एक राजकुमार के सुई क्षेत्र में आने का समाचार ब्रहादेव को मिला, उसने उसे अपने दरबार में आने का न्यौता दिया। वह सोमचन्द्र के व्यक्तित्व से बहुत प्रभावित हुआ। उसने उसे कुमाऊँ में रूकने और अपनी इकलौती पुत्री से विवाह का प्रस्ताव दिया। सोमचन्द्र ने प्रस्ताव स्वीकार किया। उसे दहेज में 15 बीसी के बराबर का भू–दान मिला। सोमचंद ने यहाँ एक भव्य गढ़ का निर्माण कराया, जिसका नाम 'राज बुंगी' रखा गया। कालान्तर में यह स्थल 'चम्पावत' नाम से प्रसिद्ध हुआ और 1560 ई0 तक यह नगरी चंदवंश की राजधानी रही।

एटकिन्सन महोदय ने एच0एम0 ईलयट के मत का खण्डन करते हुए लिखा है कि सोमचन्द्र चन्देल वंशी राज़कुमार था न कि चन्द्रवंशी एवं वह झूंसी से नहीं बल्कि झांसी से काली कुमाऊँ आया था।

वस्तुतः यह स्पष्ट है कि कुर्मांचल में चंद वंश की स्थापना बाहर से आये एक राजकुमार ने की। अब प्रश्न उठता है कि वह राजकुमार कब इस क्षेत्र में आया था। इस पर भी विद्वानों में मतभेद है। सामान्यतः 7वीं शताब्दी से लेकर 12वीं शताब्दी के बीच की तिथियाँ विद्वानों ने सुझायी है। इनमें से सर्वाधिक उपयुक्त तिथि 1025 ई0 की प्रतीत होती है क्योंकि इस तिथि के आस–पास ही कत्युर वंश के राजकुमार अन्यत्र स्थान्तरित हुए। इनमें से सर्वाधिक घाटी छोड़कर मणकोट, अस्कोट, डोटी, लखनपुर–बैराट और मनिला–सल्ट की ओर स्थानांतरित हुए। अतः 11वीं शताब्दी के प्रारम्भ में कत्युरियों का शासन अवसान पर था।

चूँकि इस नए राजवंश के सभी शासको के अन्त में चंद उपसर्ग लगा था। इसी आधार पर इतिहासकारों ने 'चंद' उपसर्ग के कारण ही इस नए राजवंश को चंद राजवंश का नाम दिया।

सोमचंद

कुर्मांचल में 'चंदवंश' का संस्थापक सोमचंद को माना जाता है। सम्भवतः से इलाहाबाद में गंगा पार 'झूसी'के चन्द्रवंशी राजवंश से सम्बधित राजकुमार था। वह तीर्थयात्रा के लिए कुमाऊँ क्षेत्र में आया था। कत्युरी नरेश ब्रहादेव की मृत्यु के पश्चात सोमचंद ने इस वंश की स्थापना की। उसने चंपावती देवी के नाम पर चम्पावत नगर की स्थापना कर उसे अपनी राजधानी बनाया। उसने अपने नवनिर्मित किले 'राजबुंगा के

आस–पास के क्षेत्रों में विद्वान ब्राहाणों, गजकोली, बखरिया, विश्वकर्मा, तमोटा, बाजदार एवं बजनियां आदि को बसाया। यह सब राजकाज को सुचारू रूप से चलाने के लिए किया था, इसके पश्चात् उसने ग्रामों में राजधानी बनाई। उसके शासन के प्रारम्भ में समूचे काली कुमाऊँ क्षेत्र पर खस, नाग, भेद चाण्डाल आदि ठकुराईयाँ थी, जो दो भागों में विभक्त थे, जिनका नेतृत्व महरा और फर्त्याल कर रहे थे। सोमचंद ने राज्य विस्तार से पूर्व चार किलेदार नियुक्त किए–कार्की, बोरा, तड़ागी ओर चौधरी। ये सभी मूलतः नेपाल से थे। जिन किलों में ये रहते थे उन्हें 'चारआल' अथवा 'चाराल' कहते थे।

सोमचंद ने सर्वप्रथम दोणकोट के रावतों को परास्त किया। महरा व फर्त्याल को उसने मंत्री व सेनापति नियुक्त किया। राज्य की पूरी राजनीति की धुरी इन्हीं दोनों के इर्द–गिर्द घूमी थी। महरा कटोलगढ़ के वासी थे जबकि फर्त्याल सुई के किले के निकट 'डुंगरी' में रहते थे। जनसामान्य की राजभक्ति पाने के लिए उसने महरा तथा फर्त्यालों को सम्मानित किया।

संसारचंद इस वंश का अगला शासक हुआ। इसके बाद क्रमशः सुधाचंद, हरिचंद, और बीनाचंद गद्दी पर बैठे। इनकी किसी भी विशेष उपलब्धि की जानकारी नहीं मिलती है। वीनाचंद एक विलासी प्रवृत्ति का शासक था। उसकी अयोग्यता का लाभ उठाकर आस–पास के खस राजाओं ने अपनी स्थिति सुदृढ़ करनी शुरू की। सम्भवतः इस खस विद्रोह के कारण चदवंश की मांडलिक स्थिति भी सामाप्त हो गई और वे स्वयं खस राजाओं के अधीनस्थ बनकर रह गए।

सम्भवतः सोमचंद एक मांडलिक राजा था जो डोटी के राजा के अधीनस्थ था। डोटी के राजा मल्लवंशी थे और 'रैका राजा' कहलाते थे। सोमचंद के समकालीन डोटी राजा जयदेवमल्ल था। इस वंश की कुलदेवी चंपावती थी। सम्भवतः सोमदेव की मृत्यु एक मांडलिक राजा के रूप में ही हुई।

आत्मचंद

सोमचंद का उत्तराधिकारी उसकी कत्युरी रानी से उत्पन्न आत्मचंद था। उसके 20 वर्षों के शासन के बाद पूर्णचंद गद्दी पर बैठा। पूर्णचंद के पश्चात् गद्दी पर बैठने वाले इन्द्रचंद के बारे में एटकिन्सन महोदय ने लिखा है कि उसने रेशम उत्पादन एवं रेशमी वस्त्र बनाने का कार्य अपने राज्य में शुरू कराया था। इसके लिए उसने मैंदानी क्षेत्र से पट्टवायों

(रेशम बुनकरों) की श्रेणियों को बुलवाया। इस रेशम व्यापार के लिए चीन से दौत्य सम्बध स्थापित किए। रेशम व्यापार से चंद राज्य की श्रीलक्ष्मी में वृद्वि हुई।

क्राचल्लदेव के 1223 ई0 के अभिलेख में 10 मांडलिक राजाओं की सूची में श्री विनयचंद, विधालयचंद के नाम 'चंद वंश की अधीनता का प्रमाण देते हैं। बास्ते ताम्रपत्र में मोहन थापा एवं अन्य माडलिक राजाओं का उल्लेख है, जिनका अधिपति शक्तिबम था, जिसका मूल नेपाल था। उसने बूदों एवं सयानों की नियुक्ति की। ये अपने गांवों में शामिल व्यवस्था की स्थापना और लगान वसूली का कार्य करते थे। प्रतीत होता है कि मांडलिक राजा एक प्रकार के सांमत होते थे, जो एक अधिपति के अधीन शासन करते थे। अधिकांशतः इन मांडलिक राजाओं का अधिपति डोटी के रैका राजा ही होते थे।

उपरोक्त वर्णन से स्पष्ट है कि बीनाचंद के पश्चात् 45–50 वर्षों के अन्तराल में ही 'चंद' वंश की तीन शाखाएँ क्राचल्लदेव के अधीन शासन करने लगी थी, सम्भवतः 'चंदों' की मुख्य शाखा चन्द्रदेव के नेतृत्व में आगे बढ़ी। 'देव' विरूद्ध का प्रयोग कत्युरी परम्परा से लिया गया।

वीरचंद ने अशोकचल्ल की सहायता से बीनाचंद के समय हुए विद्रोह का दमन किया। 1206 ई0 में उसकी मृत्यु के बाद क्रमशः नरचंद, थाहचंद और त्रिलोकचंद राजा बने। 1303 ई0 में त्रिलोकचंद की मृत्यु के बाद उमरचंद राजा बना, जिसने लगभग 18 वर्ष तक शासन किया। इसके पश्चात् धर्मचंद, अभयचंद एवं कर्मचंद गद्दी पर बैठे। कर्मचंद ने एक वर्ष शासन किया। उसके पश्चात् वह मणकोटी के राजा के पास चला गया और ज्ञानचंद राजगद्दी पर बैठा।

ज्ञानचंद ने 1365 से 1420 ई0 तक शासन किया। वह पहला चंद राजा था, जो स्वयं दिल्ली फिरोजशाह तुगलक के दरबार में नजराना देने गया था। फिरोज ने प्रसन्न होकर उसे 'गरूड़' की उपाधि प्रदान की एवं साथ ही तराई–भाबर का क्षेत्र भी प्रदान किया। सेरा–खड़कोट ताम्रपत्र में उसके और विजयबम के संयुक्त भूमि संकल्प का उल्लेख है, जिसमें उसे 'राजाधिराज महाराज' कहा गया है जबकि विजयबम के साथ कोई भी विरूद्ध नहीं लगाया गया है। विजयबम के मझेड़ा ताम्रपत्र में उसे 'श्री राजा विजय ब्रहा' उद्बोधित किया गया है। इससे ज्ञात होता है कि सोर का विजेता ज्ञानचंद ही था। 1418 ई0 के गोबासा ताम्रपत्र में उसने कुजौली ग्राम को वृति रूप में देवराज तिवाड़ी को दान दिया था।

ज्ञानचंद की मुत्यु के उपरांत क्रमशः हरिहरचंद, दानचंद, आत्मचंद एवं हरिचंद राजा हुए। इसके बाद विक्रमचंद शासक बना जिसके दो ताम्रपत्र–बालेश्वर मन्दिर ताम्रपत्र व चंपावत ताम्रपत्र से उसका राज्यकाल 1423–34 ई0 तक रहने का प्रमाण मिलता है।

विक्रमचंद के पश्चात् गद्दी पर बैठने वाले धर्मचंद का राज्यकाल अत्यल्प रहा। इसके बाद 1437 ई0 के आस–पास भारतीचंद राजा बना। इसके कई ताम्रपत्र मिले हैं। इसके पंवाड़े कुमाऊँ में बहुत प्रसिद्ध हैं। इनमें से कुमाऊँ की प्रसिद्ध वीरांगना से उसके द्वंद–युद्ध का भी पवाड़ों में बखान किया गया है।

भारती चंद योग्य एवं कुशल शासक था एवं साथ ही जनता में लोकप्रिय था। उसने चंद वंश की ख्याति बढ़ाने के लिए एक विशाल सेना तैयार की। इसे लेकर उसने डोटी राज्य के विरूद्ध संघर्ष प्रारम्भ किया। इस समय डोटी में मल्ल राजाओं का शासन था, जिन्होंने सीरा क्षेत्र को विजित कर 'पर्वत डोटी का देश' नाम दिया एवं वृहतर डोटी साम्राज्य की स्थापना की। इस क्षेत्र का प्रशासन डोटी के राजकुमार को सौंपा जाता था। भारतीचंद का समाकालीन डोटी नरेश यक्षमल एवं सीरा का प्रशासक बलि नारायण संसार मल्ल था। इस क्षेत्र के अतिरिक्त सोर प्रदेश पर मल्ल वंश की ही एक शाखा 'बम' का शासन था। सीरा क्षेत्र से शक् सम्वत् 1275 (1353 ई0) एवं सौर क्षेत्र से शक् सम्वत् 1259 (1337 ई0) का सबसे प्राचीन मल्ल शासकों द्वारा निर्गत ताम्रपत्र मिला है।

भारती चंद की उपलब्धियाँ

भारती चंद जैसा साहसी एवं वीर शासक कभी भी डोटी साम्राज्य की अधीनता बर्दाश्त नहीं कर सकता। अतः उसने इससे मुक्ति पाने का निश्चय किया। उसने इस उद्देश्य से एक विशाल सेना का गठन प्रारम्भ किया। इस सेना में सभी जाति के लोगों को भर्ती किया गया। तत्पश्चात् सोर की ओर बढ़कर उसने पिथौरागढ़ में पड़ाव लगा दिया। इसका साक्ष्य हमें देवसिंह मैदान के पास बंद पड़े 'कटूक नौला' के रूप में मिलता है। भारतीचंद ने दूसरा पड़ाव काली नदी के आस–पास बड़ालू से गगोलीहाट तक जमाया। भारतीचंद का शिविर बालूचौड़ स्थान पर लगा था, जो कि काली नदी तट पर अवस्थित है।

पदमादत पंत का मानना है कि भारतीचंद ने बड़ालू के निकट बर्तियाकोट में अपना निवास स्थल बनाया था। लगभग 12 वर्षों तक डोटी का घेरा डाले रखने के बाद ही भारतीचंद मल्ल राजा को परास्त करने

में सफल रहा। डोटी की यह विजय 1451–52 ई0 के आस–पास ठहरती है क्योंकि 1452 ई0 में बड़ाल एवं इसके आस–पास के क्षेत्र में भारतीचंद के पुत्र पर्वतचंद का शासन चल रहा था। यद्यपि ज्ञानचंद के समय ही सारे क्षेत्र पर चंद आधिपत्य का उल्लेख मिलता है। किन्तु पूर्ण आधिपत्य भारतीचंद के काल में ही हुआ क्योंकि चंदवंश को डोटी आधिपत्य से मुक्ति भारतीचंद के काल में ही मिली थी।

डोटी विजय के पश्चात् भारतीचंद ने अपने पुत्र रतनचंद के सहयोग से सोर, सीरा, थल आदि क्षेत्रों पर अपना प्रभुत्व स्थापित किया। सोर से विजयबम का शासन समाप्त हुआ एवं सीरा के मल्ल प्रशासक कल्याण मल्ल भी भाग गए। तत्पश्चात् भारतीचंद ने डंगुरा बसेड़ा को सीरा में अपना सामंत नियुक्त किया। यद्यपि स्थापित किए गए ये बसेड़ा सामंत अधिक दिन तक प्रशासन चला नहीं सके और मल्लों ने पुनः सीरा पर अपना अधिकार स्थापित कर लिया।

सीरा के मल्लों एवं चंद राजाओं के मध्य संघर्ष जारी रहा। राईमल्ल का उत्तराधिकारी शोभामल्ल ने इसका अन्त चंद वंश से वैवाहिक सम्बन्ध स्थापित कर किया। उसने अपनी पुत्री का विवाह बालो–कल्याणचंद से करा दिया। बालो कल्याण चंद के उत्तराधिकारी रूद्रचंद के समय पुनः इन सम्बन्धों में कटुता आई। बालो कल्याणचंद के मणकोटी राज्य को भी चंद राज्य में मिला लिया और चंपावत से राजधानी अल्मोड़ा स्थानांतरित कर दी गई। चंपावत के झिझाड़ सेलाखोला गाँवों के दीवान जोशियों को उनके गाँवों के नाम से ही अल्मोड़ा में बसाया। सभी राजकीय कर्मचारियों को भी अल्मोड़ा स्थानांतरित कर दिया गया। रूद्रचंद ने हरिमल्ल को परास्त कर सीरा को अपने राज्य में मिला लिया। यह घटना 1590 ई0 के आस–पास की है। इस विजय के उपलक्ष्य में रूद्रचंद ने 'थल' में एक शिवमन्दिर बनवाया।

भारतीचंद के दो पुत्रों की जानकारी प्राप्त होती है। खेतीखान ताम्रपत्र में सुजान कुंवर का उल्लेख है जबकि लोहाघाट एवं हुड़ती अभिलेखों में कुंवर रत्नचंद का नाम है। रत्नचंद ने अपने पिता के कार्यकाल में ही कई युद्धों में कीर्ति अर्जित कर ली थी। सोर, सीरा, थल, बजांग, आदि विजय में रत्नचंद ने ही अपने पिता का सहयोग किया।

रत्नचंद के बाद कीर्तिचंद राजा बना। इसके 11 वर्षों के शासनकाल के बाद क्रमशः प्रतापचंद, ताराचंद, मानिकचंद, कल्याणचंद, पूर्णचंद और भीष्मचंद सिंहासनरूढ हुए। कलापानी–गाड़–भेटा (पिथौरागढ जनपद) से प्राप्त ताम्रपत्र में उल्लेखित 'महाराजाधिराज श्री कल्याणचंद देव' भीष्मचंद

का उत्तराधिकारी था। उसके बाद रूद्रचंद राजा बना। भेटा ताम्रपत्र में किसनचंद को महाराजकुमार कहा गया है। प्रतीत होता है कि किसनचंद की या तो युवराजकाल में ही अकाल मृत्यु हुई अथवा रूद्रचंद ने उसकी हत्याकर राजगद्दी प्राप्त की।

रूद्रचंद

सम्भवतः मुगल सम्राट अकबर का समकालीन कूर्मांचल नरेश रूद्रचंद था, जो प्रारम्भ में तो स्वतंत्र शासक था किन्तु 1587 ई0 के बाद उसने मुगल अधीनता स्वीकार कर कुर्मांचल को करद–राज्य बना दिया था। इसी काल में हुसैन खां ने तराई क्षेत्र पर कब्जा किया। अतः रूद्रचंद ने तराई पर आक्रमण कर पुनः उस पर अधिकार किया एवं साथ ही रूद्रपुर शहर की नींव भी रखी। इस अवसर पर उसने सम्राट अकबर को कुछ भेंट भेजी थी। मुगल बादशाह अकबर ने उसे 'चौरासी माल' परगने की जमीदारी सौंपी थी।

अल्मोड़ा का 'मल्ल महल' रूद्रचंद ने ही निर्मित करवाया था। रूद्रचंद एक योग्य प्रशासक, कुशल सेनापति व निर्माता था। अपनी योग्यता के बल पर ही उसने चंद वंश की श्री वृद्धि की।

रूद्रचंद की व्यवस्था

रूद्रचंद ने एक नई सामजिक–आर्थिक व्यवस्था को स्थापित करने का प्रयास किया। समाज को सुगठित करने के लिए उसने सर्वप्रथम 'धर्म निर्णय' नाम की पुस्तक संकलित करवाई। इसमें ब्राहाणों के गोत्र एवं उनके पारस्परिक सम्बन्धों का अंकन किया गया। गढ़वाल सरोला ब्राहाणों की भाँति ही कुमाऊँ में भी चौथानी ब्राहाणों की एक मंडली बनाई जो परस्पर वैवाहिक सम्बन्ध रख सकते थे। इसके पश्चात् क्रमशः घटते क्रम में तिथानी (पचबिड़िये), हलिए (पितलए) ब्राहाणों के वर्ग बनाए गए। इसी के आधार पर गुरू, पुरोहित, वैध, सईस, राजकोली, पहरी, बाजदार, बजरिया, टम्टा आदि पदों का निर्धारण किया गया। एक वर्ग औली ब्राहाणों का बनाया गया, जिनका कार्य सम्भतः ओलावृष्टि होने पर थाली बजाकर लोगों को सर्तक करने का था। घरों में सेवा कार्य के लिए 'छयोड़' तथा छयोड़ियों का प्रवाधान किया गया। इसके अतिरिक्त सामान्य जन को 'पौड़ी' पद्रह विस्वा वर्ग में रखा गया।

सामाजिक व्यवस्था को केवल निर्धारित ही नहीं किया बल्कि सभी वर्गों के लिए अलग–अलग दस्तूर निर्धारित किये गए। सईस, साहु, औली

आदि सबको अनाज के रूप में दस्तूर प्राप्त होने का विधान किया गया। इसके साथ ही उत्पादन के 1/6 भाग को वसूलकर राजकोष में पहुँचाने के लिए कैनी–खसों के कार्यों का निर्धारण कर दिया गया। नाई, कुम्हार, दर्जी, लोहार आदि शिलिप्यों के लिए भी दस्तूर की व्यवस्था रखी गई।

रूद्रचंद ने एक बड़ी सेना का गठन किया। यह सुसंगठित सेना हर समय राजधानी में रहती थी। युद्धकाल में राजा के ठाकुर अथवा रजवार अपनी–अपनी टुकड़ियों को लेकर युद्धभूमि में जाते थे। सीरा–डीडीहाट क्षेत्र से उसके भूमि सम्बन्धी दस्तावेज प्राप्त हुए हैं। इससे ज्ञात होता है कि रूद्रचंद ने सीरा के मल्लों को पूर्णतः पराजित कर इस क्षेत्र को अपने नियंत्रण में कर लिया था। तत्पश्चात् यहाँ की भूमि का विधिपूर्वक बंदोबस्त करवाया था। उसके काल की भूमि संनदो में प्रत्येक ग्राम और उसके अन्तर्गत आने वाली भूमि का वर्णन मिलता है।

लक्ष्मीचंद

रूद्रचंद का ज्येष्ठ पुत्र शक्ति जन्मांध था। इसलिए मृत्यु के पश्चात् उसका दूसरा पुत्र लक्ष्मीचंद गद्दी पर बैठा। सीरा से प्राप्त चंद वंशावली में इसे लक्षिमीचंद, भूनाकोट ताम्रपात्र में लछिमनचंद एवं मानोदयकाव्य में लक्ष्मण नाम से वर्णित किया गया है।

लक्ष्मीचंद के काल में उसके बड़े भाई की प्रशासन में अहम भूमिका थी। उसने जन्मांध होते हुए भी लक्ष्मीचंद के प्रशासन को सूदृढ़ किया। उसने दारमघटी की पुर्नव्यवस्था की जिसमें शौका लोगों के कर्तव्य एवं अधिकार नियत कर दिये गये। इस बंदोबस्त के बदले उनसे तिब्बती वस्तुओं को राजदरबार तक पहुँचाने का करार किया। उसने राजधानी में एक कार्यालय की स्थापना की, जिसका कार्य ही बंदोबस्त करना था। सीमाओं पर सीमा सूचक पत्थर लगवाए। सिरती एवं राजकर की दरें निर्धारित कर दी गई।

भूमि पर अनेक प्रकार के कर नियत कर दिए। भिन्न–भिन्न चीजों को रखने के लिए जगहों का विशेष नाम रखा गया। न्याय के क्षेत्र में न्योवली एवं 'बिष्टाली' नामक कचहरी बनाई। सम्भवतः न्योवली न्यायालय दीवानी मामले एवं बिष्टाली न्यायालय फौजदारी मुकदमें सुना करती थी। राज्य कर्मचारियों की तीन श्रेणियाँ बनाई गई–

1. सरदार, परगने की शासन व्यवस्था देखता था
2. फौजदार, सैनिक पदाधिकारी था

3. नेगी, छोटे कर्मचारी थे जिनको अपने कार्य के लिए दस्तूर (नेग) मिलता था, नागरिक प्रशासन की जिम्मेदारी इन्हीं के हाथों में होती थी।

लक्ष्मीचंद को एक निर्माता के रूप में भी याद किया जा सकता है। उसने अनेकों बाग बगीचे लगवाएँ। नरसिंह बाड़ी, पांडेखोला, कबीना तथा लक्ष्मीश्वर आदि बगीचे उसके काल के ही निर्माण हैं। उसने 1602 में बागेश्वर के बैद्यनाथ मन्दिर का जीर्णोद्वार करवाया और शिवलिंग में तांबें की नई शक्ति लगाई।

त्रिमलचंद

लक्ष्मीचंद की मृत्यु के बाद और त्रिमलचंद के शासनरूढ़ होने के मध्य दिलीपचंद और विजयचंद के शासन करने के प्रमाण मिलते हैं। प्रतीत होता है कि तीन–चार वर्ष पहले दिलीपचंद ने फिर एक–दो साल विजयचंद ने राज्य किया। विजयचंद का एक ताम्रपत्र पाभै (पिथोरागढ़ जनपद) से मिला है। इस ताम्रपत्र के अनुसार उसने बसु पुरोहित को चौकी (चंपावत जनपद) में पंचौली नामक व्यक्ति की जमीन प्रदत की थी। एटकिन्सन महोदय के अनुसार विजयचंद ने वर्तमान बुलन्दशहर में अनूपशहर की बड़गूजर की पुत्री से विवाह किया था। सामाजिक सम्बन्धों के अनुसार चंदों का विवाह गुर्जरों से नहीं हो सकता था। अतः राज्य में चारों ओर इसका विरोध हुआ होगा, जिससे राज्य में अशांति एवं अराजकता उत्पन्न हुई। अतः योग्य राजकुमार त्रिमलचंद ने उचित अवसर जानकर विमलचंद को मरवा दिया और स्वयं गद्दी पर बैठा।

त्रिमलचंद ने गद्दी पर बैठने के बाद सर्वप्रथम जिनके माध्यम से षडयंत्र को अंजाम दिया था उनका नाश किया। सुखराम कार्की की हत्या करवा दी, विनायक भट्ट की आँखें निकलवा दी एवं पीरूलाला को देश से निकाला दे दिया। चूँकि रसोईयों एवं छयोड़ियों ने भी इस षंडयत्र में सहयोग किया था, अतः उन सभी को बदलकर अपने विश्वास पात्र लोगों को नियुक्त किया। साथ ही रसोई के कुछ नियम बना दिए।

त्रिमलचंद को गडयूडा ताम्रपत्र में 'महाराज कुमार' कहा गया है। उसे अपने पिता के शासनकाल में प्रशासन चलाने का अच्छा अनुभव हो गया था। उसने अपने पिता के गढ़वाल अभियान में भी हिस्सा लिया था। उसने छखाता और ध्यनीरौ के खसों के विद्रोह को दबाया था।

बाज बहादुर चंद

सन् 1638 ई0 में त्रिमलचंद की मृत्यु के पश्चात् बाज बहादुर चंद गद्दी पर बैठा। उसे गद्दी पर बैठते ही आर्थिक कठिनाईयों का सामना करना पड़ा क्योंकि चौरासी माल क्षेत्र जिससे चंदों की प्रतिवर्ष 9 लाख की आमदनी होती थी, उस पर कटेहर राजपूतों ने अधिकार कर लिया था। अतः सर्वप्रथम वह दिल्ली दरबार गया। चूंकि कटेहर राजपूत मुगल आश्रित थे तो शाहजहाँ ने चंद राजा को कटेहर का प्रांत देना मंजूर किया। साथ ही बाज बहादुर को गढ़वाल के अभियान में मुगलों को साथ देने के लिए 'बहादुर' और 'जमीदार' की उपाधि भी दी। इस मामले में मुरादाबाद के सूबेदार रूस्तम खां ने चंद राजा की सहायता की। माल का तराई क्षेत्र भी रूस्तम खां के दबाव में प्राप्त हुआ। इसके पश्चात् ही बाज बहादुर यहाँ सुव्यवस्था कायम कर पाया। उसने इस क्षेत्र में 'बाजपुर' नामक नगर की स्थापना भी की।

बाजबहादुर ने मानिला गढ़ पर आक्रमण किया एवं वहाँ के कत्युरी–कुवंरों को गढ़वाल की और भागने को मजबूर किया। इन कत्युरी–कुवंरों ने गढ़वाल के पूर्वी भाग पर लूटपाट मचानी शुरू की। इस क्षेत्र के थोकदार गोला रावत भूपसिंह ने अपने दो पुत्रों के साथ इन उत्पातियों का प्रतिरोध किया। इन पिता–पुत्रों की मृत्यु के बाद तीलु रौतिली नामक वीरांगना ने इनका सफल प्रतिरोध किया। सम्भवतः इसी ने चंदों का कोट (चौदकोट) और अल्मोड़ा का पश्चिमी भाग हमेशा के लिए गढ़राज्य का अंग बनाया। इस वीरांगना की हत्या शत्रु पक्ष ने धोखे से की, जब वह पूर्वी नयार नदी में स्नान कर रही थी।

बाज बहादुर चंद ने कैलाश मान सरोवर जाने वाली तीर्थ यात्रियों के लिए 1673 ई0 में गूंठ भूमि दी थी। साथ ही इन यात्रियों के भोजन, वस्त्र रहने की व्यवस्था के लिए 5 ग्रामों की मालगुजारी भी निर्धारित कर दी। उसने शौकों द्वारा तिब्बत को दिए जाने दस्तूर को रोक लिया। यद्यपि कालान्तर में तिब्बतियों के अनुरोध पर इस रोक को हटा लिया था। सोर स्थित उर्ग गांव के बदले बाज बहादुर ने रतन जोशी को तल्ला रंयाशी में एक जयूला जमीन दी। ताम्रपत्र में सदानंद को 'लोटोल राठ' कहा गया है। सम्भवतः इनके पूर्वज मूलतः लटोला ग्राम में रहते थे इसलिए इन्हें लटोला जोशी कहा जाता था। सम्भवतः बाज बहादुर चंद का समकालीन डोटी शासक देवपाल था। बाज बहादुर सोर में देवपाल से मिला था। तत्पश्चात् वह ब्रहादेव मंडी की ओर चल पड़ा, जहाँ चितोना

के राजा ने काली घाट के ऊपर एक किला बनाकर स्वयं को स्वतंत्र शासक घोषित कर रखा था। बाज बहादुर ने किले पर अधिकार किया एवं चितोना के राजा को पेड़ पर लटका कर मार डाला। इसके पश्चात् उसने व्यास घाटी का रूख कर वहाँ के दर्रों पर अधिकार किया और भोटियों व डुनियों को सिरती नामक कर चुकाने को बाध्य किया। 'सिरती' नगद लिया जाने वाला कर था। अपने निजी उपयोग के लिए बाज बहादुर ने फंटाग, कस्तूरीनामा तथा नमक कर लगाए।

बाज बहादुर चंद योग्य सेनापति एवं प्रशासक था। उसने अपने दरबार को मुगल दरबार की तरह भव्य बनाने का प्रयास किया। उसने नए क्षेत्रों की विजय की एवं वहाँ एकल व्यवस्था चलाई। अपने प्रशासन में दक्षता लाने के लिए नए पद सृजित किए, यथा–पनेरू, फुलेरिया, हरबोला, मढवाला इत्यादि।

बाज बहादुर चंद एक धर्मपरायण शासक था। उसने कई मन्दिरों का निर्माण भी करवाया था। थल (पिथौरागढ़ जनपद) से प्राप्त एक 'हथिया देवाल' का निर्माण उसी ने करवाया था। यह देवाल एक ही प्रस्तर खंड को काट–काट कर बनाया गया है। इसलिए एक हथियार देवाल कहलाता है साथ ही इसकी बनावट एलौरा (महाराष्ट्र) के कैलाश मन्दिर से मिलती–जुलती है।

उद्योत चंद

बाज बहादुर के पश्चात् उसका ज्येष्ठ एवं योग्य पुत्र उद्योत चंद राजा बना। उद्योत चंद के अब तक कई ताम्रपत्र प्राप्त हो चुके हैं। बरम (भुवानी–पिथौरागढ़) ताम्रपत्र में उसकी धाय माँ की बीमारी एवं राजवैध द्वारा ठीक किए जाने के बाद राजा द्वारा वरद जोशी (राजवैध) को भूमि दान देने का उल्लेख है। यह ताम्रपत्र 1679 ई0 का निर्गत है।

इस काल में समूचे नेपाल को 'डोटी' कहा जाता था एवं सीरा क्षेत्र में स्थापित मल्ल राज्य को 'वल्ली डोटी' कहा जाता था। इस समय गढ़वाल नरेश एवं डोटी नरेश ने एक सन्धि कर रखी थी जिसके तहत वे पूर्व एवं पश्चिमी से एक साथ कुमाऊँ पर आक्रमण करने वाले थे। उसके समकालीन डोटी नरेश ने चंदों की पुरानी राजधानी पर अधिकार भी कर लिया था। सम्भवतः यह उसके राज्यभिषेक के एक–दो वर्ष के ही अन्दर हुआ और उसे दोतरफा आक्रमण का सामना करना पड़ा। उद्योतचंद दोनों आक्रमणों का एक–साथ सामना करते हुए शत्रुओं को वापस खदेड़ने में सफल रहा। तत्पश्चात् चौकसी के लिए उसने द्वाराहाट,

चंपावत, सोर, ब्रहादेव मंडी में सैनिक छावनियाँ स्थापित की। भारतीचंद के बाद वह पहला शासक है, जिसने डोटी नरेशों की ग्रीष्मकालीन राजधानी अजमेरगढ़ पर आधिपत्य स्थापित किया।

अपनी सफलता के लिए ईश्वर की कृपा मानकर उद्योतचंद प्रयागराज की यात्रा को निकल पड़ा। 1682 ई0 में उसने रघुनाथपुर घाट पर स्नान किया किन्तु उसकी अनुपस्थित का लाभ उठाकर डोटी के रैका राजा देवपाल ने पुनः काली कुमाऊँ पर अधिकार कर लिया। सूचना मिलते ही उद्योतचंद राजधानी लौट गया और एक विशाल सेना के साथ चंपावत की ओर निकल पड़ा। उसके आने की खबर सुनकर ही रैका राजा काली पार अजमेरगढ़ चला गया। उद्योतचंद ने काली पार कर अजमेरगढ़ पर चढ़ाई कर दी। रैका राजा वहाँ से भी भागकर अपनी शीतकालीन राजधानी जुराइल–दिपाइल कोट चला गया। उद्योतचंद ने अजमेरगढ़ को लूटा और वापस चला आया। डोटी का संघर्ष चंद राज्य से इसलिए था कि उन्होंने सीरा व सोर क्षेत्र को उनके आधिपत्य से मुक्त कर अपने राज्य में मिला लिया था। इस अभियान में चंद सेनापति हिरू देउबा मारा गया। अतः राजा ने उसके वंशजों को आठ ग्राम 'रौत' में दिये। सम्भवतः अजमेरगढ़ की यह विजय वर्ष 1683 ई0 की है।

उद्योत चंद के वापस लौटते ही डोटी नरेश ने उसकी सीमाओं पर उत्पात मचाना आरम्भ कर दिया। अतः उद्योत ने पुनः डोटी पर आक्रमण कर दिया। इस बार उसने ग्रीष्मकालीन व शीतकालीन दोनों राजधानियों से डाटी नरेश को खैरागढ़ किले में शरण लेने पर मजबूर कर दिया। अतः डोटी नरेश ने सन्धि याचना की और चंद नरेश को कर देना स्वीकार किया। राजधानी वापस लौटकर उद्योत ने अपनी इस विजय के उपलक्ष्य में एक महल का निर्माण आरम्भ कराया। साथ ही उसने त्रिपुरा, सुन्दरी, पार्वतीश्वर एवं चंदेश्वर नामक मंदिरों का निर्माण भी करवाया।

किन्तु शीघ्र ही डोटी नरेश ने कर देना बंद कर दिया। अतः उद्योतचंद ने तीसरी बार डोटी पर आक्रमण कर दिया। किन्तु इस बार उसकी सेना को करारी शिकस्त का सामना करना पड़ा। इस युद्ध में शिरोमणि जोशी मारा गया। उद्योत युद्ध भूमि से भागकर अल्मोड़ा पहुँचा। डोटी सेना ने भंयकर मारकाट मचाई। कुछ ही कुमाऊँनी सैनिक जिंदा वापस पहुँचे। इस असफलता से निराश होकर उद्योत ने अपना जीवन शांति की खोज में लगा दिया।

इसके बाद उसने अपना शेष जीवन सत्य की खोज में लगाया। अपने दरबार में विभिन्न विद्याओं के विद्वानों को आमंत्रित किया। कोटा–भाबर

क्षेत्र में आम्र वाटिकाएँ लगवाई। राज्य में फलदार वृक्ष रोपे गए। सर्वत्र पूजा–पाठ एवं मंत्र–तंत्रों की ही गूंज सुनाई देने लगी। अपने अन्तकाल को निकट जान उसने 1698 ई0 में राजकार्य को अपने पुत्र को सौंप दिया।

ज्ञानचंद

ज्ञानचंद का गद्दी पर बैठते ही निर्गत किया गया, 1698 ई0 का ताम्रपत्र मिला है। इसका भी पूरा जीवन गढ़वाल और डोटी राज्य के साथ संघर्ष में बीता। उसका पहला आक्रमण पिंडर घाटी पर हुआ और उसने थराली तक का उपजाऊ क्षेत्र रौंद डाला। 1699 ई0 में उसने बधानगढ़ी को लूटा जहाँ से वह नंदादेवी की स्वर्ण प्रतिमा अपने साथ ले गया और उसे अल्मोड़े नंदादेवी मन्दिर में पुर्नस्थापित करवाया।

1700 ई0 में उसका अभियान रामगंगा नदी पार मल्ला सलाण स्थित साबलीगढ़, खाटलीगढ़ व सैजधार ग्राम तक हुआ। ये क्षेत्र तीलु रौतेली की मृत्यु के बाद पुनः गढ़राज्य का हिस्सा बन गये थे। ज्ञानचंद के आक्रमण के प्रति उत्तर में गढ़नरेश फतेहशाह ने 1701 में चंद राज्य के पाली परगने के गिवाड़ एवं चौकोट क्षेत्रों को लगभग वीरान कर दिया था।

1704 ई0 में ज्ञानचंद ने अपने पिता की हार का प्रतिशोध लेने के लिए डोटी पर आक्रमण किया। यह संघर्ष सम्भवतः कुमाऊँ की सीमा पर स्थित मलेरिया ग्रस्त भाबर में करना पड़ा। डोटी नरेश तो भाग गया किन्तु ज्ञानचंद की सेना मलेरिया का शिकार हो गयी। अतः ज्ञानचंद को यहीं से वापस लौटना पड़ा।

ज्ञानचंद भी धार्मिक प्रवृति का राजा था। डोटी अभियान के दौरान उद्योतचंद व ज्ञानचंद द्वारा निर्मित सोर व सीरा क्षेत्र के मन्दिरों को 'देवल' अथवा 'द्यौल' कहते हैं। देवस्थल के चोपता, नकुलेश्वर, कासनी मर्सोली आदि चंदशैली के मन्दिर इन्हीं दोनों के द्वारा निर्मित हैं।

जगतचंद

जगतचंद ने अपने अल्पशासन काल में ही इतनी लोकप्रियता अर्जित की कि इतनी किसी भी अन्य चंद नरेश को नसीब नहीं हुई। इसके काल में राज्य आर्थिक रूप से समृद्ध था। राजा स्वयं प्रजा हित के कार्यों में अत्यधिक रूचि लेता था। इसी कारण विद्वानों ने इस काल को 'कुमाऊँ का स्वर्ण काल' की संज्ञा दी है।

जगतचंद अपने पिता के काल में गढ़राज्य के विरूद्ध युद्ध में भाग ले चुका था। उसके बरम ताम्रपत्र से ज्ञात होता है कि ज्ञानचंद को

बाधागढ़ जीतने में सफलता वीरेश्वर जोशी वैधकुड़ी की जासूसी के कारण मिली थी। इसलिए ज्ञानचंद ने उसे रौत में जमीन प्रदान की थी। किन्तु किसी अग्निकांड में ताम्रपत्र नष्ट हो जाने के कारण जगतचंद ने पुनः दूसरा ताम्रपत्र वीरेश्वर जोशी के पुत्रों को निर्गत किया था।

अपने राज्यभिषेक के प्रथम वर्ष ही उसने गढ़राज्य के लोहबागढ़ और बधानगढ़ पर सफल आक्रमण किया। इसके पश्चात् उसने गढ़राज्य की राजधानी श्रीनगर की ओर रूख किया। श्रीनगर के इस भीषण युद्ध में गढ़नरेश फतेशाह परास्त हुआ। श्रीनगर पर अधिकार कर जगतचंद ने भंयकर लूटपाट की। अपने प्रतिनिधि को श्रीनगर का शासन सौंप वह वापस आ गया। इस बीच फतेशाह ने अपनी शक्ति में वृद्धि की। फतेहशाह ने जगतचंद के प्रतिनिधि को परास्त कर श्रीनगर पर पुनः अधिकार किया और एक बड़ी सेना के साथ कत्युर घाटी पर आक्रमण कर दिया। फतेहशाह ने गरूड़ व बैजनाथ घाटी पर विजय प्राप्त करने के पश्चात् गरसार ग्राम बद्रीनाथ को दान दिया।

जगतचंद के अपने समकालीन मुगल बादशाह से मृदु सम्बन्ध थे। वह नियमित दिल्ली दरबार भेंट भेजता था। अन्ततः उसकी चेचक से दुःखद मौत हुई।

चंद वंश का पतन

जगतचंद के पश्चात् चंद वंश की अवनति प्रारम्भ हो जाती है। यद्यपि जगतचंद के पश्चात् उसका पुत्र देवी सिंह गद्दी पर बैठा। झिझाड़ एवं बरम ताम्रपत्र में उसे महाराज कुमार कहा गया है अर्थात् उसे पिता के काल से ही प्रशासन का पर्याप्त अनुभव था। लेकिन राजा बनने के बाद सम्भवतः वह चाटुकारों से घिरा रहने लगा। उसे उत्तराधिकार में प्रभुत्त धन सम्पदा मिली थी। उसके चाटुकार सलाहकारों ने उसे कुमाऊँ का विक्रमादित्य बनने का सपना दिखाया। अपने चाटुकार सलाहकार मानिक बिष्ट और पूरनमल बिष्ट के कहने पर उसने सारा खजाना लूटा दिया। स्वयं को विक्रमादित्य तुल्य समझकर उसने एक नया सम्वत् भी चलाना चाहा। कुछ विद्वानों ने उसे कुमाऊँ के मुहमद तुगलक की संज्ञा भी दी है।

इसके समय में गढ़राज्य ने पिण्डर घाटी पर पुनः आधिपत्य स्थापित किया। इतना ही नहीं बल्कि गढ़वाली सेना कत्यूर घाटी में बैजनाथ तक पहुँच गई थी। बैजनाथ मन्दिर के समीप रणचूल मैदान में हुए युद्ध में कुमाऊँनी सेना ने विजय प्राप्त की। सम्भवतः उसने इसके बाद श्रीनगर जीतने का असफल प्रयास किया। अपनी हार की झुंझलाहट छुपाने के

लिए उसने एक पहाड़ी की चोटी को विजित कर उसका नाम फतेहपुर रख उत्सव मनाया।

अतः चंद वंश को अंधकार के बादलों ने देवीचंद के समय से ढकना शुरू किया। देवीचंद की मूर्खता के कारण उसके एक उत्तराधिकारी कल्याण चंद को मुगल बादशाह मुहम्मद शाह रंगीला को भेंट देने के लिए जागेश्वर मन्दिर से ऋण लेना पड़ा था।

देवीचंद के ब्राह्मण सलाहकार उसे मूर्ख बनाते रहे और अपना खजाना भरते रहे। अपने मन की इच्छापूर्ति के लिए उसने रूहेला सरदार दोउद खान को अपना सेनापति नियुक्त कर दिया। अपनी इस धुन में उसने मुगल बादशाह को भी अप्रसन्न किया। शाबिर शाह जो की स्वयं को तैमूर का वंशज बताकर दिल्ली की गद्दी का वारिश कह रहा था। देवीचंद अपने सैन्यबल के साथ उसकी सहायता करने निकल पड़ा, मुहम्मदशाह रंगीला ने अजमत–उल–अल्लाह को इस विद्रोह को दबाने के लिए भेजा। नगीना के आस–पास दोनों सेनाएँ आपने–सामने थी किन्तु युद्ध से पूर्व ही अजमत ने दाउद खां को अपनी ओर मिला लिया। कुमाऊँनी सेना को करारी शिकस्त का सामना करना पड़ा और देवीचंद जान बचाकर ठाकुरबाड़ा पहुँचा। दाउद खां भी उसके पीछे–पीछे हर्जाना वसूल करने ठाकुरबाड़ा पहुँच गया। अपनी प्रकृति के विरूद्ध देवीचंद ने नासमझ बनते हुए दाउद को बकाया लेने के लिए आमंत्रित किया और दाऊद और उसकी सेना को पकड़कर हत्या करवा दी।

राजधानी अल्मोड़ा पहुँचने पर उसने स्वयं को धोती और गढ़राज्य के आक्रमण से घिरा पाया। धोती के पूर्वी आक्रमण को उसने कुछ धन देकर रोका लेकिन गढ़राज्य की बढ़ती हुई सेनाओं की अनदेखी कर वह देवीपुर मौज–मस्ती करने चला आया। उसके चाटुकार सलाहकार यहाँ पहले से मौजूद थे जिन्होंने एक षंडयंत्र के तहत 1726 ई0 में उसकी हत्या करवा दी और खबर फैला दी कि साँप के काटने से देवीचंद मर गया। चूँकि देवीचंद का कोई उत्तराधिकारी नहीं था इसलिए मानिक बिष्ट ने सत्ता अपने हाथों में ले ली।

अब इन सलाहकारों ने कठपुतली शासक गद्दी पर बिठाएँ ताकि वास्तविक सत्ता उनके हाथों में बनी रहे। सर्वप्रथम इन्हें कटेहर के राजा नरपत सिंह का बेटा अजीत सिंह जिसका मातुल पक्ष चंद वंश से सम्बन्धित था, गद्दी के लिए उपयुक्त लगा। 1726 ई0 में उसे कुमाऊँ की गद्दी पर बिठाया गया। षडयंत्रकारियों ने जनता पर अत्याचार करने प्रारम्भ किए। जब उन्हें प्रतीत हुआ कि अजीत सिंह को उनके काले कारनामों का

आभास होने लगा है, तो उसकी भी हत्या करवा दी गई। इसके पश्चात् ये कुटिल सलाहकार पुनः कटेहर के राजा से उसका दूसरा पुत्र भेजने का आग्रह करने गए, तो उसने इन्कार कर दिया।

अब कुटिल सलाहकारों ने अजीज चंद की नौकरानी से उत्पन्न अवैध पुत्र बालोकल्याण चंद को गद्दी पर बिठाया। इन सलाहकारों के अत्याचार षंडयंत्र जारी रहे। अन्ततः महाराजा और फर्त्यालों ने उन्हें चुनौती प्रस्तुत की और चंदों के वास्तविक उत्तराधिकारी की खोज शुरू की। उन्हें राजा नारायण चंद का एक वारिश मिला, जो धोती राज्य के माल में गरीबी का जीवन व्यतीत कर रहा था। वें इस व्यक्ति कल्याण को राजधानी अल्मोड़ा लाए और उसे कल्याण चंद के नाम से गद्दी पर बिठाया।

कल्याणचंद मूलतः एक साधारण कृषक था, जो दैवीकृपा से राजा बन गया था। अतः अपनी स्थिति सुरक्षित करने के लिए उसने नृशंस तरीके अपनाए। सभी षंडयंत्रकारियों मानिक, पूरनमल और उनके परिवारों की हत्या करवा दी। बालों कल्याण को एक मुस्लिम को दास के रूप में बेच दिया। उसने इसके पश्चात् चंद वंश के सभी संभावित वंशज रोतैला इत्यादि के सम्पूर्ण नाश का आदेश दे दिया। उसने गुप्तचर संस्था की स्थापना की, जिसका और भी बुरा प्रभाव प्रशासन व सामान्य जनता पर पड़ा। राजा के गुप्तचर अधिकांशतः ब्राह्मण थे। इन्होंने अपने विरोधियों को नष्ट करने के लिए उसका प्रयोग किया।

इसका एक उदाहरण है कि भवानीपति पांडे नाम के गुप्तचर ने राजा को सूचना दी कि कुछ ब्राहाण राजा के खिलाफ षंडयंत्र कर रहे हैं, तो कल्याण चंद ने उन सभी को अन्धा करने का आदेश दे दिया एवं उनके खास संरक्षक को मारकर सुआत नदी में फिकवाँ दिया। संयोग से इनमें से एक कान्तु जोशी बचकर गढ़वाल भाग गया। अतः कल्याण चंद हमेशा गुप्तचरों के मध्य ही रहा। उसने कभी भी शासन एवं योग्य राज्यपालों की नियुक्ति की ओर ध्यान ही नहीं दिया। इसके द्वारा नियुक्त तराई के राज्यपाल शिवदेव जोशी ने अपनी योग्यता से क्षेत्र में अनुशासन स्थापित किया और सफदरजंग के तराई आक्रमण को भी निष्फल किया।

हिम्मत गोसांई नाम का रौतेला युवक जो कल्याण सिंह के प्रकोप से बच निकला था। उसने एक सेना एकत्रित कर कुमाऊँ पर आक्रमण किया। यद्यपि कल्याण चंद उसे काशीपुर के युद्ध में परास्त करने में सफल रहा। हिम्मत ने रूहेला सरदार अली मुहमदखाँ की शरण ली। यहाँ भी उसे कल्याण चंद के गुप्तचर मारने में सफल रहे। इस प्रकार अन्तिम चंद प्रतिद्वन्दी भी समाप्त हो गया।

रूहेला सरदार इससे बड़ा क्रोधित हुआ क्योंकि इससे पूर्व भी कुमाऊँ राजा ने उसके संरक्षण में दाऊद खान की नृशंसतापूर्वक हत्या की थी। उसने कुमाऊँ नरेश को दण्डित करने के लिए हाफिज रहमान खान, पांईदा खान और बक्शी सिरदरखान के नेतृत्व में 1743–44 ई0 में दस हजार की सेना को कुमाऊँ आक्रमण के लिए भेजा। शिवदेव जोशी की सहायता की माँग को कल्याणचंद ने अनदेखा किया। फलतः रूद्रपुर के युद्ध में शिवदेव को मुँह की खानी पड़ी और वह जान बचाकर बाराखेड़ी चला गया। रूहेला कहर के सामने कुमाऊँ के गढ एक–एक कर ढहते चले गये। रूहेला सेना ने अन्ततः अल्मोड़ा पर कब्जा कर लिया। कल्याण चंद भागकर गैरसैंण पहुँचा और गढ़राज के शासक प्रदीपशाह से संरक्षण मांगा। गढ़नरेश ने अपनी पारम्परिक शत्रुता को भुलाकर न केवल कल्याण चंद को संरक्षण प्रदान किया बल्कि रूहेलों के विरूद्ध सैन्य मदद का भी आश्वासन दिया।

नृशंस रूहेलों ने यहाँ–वहाँ घूम–घूम कर सम्पूर्ण कुमाऊँ में तांडव किया। मन्दिरों की वेदियों को गाय के खून से भरकर, मूर्तियों की नाक नष्ट कर और सोने चांदी की मूर्तियां एवं आभूषण गलाकर चारों ओर दहशत पैदा कर दी थी। ऐसी मान्यता है कि लूटेरे तो जागेश्वर मन्दिर को भी तोड़ना चाहते थे किन्तु मधुमक्खियों के भय से वे ऐसा न कर पाये। उन्होंने अल्मोड़ा के आरकाईबस और मन्दिरों को जलाया।

इसके पश्चात् गढ़वाल तथा कुमाऊँ ने संयुक्त अभियान के पश्चात् दूनागिरि और द्वारहाट पर पुनः कब्जा करने में सफल हुए लेकिन इस संयुक्त अभियान में उन्हें कैराऊ के निकट रूहेलों ने करारी शिकस्त दी एवं गढनरेश को श्रीनगर आक्रमण की चेतावनी मिली। अतः प्रदीपशाह ने कल्याण चंद की ओर से तीन लाख रूपये युद्ध क्षतिपूर्ति के रूप में देकर समझौता करवा लिया। इस प्रकार सात माह इस दुर्गम पहाड़ी क्षेत्र में रहने के बाद रूहेला लौट गये।

कल्याणचंद इसके बाद रूहेलों की शिकायत लेकर दिल्ली दरबार पहुँचा। इस अवसर पर वह जागेश्वर मन्दिर से मोती ऋण रूप में लेकर गया। यह ऋण बाद में आठ ग्राम मन्दिर को दान देकर चुकाया गया। मुहम्मदशाह रंगीला ने न केवल कल्याण चंद का स्वागत किया बल्कि तराई क्षेत्र की सनद पुनः प्रदान की। दिल्ली जाते हुए मार्ग में काशीपुर में उसे मुगल वजीर कमरूद्दीन के द्वारा गार्ड ऑफ आँनर भी दिया गया। कमरूद्दीन ने इस समय गढ़मुक्तेश्वर में अपना सैन्य कैम्प लगाया था।

अपनी वापसी में कल्याणचंद ने खेमें में पहुँचकर कमरूद्दीन से भेंट की किन्तु अपनी प्रकृति के अनुसार पुनः सफदरजंग से भेंट करना मुनासिब नहीं समझा जिसका कैम्प भी पास ही लगा था। इसे अपना अपमान मानकर सफदरगंज ने तराई क्षेत्र पर आक्रमण कर दिया। तराई के राज्यपाल शिवदेव का यह तर्क की मुगल बादशाह ने तराई क्षेत्र पुनः कुमाऊँ राज्य को प्रदान किया है कुछ काम न आया। शिवदेव अवध के चकलादार तेजगौर के नेतृत्व में भेजी सफदरजंग की सेना से पराजित हुआ। शिवदेव को एक वर्ष बन्दी रखने के बाद मुगल बादशाह के हस्तक्षेप पर मुक्त किया गया।

शिवदेव ने पुनः स्थिति प्राप्त करने के बाद सर्वप्रथम काशीपुर एवं रूद्रपुर में किलों का निर्माण करवाया। उसने विन्सर ग्राम को ग्रीष्मकालीन पर्यटन स्थल के रूप में विकसित किया और यहाँ विन्सर महादेव का मन्दिर बनवाया। इस स्थल पर 18वीं शताब्दी में यूरोपियों ने क्षय रोग चिकित्सालय बनवाया। अपने जीवन के अन्तिम समय में कल्याणचंद की आँखों की रोशनी जाती रही। उसने अपने पुत्र दीपकचंद को 1747 ई0 में गद्दी सौंप दी। शिवदेव को अल्मोड़ा वापस लाया गया और प्रशासन की बागडोर सौंपी गयी।

दीपचंद उदार प्रवृति का व्यक्ति था। इस समय राज्य बुरे दौर से गुजर रहा था। अतः उसने शिवदेव पर अधिक भरोसा किया। सामान्य जनता की खुशहाली लौट रही थी। कृषकों पर भू–राजस्व की दर निम्नतम् उत्पादन का छठवाँ भाग कर दी गई। इसके समय में आठ ग्रामों की भूमि दान कर जागेश्वर मन्दिर का ऋण चुकाया गया। इसके काल में रिकॉर्ड संख्या में भूमि दान में दी गई। एटकिन्सन महोदय के अनुसार ऐसा राजा पर पुरोहित प्रभाव के कारण हुआ।

शिवदेव जोशी ने ईमानदारी और निष्पक्षता से प्रशासन चलाया। अयोग्यता के कारण उसने स्वयं अपने पुत्र जयकिशन और भतीजे हरिराम जोशी को उनके पदों से हटाया। अधिकतर भूमिदान मन्दिरों को दिए गए, केवल 11 ब्राह्मण को भूमिदान मिला। इससे एटकिन्सन के मत को समर्थन मिलता है कि शिवदेव ईमानदार एवं निष्पक्ष था किन्तु धार्मिक प्रवृति का व्यक्ति था। उसने प्रशासन में सुधार के लिए योग्य एवं विश्वसनीय व्यक्तियों की नियुक्ति करवाई। हरिराम की अयोग्यता के कारण उसने उसके स्थान पर शिरोमणि दास को नियुक्त किया। सीमा सुरक्षा की दृष्टि से उसने काशीपुर एवं रूद्रपुर के किलों की सैन्य संख्या में वृद्धि की। उसने जम्मू, नगरकोट, गुलेर और बिजनौर

से जीविकोपार्जन के लिए आने वालों से तराई क्षेत्र में स्थायी सेना का गठन किया।

दीपचंद के काल में दिल्ली दरबार, दिल्ली से पालम तक सिमट कर रह गया। देश की राजनीति हिन्दू राष्ट्रवाद और मुस्लिम साम्राज्यवाद के मध्य संघर्षरत् थी। इसका परिणाम 1761 ई0 में पानीपत का तृतीय युद्ध था। मुगल बादशाह ने दीपचंद को भी अपनी सैन्य टुकड़ी मराठों के विरूद्ध भेजने को कहा। शिवदेव ने चार हजार कुमाऊँनी सैनिक बीरबल नेगी के नेतृत्व में पानीपत भेजे। अपनी पड़ोसी रियासत के कुनबे की रक्षा के लिए उसने अपने पुत्र हर्षदेव जोशी को नजीबाबाद भेजा क्योंकि नजीब उद् दौला पानीपत के मैदान में व्यस्त था। पानीपत के मैदान में कुमाऊँनी सेना स्वयं को रूहेला सरदार हाफिज रहमत के अधीन रखे जाने पर अपमानित महसूस करने लगी। यद्यपि युद्ध में उन्होंने अपना शौर्य प्रदर्शित किया।

शिवदेव राज्य को बेहतर चला रहा था किन्तु माहरा एवं फतर्याल स्वयं को निम्नतर महसूस कर रहे थे। अतः असंतोष जन्म ले रहा था। अपने को प्रशासन में ऊपर उठाने के लिए उन्होंने एक युवक अमरसिंह रौतेला को गद्दी के दावेदार के रूप में पेश किया। फर्त्यालों ने शिवदेव के पुत्र की अकर्मण्यता के कारण माहरा वर्ग का समर्थन किया। यहाँ तक की उन्होंने गढ़नरेश को आक्रमण का न्यौता भी दिया। यद्यपि प्रदीपशाह ने इसे यह कहकर अस्वीकार कर दिया कि दीपचंद के पिता से उसके भातृत्व सम्बन्ध थे। अतः इस नाते दीपचंद पर उसका पूर्ण अधिकार है। दीपचंद को गढ़नरेश की कुमाऊँ राज्य पर श्रेष्ठता पसन्द नहीं आई। फलतः टम्बादोण्ड नामक स्थल पर युद्ध हुआ जिसमें गढ़नरेश की हार हुई परन्तु इससे कुमाऊँ की आन्तरिक स्थिति बेअसर रही और असंतोष प्रबल होता गया।

शिवदेव के पदच्यूत भतीजे हरीराम ने भी उसके विरूद्ध विद्रोह करना चाहा किन्तु रूहेला सरदार हाफिज के सहयोग से समझौता हो गया। इसके पश्चात दानिया जोशी ने शिवदेव को हटाने का षंडयंत्र किया। परन्तु षंडयंत्र का भेद पहले ही खुल जाने के कारण इसे भी दबा दिया गया। इस बीच शिवदेव को काशीपुर आना पड़ा। तराई क्षेत्र में फर्त्यालो ने नगरकोटिया और बाहरी लोगों को अधिक मजदूरी की मांग करने और मांग न पूरी होने पर विद्रोह के लिए उकसाया था। इससे पूर्व शिवदेव कोई रास्ता निकाल पाता फर्त्यालों ने उसकी और उसके दो पुत्रों की हत्या करवा दी।

शिवदेव की हत्या से कुमाऊँ राज्य को अपूर्णनीय क्षति हुई। वह एक बुद्धिमान, कर्तव्यनिष्ठ, कूटनीतिज्ञ एवं विश्वसनीय व्यक्ति था, जिसने कुमाऊँ की राज्य प्रतिष्ठा को पुर्नस्थापित करने में अपना जीवन लगा दिया। उसके आकस्मिक मृत्यु से राज्य की राजनीति में शून्य पैदा हुआ। जिसका परिणाम षडयंत्रों, राजनीतिक हत्याओं एवं असुरक्षित राज्य के रूप में सामने आया। एक–एक कर दीवान परमानन्द बिष्ट, रानी मंजरी, जयकिशन, राजा दीपचंद और उसके पुत्र उदय एवं सुजान की हत्या कर दी गई। शिवदेव के उत्तराधिकारी हर्षदेव जोशी को कैद कर लिया गया। इस प्रकार कुमाऊँ की गद्दी का कोई वैध उत्तराधिकारी ही न रहा।

इस सबके पीछे का कुटिल मस्तिष्क मोहनसिंह नामक आदमी था। बैटन ने उसे 'दीपचंद के चचेरे भाई का जाली उत्तराधिकारी कहा है जबकि एक स्थानीय परम्परा के अनुसार वह सिमल्खा से संदिग्ध रौतेला का वंशज था। वह रानी श्रीनगर मंजरी की मदद से सेनापति बन गया था किन्तु अधिक दिनों तक रानी का चहेता न रहा और षडयंत्रों के माध्यम से वह राज्य का सर्वेसर्वा बन बैठा।

मोहन सिंह ने गद्दी हथियाने के पश्चात् मोहन चंद नाम से शासन प्रारम्भ किया। शिरोमणि दास की मृत्यु के पाश्चात् उसका पुत्र नन्दराम तराई का राज्यपाल बना तो मोहनचंद ने उससे समझौता करने का प्रयास किया। नन्दराम भी कुटिल मस्तिष्क का था अतः उसने मोहन सिंह की बजाय तराई क्षेत्र पर अवध के नवाब के आमिल की हैसियत से शासन करना उचित समझा। अपने को अवध के नवाब के अधीन सुरक्षित करने के पश्चात् उसने रूद्रपुर के गर्वनर की हत्या कर स्वयं को अवध के नवाब के अधीन कुमाऊँ के निचले क्षेत्र का अधिपति घोषित किया। इस प्रकार ब्रिटिश आधिपत्य तक तराई क्षेत्र का आधिकारिक अधिपति अवध का नवाब बना रहा। इस अवधि में तराई का यह क्षेत्र चोर, डाकू, लुटेरों, अपराधियों एवं भगोड़ों की शरणगाह बन गया। कानून व्यवस्था न होने के कारण इस क्षेत्र के कृषकों ने भी आत्मरक्षा में हथियार उठा लिए, जिसने इस क्षेत्र में लड़ाकू कृषक संस्कृति को विकसित किया।

अतः मोहन सिंह के अधीन कुमाऊँ रियासत का क्षेत्र अपने मूल रूप से आधा हो गया था, जिससे तराई का उपजाऊ क्षेत्र पूर्णतः अलग हो गया। षडयंत्रों से प्राप्त मोहनसिंह का शासन भी अधिक नहीं चलने वाला था क्योंकि दीपचंद के परिवारजन एवं शुभचिन्तकों ने गढ़नरेश को इस स्थिति से उन्हें बाहर निकालने का आमन्त्रण दिया। धोती के तात्कालीन शासक पृथ्वीपत भी कुमाऊँ की इस स्थिति से नाखुश थे।

अंततः गढ़नरेश ललितशाह ने प्रेमपति कुमारिया के नेतृत्व में लोभागढ़ से एक सेना भेजी। 1779 ई0 में मोहनचंद के नेतृत्व में कुमय्यों की सेना ने बगवली पोखर नामक स्थान पर गढ़सेना का सामना किया। थोड़े से प्रतिरोध के बाद मोहन सिंह भाग खड़ा हुआ। उसने रामपुर के पठान नवाब फैज्जुला खान की शरण ली और कुमाऊँ पर गढ़नरेश का आधिपत्य हो गया।

गढ़वाल के अधीनस्थ राज्य के रूप में कुमाऊँ

सन् 1779 ई0 पश्चात् कुमाऊँ गढ़राज्य का अधीनस्थ राज्य बन गया। गढ़नरेश ललितशाह को कुमाऊँ की गद्दी के लिए उपयुक्त व्यक्ति नहीं मिला। उसने हर्षदेव जोशी को कैद से विमुक्त किया। हर्षदेव की सलाह पर उसने अपने पुत्र प्रद्युम्न को प्रद्युम्न चंद नाम से शासक घोषित किया, जिसने 1779 ई0 से लेकर 1786 तक कुमाऊँ पर शासन किया। यद्यपि इस काल में शासन प्रबन्ध हर्षदेव के हाथों में ही रहा। हर्षदेव ने जयानन्द और गधाधर जोशी की सहायता से निरंकुश शासन किया।

प्रशासन पर अपना दृढ़ नियंत्रण स्थापित करने के उद्देश्य से हर्षदेव ने महत्वपूर्ण पदों पर अपनी जाति (जोशी) के लोगों को नियुक्त किया। इस प्रकार प्रशासन पर जोशी जाति का प्रभुत्व स्थापित हुआ, जो गोरखा आधिपत्य तक निरन्तर बना रहा। कुमाऊँ के इतिहास में यह काल 'जोशीकाल' के नाम से जाना जाता है। यद्यपि इनमें से एक भी राज्य निर्माण और कूटनीति में शिवदेव जोशी को छू भी नहीं पाया।

गढ़नरेश ललितशाह की मृत्यु के पश्चात् उसके ज्येष्ठ पुत्र जयकृतशाह की श्रीनगर में ताजपोशी हुई। उसने अपने छोटे भाई प्रद्युम्न से गढ़राज्य की श्रेष्ठता स्वीकार करने के लिए कहा। किन्तु प्रद्युम्नचंद ने अपने सलाहकारों के कहने पर अपने बड़े भाई के प्रति कृतज्ञनता व्यक्त नहीं की। गढ़राज्य की ओर से उत्पन्न इस खतरे से बचने के लिए हर्षदेव ने नवाब फैजुल्ला खान से कूटनीतिज्ञ सम्बन्ध स्थापित किया ताकि संघर्ष के अवसर पर नवाब के संरक्षण में रह रहे मोहनचंद की ओर से कोई खतरा उत्पन्न न हो। इस प्रकार मोहनचंद अकेला पड़ गया किन्तु फिर भी उसने नागा साधुओं का प्रयोग किया। लगभग 1400 नागाओं को हर्षदेव जोशी ने कुमाऊँ से भगाने में सफलता पाई। अब मोहनचंद ने जयकृत शाह को कुमाऊँ को गढ़राज्य के अधीन रखने के लिए मना लिया।

हर्षदेव को मोहनचंद के षडयंत्र की जानकारी हो गई थी इसलिए वह वार्तालाप के लिए स्वयं श्रीनगर की ओर बढ़ा। उसको मार्ग में

जयकृतशाह से युद्ध करना पड़ा किन्तु युद्ध में हारकर जयकृतशाह भाग गया। कुमाऊँनी सेना ने गढ़वाल क्षेत्र में भारी लूटपाट की। सम्भवतः प्रद्युम्न और जयकृत के सम्बन्ध अच्छे नहीं थे क्योंकि प्रद्युम्न ने उस पर स्वयं आक्रमण कर उसे परास्त किया और कुछ समय तक राजधानी पर अधिकार रखा था।

जयकृतशाह की मृत्यु के पश्चात् प्रद्युम्न श्रीनगर आये एवं गढ़राज्य की बागडोर भी अपने हाथों में ले ली। इस प्रकार प्रारम्भिक कत्युर काल के पश्चात् पहली बार 1786 ई0 में कुछ समय के लिए गढ़वाल एवं कुमाऊँ राज्य एक शासक के अधीन हुआ। यद्यपि प्रद्युम्न का कनिष्ठ भाई पराक्रमशाह जो गढ़नरेश होने का स्वप्न देख रहा था, इस घटना से क्षुब्ध हुआ। हर्षदेव जोशी प्रद्युम्न के प्रतिनिधि के रूप में कुमाऊँ पर शासन करने लगा। मोहनचंद ने अपने भाई लालसिंह की सहायता से पुनः कुमाऊँ की गद्दी प्राप्त करने का प्रयास किया। वर्ष 1786 ई0 के पाली ग्राम युद्ध में वह विजयी हुआ और हर्षदेव श्रीनगर भाग गया। हर्षदेव एक बड़ी सेना के साथ वापस लौटा, मोहनसिंह, लालसिंह परास्त हुए।

पराक्रमशाह ने पाली ग्राम युद्ध में मोहन सिंह की मदद की थी। उसने प्रद्युम्न को कुमाऊँ न लौटने की सलाह दी। प्रद्युम्न स्वयं भी यहाँ लौटने का इच्छुक न था। अतः हर्षदेव ने कुछ समय पश्चात् शिवचंद को गद्दी पर बिठाया। इस बीच मोहनसिंह, लाल सिंह ने फैजूल्ला खान की सहायता से घेरा डाल दिया। भीमताल के पास कुमाऊँनी सेना परास्त हुई। फैजूल्ला खान पीछा करता हुआ गढ़वाल पहुँचा। यहाँ उल्कागढ़ के युद्ध में गढ़वाली सेना की सहायता से हर्षदेव आक्रमणकारियों को कोसी पार खदेड़ने में सफल रहा। यद्यपि पराक्रमशाह के आने के बाद हर्षदेव बुरी तरह हार गया एवं गढ़राज्य भाग गया। पराक्रम शाह ने जोशीदल के लोगों की हत्या करवाई और हर्जाना लेकर लौट गया।

लाल सिंह ने अपने पुत्र महेन्द्र सिंह को महेन्द्रचंद नाम से गद्दी पर आसीन किया। हर्षदेव को पराक्रमशाह ने गढ़वाल में नहीं रहने दिया। अतः हर्षदेव पहले अवध के सूबेदार मिर्जा मेंहदी अली के संरक्षण में गया। यहाँ भी पराक्रमशाह के विरोध के कारण वह अधिक दिन नहीं ठहर सका और अन्ततः गोरखा संरक्षण में चला गया। गोरखों को हर्षदेव से कुमाऊँ की अत्यंत खराब राजनैतिक, सामाजिक, आर्थिक दशा की पूर्ण जानकारी प्राप्त हई। अतः 1790 में गोरखों ने कुमाऊँ की ओर कदम बढ़ाए। प्रारम्भ में महेन्द्रचंद को अमरसिंह थापा के विरूद्ध कुछ सफलता अवश्य मिली किन्तु कटोलगढ़ के पास गोरखों ने लालसिंह की सेना का कत्लेआम

कर दिया। लालसिंह भाग निकला और महेन्द्रचंद जो उसकी सहायता के लिए चल पड़ा था वह भी रणभूमि छोड़ कोटाबाग चला आया। चैत्र की कृष्ण पक्ष प्रतिपदा को गोरखों ने बिना प्रतिरोध के अल्मोड़ा पर अधिकार कर लिया। इस प्रकार कुमाऊँ पर चंदवंश का दीर्घकाल से चला आ रहा शासन हमेशा के लिए समाप्त हो गया।

चंदयुगीन संस्कृति

कत्युरी राजाओं के पश्चात् उत्तराखंड का क्षेत्र चंद राजाओं द्वारा दीर्घकाल तक शासित रहा। कुमाऊँ के इतिहास में चंद काल एक सर्वाधिक गौरवशाली युग का प्रतिनिधित्व करता है। वस्तुतः इस काल में सभ्यता और संस्कृति के प्रत्येक क्षेत्र में प्रगति हुई। इस काल में विकसित हुई परंपराओं को हम आज भी इस क्षेत्र के ग्रामीण अंचल में जीवित पाते हैं। अग्रलिखित पक्तियों में हम इस काल की व्यवस्था का विवरण प्रस्तुत करेंगे।

शासन व्यवस्था

चंदवंश ने एक लम्बे समय तक कुमाऊँ पर शासन किया। अतः निश्चित ही उन्होंने एक प्रशासनिक व्यवस्था कायम की होगी। चूंकि चंद वंश के हाथ में सत्ता कत्यूरी वंश से हस्तगत हुई, तो मूलतः उनके प्रशासन पर कत्यूरियों का प्रभाव अवश्य आया होगा। इसके अतिरिक्त इस वंश का सम्पर्क मुगल दरबार से निरंतर रहा इसलिए प्रशासनिक श्रेणियों के नाम हुबहू या कुछ रूपान्तरण के साथ मुगल प्रशासनिक व्यवस्था से भी लिए गए हैं। इसके अतिरिक्त डोटी (नेपाल) राज्य से भी इनका सम्बन्ध किसी न किसी रूप में रहा, तो उनकी प्रशासनिक शब्दावली भी चंद प्रशासन में समाहित मिलती है।

चंद नरेशों ने अपने युग में प्रचलित लगभग सभी उपाधियाँ धारण की। प्रतीत होता है कि इस क्षेत्र में रजबार, सामंत, सार्वभौम राजा अथवा अधिपति राजा सभी समान विरूद्ध धारण करते थे। कत्युरी काल में राजकुमारों के विरूद्ध 'रजबार' के स्थान पर चंद राजकुमारों के नामों के साथ 'महाराज कुमार' कुवँर, गुसांई विरूद्धों का प्रयोग मिलता है। इस वंश के राजाओं ने 'श्रीराजधिराज' 'राजाधिराज महाराजा' जैसी उपाधियाँ ग्रहण की।

इस वंश के शासकों ने अधिकांश शासनादेश नेपाली मिश्रित कुमाऊँनी भाषा में जारी किए हैं। इससे प्रतीत होता है कि यह इस क्षेत्र की प्रचलित

जनभाषा रही होगी। चंदों के ताम्रपत्रों पर 'कृष्ण' शब्द के बाद 'सही' और कटार की मूंठ का चित्र उत्कीर्ण रहता था। सम्भवतः 'कटार की मूंठ' चंद वंश का राजकीय चिन्ह रहा होगा। जिसे वह ताम्रपत्रों की वैधता के लिए लगाते थे। इस ताम्रपत्र के लेखक 'जोईसी' होते थे। इन उत्कीर्णकों को 'सुदार' अथवा 'सुनार' कहा गया है। भारतीचंद के खेतीखान ताम्रपत्र में लेखक को 'विप्र पुरोहित' जबकि एक अन्य में 'जैतूसाहू' कहा गया है जबकि ज्ञानचंद के गोबसा ताम्रपत्र में उत्कीर्णक के लिए 'लिखित इंद पधाकरेण' संज्ञा का प्रयोग हुआ है।

राजा— राजा सम्पूर्ण प्रशासन की धुरी था। वह प्रधान न्यायधीश भी था। राज्य की सम्पूर्ण भूमि उसके अधीन थी। गूंठ, संकल्प या रौत के रूप में भूमि—दान राजा अथवा युवराज ही दे सकता था। चंद राजाओं द्वारा ग्रहण 'देव' विरूद्ध से प्रतीत होता है कि वे राजा को पृथ्वी पर देव—प्रतिनिधि मानते थे। सामान्यकाल में राजा का कार्य राजदरबार में बैठकर प्रजाकार्य सम्बन्धी निर्णय लेना था। इन कार्यों में वह सभासदों की मदद लेता था। युद्ध के अवसर पर चंद राजा स्वयं सेना का नेतृत्व करते थे।

युवराज— राजा को राजकार्यों में सहायता के उद्देश्य से युवराज पद का विधान था, सामान्यतः जिस पर ज्येष्ठपुत्र को नियुक्त किया जाता था। युवराज के नाम के साथ 'कुवर' अथवा 'गुसांई' जैसे विरूद्ध का प्रयोग होता था। राजा के वृद्ध एवं निशक्त होने की स्थिति में युवराज का दायित्व बढ़ जाता था। राजा द्वारा प्रदत्त भूमिदान (रौत) का वह प्रथम गवाह माना जाता था। कभी—कभी युवराज भी भूमिदान देता था यथा पर्वतचंद, रतनचंद एवं त्रिमलचंद इसके उदाहरण हैं जिन्होंने अपने युवराज काल में भूमिदान दिया। राजा के बाद युवराज ही सेना का सर्वोच्च सेनापति होता था। लक्ष्मीचंद के काल में कुंवर त्रिमलचंद ने ही गढ़राज्य विजय की थी। चंद प्रशासन में एक नई व्यवस्था मिलती है कि युवराज को राजकार्य में सहायता देने के लिए 'युवराज—मंत्री' होते थे। साधारणतय ये सभी ब्राह्मण होते थे और चंद दरबार के षडयंत्र विभाजन एवं अशान्ति के जन्मदाता भी होते थे।

मंत्री / मंत्रिपरिषद — राजा की सहायता के लिए चंद काल में परामर्शदाताओं का एक समूह होता था, जिसमें अधिकांश समय महरा व फर्त्याल जाति के लोगों का प्रभुत्व रहा। यद्यपि राजा इनकी सलाह को मानने को बाध्य नहीं था। महरा व फर्त्यालो ने इस वंश के प्रशासन में दो मुख्य स्तम्भों का कार्य किया। इनके अतिरिक्त गुरू, पुरोहित, वैध, लेखक, ताम्रकट्टक, उत्कीर्णक आदि को दरबार में स्थान मिलता था। दरबार

में महरा अथवा फर्त्यालों के गुट में से जिस काल में जिसका बहुमत होता था उसी गुट के लोगों की महत्वपूर्ण पदों पर नियुक्ति होती थी। इनके अतिरिक्त कुछ ब्राह्मण व अब्राह्मण (ढेक, टम्बा, नाई इत्यादि) भी परामर्श दाता होते थे। दीवान का पद प्रायः जोशीयों को ही दिया जाता था। दीपचंद के सैण–मानु पट्टाअभिलेख में शिवदेव को 'बगसी' कहा गया है। डीवान का पद सभी परामर्शदाताओं में श्रेष्ठ अथवा प्रधान था।

दीवान और बक्शी का पद सामान्यतः वंशानुगत होता था। दीवान के अलावा छोटे–छोटे मंत्री अथवा सचिव होते थे, जिनकी अधिकतम संख्या लगभग 10 होती थी। इन्हें वेतन के एवज में भूमि दी जाती थी। पुरोहित, गुरू (ज्योतिष), बक्सी, भंडारी, प्रहरी, सेज्याली, चौधरी, सुदार, बिष्ट आदि सचिव अथवा छोटे मंत्री प्रशासन के भिन्न–भिन्न दायित्वों का निर्वहन करते थे। सम्भवतः ताम्रपत्र तैयार करने वाले टम्टा (तमोटा) और राजा की जमीन जोतने वाले हलवाले भी इसी श्रेणी में आते थे।

प्रान्तीय प्रशासन– चंदकाल में प्रशासनिक दृष्टि से राज्य का विभाजन मंडल, देव, परगने अथवा गर्खे तथा ग्रामों में किया गया था। मंडल दो प्रकार के होते थे। प्रथम प्रकार मंडल सामंतो द्वारा एवं द्वितीय प्रकार के राजा के द्वारा शासित होते थे। इस वंश के राजाओं ने जिस भी क्षेत्र को जीता वहीं के परास्त शासक को अधीनस्थ सामंत नियुक्त किया। उदाहरणार्थ भारतीचंद ने सोर के बमों को परास्त कर उन्हें ही अधीनस्थ सामंत नियुक्त किया। सम्भवतः सामंतों को 'राजा' एवं 'रजबार' की उपाधि लेने की स्वतंत्रता प्राप्त थी। सामंत राजा को वार्षिक कर प्रदान करते थे एवं युद्धकाल में स्वयं अपनी टुकड़ी के साथ राजा की सेना का हिस्सा बनते थे। कुछ क्षेत्रों में इन्हें 'ठक्कुर' या 'ठाकुर' भी पुकारा जाता था।

मंडलों का विभाजन 'देश' मे होता था जैसे तल्ला देश, मल्लादेश, खरकदेश, मालदेश, पर्वत डोटि देश इत्यादि। मंडल से निम्न ईकाई परगना अथवा गर्ख होते थे। परगने दो प्रकार के होते थे। प्रथम नागरिक अधिकारी के अधीन एवं दूसरे प्रकार के सैनिक अधिकारी के अधीन होते थे। नागरिक अधिकारी को 'सीरदार' अथवा 'सिकदार' कहते थे। बरम ताम्रपत्र में 'बगसी का परगना' उल्लेख आया है। इसके अतिरिक्त काली कुमाऊँ, ध्यनौरौ, सोर, सीरा, फल्दाकोट, धनियाकोट, कोटली, कोटाभावर, कत्युर इत्यादि परगने थे। जबकि मालदेश (तराई) में बागसी, छीनवी, किलपुरी, माल, बुक्साड़ आदि परगने थे। उद्योतचंद काल में जगन्नाथ बर्रे माल का सीकदार और गंगाराम सीरा का सीरदार था। मुगलों के समान चंदों ने बक्शी की नियुक्ति भी परगनों में की थी।

प्रत्येक परगने में एक खंजाची, ताम्र उत्कीर्णक व ताम्रपत्र लेखक तथा धार्मिक सीकदार होता था। राजस्व एकत्रिकरण नगद एवं जिन्स रूप में सीकदार द्वारा की जाती थी। एकत्रित राजस्व को रखने के लिए 'भण्डार' एवं भंडारी नामक पदाधिकारी नियुक्त होता था। 'कैनी' नामक ख़सियों का कार्य अनाज को भण्डार से राजा के पास पहुँचाना होता था। इनके खर्चे प्रधान के द्वारा बकरा, घी, चावल, आटा इत्यादि के रूप में प्रदान कर उठाए जाते थे।

परगनों का विभाजन गर्खों में होता था। काली कुमाऊँ, भावर क्षेत्र में इन्हें 'पट्टी' कहते थे। बरम ताम्रपत्र में डोटी देश के अधीन 'कसान के गर्खे' का उल्लेख हुआ है। सम्भवतः गर्खे देश से छाटी ईकाई थी एवं इसके प्रशासक 'नेगी' कहलाते थे। सोर का 'नेगी' शिरोमणि जोशी था। इससे यह भी विदित होता है कि 'नेगी' एक पदनाम था न कि जाति विशेष का नाम एवं 'नेगी' को अपने दायित्व निर्वहन के एवज में 'नेग' मिलता था।

प्रशासन की सबसे छोटी ईकाई 'ग्राम' होती थी। ग्राम के प्रशासन को 'सयाना' अथवा 'बूदा' कहते थे। सयाना/बूढा अपने क्षेत्र में न्यायधीश का कार्य भी करते थे। जिस स्थल पर इनकी पंचायत होती थी उसे 'बूढाचौरा' कहते थे। कल्याणचंद के सैणमानुर पट्टअभिलेख से लछी गुसांई मनराल के 16 गांवों के सयाना होने का उल्लेख है। सयाना को अनाज के रूप में दस्तूर मिलता था। यह प्रधानों के माध्यम से मालगुजारी वसूल करता था। प्रधान के अधीन 'कोटाल' और 'प्रहरी' होते थे। कोटाल का कार्य लगान का लेखाजोखा रखना एवं प्रहरी का कार्य चौकीदारी होता था। सामान्यतः उपज का छठवाँ भाग (गल्ला छहड़ा) भूराजस्व की दर निर्धारित होती थी। प्रहरी ही 'डाकिया' का कार्य भी करता था।

न्याय प्रशासन– प्राचीन भारतीय राजतंत्र की परंपरा के अनुरूप ही चंद काल में भी राजा ही सर्वोच्च न्यायधीश होता था। वह देशद्रोही, राजविरोधी अथवा उपद्रवियों को फांसी की सजा सुना सकता था। फांसी सम्भवतः ऊँचें पहाड़ों पर दी जाती थी, जिसके लिए 'शूली का डांडा' शब्द प्रयुक्त मिलता है। निम्नस्तर पर 'न्यौवली', 'बिष्टाली' नामक कचहारियां होती थी। 'पंच नवीसी' नामक न्यायालय भी होते थे, जिन्हें 'चारथान' भी कहा जाता था। दंड देने वाले अधिकारी को 'डडै' कहते थे। इस शब्द की व्युत्पति 'डाण' शब्द से हुई है। विजय चंद के पाभै ताम्रपत्र में कर्ण बिष्ट को 'डडै' कहा गया है। सीराकोट उस काल का कुख्यात कारागार था।

गुप्तचर व्यवस्था– चंद वंश को निरंतर गढ़राज्य, डोटीराज एवं मैदान की ओर से आक्रमण का भय रहता था। इसके अतिरिक्त आंतरिक अंशाति के कारण चंदों ने गुप्तचर प्रणाली की स्थापना की थी। बाह्य आक्रमण के अवसर पर गुप्तचर सेना के साथ चलते थे। बरम ताम्रपत्र से बधानगढ़ आक्रमण के अवसर पर वीरेश्वर जोशी वैद्य कुड़िया द्वारा गुप्तचरी का उल्लेख हुआ है। साधारणतयः वेश्याओं, परिवाज्रकों एवं वैधों के माध्यम से गुप्तचरी करवाई जाती थी। फिकवाल (भिखमंगों) के द्वारा भी गुप्तचरी का कार्य लिया जाता था। रनिवास में इस कार्य के लिए महिलाओं, दासियों की नियुक्ति की जाती थी।

भूमि एवं राजस्व व्यवस्था

प्राचीन अर्थशास्त्री कौटिल्य का कथन था कि सब कुछ 'अर्थ' के चारों ओर घूमता है। यह कथन हर युग के लिए सत्य है। अतः कोष किसी भी गतिविधि को संचालित करने का महत्वपूर्ण अंग है। यही कारण है कि राजा महाराजा कोष को हमेशा भरपूर रखने का प्रयास किया करते थे। ब्रिटिश शासन की स्थापना के पूर्व तक सम्पूर्ण भारत में कोष वृद्धि का मुख्य स्त्रोत भूराजस्व ही रहा है। चंद राजाओं के काल में इसके अतिरिक्त जंगल, खान, जल, विजित क्षेत्रों से लूट का माल भी कोष वृद्धि का साधन रहे। चंद काल में भिन्न–भिन्न प्रकार के करों का उल्लेख मिलता है जिनमें से प्रमुख इस प्रकार हैं–

भूराजस्व

चंदकाल में भूमि का स्वामित्व राजा में निहित था। राजा की इच्छा से ही जनता उससे अजीविका कमा सकती थी। राजा द्वारा रौत, गूढ, विष्णुप्रीति में जिसे भूमि प्रदान करता था, वह 'थातवान' कहलाता था। दो प्रकार के कृषकों के होने का पता चलता है। प्रथम 'खायकर' जो अनाज व नगदी दोनों रूपों में कर देता था जबकि 'सिरतान' कर का भुगतान नगद करता था। सिरतान को थातवान कभी भी हटा सकता था। पहाड़ी क्षेत्रों में एक प्रकार के भूदास ''कैनी' होते थे। सामान्यतः राजा द्वारा बहादुरी प्रदर्शित करने वाले व्यक्ति को ईनाम के रूप में भूमि दी जाती थी जिसे 'रौत' कहा जाता था। रौत में प्राप्त जमीन पर पहले से खेती करने वाले लोग थातवान के कैनी बन जाते थे। इन कैनीयों से थातवान अलग–अलग प्रकार के कार्य लेता था। राजकोष में जमा करने वाला अनाज इन कैनी के द्वारा ही पहुँचाया जाता था। कैनी खेत पर काम करने वाले दास थे

जबकि घर का कार्य करने वाले दास–दासियों को छयौड़ा एवं छयोड़ी कहा जाता था। भू–राजस्व साधारणतया उपज का छठवाँ भाग होता था। जिसे 'गल्ला छहाड़' कहते थे। यह नगद व अनाज दोनों के रूप में लिया जाता था।

बरम ताम्रपत्र से 6 बीसा भूमि से 30 पैंसे कर के लिए जाने का उल्लेख मिलता है। सम्भवतः बीस नाली के लिए 'बीसा' का प्रयोग हुआ है। भूमि की माप नाली, ज्यूला, विशा, अधालि, पालो, मसा आदि में की जाती थी। बीस नाली भूमि आधुनिक एक एकड़ के बराबर होती थी। मसा, नाली से छोटी ईकाई थी जबकि एक ज्यूला लगभग दस कुंतल के बराबर होता था। अधाली से तात्पर्य 15 किलोग्राम से था।

चंदकाल में 36 प्रकार के राजकर लगाए गये थे, जिन्हें 'छतीसी' कहा जाता था। इनमें से ज्यूलिया/सांगा नदी के पुलों पर लगने वाला, सिरती एक प्रकार का नगद कर जो माल–भावर क्षेत्र एवं भोटिया व्यापारियों पर लगता था। मूनाकोट ताम्रपत्र में शौका व्यापारियों से स्वर्ण धूलि के रूप में लिए जाने वाले कनक नामक कर का भी उल्लेख है। राखिया/रछया वसूला जाता था। बैकर अनाज रूप में वसूला जाता था। युद्ध के अवसर पर 'मांगा' नामक अतिरिक्त कर लिया जाता था। लेखक को दिए जाने वाला कर साउलि/साहू कहलाता था। मूनाकोट ताम्रपत्र में इसी प्रकार के अन्य कर रंतगली का उल्लेख हुआ है। यह भी लेखक को दिया जाता था। कुली बेगार के रूप में खेनी–कपीलनी एवं स्यूक के रूप में राज सेवकों से कर लिया जाता था। किसानों से वसूल कर सयानों को देय कर कमीनचारी–समानचारी कहलाता था।

नेगी नामक पदाधिकारी को 'सीकदार नेगी' नामक कर दिया जाता था, जिसे पूरे गांव से लिया जाता था। मूनाकोट ताम्रपत्र में इसको दो रूपया निधार्रित किए जाने का उल्लेख है। गर्खा–नेगी नामक कर गर्खाधिकारी को देय होता था। डाला नामक कर गांव के सयाने को दस्तूर रूप में प्रदत होता था। कामगारों पर मिझारी नामक कर लगता था। बूनकरों पर लगाए जाने वाले कर को तान/टांड कहते थे। इसी प्रकार घी पर घी–कर और प्रत्येक मवासे से मौ–कर लिया जाता था। शादी ब्याह एवं उत्सवों के अवसर पर भात–कर लगाया जाता था। भाबर क्षेत्र में गाय चराई नामक कर भी लिया जाता था एवं प्रत्येक भैंस पर चार आना वार्षिक भैंस–कर लगता था।

राजा एवं राजकुमारों को भेंट दी जाती थी जबकि सेना के रखरखाव के लिए कटक नामक कर लगता था। न्याय के लिए न्यौंवली कर लगता

था। बलि अथवा भोजन के रूप में राजपरिवार के देवी–देवताओं के पूजन के लिए रोल्या–देवल्या नामक कर लगता था। इसके अतिरिक्त घराटों पर 'भाग' जंगलों के उपयोग पर 'जंगलात कर' खनन करने वालों पर एवं व्यापारियों पर अलग से कर लगाया जाता था। जागर लगाने वाले ब्राह्मणों से जगरिया कर लिया जाता था।

उपरोक्त वर्णित करों के अतिरिक्त चंदकाल के कुछ अन्य कर भी हैं जिनका उल्लेख केवल ताम्रपत्रों में ही है। इनमें से एक पहरी/पौरी नामक कर ग्राम चौकीदार को देय होता था। मूनाकोट ताम्रपत्र में उल्लेखित बखरिया नाम का कर राजा के सईस को देय होता था। राजा के घोड़ों के लिए घोड़यालों एवं कुत्तों के लिए कुकुरयालों नामक कर का उल्लेख है। चोपदार नाम का कर सम्भवतः राजा की निजी वस्तुओं के ढुलान के एवज में लिया जाता था। महाजनों पर बाजदार नामक कर एवं नर्तक–नर्तकियों और नगाड़े–दुंदभी बजाने वालों को दिए जाने वाले बजनिया नाम के कर का उल्लेख भी ताम्रपत्रों में मिलता है। इसके अतिरिक्त महर, ओड़, नेलिया एवं तपनीय नामक करों का वर्णन भी मिलता है। इस प्रकार हम चंद वंश की वृहद राजस्व प्रणाली से अनुमान लगा सकते हैं कि जनता पर करों का अत्यधिक बोझ रहा होगा।

सामाजिक जीवन

कुमाऊँ में चंद शासन की स्थापना के अवसर पर लगभग सम्पूर्ण उत्तर भारत में राजपूत राजाओं का शासन था। ये राजपूत शासक स्वयं को सूर्य व चंद्र के वंश से सम्बन्धित मानते थे। चंद राजा स्वयं को चंद्र के वंशज मानते थे। उनका परम्परागत ढाँचा भी इन मैदानी क्षेत्र के राजपूत राजाओं जैसा ही था। मैदानी क्षेत्र में इस वक्त परम्परागत चार वर्ण के अतिरिक्त अनेक जातियाँ एवं उपजातियाँ पैदा हो गयी थी। यद्यपि चंद कालीन ताम्रपत्र, पट्टे, मन्दिर एवं अभिलेखों में कही भी इस चतुवर्ण व्यवस्था का उल्लेख नहीं मिलता है।

डॉ0 डी0सी0 सरकार ने तालेश्वर ताम्रपत्र के आधार पर पौरख वंशी राजा धुतिवर्मन का उल्लेख किया है, जो स्वयं को 'सोम–दिवाकर–अन्वयः' एवं पर्वताकार राज्य का 'परम भट्टारक महाराजाधिराज' कहता है। इससे निष्कर्ष निकलता है कि वह अपने माता–पिता की ओर से सूर्य व चंद वंश दोनों से सम्बंध रखता था। सरकार ने कत्यूर के राजा ललित शूरदेव का उल्लेख भी किया है जो स्वंय को 'परम–महेश्वर' कहता है। इन विरूद्धों के आधार पर स्पष्ट होता है कि इस पर्वतीय क्षेत्र के राजा भी मैदानी

भागों के राजाओं का ही अनुकरण करते थे। इससे यह भी स्पष्ट होता है कि वे निरन्तर मैदानी राजपूत राजाओं से सम्पर्क में रहते थे।

इसके अतिरिक्त पाल नरेश नारायण पाल के बादल अभिलेख के लेखक और इस क्षेत्र के विष्णुभद्र एवं ललितशूर के ताम्रपत्र का लेखक गंगभद्र एक ही कुल व वंश के प्रतीत होते हैं। यहीं नहीं ललितशूर एवं पाल नरेश नारायण पाल समकालीन भी हैं। कुमाऊँ क्षेत्र में वर्तमान में निवास अधिकांश जातियाँ बंगाल, बिहार व कन्नौज से आयी हुई हैं। उदाहरणार्थ कोशयारी राजपूत का मूल स्थान कोशिया नदी (बंगाल) के आस–पास स्थित है। इसी प्रकार कापड़ी नामक ब्राह्मण भी मूलरूप से बंगाल के हैं।

इस प्रकार अनेक जातियाँ भी मैदानी भागों से स्थानांतरित होकर इस क्षेत्र में बसी। इस क्षेत्र के प्रारम्भिक शासक कत्युरीयों का मूल निवास भी राजस्थान प्रतीत होता है। तमिल क्षेत्र के निवासी भी यहाँ आकर बसे क्योंकि मापन के लिए प्रयुक्त 'नाली' शब्द का सर्वप्रथम प्रयोग भी तमिल साहित्य में ही मिलता है। बहुत संभव है कि इन विभिन्न जातियों का आगमन इस क्षेत्र में युद्ध, तीर्थयात्रा एवं राजाओं द्वारा विशेषज्ञ के रूप में बुलाए गए ज्योतिषों, लेखकों, कलाकारों एवं स्थापत्यकारों के रूप में हुआ जो कालान्तर में यही बस गए।

नृविज्ञान के अध्ययन से ज्ञात होता है इस क्षेत्र में मुख्यतः तीन प्रजाति के मानव निवास करते हैं। आर्य जाति जिसके बाल नरम, कपाल लम्बा, मुँह व नाक लम्बा, शरीर एवं सिर लम्बा होता है। द्वितीय भूमध्य सागरीय प्रजाति (मंगोल) जिनका सिर गोल, कपाल चौड़ा, बाल कठोर, शरीर गठीला एवं छोटा होता है। तीसरी प्रजाति मिश्रित प्रजाति है जो इस क्षेत्र के मूल निवासियों–खस, नाग, किरात और आर्य अथवा भू–मध्य सागरीय प्रजाति के अनुलोम/प्रतिलोम विवाह के परिणामस्वरूप अस्तित्व में आई। इस क्रम में जोशी और पंत ब्राह्मण महाराष्ट्र से आए जिन्हें डोली के मल्ल शासकों ने पशुपतिनाथ मन्दिर के पुजारी के रूप में आमंत्रित किया और कालान्तर में ये डोटी से कुमाऊँ आए। जोशी नाम के ब्राह्मण का प्राचीनतम उल्लेख बत्युली (मुवानी पिथौरागढ़) से प्राप्त 1353 ई0 के ताम्रपत्र में हुआ था। ये लोग पुरोहित ही नहीं बल्कि ज्योतिष शास्त्र एवं लेखन में भी प्रवीण थे।

कुमाऊँ के समाज में ब्राह्मणों के तीन वर्ग मिलते हैं। इनमें श्रेष्ठतम 'चौथानी ब्राह्मण' मैदानी भागों अथवा डोटी राज्य से आकर यहाँ बसे। इनमें से कुछ कत्युरी एवं कुछ चंद राजाओं के साथ आए। उदाहरणार्थ

ओझा ब्राह्मण राजस्थान से आए। महेन्द्रपाल रजबार के सिगांली ताम्रपत्र (1322 ई0) में भूमिदान प्राप्तकर्ता रघुनाथ ओझा को 'त्रिविक्रम सिंह' कहा गया है। राजस्थान से आए ब्राह्मणों को ताम्रपत्र में 'ठक्कुर' कहा गया हैं। प्रतीत होता है कि प्रथम श्रेणी के ब्राह्मणों में जोशी, सिमलिटया पांडे, द्यौलपलिया पांडे, पंत, तिवाड़ी और सौंज्याल बिष्ट रहे होंगे। गढ़वाल भू–भाग में इस श्रेणी के ब्राह्मणों को सरोला (बारथानी) के रूप में मान्यता प्राप्त थी। द्वितीय श्रेणी में वे ब्राह्मण आते थे जिनकी शिक्षा एवं स्थिति समुन्नत नहीं थी जबकि तृतीय में खसों के मध्य से उभरे ब्राह्मण थे जो अपनी जाति में ही पौरोहित्य का कार्य करते थे।

राजपूतों की भी दो श्रेणियाँ थी। प्रथम तो आर्य राजपूत थे, जो इस क्षेत्र में बाहर से आए एवं स्वयं को सूर्यवंशी अथवा चंद्रवंशी कहते थे। चंदवंश के राजा स्वयं इसी श्रेणी के राजपूत थे। द्वितीय श्रेणी के राजपूत इस क्षेत्र के ही मूल निवासी थे, जिनमे अधिकांश खस प्रजाति से सम्बन्ध रखते थे। समाज के तीसरे भाग के रूप में मान्य वैश्य वर्ग 'साहू' के रूप में हुआ है। इस वर्ण के लोग प्रायः बाहर से आकर यहाँ बसे। इनमें अधिकांश शिल्पकर्म से सम्बन्धित थे। उदाहरणार्थ उत्कीर्ण, सुतार, सुदार, सूत्रधार इत्यादि। कुमाऊँ क्षेत्र में उत्कीर्णक का कार्य सुनार एवं टमटा करते थे। इस वर्ण की कुछ जातियों का राजपरिवार से निकट सम्बन्ध होता था। उदाहरण के लिए राजकोली का कार्य राजपरिवार के लिए कपड़ा बुनना था। पौरी–राजमहल की चौकदारी का कार्य करते थे। ऐसा प्रतीत होता है कि क्षेत्र में कर्म के आधार पर ही जातिनाम का प्रचलन हो गया। फूलेरिया, परेरू, दुर्गापाल, मठपाल, कांडपाल, मटियानी, बखरिया, भंडारी, नेगी, सुनार इत्यादि ऐसी कई जातियाँ हैं, जो अपने पेशे के नाम से ही जाति रूप में परिवर्तित हो गई।

इस तथ्य में शत–प्रतिशत सच्चाई है कि कुमाऊँ क्षेत्र में असंख्यक जातियाँ, उपजातियाँ पूर्वकाल से अस्तित्व में आ गई थी किन्तु यहाँ का समाज सदैव रागद्वेष से विरक्त रहा। चंदकाल में समाज सम्पन्न था एवं समाज में सहयोग, अनुराग एवं कर्तव्यबोध का वातावरण था। ललित देव शूर ने तो अपने पांडुकेश्वर ताम्रपत्र में इस समाज को 'अष्टादश प्रकृति' कहकर प्रशंसा भी की है। इसी अभिलेख से ज्ञात होता है कि खस, किरात, द्रविड़, कंलिग, सोर, हूण, ओर, मेड़, आन्ध, चांडाल आदि उसकी प्रजा थी। पिथौरागढ़ का प्राचीन नाम 'सोर' नाम भी 'सोर नामक नाग' जाति पर ही पड़ा क्योंकि इस क्षेत्र पर इस जाति का प्रभुत्व था। चंपावत (पर्वतीय अहिच्छत्तपुर) पर 'नवनागों' के प्रभुत्व की जानकारी यहां से प्राप्त

एक सूर्य मन्दिर की शिला पर जपनाग के पुत्र शंभुनादि के सूर्य मन्दिर निर्माण के उल्लेख से मिलता है। शक एवं कुणीन्दों की उपस्थित यहाँ थी, जिसकी जानकारी थरकोट–बलकोट गांव के मन्दिर से शक वेशभूषा में शिल पर राजा का चित्र उत्कीर्ण से मिलती है। इसके अतिरिक्त चंपावत क्षेत्र से शक–कुणीन्द ताम्र सिक्के एवं पुरातात्विक महत्व की सामग्री से भी इस क्षेत्र में शकों के आने की पुष्टि होती है। अतः कुमाऊँ में समाज का निर्माण मूल जातियों, आव्रजक जातियों और इन दोनों के अनुलोम/प्रतिलोम मेल से हुआ। इस समाज की मुख्य विशेषता पारस्परिक सोहार्द एवं कर्तव्यबोध की भावना थी।

धार्मिक जीवन

उत्तराखंड राज्य प्राचीन काल से अपने तीर्थस्थलों के लिए प्रसिद्ध रहा है। अतः निश्चित ही यहाँ की जनता का जीवन भी अत्यधिक धार्मिक रहा होगा। राज्य के गढ़वाल कुमाऊँ क्षेत्र में अनगिनत मन्दिर इस तथ्य को प्रमाणित भी करते हैं। चंद राजाओं के काल में कुमाऊँ क्षेत्र में हिन्दू एवं बौद्धधर्म के प्रचलन के अवशेष प्राप्त होते हैं। सामाजिक जीवन की भाँति धार्मिक जीवन में भिन्न सम्प्रदायों के लोगों के निवास होने के बावजूद कोई द्वंद नजर नहीं आता। इस क्षेत्र में विद्यमान आर्य जातियों के नाम संस्कृत में निस्तृत मिलते हैं, जो प्रायः किसी देवी–देवता के नाम से साम्य रखते हैं। बहुत संभव है कि जातियों के नाम भी उनके पूज्य देवी–देवताओं के नामों के आधार पर रखे गए हों। इससे इस तथ्य की पुष्टि अवश्य होती है कि इस क्षेत्र की आर्य एवं अनार्य जातियाँ धार्मिक प्रवृति की थी।

इस क्षेत्र के प्राचीनतम धार्मिक विश्वासौं में 'ऐड़ी' व 'घुरूड़िया' देवताओं की पूजा का उल्लेख प्राप्त होता है। ये दोनों इस क्षेत्र के प्राचीनतम पूज्य देवता है, जिनकी आज भी पूजा प्रचलित है। घुरूड़िया देवता की पूजा ज्येष्ठ के महीने में होती है। इसे 'ग्वाल देवता' के नाम से भी पुकारा जाता है। इन दोनों देवताओं की पूजा पशुचारक समाज के द्वारा होती थी। चंदकाल में कुमाऊँ के प्रत्येक भाग से कत्यूर शैली की अनुकृति पर भिन्न–भिन्न स्मार्त देवी–देवताओं के मन्दिर निर्मित हैं। स्मार्त देवी–देवताओं की इस श्रेणी में विष्णु, महेश, गणेश, कार्तिकेय, सूर्य, रेवन्त, कृष्ण, बलराम इत्यादि शामिल हैं।

चंद राजा स्वयं शैव सम्प्रदाय के उपासक थे इसलिए उन्होंने शिव के अधिक मन्दिर और देवालय बनाए। इनमें प्रमुख हैं चंपावत का

नागनाथ मन्दिर, अल्मोड़ा के रत्नेश्वर, सोमेश्वर, कपिलेश्र भैरव व क्षेत्रपाल मन्दिर। त्रिमंलचंद ने जागेश्वर के मन्दिर बनवाए जो कि आज भारतीय पुरातत्व सर्वेक्षण संस्थान (ASI) द्वारा संरक्षित हैं। कत्यूरी काल में निर्मित बागेश्वर के शिव मन्दिर का जीर्णोद्वार लक्ष्मीचंद ने करवाया। बैजनाथ का लक्ष्मीनारायण मन्दिर भी चंद काल है। पिथौरागढ़ में दिडनस कासनी, मसोली नकुलेश्वर, चौपाल मन्दिर एवं डीडीहाट के निकट मढ का सूर्य मन्दिर, रामेश्वर, बूढाकेदार इत्यादि भी चंदकालीन निर्माण हैं। यहाँ के एक मन्दिर में विष्णु और उनकी दो पत्नियाँ–राज्ञी और निक्षुभा उत्कीर्ण हैं एवं पार्श्व में गन्धर्व व विद्याधर हैं। गन्धर्वों के हाथों में मृदंग एवं मालाएँ हैं।

मूढ के सूर्य मन्दिर के भग्नावंशों में सूर्य की एक अति सुन्दर प्रतिमा है, जिस पर कालवज्र लेप चढ़ा है। इस प्रतिमा की बनावट विष्णुधर्मोंतर पुराण एवं अशुमद भेदागम में उल्लेखित विशेषताओं से युक्त है। इस प्रतिमा में सिर पर किरीट धारण किए सूर्य देव सात घोड़ों के रथ पर सवार हैं, जिसे उनका सारथी अरुण हाँक रहा है। इस प्रतिमा में सूर्य देव के दोनों ओर उनकी पत्नियाँ छाया व सुवर्चसा उत्कीर्ण हैं। इस मन्दिर के निकट जलकुंड के भग्नावशेष भी नजर आते हैं। मूढ के इस मन्दिर के ही निकट 'हथिया देवाल' है, जिसकी बनावट एलोरा के कैलाश मन्दिर के समान है। एक ही चट्टान पर उकेरे गए इस देवाल की ऊँचाई लगभग 8 फुट है जिसके पश्चिम में मंडल बनाया गया है। मुख्य मन्दिर (विमान) के चारों कोनो में उरू–श्रृंग बने हैं। सम्भवतः मन्दिर का द्वारा पश्चिम की ओर होने के कारण इसका उपयोग केवल जनेऊ संस्कार के लिए होता था। इसके निकट रामगंगा नदी तट पर रूद्रचंद निर्मित भव्य शिव मन्दिर है, जिसमें प्रतिवर्ष बैशाख पूर्णिमा के मेले का आयोजन होता है।

मर्सोली और कासनी में प्रारम्भ में 5–5 मन्दिर पंचायतन शैली में बने होंगे क्योंकि वर्तमान में 2–3 ही अस्तित्व में हैं जबकि द्वार स्तम्भ प्रायः नष्ट है। यहाँ नकुलेश्वर मन्दिर से 35–36 मूर्तियाँ मिली हैं। यहीं से लाल बलुएँ पत्थर पर बासुदेव की द्विभुजी प्रतिमा उकेरी गई थी। मर्सोली में दो मन्दिरों के अलावा शेष मन्दिरों के भग्न अवशेष बिखरे पड़े हैं। मन्दिरों के शिखर पर लगे आमलक भी जीमन पर पड़े हैं। यहाँ प्रयुक्त पत्थरों के समान पत्थर ही लाख मंडल के भव मन्दिर में प्रयुक्त हुए हैं। मर्सोली के लक्ष्मी नारायण मन्दिर में अति सुन्दर लक्ष्मी नारायण मूर्ति स्थापित है, जिसमें विष्णु की बाई जंघा पर लक्ष्मी विराजमान हैं।

भग्न प्रायः स्तम्भों में बने प्रकोष्ठों में विष्णु के दशावतारों के चित्र उत्कीर्ण हैं। सभी स्तम्भों के कोनों पर गज–व्याल और सिंह–व्याल बने

हुए हैं। इसके अतिरिक्त फलकों पर कार्तिकेय का चित्र भी है। एक पैनल पर दुर्गा का राक्षस वध करती मूर्ति स्थापित है। इसके अतिरिक्त पशुराम अवतार, हयग्रीव, रेवन्त व कल्कि अवतारों के चित्र भी अंकित मिलते हैं।

उपरोक्त वर्णन से स्पष्ट है कि कुमाऊँ क्षेत्र में अधिसंख्य जनता शिव अथवा विष्णु के विभिन्न सम्प्रदायों की उपासक थी। शाक्त धर्म के अनुयायी भी इस भू–भाग में निवास करते थे। सम्भवतः शक आगमन के साथ में इस क्षेत्र में बौद्ध धर्म ने भी प्रवेश किया। थलकोट–बलकोट गांव के मन्दिर के शिलापट्ट पर अंकित शक वेशधारी राजा के चित्र में उसे 'स्थानक मुद्रा' में दिखाया गया है। यही पास ही एक नौले में 'साल भंजिका' मुद्रा में स्त्री चित्र भी है, जो इस क्षेत्र में स्मार्त धर्म के साथ–साथ बौद्ध धर्म की लोकप्रियता की ओर संकेत करता है। अस्कोट के पास सिंगाली में बौद्ध मठ आज भी है। मन्दिरों को 'मठ' या 'मोड़ा' कहने की प्रथा भी बुद्ध धर्म का ही प्रभाव है । बौद्ध धर्म के बज्रयान, चक्रयान एवं मंत्रयान सम्प्रदाय के लक्षण आज़ भी इस क्षेत्र के गोरखपंथी समाज में देखने को मिलते हैं। नकुलेश्वर मन्दिर के पास से भगवान बुद्ध की 'भूमिस्पर्श मुद्रा' में उत्कीर्ण मूर्ति हैं। बौद्ध ग्रन्थों में इसे 'मार विजय' कहा गया है। अतः बौद्ध धर्म भी इस क्षेत्र में लोकप्रिय हुआ।

उपरोक्त के अतिरिक्त इस क्षेत्र की मुख्य विशेषता ग्रामीण देवी–देवताओं की पूजा है। प्रत्येक ग्राम का अपना एक 'ग्राम–देवता' होता था। जैन धर्म के आगमन के इस क्षेत्र में कोई संकेत नहीं मिले हैं। संक्षेप में हम कह सकते हैं कि इस क्षेत्र में विभिन्न धर्मों का सौहार्दपूर्ण सह अस्तित्व था। यहाँ के लोगों की पूजा पद्धति सरल थी।

बहुविकल्पीय प्रश्न

1. निम्नलिखित में किस काव्य में चंद राजाओं की वंशावली दी गई है

   (क) मानोदय काव्य (ख) गढरावंश काव्य

   (ग) पिगंल काव्य (घ) इनमें से कोई नहीं

2. चंदों की प्रारम्भिक राजधानी चंपावत नगरी किस नदी तट पर स्थित थी?

   (क) गोमती (ख) चंपावती

   (ग) काली (घ) इनमें से कोई नहीं

3. बालू कल्याण चंद के काल में इस नगरी को पूर्णतः चदों की राजधानी के रूप में स्थापित किया गया

(क) अल्मोड़ा' (ख) हल्द्वानी
(ग) लोहाघाट (घ) इनमें से कोई नहीं

4. पुस्तक 'शशिवंश विनोद' के लेखक हैं

(क) मौलाराम (ख) भजन सिंह
(ग) गणेश सिंह वेदी (घ) इनमें से कोई नहीं

5. कुर्मांचल में 'चंदवंश' का संस्थापक माना जाता है

(क) सोमचंद (ख) आत्मचंद
(ग) रतनचंद (घ) इनमें से कोई नहीं

6. वह पहला चंद राजा था जो स्वयं दिल्ली फिरोजशाह तुगलक के दरबार में नजराना देने गया था

(क) ज्ञानचंद (ख) रुद्रचंद
(ग) भारतीचंद (घ) विक्रमचंद

7. भारतीचंद का समाकालीन डोटी नरेश था

(क) संसार मल्ल (ख) यक्षमल
(ग) नरेन्द्रमल्ल (घ) इनमें से कोई नहीं

8. मुगल सम्राट अकबर का समकालीन कूर्मांचल नरेश जिसने मुगल अधीनता स्वीकार कर कुर्मांचल को करद–राज्य बना दिया था

(क) रूद्रचंद (ख) भारतीचंद
(ग) ज्ञानचंद (घ) इनमें से कोई नहीं

9. अल्मोड़ा का 'मल्ल महल' निर्मित करवाया था

(क) भारतीचंद ने (ख) विक्रमचंद ने
(ग) रूद्रचंद ने (घ) इनमें से कोई नहीं

10. गढ़वाल सरोला ब्राह्मणों की भाँति ही कुमाऊँ में भी चौथानी ब्राह्मणों की एक मंडली बनाने का श्रेय जाता है

(क) रूद्रचंद को (ख) भारतीचंद को
(ग) ज्ञानचंद को (घ) इनमें से कोई नहीं

11. ब्राह्मणों का वह वर्ग जिनका कार्य ओलावृष्टि होने पर थाली बजाकर लोगों को सर्तक करने का था

(क) सरोला (ख) औली
(ग) चौथानी (घ) इनमें से कोई नहीं

12. किस कुमाऊँ नरेश ने सीरा के मल्लों को पूर्णतः पराजित कर इस क्षेत्र की भूमि का विधिपूर्वक बंदोबस्त करवाया था?

(क) रूद्रचंद (ख) त्रिमलचंद
(ग) लक्ष्मीचंद (घ) इनमें से कोई नहीं

13. वह कुमाँऊ नरेश जो एक निर्माता के रूप में भी याद किया जा सकता है, जिसने 1602 में बागेश्वर के बैद्यनाथ मन्दिर का जीर्णोद्धार करवाया और शिवलिंग में तांबे की नई शक्ति लगाई

(क) लक्ष्मीचंद (ख) रुद्रचंद

(ग) सोमचंद (घ) इनमें से कोई नहीं

14. कैलाश मान सरोवर जाने वाले तीर्थ यात्रियों को 1673 ई0 में गूंठ भूमि दी और साथ ही इन यात्रियों के भोजन, वस्त्र व रहने की व्यवस्था के लिए 5 ग्रामों की मालगुजारी भी निर्धारित करने वाला चंद राजा था

(क) लक्ष्मीचंद (ख) बाज बहादुर चंद

(ग) सोमचंद (घ) इनमें से कोई नहीं

15. बाज बहादुर चंद का समकालीन डोटी शासक था

(क) देवपाल (ख) लखनपाल

(ग) 'राजपाल (घ) इनमें से कोई नहीं

16. बाज बहादुर चंद एक धर्मपरायण शासक था। उसके द्वारा निर्मित मन्दिरों में एक है

(क) लक्ष्मीनारायण मंदिर (ख) जागेश्वर मंदिर

(ग) हथिया देवाल (घ) इनमें से कोई नहीं

17. डोटी अभियान के दौरान उद्योतचंद व ज्ञानचंद द्वारा निर्मित सोर व सीरा क्षेत्र के मन्दिरों को कहते हैं

(क) देवल (ख) मूढ

(ग) चौकोट (घ) इनमें से कोई नहीं

18. इस राजा के काल को विद्वानों ने 'कुमाँऊ का स्वर्ण काल' की संज्ञा दी है

(क) सोमचंद (ख) जगतचंद

ग) त्रिमलचंद (घ) इनमें से कोई नहीं

19. किसने पुनः स्थिति प्राप्त करने के बाद सर्वप्रथम काशीपुर एवं रूद्रपुर में किलों का निर्माण करवाया?

(क) शिवदेव (ख) हर्षदेव

(ग) मोहनसिंह (घ) इनमें से कोई नहीं

20. इस वर्ष के पश्चात् कुमाऊँ गढ़राज्य का अधीनस्थ राज्य बन गया

(क) 1779ई0 (ख) 1879ई0

(ग) 1769ई0 (घ) 1869ई0

21. चंद काल में शूली का डांडा' शब्द प्रयुक्त मिलता है

(क) फांसी वाली पहाड़ी को (ख) त्रिशूल पहाड़ी को

(ग) मजबूत पहाड़ी को (घ) इनमें से कोई नहीं

22. चंदकाल में भूमि का स्वामित्व निहित था
    (क) राजा में (ख) प्रजा में
    (ग) कृषक में (घ) इनमें से कोई नहीं
23. चंदकाल में 36 प्रकार के राजकर लगाए गंये थे जिन्हें कहा जाता था
    (क) छठीसी (ख) छबीसी
    (ग) छतीसी' (घ) इनमें से कोई नहीं
24. चंद राजा मूलतः के उपासक थे
    (क) वैष्णव (ख) शैव
    (ग) बौद्ध (घ) जैन
25. त्रिमलचंद द्वारा निर्मित मंदिर जो कि आज भारतीय पुरातत्व सर्वेक्षण संस्थान द्वारा संरक्षित हैं
    (क) मूढ का सूर्य मंदिर (ख) जागेश्वर के मन्दिर
    (ग) बागेश्वर का मंदिर (घ) इनमें से कोई नहीं

उत्तर

1 क	2 ख	3 क	4 ग	5 क	6 क	7 ख
8 क	9 ग	10 क	11 ख	12 क	13 क	14 ख
15 क	16 ग	17 क	18 ख	19 क	20 क	21 क
22 क	23 ग	24 ख	25 ख			

5
अध्याय

परमार (पंवार) वंश

इस वंश का संस्थापक कनकपाल माना जाता है। इस तथ्य की पुष्टि श्री बैकेट द्वारा प्रस्तुत पंवार वंशावली एवं 'सभासार' नामक ग्रन्थ से होती है। इसके अतिरिक्त परमार वंशावली कैप्टन हार्डविक, विलियम एवं एटकिन्सन महोदय ने भी दी है। एटकिन्सन ने अल्मोड़ा के किसी पण्डित के संग्रह से अपनी सूची ली है। इनमें श्री बैकट की सूची सर्वाधिक प्रमाणित प्रतीत होती है क्योंकि यह सुदर्शनशाह कृत ग्रन्थ ''सभासार'' (1828 ई0) से पूर्णतः मेल खाती है।

कनकपाल

परमार (पंवार) वंश की उत्पत्ति

कनकपाल को परमार (पंवार) वंश का संस्थापक माना जाता है कनकपाल मूलतः कहाँ का रहने वाला था, इस विषय में इतिहासविदों के मध्य मतभेद है। पण्डित हरिकृष्ण रतुड़ी का मानना है कि कनकपाल धारा नगरी से आये थे। एटकिन्सन महोदय ने रतुड़ी के मत का समर्थन करते हुए लिखा है कि धारानगरी के पंवार वंश का एक युवक इस पर्वतीय क्षेत्र की यात्रा को आया था। मार्ग में सोनपाल नाम के राजा का राज्य पड़ता था जिससे वह युवक मिलने जा पहुँचा। सोनपाल उस युवक से इतना प्रभावित हुआ कि अपनी कन्या का विवाह उस युवक से करवा दिया और दहेज में चाँदपुर परगना प्रदान किया। वॉलटन भी एटकिन्सन के मत का ही समर्थन करते हैं।

डॉ. पातीराम ने अपनी पुस्तक में लिखा है कि "सम्वत् 756 में तात्कालीन राजवंश के कनकपाल मालवा से गढ़वाल आये। वे चन्दवंश के थे। इस पर्वतीय क्षेत्र में प्रचलित पुरातन नियम के अनुसार गढ़वाल के शासक सोनपाल ने उन्हें अपना उत्तराधिकारी घोषित किया एवं अपनी पुत्री का विवाह कर दिया। सोनपाल के बाद कनकपाल ने उन्हें अपना उत्तराधिकारी घोषित किया एवं अपनी पुत्री का विवाह कर दिया। सोनपाल के बाद कनकपाल सिहासनारूढ़ हुआ। सोनपाल गढ़ राज्य की गढ़ियों में से किसी एक के गढपति होंगे।"

उपरोक्त मत पूर्णतः सत्य नहीं माने जा सकते हैं क्योंकि विद्वानों ने अपने मत के पक्ष में ठोस प्रमाण नहीं दिये। सम्भवतः इन लोगों ने कुछ साहित्यिक पंक्तियों के आधार पर ही अपना मत प्रस्तुत कर दिया।

जबकि चाँदपुर गढ़ी से प्राप्त एक शिलालेख पर अंकित लेख से प्रतीत होता है कि कनकपाल गुर्जर प्रदेश के किसी क्षेत्र से गढ़वाल आये थे। इसके अतिरिक्त एक अन्य महत्वपूर्ण प्रमाण भी यह प्रमाणित करता है कि गढ़वाल के पंवार वंश के आदि पुरूष मेवाड़, गुजरात, महाराष्ट्र से होकर गढ़वाल आये थे, जिसे गुर्जर प्रदेश कहा जाता है। यह प्रमाण है इस वंश के नरेशों के काल में बनी गणेश भगवान की मूर्ति अथवा चित्र हैं, जिसमें उनकी सूंड दाहिनी ओर मुड़ी है। उदाहरणार्थ जोशीमढ से प्राप्त गणेश की नृत्यरत मूर्ति, टिहरी के पुराना दरबार के राजप्रसाद के द्वार पर बनी काष्ठ की गणेश मूर्ति। गणेश की सूंड दाहिनी ओर मोड़ने की परम्परा पुरातन समय से गुजरात, राजस्थान एवं महाराष्ट्र में चली आ रही है जबकि उत्तर भारत में गणेश की सूंड बायीं ओर मुड़ी होती है।

गुर्जर प्रदेश से कनपाल के आने का एक अन्य प्रमाण 'आदिबद्री' मन्दिर भी है, जिसकी रचना गुजरात एवं राजस्थान के सोलंकी मन्दिर निर्माण शैली से मिलती है। इसके अतिरिक्त एक विशेष तथ्य यह भी है कि गढ़वाल एवं कुमाऊँ की अनेक राजपूत जातियाँ अपना मूल स्थान गुर्जर प्रदेश को ही बताती है। श्री रूद्रसिंह तोमर एवं बालकृष्ण शास्त्री बताते हैं कि कनकपाल के साथ गोर्लारावत, बर्त्वाल, रौतेला तथा बागली नेगी भी गढ़वाल आए थे।

डा0 शूरबीर सिंह के संग्रह में रखे कुछ ऐसे पत्र हैं जो भी कनकपाल के धारानगरी से आने के भ्रम को मिटा देते हैं। उदाहरणार्थ सन् 1927 दीवान चक्रधर जुयाल 23 मई पत्रांक 560/सी, भेजने की तिथि 13

जून 1927, इण्डोर्स–मैण्ट न0 1839502–27 को धारा दरबार भेजा था। जिसका प्रति उत्तर दिनांक 10 दिसम्बर 1927 को पत्र सं0 1004 धार के इतिहास अधिकारी ने पत्र सं0 17, दिनांक 22 जुलाई 1927 को टिहरी भेजा था, जिसमें स्पष्ट शब्दों में पुष्टि की गई थी कि कनकपाल का धारानगरी के राजवंश से कोई सम्बन्ध नहीं था।

इस प्रकार कनकपाल के गुर्जर प्रदेश से आने की बात सर्वाधिक प्रमाणित प्रतीत होती है। श्री कन्हैयालाल कणिकलाल मुंशी रचित "दि ग्लोरी दैट वाज गूजर देश" में राजस्थान, महाराष्ट्र, मालवा एवं गुजरात के सम्मिलित क्षेत्र को गुर्जर प्रदेश कहा है।

वर्ण–निर्धारण – गढ़वाल में पंवार वंश का संस्थापक कनकपाल का सम्बन्ध परमार वंश से ही था या नहीं। इस सम्बन्ध में सर्वप्रथम साक्ष्य इस वंश के नरेश सुदर्शनशाह द्वारा रचित ग्रन्थ " सभासार" की यह पंक्ति कि "मानी पंवार कुछ वंश की देत जो पुश्त बदरी वंशत" से स्पष्ट होता है कि कनकपाल परमार वंश के ही थे।

गढराज्य में भाटों रचित गीत ' पवाड़ा' या "पैवाड़ा" कहलाते हैं। श्री श्याम परमार ने अपनी रचना 'भारतीय लोक साहित्य' में लिखा है कि परमार वंश के लोग चाहे बिहार में बसे हों या भारत के किसी अन्य भाग में उन लोगों में 'पैवड़ा' शब्द अत्यधिक प्रचलित है। वृज व भोजपुरी भाषा में 'पवाड़ा' मध्यप्रदेश एवं उतर प्रदेश में 'पंवारा' तथा महाराष्ट में 'पवाड़े' या पंवाड़' बहुत प्रयोग होता है। डॉ0 सत्येन्द्र लिखते हैं, इन गीतो से पहले पंवार क्षत्रियों की गाथाये गाई जाती होंगी। फलतः परमारों के गीत होने के कारण ये 'पमारे' कहलाएँ।

अतः गढ़वाल क्षेत्र में 'पवाड़' शब्द परमारों ने ही प्रचलित किया होगा। गढ़वाल की कतिपय वीरगाथाएँ (पंवाडें) जैसे कफ्फू चौहान पंवाड़ा, विजयपाल पवाड़ा, जीतु–बगड़वाल पंवाड़ा, रिखोला लोदी, तीलू रौतेली एवं माधोसिंह पवाड़ा अत्यधिक लोकप्रिय हैं।

भक्त दर्शन ने अपनी पुस्तक "गढ़वाल की दिवंगत विभूतियों" में गढ़वाल नरेशों को परमार वंश का ही माना है। राजपूतों की उत्पत्ति सम्बन्धी पृथ्वीराज रासो के अनुसार अग्निकुण्ड से चार राजपूत कुलों का उद्भव हुआ – परमार, प्रतिहार, चौहान तथा चालुक्य और यहीं पर आबू पर्वत की तलहटी में चन्द्रपुरी नाम का नगर था। अतः गढ़वाल आकर कनकपाल ने चन्द्रपुरी की सुखद स्मृतियों को सजीव रखने के लिए अपने गढ़ का नाम " चाँदपुरगढ़ी" रखा होगा।

इसके अतिरिक्त माउण्ड आबू और गढ़वाल में अन्य समानताएँ भी पाई जाती हैं। उदाहरणार्थ उत्तरकाशी जिले का गोमुख और आबू पर्वत के गोमुख की बनावट एक जैसी है। आबू के पास एक स्थल 'कोटेश्वर' है, तो पुरानी टिहरी के निकट भी इसी नाम का स्थल है, जहाँ वर्तमान की कोटेश्वर विद्युत परियोजना निर्माणधीन है। आबू पर्वत पर एक पवित्र कुण्ड ''मन्दाकिनी'' है, जिसे शान्तमूर्ति मुनिराज की पुस्तक ''आबू'' में परमार नरेश द्वारा निर्मित बताया गया है। इसी नाम की नदी चमोली जिले में गंगा की सहायक नदी है। अतः गढ़वाल एवं आबू क्षेत्र में प्रचलित समान नामावली भी इस ओर संकेत करती है कि परमारों का इन दोनों स्थलों से गहरा सम्बन्ध था।

आरम्भिक जीवन

पंवार वंश के सस्थापक राजा कनकपाल का मूल निवास गुर्जर प्रदेश था। उपरोक्त वर्णन से यह सिद्ध होता है कि उनके सिंहासनरूढ़ होने की तिथि पर भी मतैक्य नहीं है। उनके सिंहासन पर बैठने की तिथि के सम्बन्ध में प्रचलित मत इस प्रकार हैं–

पंडित हरिकृष्ण रतुड़ी ने अपनी पुस्तक 'गढ़वाल के इतिहास' में एक स्थान पर कनकपाल के 888 ई0 में गद्दी पर बैठने का वर्णन किया है जबकि अपनी दूसरी रचना ''गढ़वाल वर्णन'' में अपने मत का खण्डन करते हुए उन्होंने उसके सिंहासनरूढ होने की तिथि सम्वत् 745 (688 ई0) बताई है।

श्री भक्त दर्शन ने राजा कनकपाल के सिहासनारूढ़ होने की तिथि 888 ई0 बताई है।

डॉ0 शिवप्रसाद डबराल ने कोई निश्चित तिथि नहीं लिखी है, उन्होंने अलग–अलग विद्वानों के मतों का उल्लेख किया है। चाँदपुरगढ़ी दुर्ग निर्माण उनके अनुसार सन् 1425 से 1500 ई0 के मध्य हुआ। जिस आधार पर राजा कनकपाल के सिंहासनरूढ़ होने की तिथि 15वीं शताब्दी के आरम्भ में बैठती है।

राहुल सांकृत्यायन ने तो राजा कनकपाल के राजा होने पर भी संदेह व्यक्त किया है। वे तो अजयपाल को (1500 ई0) पंवार वंश का संस्थापक मानते हैं।

श्री बैकट ने अपनी सूची में सम्वत् 756 में राजा कनकपाल के 11 वर्ष के शासन का अन्त माना है। अर्थात् राजा कनकपाल उनके

अनुसार सम्वत् 754 (756–11) में गद्दी पर बैठे थे। यह तिथि ईसवी सन् 688 बैठती है।

बलकृष्ण शान्ती भट्ट ने अपनी पुस्तक 'गढ़वाल जाति प्रकाश'' में जो पक्तियाँ प्रस्तुत की हैं, उनके अनुसार राजा कनकपाल सम्वत् 745 (अर्थात् 688 ई0) में गढ़वाल आए और राजा बने।

इसके अतिरिक्त ठा0 शूरबीर सिंह के ऐतिहासिक संग्रह में कवि देवराज की लिखी 'गढ़वाल राजा वंशावली' की हस्तलिखित पाण्डुलिपि रखी हैं, जिसमें स्पष्टतः राजा कनकपाल के गढ़वाल आने और सिंहासनरूढ़ होने की तिथि 745 सम्वत् अर्थात 688 ई0 लिखी है।

अतः उपरोक्त विवरण से राजा कनकपाल के गढ़वाल क्षेत्र में आने और राजा बनने की सर्वाधिक प्रमाणित तिथि सम्वत् 745 (688 ई0) ही प्रतीत होती है।

राजा अजयपाल

राजा अजयपाल श्रीबेंकट की पंवार वंशावली के अनुसार वंश का 27वाँ राजा था। इससे पूर्व के पंवार राजाओं की जानकारी के ऐतिहासिक स्त्रोत उपलब्ध न होने कारण इस बीच के इतिहास का प्रमाणिक ज्ञान न के बराबर है। इसे पंवार राजवंश के इतिहास का ''अंधकार युग'' की संज्ञा दी जा सकती है।

राजा अजयपाल के शासनकाल में पंवार राजाओं ने पहली बार अपनी राजधानी का परिवर्तन किया और श्रीनगर (गढ़वाल) को चाँदपुर–गढ़ी के स्थान पर नवीन राजधानी बनाया। इसके अतिरिक्त राजा अजयपाल को गढ़वाल क्षेत्र की 52 गढ़ियों (ठकुराईयों) को विजित कर एक विशाल गढ़ राज्य की स्थापना का श्रेय जाता है, जिसे ''गढवाल राज्य'' के नाम से जाना जाता है। यद्यपि गढ़वाल क्षेत्र में गढ़ियों की संख्या को लेकर मतभेद हैं।

- कनकपाल ने 12 गढ़ों को अधीन किया था।
- हरिकष्ण रतुड़ी के अनुसार इन बावन गढ़ों में ठाकुरी राज्य था। अतः इन्हें ठकुराईयाँ कहा जाता रहा होगा। रतुड़ी जी ने प्रारम्भ में 64 परगनों के आधार पर 64 गढों का अनुमान किया।
- डॉ. यशवन्त कटौच चाँदपुर गढ़ी से प्राप्त सूची के आधार पर 24 गढ़ों का उल्लेख लेख में करते हैं।

- वाचस्पति गैरोला अजयपाल से पहले से ही गढ़वाल को 52 गाढ़ियों में विभक्त मानते हैं।
- गढ़वाल के महान चित्रकार मौलाराम ने बावन गढ़ों के एकीकरण का उल्लेख गढ़राजवंश के अधीन किया है।
- गढ़वाल क्षेत्र में प्रचलित जागर गाथाओं में भी 52 नरसिंगों की गढ़ों में नियुक्ति का प्रसंग आता है, जिससे भी 52 गढ होने की पुष्टि होती है। डॉ0 शिवानन्द नौत्यिाल जागरों में आये इन 52 वीरों के नामों को 52 गढ़ों का नाम मानते हैं।
- कुछ विद्वानों ने 'शिवबावनी' को ''गढ़वाली' माना है (राहुल–गढवाल पृ0–116)
- नरसिंह देव के शासनकाल में शासन व्यवस्था में 52 नरसिंहों की भूमिका महत्वपूर्ण होती थी। अतः ये 52 स्थान इन वीरों के नाम से प्रचलित हो गए। इनके साथ ही 85 भैरव भी जागर में आते हैं। सम्भवतः ये भैरव 85 भिन्न–भिन्न स्थानों (उपगढ़ों) में नरसिंगों के अधीन गिरद्वार–घाटों की रक्षा के लिए नियुक्त थे।

1050 ई0 के आस–पास नरसिंह देव के द्वारा 52 नरसिंगो की नियुक्ति की गई मानी जाती है। रायबहादुर पातीराम ने समस्त गढ़ों को जीतने वाले राजा अजयपाल को 'गढपाल' कहकर सम्बोधित किया। अभिलेखीय साक्ष्यों में हमें रानी कर्णावती के काल का ताम्रपत्र जिस पर सम्वत् 1640 अंकित हैं, हाट गांव से प्राप्त हुआ है। इस ताम्रपत्र में सर्वप्रथम ''गढ़वाल सन्तान' उत्कीर्ण है। इसके अतिरिक्त बद्रीदत पांडे के अनुसार दीपचन्द के ताम्रपत्र (1600 ई0) में भी गढ़वाल के राजा प्रतीपशाह का उल्लेख हुआ है। अतः इससे स्पष्ट होता है '' गढवाल'' शब्द 15वीं शताब्दी के बाद ही प्रयोग होने लगा होगा।

कौटिल्य द्वारा वर्णित तीन प्रकार के दुर्ग यथा जलदुर्ग, मरूस्थलीय दुर्ग और पर्वत दुर्ग में वर्णित पर्वत दुर्ग के समान ही उत्तराखंड के गढ़ थे। इन पर कठिनाई से चढ़ा जा सकता था और इनसे निकलने के लिए एक गुप्त सुरंग होती थी। जौनसार–भावर क्षेत्र में इन दुर्गों को 'टिम्बा' कहा जाता है। अग्निपुराण में वर्णन है कि गढ़ दुर्गों में गढपति अपने परिवार और विश्वासपात्रों के साथ रहकर आस–पास की उपत्यका पर शासन करता था। गढ़ ही उसका पुर होता था, जहाँ घाट, मन्दिर सभी होते थे।

गढ़ के अतिरिक्त कोट, बूंगा, थुम्बा, मौड़ा आदि भी गढ़ के छोटे रूप

अथवा गढ़ से छोटी ईकाइयाँ होती थी। मुस्लिम काल के लेखकों ने इन कोटो की अधिसंख्या के कारण ही गढ़वाल के प्रवेश द्वारों को कोटद्वार, हरिद्वार नाम दिया। गढ़ के भीतर घेराबन्दी के समय के लिए पर्याप्त भोजन व्यवस्था रखी जाती थी तथा पानी के लिए पहाड़ी के शीर्ष से जल स्त्रोत तक गुप्त सुरंग बनाई जाती थी, चाँदपुरगढ़ी, खैरागढ़, उप्पूगढ़ गुजडुगढी इत्यादि में सुरंग अब भी दृष्टव्य है।

इन गढ़ों पर जगह–जगह खाई काटी जाती थी। जहाँ शत्रु पर वार करने के लिए बड़े–बड़े पत्थर एकत्रित रखे जाते थे। इसी कारण महाभारत में पहाड़ी लोगों को पाषाणयोधीन तथा अश्मयुद्ध विशारद कहा गया है। सम्भवतः मुहमदबिन तुगलक के कराचल अभियान की साम्यता कुछ विद्वान गढ़वाल राज्य से करते हैं। तुगलक के एक लाख सैनिक बिना युद्ध किए, इन्हीं पाषाण योद्धाओं के द्वारा मारे गये। इनके अनुसार केवल तीन अफसर जीवित दिल्ली पहुँचे।

अतः इन गढ़ों के मान्य संख्या कुछ भी हो परन्तु इनकी बहुलता के कारण ही यह क्षेत्र गढ़वाल कहलाया। यद्यपि वर्तमान समय में सभी गढ़ी नष्टप्रायः है। इन गाढ़ियो के अवशेष ही यत्र–तत्र बिखरे पड़े मिलते हैं।

अजयपाल पंवार वंश का महानतम शासक था। कवि भरत कृत 'मानोदय' (ज्ञानोदय) में उसकी तुलना कृष्ण, कुबेर, युधिष्ठर, भीम एवं इन्द्र से की गई है। वर्तमान श्रीनगर गढ़वाल से आठ या नौ किलो मीटर की दूरी पर एक छोटी–सी पहाड़ी पर बसा देवलगढ़ अजयपाल की राजधानी थी। यहाँ उसने एक राज प्रसाद एवं अपनी कुलदेवी 'राज राजेश्वरी' का मन्दिर बनवाया। सम्भवतः यह स्थल गोरखपंथी संत ''सतनाथ'' का आश्रम भी था। राजा अजयपाल इस पंथ का अनुयायी था क्योंकि उसे गोरखपंथी सम्प्रदाय के अनुयायी भृतहरि एवं गोपीचन्द्र की श्रेणी में रखा जाता है।

जार्ज डब्लू ब्रिग्स ने तो अजयपाल को गोरखनाथ सम्प्रदाय के एक पथ का संस्थापक भी माना है। ''नवनाथ कथा'' तथा ''गोरक्ष स्तवांजलि'' ग्रन्थ में तो अजयपाल को गोरखपंथी सम्प्रदाय के 84 सिद्धों में से एक सिद्ध माना है।

प्रो0 अजय सिंह रावत ने अजयपाल की तुलना महान मौर्य सम्राट अशोक से की है। उनके अनुसार जिस प्रकार कंलिग युद्ध (261बी.सी) के भीषण–नरसंहार से क्षुब्द होकर अशोक ने '' भेरीघोष'' को त्यागकर 'धम्मघोष– को अपना लक्ष्य निर्धारित किया था। उसी प्रकार अजयपाल

ने गढ़वाल क्षेत्र की सभी 52 गढ़ियों को जीतने के बाद सदैव के लिए ऐश्वर्य को त्यागकर गुरूपन्थ को अपना लिया।

दूसरे शब्दों में अजयपाल ने भी सम्राट अशोक की ही भाँति गढ़राज में अपनी सार्वभौमिकता स्थापित करने के बाद अपना सम्पूर्ण जीवन गोरखपंथी सम्प्रदाय के विकास पर लगा दिया था। शूरवीर सिंह के संग्रह में रखी तांत्रिक विधा की पुस्तक 'सांवरी ग्रन्थ' की हस्तलिखित प्रति में अजयपाल को 'आदिनाथ' कहकर सम्बोधित किया गया है। यह अजयपाल के गोरखपंथ में उच्च स्थान का द्योतक है। देवलगढ़ के विष्णु मन्दिर के दाहिने ओर ठीक सामने की दीवार पर अजयपाल को पदमासन मुद्रा में चित्रित किया गया है। इस चित्र में उनके कानों में कुण्डल एवं सिर पर पगड़ी है।

सहजपाल

अजयपाल के पश्चात् क्रमशः कल्याणशाह, सुन्दरपाल, हसदेवपाल, विजयपाल गद्दी पर बैठे। इन सभी के शासनकाल की जानकारी पूर्णतः अपर्याप्त है। तत्पश्चात् 42वें शासक के रूप में सहजपाल पंवार नरेश बने। इनके शासनकाल की जानकारी के मुख्य स्त्रोत इस प्रकार हैं –

देवप्रयाग में क्षेत्रफल के मन्दिर के द्वार पर उत्कीर्ण विक्रमी सम्वत् 1065 अर्थात् 1548 ई0 के एक शिलालेख के आधार पर हरिकृष्ण रतुड़ी निष्कर्ष निकालते हैं कि सहजपाल ने गढ़राज्य पर लगभग सन् 1548 ई0 से 1575 तक शासन किया। कवि भरत ने सहजपाल की प्रशस्ति में अनेक पक्तियाँ लिखी हैं। उनका मानना है कि सहजपाल के शासनकाल में गढ़वाल अपने विकास के चरमतम बिन्दु पर था।

माना जाता है कि सहजपाल मुगल सम्राट अकबर का समकालीन था और अकबर के साम्राज्य की सीमाएँ लगभग समस्त उत्तर भारत में फैल चुकी थी किन्तु तब भी गढ़राज्य सहजपाल के अधीन पूर्ण स्वतन्त्रता का आनन्द ले रहा था। आर्शीवादी लाल श्रीवास्तव के अनुसार मुगलिया सल्तनत का अपनी समकालीन शक्तियों से जो सम्बन्ध थे उनमें गढ़वाल राज्य का महत्वपूर्ण स्थान था। यद्यपि श्रीनगर गढ़वाल का दिल्ली से कूटनीतिज्ञ सम्बन्ध था किन्तु प्रतीत होता है कि यह राज्य पूर्णतः स्वतंत्र था।

बलभद्रशाह (1575–1591 ई0)

राजा सहजपाल के पश्चात् गढ़वाल का सिंहासन बलभद्रशाह को प्राप्त

हुआ। इनसे पूर्व 'शाह' उपाधि कल्याण शाह के नाम के साथ लगती है। लेकिन प्रतीत होता है कि ''शाह उपाधि लगाने की परम्परा का प्रचलन राजा बलभद्र ने प्रारम्भ किया। 'शाह' की इस उपाधि के पीछे भक्तदर्शन ने अपना तर्क प्रस्तुत किया है कि भारतीय इतिहास का अभागा शहजादा अपने अनुज औरंगजेब से परास्त हुआ, तो उसने श्रीनगर गढ़वाल में शरण ली किन्तु श्रीनगर के शासक ने उसे औरंगजेब को सौंप दिया। इस सेवा से प्रसन्न होकर औरंगजेब ने गढ़वाल नरेश को '' शाह'' की उपाधि दी। यद्यपि इस धारणा की सच्चाई संदिग्ध है क्योंकि औरंगजेब के मुगल सम्राट बनने और कल्याणशाह एवं बलभद्रशाह के शासनकाल के मध्य लगभग 100 वर्षों का अन्तर है।

इस संदर्भ में पातीराम का मत है कि जब गढ़वाल क्षेत्र के तल्ला नागपुर क्षेत्र के ग्राम सतेरा का वर्थ्वाल जाति का व्यक्ति राज्यकार्य से दिल्ली गया, तो उसने मुगल हरम की अत्यंत रूग्ण महिला जिसका अनेकों उपाचार के बाद अन्त समय निकट लग रहा था, को एक धागा बाँधकर उसके रोग का पता लगाया और उसे ठीक करने में सफलता प्राप्त की। मुगल शहशाह से उसने ही पारितोषिक में अपने राजा के लिए 'शाह' की उपाधि प्राप्त की थी। इस बात में तो सत्यता है कि गढ़वाल के ग्रामीण क्षेत्रों में आज भी पीलिया (जॉडिस) का ईलाज कलाई अथवा गले में माला (धागा) बाँधकर सफलतापूर्वक होता है। लेकिन पारितोषिक में किसी अन्य के द्वारा प्राप्त उपाधि का प्रयोग उपयुक्त प्रतीत नहीं होता है।

वॅाल्टन महोदय के अनुसार बलभद्रशाह ने 1518 ई0 में कुमाऊँ के शासक से ग्वालदम नामक स्थान पर युद्ध किया। डा0 उबराल इस युद्ध की तिथि 1590–91 ई0 के मध्य मानते हैं। युद्ध की तिथि स्पष्ट नहीं परन्तु यह स्पष्ट है कि गढ़वाल नरेश ने 1518–91 ई0 के मध्य ही कुमाऊँ पर आक्रमण किया। अतः इस आधार पर बलभद्रशाह के शासनकाल की सम्भावित तिथि 1575–91 ई0 ठहरती है।

मानशाह

डॉ0 शिवप्रसाद डबराल के अनुसार सन् 1591 में बलभद्र–शाह के बाद मानशाह ने गद्दी संभाली। मानशाह सम्बन्धित साक्ष्य उपलब्ध है । देव प्रयाग के क्षेत्रफल मन्दिर के द्वार पर 1608 का अंतिम शिलालेख एवं इसी स्थल के रघुनाथ मन्दिर से प्राप्त शिलालेख (1610 ई0) मानशाह द्वारा उत्कीर्ण माने जाते हैं। इनके आधार पर फोस्टर महोदय की कृति 'दि अर्ली ट्रेवल्स इन इंडिया' में विलियम नामक यूरोपीय यात्री का वृतांत

है, जिसने गढ़वाल नरेश मानशाह का उल्लेख किया है। इसके अनुसार गढ़वाल राज्य गंगा एवं यमुना के मध्य फैला है और राजधानी 'श्रीनगर' है। इस राज्य की सीमा आगरा से 200 किलोमीटर दूर है। इस पूरे राज्य की लम्बाई 300 किमी और चौड़ाई 150 किमी है। यहाँ के शौर्यवान शासक सोने के बर्तनों में भोजन करते थे। इसके आधार पर मानशाह का राज्यकाल 1591 से 1611 ई0 के मध्य बैठता है।

मानशाह के शासनकाल में कुमाऊँ के शासक लक्ष्मीचंद ने 1597–1620 ई0 के मध्य 7 आक्रमण किए किन्तु हरबार उसे पराजय का सामना करना पड़ा। बद्रीदत पांडे के अनुसार मानशाह के सेनापति 'नन्दी' ने तो चंद राजाओं की राजधानी पर भी अधिकार कर लिया था। राहुल सांकृत्यांयन का कथन भी इस मत का समर्थन करता है कि गढ़राज्य के सेनापति 'नंदी' ने हस्तगत कर लिया था। गढ़वाल के राजकवि भरत ने अपनी कृति 'मानोदय' में इस विजय का विरूद्ध गाया है ।

श्यामशाह

परमार वंशी 44वें शासक का नाम 'जहांगीरनामा' में उल्लेखित है, जिसके अनुसार मुगल दरबार ने श्रीनगर के शासक को घोड़े तथा हाथी उपहार स्वरूप भेंट किए। श्यामशाह के 'सिलासरी' नामक ग्राम की भूमि का एक हिस्सा शिवनाथ नामक योगी को देने का सन् 1615 ई0 का ताम्रपत्र प्राप्य है एवं जहांगीर ने जो उपहार भेजे थे वे बैसाख विक्रमी 1678 अर्थात् अप्रैल 1621ई0 के हैं। इस आधार पर डॉ0 डबराल ने श्यामशाह का राज्यकाल 1611–30ई0 के मध्य माना है।

महीपतशाह

श्यामशाह निःसन्तान थे अतः उनकी मृत्यु के पश्चात् उनके चाचा महीपतशाह गद्दी पर बैठे। महीपतशाह का अधिकांश जीवन युद्ध में व्यतीत हुआ। अपने शत्रुओं को निरन्तर पराजित करने के कारण इन्हें 'गर्वभंजन' के नाम से प्रसिद्धि मिली। सी0 वैसल्स कृत " अर्ली जैसूइट ट्रेवल्स इन सैन्ट्रल एशिया" में प्रकाशित एनड्राडे महोदय के विवरण में महीपतशाह के तिब्बत अभियान का विस्तृत वर्णन है। इस विवरण में श्रीनगर के शासक महीपतशाह के तिब्बत पर तीन आक्रमणों का उल्लेख मिलता है। प्रथम अभियान में 11000 बन्दूककधारी तथा बीस छोटी–छोटी तोप वाली टुकड़ियाँ थी। द्वितीय अभियान के सैनिको की संख्या 20000 थी जबकि तृतीय अभियान में अपेक्षाकृत कम सैनिक थे। प्राकृतिक परिस्थितियाँ

गढ़नरेश के प्रतिकूल थी, साथ ही भारी हिमपात से मार्ग अवरुद्व होने एवं तिब्बतवासियों के कठोर प्रतिरोध के कारण गढनरेश को असफलता का सामना करना पड़ा। फलतः दोनों राज्यों के मध्य सन्धि सम्पन्न हुई।

1624 ई0 में एनड्राडे महोदय ''माना'' स्थल को छोड़कर आगरा आ गया। इस विवरण से डॉ0 डबराल द्वारा निर्धारित पूर्व नरेश श्याम–शाह के राज्यकाल की अवधि 1611–1630 ई0 गलत सिद्ध होती है। एनड्राडे के एक अन्य विवरण में जहांगीर द्वारा स्वयं एनड्राडे को फरमान जारी किये जाने बाद भी गढ़नरेश द्वारा उसके साथ बुरा व्यवहार किया जाना इस तथ्य को प्रमाणित करता है कि जहांगीर काल में भी गढ़राज्य अपनी स्वतंत्र सत्ता कायम किये हुए था। 1625 ई0 में एनड्राडे पुनः गढ़वाल के रास्ते तिब्बत गया ओर इस बार भी उसे गढ़वाल में वही अत्याचार सहन करने पड़े।

हरिकृष्ण रतुड़ी महीपतशाह की 'दापा' (ढाबा) पर अद्वितीय सफलता का वर्णन करते हैं। डॉ0 डबराल के अनुसार महीपतशाह ने सिरमौर के डाकुओं के आतंक को समाप्त किया।

महीपतशाह के राज्यकाल की तिथि पर विद्वानों में मतैक्य नहीं है। डॉ0 डबराल ने इसे 1631–1635 ई0 माना है, तो राहुल ने 1625–1664 ई0 तक माना है। जहाँ तक उनके गद्दी पर बैठने की तिथि का सम्बन्ध है, वह 1622 ई0 प्रमाणित है क्योकि इस वर्ष श्यामशाह की मृत्यु हुई और महीपत उनके उत्तराधिकारी बने।

किन्तु मृत्यु का वर्ष विवादित है। सी0 वैसल्स की पुस्तक में छपे अजेवेड़ो महोदय के यात्रा वृतांत के अनुसार 28 जून 1631 ई0 को वह स्वयं आगरा से चला। जुलाई 1631 में महीपतशाह की अत्येष्टि के अवसर पर वह श्रीनगर उपस्थित था। एनड्राडे के यात्रा वृतांत से तो महीपतशाह की अन्तिम तिथि 1631 ई0 ही सिद्ध होती है।

एटकिन्सन के गजेटियर में उसने 1625 ई0 के केशवराय के मठ के एक शिलालेख का विवरण दिया है, जिसमें महीपतशाह के शासन का वर्णन दिया है।

एक अन्य यूरापीय विद्वान मैकगैलन ने अपने संग्रह 'दि जैसुइट एण्ड दि ग्रेट मुगल' में 'एनड्राडे की यात्रा की पुष्टि की है। उसने भी एनड्राडे के सहयात्री का नाम 'मार्किवस ' दिया है। एनड्राडे की यात्रा का उद्देश्य ईसाई धर्म का प्रचार–प्रसार था और इस कड़ी में उन्होंने 11 अप्रैल 1626 ई0 में 'शापराँग' नामक स्थल पर एक चर्च की स्थापना की।

महीपतशाह की शौयपूर्ण गाथाओं का वर्णन उसके तीन अद्वितीय सेनापतियों के उल्लेख के बगैर अधूरा रहेगा। माधोसिंह भण्डारी, रिखोला लोदी और बनवारीदास जिन्होंने महीपतशाह के भिन्न–भिन्न अभियानों में अपने अपरिमित शौर्य का परिचय दिया एवं गढ़राज्य की पताका लहराई।

पृथ्वीपतशाह

इतिहासकारों का मत है कि पृथ्वीपतशाह 7 वर्ष की अल्पायु में गद्‌दी पर बैठा था। अतः महीपतशाह की रानी एवं पृथ्वीपत की माँ रानी कर्णावती ने उसकी संरक्षिका के रूप में गढ़वाल की सत्ता सम्भाली। वह गढ़वाल के इतिहास में 'नक कटटी रानी' के नाम से प्रसिद्ध है। उनके द्वारा जारी संवत् 1697 (1640 ई0) का ताम्रपत्र से , जो हाट ग्राम निवासी एक हटवाल ब्राहाण को भूमिदान के पट्‌टे पर देने का है। इसके अनुसार पृथ्वीशाह की माता श्री महाराणी कर्णावती द्वारा सन् 1640 ई0 में हाट के ब्राहाण को भूमि दान दिया गया। रानी कर्णावती का उल्लेख हस्तलिखित 'साँवरी ग्रन्थ' में भी आया है।

डॉ0 डबराल ने रानी कर्णावती का साम्य 'नाक कटी रानी' नाम से किया है। ऐसा उन्होंने एक मुगल वृतांत के आधार पर किया है। जिसके अनुसार मुगल सम्राट इस तथ्य से परिचित थे कि गढ़राज्य में एक स्त्री शासन कर रही है। 'स्टोरियो डू मोगोर के लेखक के अनुसार शाहजहाँ के शासनकाल में मुगलों की एक लाख पदाति एवं तीस हजार घुडसवारों की सेना को गढराज्य पर आक्रमण के लिए भेजा गया। इस आक्रमण में गढराज्य के वीरों ने रानी कर्णावती के निर्देशन में मुगल सेना को तहस–नहस कर दिया और जीवित पकड़े सैनिकों की नाक काट दी गई। 'महासिरूल उमरा में भी गढ़राज्य के इस शौर्य का वर्णन है, इसके अनुसार इस आक्रमण का मुगल सेनापति 'नजावत खॉ' था, जिसने दिल्ली जीवित पहुँचकर आत्महत्या कर ली। इससे भी बचे सैनिकों की नाक काटने की घटना की पुष्टि होती है।

मुगल शासक शायद इस अपमान को भुला नहीं पाये किन्तु यह रानी कर्णावती की योग्यता का ही प्रमाण है कि इस आक्रमण का बदला लेने के लिए भारत के सम्राट को 19 वर्ष इंतजार करना पड़ा। वर्ष 1655 ई0 में खल्ली तुल्ला के नेतृत्व में गढराज्य पर पुनः मुगल आक्रमण हुआ। पिछले आक्रमण में मुँह की खाने के कारण इस बार मुगल सेना ने सिरमौर राजा मान्धाता प्रकाश और कुमाऊँ के चन्द राजा बाजबहादुर की सहायता ली। फिर भी वे दून घाटी एवं कुछ किलो को ही विजित करने में सफल

रहे। 'ओरिएण्टल सीरीज' के अनुसार राजधानी श्रीनगर अविजित ही रही। सम्भवतः इस बीच समझौता सम्पन्न हो गया क्योंकि गढ़ राजकुमार मेदनीशाह दिल्ली गए, जहाँ उनका भव्य स्वागत किया गया था।

उत्तराधिकार युद्ध में औरंगजेब अन्ततः विजित हुआ। पराजित राजकुमार दाराशिकोह के पुत्र सुलेमान शिकोह को शरण देने के कारण कालान्तर में मुगलों से गढ़राज्य सम्बन्ध तनावपूर्ण हुए। औरंगजेब ने पृथ्वीपत को पत्र द्वारा भगोड़े राजकुमार को दिल्ली को सौपने के लिए लिखा। पृथ्वीपतशाह ने मुगल चेतावनी को नजर अंदाज ही किया। फलतः 'ट्रैवल्स इन इडिया' के अनुसार मुगल आक्रमणों के द्वारा गढ़राज्य को भयभीत करने का प्रयास किया गया। किन्तु गढ़वाल की सेना ने हर बार मुगल सेना को अपारक्षति पहुँचाई। अन्ततः औरंगजेब ने कूटनीति का सहारा लिया। कानूनगों के अनुसार राजा जयसिंह ने श्रीनगर दरबार के अधिकारियों को प्रलोभन दिए। राजकुमार सुलेमान को विष देकर मरवाने का प्रयत्न किया। हर तरह से असफल होने पर उन्होंने पृथ्वीपत के पुत्र राजकुमार मेदिनी से अपने पिता के विरूद्ध षडयंत्र करवाया। पृथ्वीपत द्वारा अपने गद्दार सरदार का सरकलम के कारण अन्य सरदारों एवं राजपरिवार के सदस्यों में भय उत्पन्न हुआ फलतः मेदिनी के नेतृत्व में पृथ्वीपतशाह के विरूद्ध विद्रोह हो गया। इस बीच राजा जयसिंह का पुत्र रामसिंह सुलह के लिए गढ़वाल आया। किन्तु पृथ्वीपत ने पुनः राजकुमार सुलेमान की रक्षा का प्रण दोहराया। इस बीच षडयंत्र के डर से सुलेमान स्वयं ही भाग खड़ा हुआ जिसे गढ़वाल के सीमाप्रान्त के ग्रामीणों ने पकड़कर मेदनीशाह को सौप दिया। मेदनी सुलेमान को पकड़कर दिल्ली में ले गया। जिसकी 1662 ई0 में दिल्ली में मुत्यु हुई। इस घटना का उल्लेख औरंगजेब के पृथ्वीशाह को लिखे पत्र से होता है। इसके अतिरिक्त के0पी0 श्रीवास्तव की पुस्तक 'मुगल फरमान' से भी होता है। इसी पुस्तक में 1665 ई0 का एक फरमान संग्रहित है, जिसमें औरंगजेब ने पृथ्वीपतशाह की मृत्यु के बाद गद्दी पर बैठने के लिए पृथ्वीपत के पौत्र फतेशाह को बधाई दी गई है। अतः राजकुमार मेदनीशाह को गद्दी पर बैठने का अवसर ही नहीं मिला।

फतेशाह

पृथ्वीपतशाह की मृत्यु के बाद फतेशाह गढ़राज्य के शासन बने यद्यपि उनके सिंहासन पर बैठने की तिथि को लेकर मतैक्य नहीं है। हरिकृष्ण रतुड़ी और डॉ0 डबराल का मानना है कि वह 7 वर्ष की आयु में गद्दी पर बैठा

एवं उसके व्यस्क होने तक उसकी माता ने संरक्षिका के रूप में सिंहासन संभाला। परन्तु पृथ्वीपतशाह के द्वारा अपने जीवनकाल में ही सत्ता सौंप देने का साक्ष्य इस तथ्य की सत्यता पर संदेह पैदा करता है क्योंकि कोई भी राजा जीवित रहते हुए अल्पव्यस्क को गद्दी नहीं सौंप सकता ।

इसके अतिरिक्त फतेहशाह का शिवाजी की भाँति घोड़े पर बैठा एक चित्र जिसके नीचे फतेशाह की आयु 33 वर्ष लिखी है। सम्भवतः फतेशाह ने अपने गद्दीनशीन के उपलक्ष्य में बनवाया होगा।

राजा फतेशाह के शासन काल के सम्वत् 1757, 1767 के दो ताम्रपत्र ठा0 शूरवीर सिंह के संग्रह में प्राप्य हैं। इसके अतिरिक्त उसका एक सिक्का भी मिला है। इस सिक्के के दोनों भाग पर चित्र अंकित होने के साथ–साथ अपनी भाषा में लेख अंकित है, जो उसके काल में गढराज्य की स्वतंत्र सत्ता का प्रमाण भी है।

फतेशाह का राज्य विस्तार

फतेशाह गढ़राज्य के इतिहास में अपने वीरत्व एवं विजय अभियानों के लिए जाना जाता है। राहुल सांकृत्यांयन के वर्णन के अनुसार उसकी विजय पताका तिब्बत तक फैली थी। उसके वीरत्व के सम्मान में उसकी तलवार एवं हथियार कई वर्षों तक 'दाबा' के विहार में रखे गये थे। सन् 1662 ई0 में फतेशाह ने सिरमौर रियासत पर आक्रमण किया एवं पॉवटा साहिब ओर जौनसार– भावर क्षेत्र को गढ़राज्य में कर लिया था। देशराज की पुस्तक'सिख इतिहास' के अनुसार सिरमौर का राजा गढराजा की शक्ति से इतना भयभीत हो गया था कि उसने सिक्ख गुरू गोविन्द सिंह से मदद की गुहार लगाई। सम्भवतः फतेशाह की गुरू गोविन्द सिंह से अच्छी मित्रता थी फलतः उसने गुरूजी के कहने पर सिरमौर राज्य की मित्रता की याचना को स्वीकार कर लिया और उसके विजित क्षेत्रों को लौटाना भी स्वीकार कर लिया। यद्यपि कालान्तर में फतेहशाह और गुरू गोविन्द सिंह के सम्बन्ध कटु हो गये थे। सम्भवतः इसका कारण विलासपुर के शासक के पुत्र के साथ में फतेशाह की पुत्री का विवाह होना रहा होगा। विलासपुर के शासक की गुरूजी से शत्रुता थी फलतः भीमचन्द ने गढ़राज्य के फतेहशाह को गुरूजी से मित्रवत सम्बन्ध न रखने की चेतावनी दी हो और फतेशाह की पुत्री को त्याग देने की बात कही हो।

गुरू गाविन्द सिंह की आत्मकथा विचित्रनाटक में वर्णित है कि पाँवटा से 6 मील की दूरी पर स्थित भैगणी नामक स्थल पर गढ़नरेश ओर सिक्ख केसरी के मध्य युद्ध हुआ था। हरिकृष्ण रतुड़ी के अनुसार इस

युद्ध का अन्त शान्ति समझौते के रूप में हुआ था। जबकि विचित्र नाटक अनुसार फतेशाह को झुकना पड़ा। यद्यपि अपनी आत्मकथा में गुरूजी ने कही भी भीमचन्द का नाम उल्लेख नहीं किया है, जिससे भैगणी युद्ध का कारण भीमचन्द तो नहीं लगता है।

अतः प्रतीत होता है कि गुरूजी फतेहशाह के काल में कुछ समय के लिए पाँवटा पधारे, सम्भवतः यह उनकी निजी यात्रा रही हो अथवा सिरमौर नरेश मेदिनीप्रकाश के आग्रह पर वे यहाँ पधारें हों। पाँवटा विश्राम के दौरान गुरूजी शेरों का शिकार कर जब स्थानीय लोगो में प्रसिद्धि पाने लगे तो गढ़राज्य नरेश के लिए चिन्ता का विषय बनना स्वाभाविक था। फलतः दोनों, के मध्य शत्रुता पनपने लगी और इसका ही परिणाम दोनों के मध्य युद्ध था।

फतेशाह ने सिरमौर राज्य को आतंकित ही नहीं किया बल्कि राज्य के कुछ हिस्से को अधिकृत भी कर लिया था। राजा फतेशाह की वीरता से कुर्मांचल क्षेत्र भी प्रभावित हुआ था। भक्तदर्शन के अनुसार फतेहशाह ने कुमाऊँ पर आक्रमण किया। मेमायर्स आफ देहरादून में वर्णन है कि फतेशाह ने सहारनपुर पर भी आक्रमण किया और विजित क्षेत्र के इरौरा परगने में 'फतेहपुर' नामक नगर बसाया।

अतः फतेहशाह पंवार वंश के वीर शासकों में से एक था। जिसकी वीरता की दुदंभी से आस–पास के राज्य आक्रांत थे। उसने गढ़राज्य की सीमाओं को विस्तृत किया।

फतेशाह केवल वीरता के लिए ही नहीं अपितु अपनी कलात्मक दृष्टि के लिए भी प्रसिद्ध था। माना जाता है कि चन्द्रगुत विक्रमादित्य और मुगल सम्राट अकबर की भाँति फतेशाह का दरबार भी नवरत्नों से सुशोभित था। इन नवरत्नों में शामिल थे सुरेशानन्द बर्थवाल, खेतराम धस्माना, रूद्रीदत किमोठी, हरिदत नौटियाल, वासवानन्द बहुगुणा, शशिधर डगवाल, सहदेव चन्दोला, कीर्तिराम कनठौला, हरिदत थपलियाल।

इस काल के कवियों, लेखकों ने फतेशाह की वीरता एवं विद्वता पर अनेक रचनाएँ लिखी है। जयशंकर द्वारा रचित 'फतेहशाह कर्ण ग्रन्थ' आज भी देवप्रयाग के पंडित चक्रधर शास्त्री की पुस्तकालय में रखा है। श्री रतन कवि का हस्तलिखित ग्रन्थ 'फतेहशाह' ठा0 शूरवीर सिंह के संग्रहालय में उपलब्ध है, जिसका उन्होंने प्रकाशन भी करवाया है। तात्कालीन सुप्रसिद्ध विद्धान कविराज सुखदेव के ग्रन्थ 'वृत विचार' में भी फतेशाह का यशोगान है। हिन्दी जगत के कवि मतिराम की रचना 'वृत

कौमुदी' में फतेहशाह की भूरि–भूरि प्रशंसा की गई है और उसकी तुलना छत्रपति शिवाजी से की है।

उपरोक्त वर्णन से स्पष्ट होता है कि फतेशाह ने अपनी योग्यता युद्ध भूमि में ही नहीं बल्कि विद्धता के क्षेत्र में भी प्रदर्शित की है। अतः फतेशाह में वीरता एवं कलात्मकता का एक अनूठा सामंजस्य था।

राजा फतेहशाह अत्यन्त धार्मिक प्रवृति का व्यक्ति था। नाथपंथ में उसकी अटूट् श्रद्धा थी, जिसका प्रमाण हमें 1668 ई0 के लिखे ताम्रपत्र से प्राप्त होता है। जिसमें नाथपंथी संत बालकनाथ का वर्णन है, जिसने हिमालयी क्षेत्र में प्रसिद्धि पाई।

'नाथपंथ' के अनुयायी होने पर भी फतेहशाह धार्मिक रूप से सहिष्णु था। उसने सिक्खों के गुरूराम राय को अपने राज्य में आमंत्रित किया एवं देहरादून में गुरूद्वारे के निर्माण का न केवल स्वागत किया अपितु इसकी आय हेतु खुडबुड़ा, बाजपुर एवं चमासारी ग्राम दान में दिये। कालान्तर में फतेशाह के पौत्र प्रदीपशाह ने छायावाला, भजनवाला, पंडितवारी तथा घाटावाला ग्राम गुरू रामराय जी को प्रदान किए। विलियम्स महोदय ने उपरोक्त वर्णन अपनी रचना में दिया है।

यद्यपि फतेशाह की मृत्यु की तिथि पर विद्वानों में मतैक्य नहीं है। परन्तु ठा0 शूरवीर सिंह के संग्रह में रखे ताम्रपत्र से 1715 ई0 तक फतेहशाह के शासन करने का निश्चित प्रमाण मिलता है। दूसरा ताम्रपत्र 1716 ई0 का राजा प्रदीप शाह के काल का है। दोनों ताम्रपत्रों की तिथि के मध्य की 1 वर्ष 1 माह की अवधि पर मतभेद है।

भक्तदर्शन एवं वाल्टन महोदय फतेहशाह के पश्चात् दिलीपशाह को गढ़नरेश मानते हैं। जबकि मौलाराम के अनुसार उपेन्द्रशाह राजा फतेहशाह के उत्तराधिकारी थे। उनके द्वारा बनाया गया उपेन्द्रशाह का चित्र भी ठा0 शूरवीर सिंह के संग्रहालय में उपलब्ध है। इन्हीं के संग्रह में उपलब्ध 'बिन्दाकोर्ट' का ताम्रपत्र भी इस बात की पुष्टि करता है कि ज्येष्ठ पुत्र होने के नाते उपेन्द्रशाह ही फतेहशाह के बाद गद्दी पर बैठे।

अतः उपलब्ध साक्ष्यों से यही स्पष्ट होता है कि 1715 ई0 किसी माह में फतेहशाह की मृत्यु हुई और उपेन्द्रशाह गद्दी पर बैठे। उपेन्द्रशाह अधिक दिन तक राजपाठ का सुख नहीं भोग पाये और उनके बाद प्रदीपशाह गद्दी पर बैठे।

प्रदीपशाह

प्रदीपशाह के राज्यरोहण की तिथि को लेकर भी इतिहासविदों के मध्य मतैक्य नहीं है। हरिकृष्ण रतुड़ी के अनुसार वे 33 वर्ष की आयु में गद्‌दी पर बैठे। जबकि शिवप्रसाद डबराल के अनुसार राज्यरोहण के समय उसकी आयु 5 वर्ष थी। किन्तु ठा0 शूरवीर सिंह के संग्रह में रखे ताम्रपत्र के आधार पर दो तथ्य सामने आते हैं–

(1) फतेहशाह व प्रदीपशाह के मध्य उपेन्द्रशाह गढ़नरेश रहा।

(2) प्रदीपशाह के राज्यरोहरण पर उनकी माता का संरक्षिका न होने का ज्ञान होता क्योंकि उनकी माता का नाम ताम्रपत्र में अंकित नहीं है।

डॉ0 डबराल के अनुसार प्रदीपशाह अल्प व्यस्क रहने तक मंत्रियों के सशक्त गुट ने राजकार्य संभाला, ज़िनमें पूरनमल या पुरिया नैथाणी का नाम विशेष रूप से उल्लेखित है। डॉ0 डबराल तथा एंटकिसन महोदय ने चार अभिलेखों (सम्वत् 1782, 1791, 1802, 1812 क्रमशः) का वर्णन किया है, जिनमें से कोई भी उपलब्ध नहीं है। प्रदीपशाह के काल का एक सिक्का लखनऊ संग्रहालय में रखा हैं, जिसके ऊपर 'गढ़वाल का राजा' एवं नीचे प्रदीपशाह सन् 1717 से 1757 ई0 तक लिखा है।

प्रदीपशाह के काल में गढ़वाल तथा कुमाऊँ के मध्य मधुर सम्बन्ध थे। इसका साक्ष्य हमें कुमाऊँ पर रोहिल्ला आक्रमण के अवसर पर मिलता है। जब कुमाऊँ नरेश कल्याणचन्द्र की सहायता के लिए प्रदीपशाह ने अपनी सेनाएँ भेजी थी। इसके बाद भी जब गढ़वाल कुमाऊँ की सम्मिलित सेनाएँ रोहिल्लों को परास्त करने में असमर्थ रही, तो कुमाऊँ नरेश ने रोहिल्लों से सन्धि करनी उचित समझी। रोहिल्लों ने युद्ध क्षतिपूर्ति के रूप में तीन लाख रूपयों की माँग कल्याण चन्द से की। कल्याणचन्द्र से मित्रता के कारण यह राशि प्रदीपशाह ने भुगतान की, सम्भवतः इसी समय गढ़राज्य से भावर एवं दून घाटी रोहिल्ला सेनापति ने हस्तगत की थी। पुनः 1770 ई0 को दून धाटी गढ़राज्य ने हस्तगत कर ली।

विलिसम्स के शब्दों–"प्रदीपशाह का शासनकाल शान्तिपूर्ण एवं ऐश्वर्यशाली था। दून की उपत्यका हरीभरी थी, जहां तनिक भी श्रम करने पर कृषक लहलहाती फसल काटते थे।" सम्भवतः प्रदीपशाह ने 56 वर्ष शासन किया। बैकट महोदय की सूची, पातीराम एवं एटकिन्सन के अनुसार सम्वत् 1829 में इनकी मृत्यु हुई अर्थात 1772 ई0 तक उन्होंने शासन किया। राहुल सांकृत्यायन ने भी दी गई तिथि की पुष्टि एक

ताम्रपत्र से की है। यद्यपि हरिकृष्ण रतुड़ी इसे 1750.1780 ई0 के मध्य रखते हैं। अतः सर्वाधिक प्रमाणिक तिथि 1772 प्रतीत होती है।"

ललित शाह

प्रदीपशाह की मृत्यु के पश्चात् (29 गते मंगसीर, 1829) दिसम्बर 1772 में ललितशाह गढ़राज्य की गद्दी पर आसीन हुए। इनके शासन काल की मुख्य घटनाएँ इस प्रकार हैं –

(1) ललितशाह के काल में सिक्खों ने दो आक्रमण किए। 1775 ई0 एवं 1778 ई0 के दोनों आक्रमण में ललितशाह कुछ विशेष प्रतिरोध नहीं कर पाएं फिर भी सिक्खों के आक्रमण का प्रभाव दून के आस–पास तक ही सीमित रहा।

(2) सिक्खों के विरूद्ध ललितशाह की नाकामयाबी का कारण गढ़वाल एवं कुमाऊँ के मध्य तनावपूर्ण वातारण था। चन्द नरेश दीपचन्द के कार्यकाल में कुमाऊँ में गृहकलेश की स्थिति उत्पन्न हुई। चारों ओर अशांति द्वेष का वातावरण था। मोहन सिंह रौतेला ने दीपचन्द के जीवित रहते हुए भी 1717 ई0 में स्वयं को कुमाऊँ का शासक घोषित कर दिया। लेकिन मन्त्रियों ने मोहन सिंह को सहयोग नहीं किया एवं मंत्री हर्षदेव जोशी ने गढ़नरेश ललितशाह को कूर्मांचल विजय के लिए आमंत्रित किया। ललितशाह स्वयं सेना के साथ गए और मोहन सिंह को पराजित किया। कुर्मांचल विजय के पश्चात् उन्होंने अपने द्वितीय पुत्र प्रद्युम्नशाह को कुर्मांचल के शासन की बागडोर सौंपी। हर्षदेव जोशी को उसका प्रधानमंत्री नियुक्त किया। इसके पश्चात् ललितशाह वापस अपने राज्य लौट आए। यद्यपि मार्ग में ही ढुलड़ी नामक स्थल पर मलेरिया के कारण उनकी मृत्यु हो गई।

ललितशाह के दो पुत्र जयकृतशाह और प्रद्युम्नशाह सौतेले भाई थे और दोनों के सम्बन्ध कटुतापूर्ण थे। सम्भवतः जयकृत पिता की मृत्यु के पश्चात् गढ़नरेश बने। हरिकृष्ण रतुड़ी ओर बद्रीदत पाण्डे ने भी इस घटना का उल्लेख किया है।

बैकट की सूची में जयकृत के शासनकाल की अवधि 1780–86 ई0 है, मुकन्दीलाल के अनुसार 1780–85 ई0 दी गई जबकि यहाँ भी हरिकृष्ण रतुड़ी द्वारा दी गई तिथि मेल नहीं खाती है।

राज्यरोहण के बाद भी दोनों भाईयों के मध्य कटुता कम नहीं हुई। यहाँ तक जयकृत शाह ने प्रद्युम्न को कुर्मांचल के शासन से अपदस्त

करने के लिए मोहन सिंह रौतला को सहायता दी। प्रतिउत्तर में प्रद्युम्न ने देवलगढ़ एवं श्रीनगर पर आक्रमण किया। श्रीनगर में वह तीन वर्ष रहा तत्पश्चात् कुमाऊँ लौट गया। मौलाराम ने इस तथ्य की पुष्टि की है।

जयकृतशाह के काल में दरबारी गुटबन्दी मुख्य समस्या रही। इनमें मुख्यतः डोभाल व खण्डुरी थे, जो राज्य के उच्च पदों पर आसीन थे। इनमें भी कृपाराम डोभाल की तानाशाही प्रवृति ही इस तनावपूर्ण वातावरण के लिए अधिक जिम्मेदार थी। इस व्यक्ति की तानाशाही प्रवृति इतनी बढ़ चुकी थी कि तनिक भी विरोध करने वाले को ''मौत'' मिलती थी। इस प्रकार के दूषित वातावरण से निकलने के लिए ''नेगी'' जाति के सदस्यों ने देहरादून से श्रीनगर तक के राज्यपाल ''घमण्ड सिंह मियाँ को आमंत्रित किया। घमंड सिंह ने भरे दरबार में कृपाराम डोभाल की गर्दन काट दी और श्रीनगर का राजकोष लूटकर गढ सैनिकों का वेतन भुगतान कर दिया लेकिन इससे गढ़राज्य में आतंक का माहौल उत्पन्न हो गया।

मौलाराम का कथन है कि निराश जयकृतशाह ने उन्हें मंत्रणा के लिए बुलाया। तत्पश्चात् सिरमौर शासक को मदद के लिए पत्र लिखवाया। सिरमौर नरेश जगत प्रकाश अपनी सेना सहित गढ़नरेश की सहायता के लिए बढ़ा। विजयराम नेगी ने उसका मार्ग रोकने का प्रयास किया किन्तु वह जगतप्रकाश के वीरत्व के आगे ठहर नहीं पाया। कपरौली नामक स्थल पर विजयराम नेगी वीरगति को प्राप्त हुआ। अब जगत प्रकाश की सेना का मुकाबला घमण्ड सिंह की सेनाओं से हुआ।

घमण्ड सिंह भी लड़ते हुए मारे गये। तत्पश्चात् सिरमौर नरेश जयकृतशाह के दरबार पहुँचे। गढ़राज्य में शांति एवं व्यवस्था बनाकर जगत प्रकाश अपने राज्य लौट गए।

लेकिन कहते हैं कि भाग्य भी भाग्यशाली का ही साथ देता है और जयकृत के भाग्य में सुख नहीं था, सिरमौर नरेश के लौटने के बाद जब वह देवलगढ़ अपनी कुलदेवी की पूजा के लिए गया, तो प्रद्युम्न शाह ने आक्रमण कर दिया। हताश जयकृत देवप्रयाग के रधुनाथ जी के मन्दिर चले गए, जहॉ उनकी मृत्यु हुई।उनकी चार रानियां भी उनके साथ सती हुई।

प्रद्युम्नशाह

जयकृतशाह के शासनकाल के दौरान प्रद्युम्नशाह ने गढ़राज्य पर आक्रमण किया और तीन वर्ष श्रीनगर में रहकर शासन को संभालने का कार्य किया

किन्तु तात्कालीन आंतरिक कलह के कारण उसने वापस कुर्मांचल जाने का निर्णय किया। किन्तु जयकृतशाह की मृत्यु के पश्चात् प्रद्युम्न अपने अनुज पराक्रमशाह के साथ गढ़वाल आया। डॉ0 डबराल के अनुसार हर्षदेव जोशी भी उनके साथ था। बद्रीदत पाण्डे के अनुसार प्रद्युम्नशाह ने स्वयं को गढ़वाल एवं कुमाऊँ का शासक घोषित किया और दोनों राज्यों की प्रजा ने इसका स्वागत किया। परन्तु प्रद्युम्न का अनुज पराक्रम शाह इससे निराश हुआ क्योंकि उसे आशा थी कि प्रद्युम्न शाह उसे गढ़राज्य की गद्दी पर आसीन कर वापस कुर्मांचल चले जायेंगे। प्रद्युम्नशाह ने पराक्रमशाह की बजाय हर्षदेव जोशी को अपना प्रतिनिधि बनाकर कुमाऊँ की बागडोर सौप दी तो पराक्रमशाह अत्यधिक क्षुब्ध हुआ। अब पराक्रम शाह ने मोहनचन्द्र रौतेला का समर्थन करना शुरू कर दिया।

मोहनचन्द ने अपने भाई लालसिंह की सहायता से 1786 में पाली गाँव के युद्ध में हर्षदेव को पराजित कर कुमाऊँ पर अधिकार कर लिया। हर्षदेव जोशी भागकर श्रीनगर पहुँचे।

कुमाऊँ में राजनीतिक अस्थिरता बनी रही। मोहनचन्द भी अधिक समय तक सत्ता नहीं संभाल सका क्योंकि हर्षदेव जोशी 1788 ई0 में एक बड़ी सेना के साथ वापस आया, उसने मोहनचन्द और लालसिंह दोनों को परास्त कर कैद कर लिया। कुछ समय पश्चात् मोहनचन्द की हत्या कर दी गई। सम्पूर्ण कुमाऊँ पर अधिकार करने के बाद हर्षदेव ने प्रद्युम्न को कुमाऊँ आमंत्रित किया।

प्रद्युम्नशाह ने आमन्त्रण स्वीकार नहीं किया। पराक्रमशाह ने भी प्रद्युम्नशाह को कुमाऊँ न लौटने की सलाह दी। अतः हर्षदेव सर्वेसर्वा बन बैठा। उसने शिवसिंह रौतेला नाम के व्यक्ति को 'शिवचन्द' नाम से गद्दी पर बैठा दिया, जो कि हर्षदेव के हाथों की कठपुतली था।

इस बीच लाल सिंह ने रामपुर के नवाब फज उल्लाखाँ की सहायता से कुमाऊँ पर आक्रमण किया। हर्षदेव पराजित हो गढ़राज्य की ओर भागा। लालसिंह उसका पीछा करता हुआ उल्कागढ पहुँचा, जहाँ हर्षदेव ने उसे पराजित कर कोसी नदी तक खदेड़ दिया था।

अब पराक्रम शाह ने अपनी सेनाओं के साथ लालसिंह की कमान संभाली। हर्षदेव परास्त हो गढ़वाल भाग गया जबकि शिवचन्द का इसके बाद कुछ पता नहीं चला। इसके पश्चात् पराक्रमशाह ने अल्मोड़ा पहुँचकर मोहनचन्द के पुत्र महेन्द्र सिंह को कुमाऊँ की गद्दी पर आसीन किया। पराक्रमशाह ने कुछ विद्रोहियों को समाप्त किया एवं इसके पश्चात्

नजराना लेकर लौट गया। प्रद्युम्नशाह ने हर्षदेव जोशी को गढराज्य में 'पैडलस्यु' की जागीर प्रदान की।

1786 ई0 में गढ़नरेश बनने के पश्चात् प्रद्युम्नशाह के भाग्य ने पलटा खाया और वह निरन्तर षडयंत्रों, समस्याओं में ही घिरा रहा। उसका अनुज पराक्रमशाह इसके लिए मुख्य रूप से जिम्मेदार था।

मौलाराम ने अपनी रचनाओं में पराक्रमशाह के चरित्र का वर्णन किया है। वह विलासी, दुराचारी एवं चरित्रहीन राजकुमार था। उसने मौलाराम की गणिका और जागीर दोनों छीन ली थी। इसने ही प्रद्युम्न के वफादार अधीनस्थों खण्डुरी भाई, रामा एवं धारणा की हत्या करवाई। सम्भवतः प्रद्युम्न को बन्दी बना लिया, जिसने कालान्तर में प्रद्युम्न के उत्तराधिकारी सुदर्शनशाह एवं पराक्रमशाह के मध्य भीषण युद्ध को जन्म दिया। गढराज्य में गृहयुद्व का वातावरण उत्पन्न हुआ। इस राजनीतिक अस्थिरता की सूचना पाकर नेपाल नरेश ने गढ़राज्य में हस्तक्षेप किया। गोरखे इससे पूर्व 1791 ई0 में गढ़वाल पर आक्रमण कर चुके थे। परन्तु नेपाल पर चीनी आक्रमण के कारण वे वापस लौट गए। यद्यपि इससे पूर्व गोरखे 1790 ई0 मे कुमाऊँ का राज्य हस्तगत कर चुके थे।

गढ़राज्य की निरन्तर गिरती साख के कारण गोरखों को पुनः आक्रमण का सुअवसर मिला। 1803 ई0 में उन्होंने गढ़राज्य पर आक्रमण किया। प्रद्युम्नशाह श्रीनगर छोड़ भागे। 'बाराहाट' (उत्तरकाशी) में प्रद्युम्नशाह दुबारा पराजित हुए। इसके पश्चात 'चमुआ' (चम्बा) नामक स्थान पर पुनः गढसेना परास्त हुई। गढनरेश एवं गोरखों के मध्य अंतिम और निर्णायक युद्ध खुड़बुड़ा (देहरादून) नामक स्थल पर हुआ। इसमें प्रद्युम्नशाह वीरगति को प्राप्त हुए। गोरखों ने उनकी अत्येष्टि राजकीय सम्मान के साथ हरिद्वार में की। इस प्रकार गढ़राज्य के पंवार वंश से गोरखों ने सत्ता हस्तगत कर अपने हाथों में ले ली।

श्री बैकट द्वारा प्रस्तुत पंवार वंशावली गढ़वाल क्षेत्र में प्रचलित एक लोकगीत में भी मिलती है, जिसे पंवार राजाओं की विरूद्धावली गाने वाले भाटों के वंशज पिंगलदास आज भी विशेष अवसर पर गाते हैं। इसके अतिरिक्त पंवार वंशावली उत्तरकाशी के परशुराम एवं विश्वनाथ मन्दिर में भी उपलब्ध है, जिनमें प्रदीपशाह से सुदर्शनशाह तक के नरेशों के नाम अंकित हैं।

बहुविकल्पीय प्रश्न

1. निम्नलिखित में किसने ग्रन्थ "सभासार" की रचना की?
   (क) मौलाराम (ख) सुदर्शनशाह
   (ग) कीर्तिशाह (घ) इनमें से कोई नहीं
2. परमार (पंवार) वंश का संस्थापक माना जाता है
   (क) कनकपाल (ख) अजयपाल
   (ग) महिपाल (घ) इनमें से कोई नहीं
3. किसने अपनी पुस्तक "गढ़वाल की दिवंगत विभूतियों" में गढ़वाल नरेशों को परमार वंश का ही माना है?
   (क) भक्त दर्शन (ख) मौलाराम
   (ग) शिवदत्त (घ) इनमें से कोई नहीं
4. पुस्तक 'गढ़वाल के इतिहास' के लेखक हैं
   (क) हरिकृष्ण रतूड़ी (ख) भजन सिह
   (ग) गणेश सिंह वेदी (घ) इनमें से कोई नहीं
5. पुस्तक "गढ़वाल वर्णन" के लेखक हैं
   (क) हरिकृष्ण रतूड़ी (ख) आत्मचंद
   (ग) रतनचंद (घ) इनमें से कोई नहीं
6. राहुल सांकृत्यायन पंवार वंश का संस्थापक मानते हैं
   (क) कनकपाल को (ख) अजयपाल को
   (ग) भारतीचंद को (घ) विक्रमचंद को
7. पुस्तक "गढ़वाल जाति प्रकाश" के रचियता हैं
   (क) शूरवीर सिंह (ख) बालकृष्ण शान्ति भट्ट
   (ग) हरिकृष्ण रतूड़ी (घ) इनमें से कोई नहीं
8. ऐतिहासिक संग्रह 'गढ़वाल राजा वंशावली' की हस्तलिखित पाण्डुलिपि के लेखक हैं
   (क) कवि मौलाराम (ख) कवि देवराज
   (ग) कवि शान्ती भट्‌ट (घ) इनमें से कोई नहीं
9. पंवार राजाओं की प्रथम राजधानी थी
   (क) भैरवगढी (ख) चांदपुरगढी
   (ग) कोटलगढी (घ) पातालगढी
10. इसके शासनकाल में पंवार राजाओं ने पहली बार अपनी राजधानी परिवर्तन की और चाँदपुर–गढ़ी के स्थान पर श्रीनगर (गढ़वाल) को राजधानी बनाया
   (क) सोमपाल (ख) विग्रहपाल
   (ग) अजयपाल (घ) इनमें से कोई नहीं

11. किस राजा को गढ़वाल क्षेत्र की 52 गढ़ियों (ठकुराईयों) को विजित कर एक विशाल गढ़राज्य की स्थापना का श्रेय दिया जाता है जिसे " गढवाल राज्य" के नाम से जाना जाता है?
    (क) अजयपाल (ख) सजनपाल
    (ग) बलभद्रशाह (घ) इनमें से कोई नहीं
12. समस्त गढ़ों को जीतने वाले राजा अजयपाल को 'गढपाल' कहकर सम्बोधित किया है
    (क) रायबहादुर पातीराम ने (ख) बालकृष्ण शान्ति भट्ट ने
    (ग) कवि मौलाराम ने (घ) इनमें से कोई नहीं
13. कवि भरत कृत इस ग्रन्थ में अजयपाल की तुलना कृष्णा, कुबेर, युधिष्ठिर, भीम एवं इन्द्र से की गई है
    (क) मानोदय (ख) चंद्रोदय
    (ग) राज्योदय (घ) इनमें से कोई नहीं
14. इस इतिहासकार ने अजयपाल की तुलना महान मौर्य सम्राट अशोक से की है
    (क) प्रो0 मदनचंद ने (ख) प्रो0 अजय सिंह रावत ने
    (ग) डा0 यशवंत कटौच ने (घ) इनमें से कोई नहीं
15. तांत्रिक विद्या की पुस्तक 'सांवरी ग्रन्थ' की हस्तलिखित प्रति में अजयपाल को इस नाम से सम्बोधित किया गया है
    (क) देवपाल (ख) आदिनाथ
    (ग) राजपाल (घ) इनमें से कोई नहीं
16. मुगल सम्राट अकबर का समकालीन माना जाता है
    (क) सहजपाल (ख) राजपाल
    (ग) देवपाल (घ) इनमें से कोई नहीं
17. शाह उपाधि लगाने की परम्परा का प्रचलन सम्भवतः प्रारम्भ किया
    (क) देव ने (ख) विजय ने
    (ग) बलभद्र ने (घ) इनमें से कोई नहीं
18. देव प्रयाग के क्षेत्रफल मन्दिर के द्वार पर 1608 का अंतिम शिलालेख एवं इसी स्थल के रघुनाथ मन्दिर से प्राप्त शिलालेख उत्कीर्ण करने वाले राजा माने जाते हैं
    (क) मानशाह (ख) बलभद्रशाह
    (ग) त्रिमलशाह (घ) इनमें से कोई नहीं
19. डॉ0 डबराल ने रानी कर्णावती का साम्य इस नाम से किया है
    (क) वीरांगना रानी (ख) हटीकटट्ी रानी
    (ग) नाक कटी रानी (घ) इनमें से कोई नहीं

20. खल्ली तुल्ला के नेतृत्व में गढराज्य पर मुगल आक्रमण किस वर्ष में हुआ?
(क) 1775 ई0 (ख) 1855 ई0
(ग) 1755 ई0 (घ) 1655 ई0

21. गुरू गाविन्द सिंह की आत्मकथा विचित्रनाटक में वर्णित है कि पाँवटा से 6 मील की दूरी पर स्थित इस स्थल पर गढ़नरेश और सिक्ख केसरी के मध्य युद्ध हुआ था
(क) भैगंणी (ख) त्रिशूल
(ग) कालकूट (घ) इनमें से कोई नहीं

22. चन्द्रगुत विक्रमादित्य और मुगल सम्राट अकबर की भाँति किस गढ नरेश का दरबार भी नवरत्नों से सुशोभित माना जाता है?
(क) फतेशाह (ख) मानशाह
(ग) बलभद्रशाह (घ) इनमें से कोई नहीं

23. किसने गढ़नरेश ललितशाह को कूर्मांचल विजय के लिए आमंत्रित किया?
(क) मोहन सिह (ख) शिवदत्त
(ग) हर्षदेव जोशी (घ) इनमें से कोई नहीं

24. मोहनचन्द ने अपने भाई लालसिंह की सहायता से 1786 के किस युद्ध में हर्षदेव को पराजित कर कुमाऊँ पर अधिकार कर लिया?
(क) पाली गाँव (ख) मल्ली गाँव
(ग) उल्कागढ (घ) पैडलस्यु

25. गढनरेश एवं गोरखों के मध्य अंतिम और निर्णायक युद्ध किस स्थल पर हुआ?
(क) खुड़बुड़ा (ख) चमुवॉ
(ग) बाराहाट (घ) इनमें से कोई नहीं

उत्तर

1 ख	2 क	3 क	4 क	5 क	6 ख	7 ख
8 ख	9 ख	10 ग	11 क	12 क	13 क	14 ख
15 ख	16 क	17 ग	18 क	19 ग	20 घ	21 क
22 क	23 ग	24 क	25 क			

6 अध्याय

उत्तराखंड के दौत्य सम्बंध

उत्तराखंड राज्य के पहाड़ी क्षेत्र में अवस्थित गढ़राज्य के मैदानी क्षेत्रों से दौत्य सम्बन्धों के प्राचीन काल से ही अनेक दृष्टांत प्राप्त होते हैं किन्तु पूर्व मध्यकाल के पश्चात् भारत की केन्द्रीय शक्ति एवं गढ़वाल राज्य के मध्य राजनैतिक पृथक्कीकरण स्पष्ट नजर आता है। दिल्ली सल्तनत के सुल्तानों का उत्तराखंड स्थित गढ़वाल कुमाऊँ राज्य के प्रति उदासीन दृष्टिकोण दिखाई पड़ता है। सम्भवतः यह उदासीन दृष्टिकोण इस क्षेत्र में किसी शक्तिशाली केन्द्रीय सत्ता के न होने का संकेत हो। लगभग सम्पूर्ण सल्तनत काल में यह क्षेत्र छोटी–छोटी राजनैतिक इकाईयों में विभक्त था। जिन्हें स्थानीय भाषा में 'गढी' कहा जाता था। प्रतीत होता है कि कोई भी गढपति अपनी विशिष्ट राजनैतिक पहचान कायम करने मे सफल नहीं हुआ। इसके अतरिक्त इस राज्य का अतिदुर्गम होना भी एक अन्य कारण हो सकता है कि भारत की केन्द्रीय शक्ति ने इस राज्य की ओर उदासीन रूख प्रदर्शित किया। वस्तुस्थिति जो भी हो उत्तराखंड राज्य और दिल्ली के राजनैतिक सम्बंधों के अध्ययन को हम दो भागों में वर्गीकृत कर सकते हैं–

1. दिल्ली सल्तनत से राजनैतिक सम्बंध,
2. मुगलों से राजनैतिक सम्बंध

दिल्ली सल्तनत से राजनैतिक सम्बंध

सल्तनत काल के इतिहासकारों ने अपने वर्णन में उत्तर भारत के पर्वतीय क्षेत्र को "शिवालिक" एवं "उत्तर पर्वतों की तलहटी" नाम से सम्बोधित

किया है। मिन्हाज अजमेर सहित सम्पूर्ण शिवालिक जिसमें हांसी, सुरस्वती तथा अन्यक्षेत्र थे, को मुहम्मद गोरी द्वारा अधीन किए जाने का उल्लेख देता है। उसने ही इल्तुतमिश के शिवालिक स्थित मण्डूर के किले पर अधिकार का उल्लेख किया है।

उत्तराखंड के गढ़वाल अथवा उसके निकटवर्ती पर्वतीय प्रदेश में सल्तनत काल में सर्वप्रथम अपनी पृथक पहचान बनाने का श्रेय सिरमूर पर्वत को जाता है, जिसका पृथक उल्लेख तवकाए–ए नासिरी में मिलता है। द्वितीय उल्लेख चौदवीं शताब्दी में कुमाऊँ का मिलता है। ये दोनों क्षेत्र गढ़वाल क्षेत्र के पश्चिमी व पूर्वी भाग पर स्थित हैं, फरिश्ता द्वारा रचित इतिहास में वह कुमाऊँ के राजा का वर्णन करते हुए लिखता है कि गंगा तथा यमुना दोनों नदियों का स्त्रोत इसी क्षेत्र में है। इससे प्रतीत होता है कि सम्भवतः तुर्क इतिहासकार कुमाऊँ तथा गढ़वाल के सम्मिलित क्षेत्र को कुमाऊँ पर्वत के नाम से जानते थे। जो भी हो सल्तनत के दो महत्वपूर्ण इक्ते बदायुँ और संभल उत्तराखंड की सीमा से लगे था और हरिद्वार क्षेत्र उनके अधीन था।

बदायूँ और संभल पर अधिकार कर तुर्कों ने उत्तराखंड की दक्षिणी सीमा तक अपना प्रभाव स्थापित तो कर लिया था किन्तु यह अधिक ठोस नहीं था। क्योंकि सल्तनत के सुल्तानों को कटेहर के हिन्दू राजाओं के विरोध का निरन्तर सामना करना पड़ा। सिरमूर क्षेत्र तुर्की सुल्तानों के विरोधियों की शरण स्थली बना। इस कड़ी में सर्वप्रथम रजिया सुल्तान के काल में उसके विद्रोही वजीर मुहम्मद जुनैदी को सिरमूर पर्वत पर शरण लेते हुए पाते हैं। इसके पश्चात् सुल्तान नासिरूद्दीन महमूद का सौतेला भाई जलालूद्दीद मसूदशाह के भी सिरमूर की पहाड़ियों में स्थित संतूरगढ़ में शरण लेने का उल्लेख मिलता है। 1254 ई0 में सुल्तान नासिरूद्दीन ने स्वयं सिरमूर और बिजनौर की पर्ततीय तलहटियों तक अभियान किया था। इस अभियान में मियांपुर के पास गंगा पारकर वह रहब नदी के उदगम स्थल की ओर गया था। इसी के शासनकाल में अवध का विद्रोही राज्यपाल कुल्लगखां भी सन्तूरगढ की पहाड़ियों में शरणगत हुआ था। मिन्हाज कहता है कि उलगुखाँ (बलबन) के नेतृत्व में शाही सेना कुल्लगखां का पीछा करती हुई इन पहाड़ियों पर पहुंची एवं घाटियों पर अपना अधिकार करती गई। यद्यपि वह कुतलगखां को पकड़ने में असफल रहा किन्तु इस्लामी सेना का सिरमूर की पहाड़ियों पर सफल सैन्य अभियान का यह प्रथम प्रयास था। कटेहर का इलाका बलबन के शासनकाल के आरम्भ में विद्रोह का केन्द्र रहा जिसका उसने

कठोरतापूर्वक दमन करवाया साथ ही सन्तुर की पहाड़ियों की तलहटी में ''हिसार–इ–नौ'' नामक किले का निर्माण करवाया था।

खिलजी काल में उत्तराखंड एवं उसके आस–पास की पहाड़ियाँ विद्रोहियों की शरणस्थली बनी रही। उत्तराखंड की दक्षिणी सीमा पर अमरोहा सल्तनत का इक्ता था। अलाउद्दीन खिलजी के काल में मगोलों ने शिवालिक पहाड़ी के सहारे आगे बढ़ते हुए अमरोहा पर असफल आक्रमण किया था। तारीख–ए–अमरोहा के अनुसार अमरोहा के उत्तर में गंगा के किनारे–किनारे हिमालय तक जंगल थे। अमीर खुसरो के अनुसार इस प्रदेश में इतना शिकार था कि एक बाण से दस हिरण मारे जा सकते थे। सल्तनत इस अवस्था में सम्भवतः उत्तराखंड की तलहटी में स्थित वनों का शिकार स्थली के रूप में प्रयोग करने लगा था।

तुगलक काल में दो–आब क्षेत्र में कर वृद्धि के कारण एक बार पुनः विद्रोह की प्रवृति तेजी से बढ़ने लगी। इस काल में सर्वप्रथम मुहम्मद तुगलक का ध्यान इन पर्वतीय स्वतन्त्र राज्यों की ओर गया क्योंकि ये राज्य लम्बे समय से विद्रोहियों की शरण स्थली थे। मुहम्मद बिन तुगलक दिल्ली का प्रथम सुल्तान था जिसने उत्तर के पर्वतों पर व्यापक ध्यान दिया। उसने यहाँ न केवल सैन्य अभियान भेजे अपितु राजनैतिक सम्बन्ध भी स्थापित किया। उसके काल में नगरकोट एवं कराजल अभियान इस क्षेत्र में किए जाने का उल्लेख मिलता है।

कागड़ा घाटी अवस्थित नगरकोट का दुर्ग वर्तमान में कोटकागड़ा कहलाता है। मुहम्मद गजनवी ने 11वीं शताब्दी में यही स्थित भीम नगर दुर्ग को लूटा था। उसके पश्चात् यहाँ मुहम्मद तुगलक का सैनिक अभियान हुआ। मुहम्मद तुगलक के इस अभियान का विस्तृत वर्णन तो नहीं मिलता हैं किन्तु बरनी, अफीफ उसके नगरकोट विजय की ओर संकेत करते हैं। कालान्तर में फीरोजशाह ने पुनः नगरकोट पर आक्रमण किया था। मुहम्मद तुगलक के कराजल अभियान का उल्लेख बरनी, बदायुनी, फरिश्ता सभी ने किया है। इब्नबतुता ने इसका विस्तृत वर्णन किया है। उसके अनुसार ''यह महापर्वत श्रृंखला दिल्ली से दस दिन की यात्रा दूरी पर है और यहाँ का राजा अपने क्षेत्र का सबसे शक्तिशाली राजा है''। उसके इस वर्णन के आधार पर कराजल की पहचान कुमाऊँ गढ़वाल राज्य से ही की जाती है। तुगलक का यह सैन्य अभियान आक्रमणकारी सेना के लिए अत्यंत विनाशकारी रहा। बरनी के अनुसार–''इस विशाल सेना की वापसी का मार्ग हिन्दुओं ने बंद कर दिया। इस प्रकार एक चोट में सारी सेना नष्ट हो गई, केवल दस सवारों ने वापस दिल्ली

लौटकर विपत्ति की सूचना दी।" भारतीय इतिहास में यह अभियान सल्तनत की सेना के लिए अत्यंत घातक सिद्ध हुआ किन्तु पूर्णतया निरर्थक सिद्ध नहीं हुआ। सुल्तान का उद्‌देश्य है कि इस पर्वतीय क्षेत्र को उसकी शक्ति का अहसास हो और वे विद्रोहियों को शरण न देवे और साथ ही इस्लाम का प्रसार हो। इब्नबतूता के कथन से इस उद्‌देश्य की पूर्ति के संकेत मिलते हैं कि–"बाद में सुल्तान ने इस क्षेत्रों से इस शर्त पर सन्धि कर ली कि वे कर देंगे।"

मुहम्मद तुगलक ने इस पर्वतीय क्षेत्र में न्यूनाधिक सामरिक एवं राजनैतिक सफलता प्राप्त की, उसका प्रभाव फिरोज तुगलक के काल में नजर आता है। सिरमूर क्षेत्र में उसका प्रभाव काफी बढ़ गया था। इसी क्षेत्र में यमुनातट पर स्थित तोबरा गांव से प्राप्त अशोक स्तम्भ को उसने फीरोजाबाद भिजवाया था। सिरमूर– सहारनपुर की आस–पास पहाड़ियों से सल्तनत को राजस्व प्राप्त होता था। कटेहर के राजा खड़कु को दण्डित करने के लिए उसने कटेहर पर आक्रमण किया, तो खड़कु कुमाऊँ की पहाड़ियों मे जा छिपा। सम्भवत् कराजल अभियान की कटुस्मृतियों के कारण फिरोज वर्षा ऋतु से पूर्व ही पहाड़ियों से वापस चला गया। फीरोज का पुत्र शहजादा मुहम्मद को जब गद्दी प्राप्त हुई, तो फिरोजी दासों के विद्रोह से अपनी स्थिति अनुकूल न देख, वह भी सिरमौर पर्वत पर शरण लेने को विवश हुआ। फिरोज की मृत्यु के पश्चात् दिल्ली सल्तनत का इस पर्वतीय प्रदेश पर धीरे–धीरे प्रभाव क्षीण होता चला गया।

1. हिसार–ई–नौ–नवीन किला

कुमाऊँ की स्थानीय परम्पराओं के अनुसार दिल्ली के सुल्तान मुहम्मद–बिन–तुगलक के समकालीन शासक ज्ञानचंद था। सम्भवतः उसे गरूड़ ज्ञानचंद नाम अपनाने का निर्देश भी मुहम्मद तुगलक ने ही दिया था।

वर्ष 1398–99 ई0 में दिल्ली सल्तनत को तैमूर लंग के आक्रमण का त्रास झेलना पड़ा। दिल्ली सल्तनत का प्रभाव नाममात्र का रह गया। ऐसी स्थिति में कई मलिक स्वतंत्र शासक बन गए। शिवालिक पर्वत की तलहटी का क्षेत्र भी पूर्णतः प्रभाव मुक्त हो गया। तैमूर सम्भवतः इस क्षेत्र की राजनैतिक स्थिति से परिचित था। इस कारण उसने अपनी वापसी का मार्ग हिमालय एवं शिवालिक के मध्य से ही चुना। क्योंकि इस मार्ग पर उसे प्रतिरोध की न्यूनतम आशंका थी। तैमूर की आत्मकथा मुल–फुजात–ए–तिमुरी और सरफुदीन यजदी कृत जफरनामा

में शिवालिकी की घाटी और पदतल में तैमूर द्वारा की गई लूटपाट का उल्लेख मिलता है। तैमूर ने गंगा नदी पार कर मुबारक खां के नेतृत्व में एकत्रित अनेक हिन्दुओं को पराजित किया। इसके पश्चात् कुटीला घाटी जो शिवालिक पदतल में स्थित है, पर आक्रमण एवं दो दिन में तीन बार लूट–पाट का उल्लेख मिलता है। तिमूर और सरफुदीन के अनुसार "कुटीला अथवा कुपिला घाटी उस पर्वत के नीचे है, जिसके पास से गंगा नदी निकलती है। यहाँ से 15 कोस की दूरी ऊपर की ओर गाय के आकार का एक पत्थर है, जिसके मुख से नदी निकलती है। हिन्दू काफिर गंगा और उसके विकास को पूजते हैं, वे यहाँ वर्ष भर यात्रा करने आते हैं, नदी में स्नान करते हैं, मृतकों की राख डालते हैं, इत्यादि।" प्रतीत होता है कि यह वर्णन हरिद्वार और ऋषिकेश का है। गोमुख के सम्बन्ध में उन्हें किसी स्थानीय व्यक्ति ने पूर्ण जानकारी दी होगी एवं जहाँ तक दूरी का सम्बन्ध है, तो सामान्यतः लोग तहीं पर है कहकर रास्ता बताते है, जिसे तुर्की इतिहासकारों ने लगभग 15 कोस अनुमानित लिख दिया होगा। हंटर महोदय ने भी कपिला अथवा गुपिला का साम्य हरिद्वार से किया है। प्राचीन शास्त्रों ने इसी जगह पर कपिल ऋषि के आश्रम होने का वर्णन भी कुपिला घाटी का चण्डी पर्वत के नीचे की घाटी में स्थित होने का साक्ष्य प्रस्तुत करते हैं।

इसके पश्चात् तैमूर शिवालिक पर्वतों की ओर बढ़ा। यहाँ लगभग उसने सवा महीना व्यतीत किया और दून, सिरमौर, नगरकोट आदि राज्यों को लूटा। तैमूर के विवरण से पता चलता है कि गंगाजमुना के मध्यवर्ती शिवालिक पहाड़ियों मे अनेक राज्य थे, इनके राजाओं को वह 'राय' कहता है। वह केवल "बहरूज" का उल्लेख करता है जो गढ़वाल पहाड़ियों का कोई राज्य रहा होगा। क्योंकि जब उसका युद्ध इस राज्य के सैनिकों से हुआ, तो इन पहाड़ियों के अनेक शासकों ने बहरूज की सहायता की जिससे इस काल में इस क्षेत्र में बावन गाढ़ियों के राज्य होने की पुष्टि होती है। तैमूर ने गढ़वाल की पहाड़ियो में प्रवेश नहीं किया। वह यमुना पार कर सिरमौर होता हुआ नगरकोट की ओर गया। अपने वृतांत में उसने शिवालिक क्षेत्र में 32 दिनों में 20 युद्ध लड़ने व सात दुर्ग जीतने का वर्णन किया है।

सैयद सुल्तानों के काल में गढ़वाल की दक्षिणी सीमा पर सल्तनत का प्रभाव बना रहा। खिज्र खां के काल में ताज–उल–मुल्क के नेतृत्व में एक सेना कटेहर के राम हरिसिंह की विद्रोही प्रवृति का दमन करने के लिए भेजी गई। हरि सिंह पराजित होकर कुमाऊँ की पहाड़ियों में

भाग गया। बदायुनी के अनुसार ताज–उल–मुल्क ने कुमाऊँ की पहाड़ियों में प्रवेश नहीं किया। इस प्रकार सैयद काल में भी सल्तनत की सेनायें उत्तराखंड के मैदानी भाग तक ही सीमित रही। पर्वतीय राज्यों की यथास्थिति को स्वीकार करने के अलावा अन्य कोई सम्बन्ध इस काल में भी नहीं स्थापित हो पाए।

लोदी शासनकाल में भी इस स्थिति में कोई विशेष परिवर्तन नहीं नजर आता है। सिकन्दर लोदी के नगरकोट अभियान और मूर्तिभजन की कार्यवाही का उल्लेख तो मिलता है किन्तु उत्तराखंड पर किसी कार्यवाही का वर्णन नहीं मिलता है। संभल में वह चार माह अवश्य रहा किन्तु राजनैतिक परिस्थितिवश यहां समय व्यतीत किया। यद्यपि स्थानीय परम्पराओं में इस काल में गढ़वाल–दिल्ली दौत्य सम्बन्ध स्थापित होने के कुछ दृष्टांत अवश्य मिलते हैं।

गढ़वाल राज्य के राजाओं ने बलभद्रपाल के समय से पाल नामंत के स्थान पर 'शाह' नामंत लगाने का उल्लेख करते हुए वॉल्टन महोदय ने एक स्थानीय परम्परा का वर्णन किया है, जिसके अनुसार दिल्ली का कोई राजकुमार 1483 ई0 में गढ़वाल आया था। उसकी दिल्ली वापसी पर उसके स्वागत सत्कार का वर्णन सुनकर दिल्ली सुल्तान ने गढ़राज्य के राजा को अपना नाम व उपाधि प्रदान की थी। सुल्तान का नाम खान बहादुर लोदी बताया गया है। समय की दृष्टि से दिल्ली में यह बहलोल लोदी का काल था। डा0 पातीराम लिखते हैं कि तल्ला नागपुर के ग्राम 'सतेश' से बर्थ्वाल जाति का एक व्यक्ति राज्यकार्य से दिल्ली गया, तो उसने हरम की महिला को अपने उपचार से ठीक किया। जब सुल्तान ने प्रसन्न होकर उसे कुछ देना चाहा, तो उसने अपने राजा के लिए 'शाह' की उपाधि मांग ली। डा0ए0एल0श्रीवास्तव ने लिखा है कि सहजपाल के समय गढ़वाल ने अपनी स्वतन्त्रता बना रखी थी और उसके दिल्ली से राजनैतिक सम्बन्ध भी थे। जो भी हो ऐतिहासिक साक्ष्यों के अभाव में 'शाह' नामंत पर कोई ठोस टिप्पणी तो नहीं की जा सकती किन्तु इतना स्पष्ट है कि सहजपाल के काल से गढ़राज्य एवं दिल्ली सल्तन के मध्य राजनैतिक सम्बन्धों की एक कड़ी स्थापित हुई। यद्यपि ये सम्बन्ध बराबरी के स्तर पर थे या नहीं अथवा गढ़राज्य नरेश को दिल्ली सल्तनत की अधीनता स्वीकार करनी पड़ी या उसका राज्य सल्तनत का करद राज्य था, इस सम्बन्ध में साक्ष्यों के अभाव में स्पष्ट बता पाना संभव नहीं है।

मुगलों से राजनैतिक सम्बन्ध

1526 ई0 पानीपत के प्रथम युद्ध में बाबर की इब्राहीम लोदी पर विजय के साथ ही भारत पर 'मुगल' शासन स्थापित होता है। वास्तव में मुगल शब्द मंगोल शब्द का फारसी रूपांतरण है। इस मंगोल शब्द की उत्पत्ति चीनी शब्द 'मोग' या 'मंगकू' से होती है, जिसका अर्थ है 'वीर'। प्रारम्भिक मंगोल गडरिये थे जिनका समाज 'उलूसौ' में विभक्त था। तेमूची ने मंगोलों के इन उलूसों को संगठित कर उन्हें केन्द्रीय सत्ता द्वारा शासित किया। तेमूची को प्रारम्भिक विजयों के कारण 1203 ई0 में उसे 'खान' चुना गया और चंगेजखा की उपाधि दी गई। चंगेजखा का अर्थ होता है अत्यंत शक्तिशाली। इसी चंगेजखां के नेतृत्व में मंगोल मध्य एशिया के पश्चिमी क्षेत्रों में आए। यहाँ उनका तुर्क व ईरानी मुस्लमानों से सम्पर्क हुआ। तुर्क इन्हें मोगोल तथा ईरानी मुगल पुकारते थे। कालान्तर में तुर्क–ईरानी इतिहासकारों ने इनके लिए 'मुगल' शब्द प्रयुक्त किया। बाबर की माता कुतलुग निगार, खानिक युनुसखाँ की पुत्री थी, जो चंगेज खां के पुत्र चगताई का वंशज था। अतः माता पक्ष से बाबर का सम्बन्ध मुगलों से था। अतः उनके लिए मुगलवंश का नाम प्रचलन में आया।

बाबर ने उत्तर की पहाड़ियों के काफी निकट से दिल्ली की ओर बढना शुरू किया था। उसने यह जान लिया था कि उत्तर के पर्वतों पर बसे छोटे–छोटे राज्य देश की मुख्य राजनैतिक धारा से पृथक रहते हैं। सामरिक दृष्टि से इनकी उपेक्षा करता हुआ वह दिल्ली विजित करने बढ़ा लेकिन वह इन क्षेत्रों की भौगौलिक एवं राजनैतिक स्थिति का जायजा लेता गया। इसका परिचय वह अपनी आत्मकथा में इस प्रकार देता है। ''काबुल में हिन्दुकुश के नाम से जानी जाने वाली ये पर्वत श्रेणी पूर्व की ओर बढ़ते हुए दक्षिण में कुछ झुक जाती है। इसके दक्षिण में हिन्दुस्तान है तथा कस (खस) कहे जाने वाले अज्ञात समूह के उत्तर में तिब्बत है।'' सम्भवत् इस समय अजयपाल बावन गाढियों को विजित कर एक राज्य के रूप में संगठित करने का प्रयास कर रहा था। उत्तर के इन पर्वतों से उसका प्रत्यक्ष परिचय तब हुआ जब दौलत खां के पुत्र गाजीखां ने इन पहाड़ियों में शरण ली। इससे उसने धारणा बनाई कि ये पर्वत एवं पहाड़ियां सुरक्षित राजनैतिक शरण स्थली हैं, जहाँ पराजित या भगेड़ु राजा भाग जाते हैं। यद्यपि अपने अल्पकालीन शासन में उसे इस क्षेत्र विशेष के लिए किसी नीति को बनाने या प्रयोग करने का मौका नहीं मिला।

बाबर ने इस क्षेत्र की महत्व को समझा और इसी कारण उत्तराखंड की सीमा पर स्थित संभल की जागीर हुमायुँ को सौंपी। हुमायुँ के शासन काल में बाबर के मौसेरे भाई हैदर दोलगत का ल्हासा अभियान पर जाना एवं उसके वर्णन में चम्पा जाति का वर्णन जोकि वास्तव में भ्रमणकारी है, गढ़वाल में भोटिया जनजाति की ओर संकेत करता है। मिर्जा हैदर ने कारडून एवं दुर्ग बारमांग नामक स्थानों का वर्णन किया है। इनकी पहचान अभी तक नहीं हो पाई है। किन्तु कारडुन दुर्ग के मानसरोवर झील के दस दिन पश्चिम की यात्रा पर स्थित होने से इतना स्पष्ट है कि यह गढ़वाल का ही कोई गढ़ था।

हुमॉयूं के अल्पकाल में भी मुगलों का कोई प्रभुत्व उत्तराखंड राज्य क्षेत्र में नहीं मिलता है। हुमॉयूं के बाद दिल्ली की गद्दी पर बैठे शेरशाह की एक दुघर्टना में मृत्यु के बाद हुए राज्य संघर्ष में असफल होकर आदिलखां तो बुंदेलखण्ड की ओर भाग गया किन्तु उसके प्रमुख पक्षधर ख्वासखां ने उत्तराखंड की पहाड़ियों में शरण ली। कुतुबखां का नायक उसका पीछा करता हुआ आया किन्तु वह उत्तराखंड राज्य की पहाड़ियों में नहीं घुसा। इस्लामशाह के काल में इस क्षेत्र में किए गए उसके दीर्घकालीन अभियानों के पश्चात् हिमाचल प्रदेश के नीची पहाड़ियों के जमीदारों ने उसकी अधीनता स्वीकार ली। इन पहाड़ियों में उसने मानकोट, शेरगढ़, इस्लामगढ़ और फीरोजगढ़ नामक दुर्ग निर्मित करवाए। ख्वासखां ने कुमाऊँ राज्य में शरण ले रखी थी। अहमद यादगार ने अपनी कृति मखजन–ए–अफगानी में ख्वासखां के कुमाऊँ में शरणागत होने और उसके बाद इस्लामाशाह की चाल में फंस कर जान गवा देने का विस्तृत वर्णन दिया है। यद्यपि इसकी पुष्टि गढ़वाल कुमाऊँ के उपलब्ध साक्ष्यों से नहीं होती है।

अतः बाबर, हुमायूँ और सूरवंश के काल में उत्तराखंड राज्य से सम्बन्ध आंशिक ही बने रहे क्योंकि दिल्ली की गद्दी पर बैठने वाले इस काल के किसी भी शासक को अपने को स्थापित करने भर का ही समय मिल पाया। इस कारण उत्तराखंड क्षेत्र की राजनैतिक शक्तियां दिल्ली से पृथक ही बनी रही।

अकबर के शासनारम्भ तक श्रीनगर से सचांलित गढ़वाल राज्य ने भी एक राज्य का स्वरूप ग्रहण कर लिया था। अकबर से क्षुब्ध विद्रोही भी इन पर्वतों पर शरण लिए हुए थे। सिकन्दर सूर ने भी शिवालिक की इन्हीं पहाड़ियों में शरण ली हुई थी। अकबरकालीन इतिहासविदों ने व्यास नदी से लेकर नेपाल तक विस्तृत पर्वत श्रेणियों के लिए शिवालिक

नाम का प्रयोग किया है। उपलब्ध पुरातात्विक एवं ऐतिहासिक साक्ष्यों से हमें सहजपाल, मानशाह, बलभद्रशाह आदि को अकबर के समकालीन मान सकते हैं। सम्भवतः इनमें प्रथम दो गढ़वाल नरेश एवं अन्तिम दो शक्तिशाली गढ़वाली दुर्गपति (गढ़पति) थे।

अकबर के काल से उत्तराखंड राज्य क्षेत्र का मुगल साम्राज्य से राजनैतिक सम्पर्क होने का उल्लेख मिलने लगता है। सिकन्दर सूर की तलाश में अकबर की सेनाएं इस क्षेत्र में लगभग छः माह तक व्यस्त रही। इस अवधि में इस क्षेत्र के कई जमीदारों ने अकबर प्रति अपनी अधीनता प्रकट की। बैरमखां ने भी व्यास नदी तट पर स्थित तलवाड़ा के राजा गोविन्दचन्द्र के यहाँ शरण ली थी। इस क्रम में पर्वतीय राजाओं ने अकबर की सेनाओं से कई युद्ध किए। उत्तराखंड के पर्वतीय राज्य गढ़वाल में अकबर ने विशेष रूचि दिखाई। उसने इस क्षेत्र में गंगा के स्त्रोत की खोज के लिए एक सर्वेक्षण दल भी भेजा था। इस क्रम में निश्चित ही उसका सम्पर्क उत्तराखंड के गढ़वाल राज्य से हुआ होगा। ऐसा प्रतीत होता है कि अकबर ने अपने प्रारम्भिक पहाड़ी अभियानों की कठिनता को देखते हुए गढ़वाल क्षेत्र में सामरिक प्रयास आरम्भ करने से पहले भौगोलिक सर्वेक्षण करना उपयुक्त समझा।

अकबरकाल में ही द्वितीय चरण में हम मुगल जागीदार हुसैनखां को उत्तराखंड राज्य क्षेत्र में आक्रमण करते पाते हैं। हुसैन खां ने यहां की अतुल सम्पदा की लालसा में आक्रमण किया था, जिसका बदायुनी ने विस्तृत वर्णन किया है। बदायुनी ने इस पर्वतीय राजा की राजधानी का नाम अजमेर दिया है, जिसको अजमेर गढ़ी से समीकृत किया जा सकता है। अपनी असफलता के बाद वह अकबर के दरबार में उपस्थित हुआ, तो अकबर ने उसे पर्वतीय सीमा पर स्थित काठ व गोला की जागीर से उपकृत किया। इसका अर्थ है कि उसके अभियानों को सम्राट की स्वीकृति प्राप्त थी। 1875 ई0 में उसने पुनः उत्तराखंड के पर्वतीय राज्य पर आक्रमण किया। बदायुनी और अबुल फजल के वर्णन से लगता है कि इस बार हुसैनखां ने बसन्तपुर पर आक्रमण किया था। अबुल फजल इस स्थान को कुमाऊँ में जबकि बदायुनी गढ़वाल में अवस्थित बताता है। सम्भवतः हुसैनखां के इन आक्रमणों को अकबर की मौन स्वीकृति प्राप्त थी ताकि वह इन क्षेत्रों की भौगोलिक–राजनैतिक स्थिति को ठीक से समझ सके।

अकबरनामा में उत्तराखंड राज्य क्षेत्र के वर्णन एवं आइन–ए–अकबरी में कुमाऊँ सरकार के 21 परगनों की सूची से स्पष्ट होता है कि अब

दिल्ली व उत्तराखंड स्थित राज्य के मध्य परस्पर सम्बन्ध अच्छे एवं सुदृढ हो चुके थे। इतना अवश्य है कि अकबर के प्रारम्भिक अभियान कठिन रहे और कोई स्थायी प्रभाव न छोड़ सके। सभी पर्वतीय राज्यों के साथ गढ़वाल राज्य को भी लगा कि मुगल सेनाएं इस दुर्गम क्षेत्रों में प्रवेश नहीं कर पायेंगी। परन्तु इन राज्यों का भ्रम 1586 ई0 में भीषण हिमपात के बाद भी मुगल सेनाओं द्वारा कश्मीर विजय से अवश्य टूट गया होगा। क्योंकि इसके आस–पास ही हम कुमाऊँ नरेश रूद्रचंद को अकबर की अधीनता प्रकट करता हुआ पाते हैं। उसके लाहौर के दरबार में उपस्थित होने की प्रत्यक्ष दृष्टि स्वयं बदायुनी था। अबूल फजल की सेवा में उपस्थित होने वाला वह प्रथम नरेश था। यद्यपि 1796 प्रद्युम्न शाह के काल में श्रीनगर यात्रा पर पहुँचे हाईविक के विवरणानुसार अकबर के काल में गढ़वाल राज्य किसी भी प्रकार का कर नहीं देता था। इस तथ्य का संकेत आइन–ए–अकबरी में मिलता है। अतः स्पष्ट है कि अकबर के काल में मुगल अधीनता प्रकट करने के बाद भी उत्तराखंड राज्य की स्वतंत्र स्थिति बरकरार रही।

जहांगीर के समकालीन गढ़वाल के शासकों का नाम राजा मानशाह और श्याम शाह मिलता है। तुजक–ए–जहांगीर में जहांगीर के शासन के 16वें वर्ष वह आगरा में कुछ भेंटे प्राप्त करने का उल्लेख करता है। वही अंत में श्याम शाह को भी एक घोड़ा और हाथी प्रदान करने का उल्लेख है। अब्दुल हमीद लाहौरी के विवरणानुसार श्रीनगर ने सिरमौर राज्य से उसकी राजधानी कालसी व बैराट दुर्ग जीत लिए थे। अपनी राजधानी प्राप्त करने के लिए सिरमौर नरेश कर्मप्रकाश ने निकटस्थ मुगल फौजदार से मदद मांगी। सम्भवतः सहारनपुर के फौजदार मीरमुगल ने कर्मप्रकाश की याचना पर गढ़वाल पर असफल आक्रमण किया। इस कारण दिल्ली से गढराज्य सम्बन्धों में तनाव आया होगा। इसी तनाव को दूर करने के उद्‌देश्य से श्यामशाह मुगल दरबार गया होगा। अपना पक्ष प्रस्तुत करने के बाद ही जहाँगीर की कृपा प्राप्त करने में वह सफल रहा।

जहांगीर भी अपने पिता की भांति गंगाजल का ही सेवन करता था। उसने स्वयं गढ़वाल राज्य की सीमा पर स्थित हरिद्वार की यात्रा की और हिमालय के तलहटी क्षेत्र का सर्वेक्षण किया। किन्तु श्रीनगर के राजा का उसके स्वागतार्थ न आने से स्पष्ट होता है कि गढ़राज्य की मुगल अधीनता नाममात्र की ही थी। सम्भवतः यही से मुगल–गढ़वाल सम्बन्ध तनावपूर्ण होने लगे थे।

शाहजहाँ के काल में इन तनावपूर्ण सम्बन्धों की परिणिति संघर्ष एवं युद्ध के रूप में हुई। इनायत खां शाहजहाँ के दरबार में श्रीनगर के जमींदार के प्रतिनिधि के रूप में माधो नामक व्यक्ति का उल्लेख करता है। शाहजहाँनामा से ज्ञात होता है कि श्रीनगर राज्य अब भी मुगल सम्राट को कोई कर नहीं देता था। एक साम्राज्यवादी शासक इस प्रकार की स्थिति को अधिक सहन नहीं कर सकता था। इसी कारण हमें मुगल इतिहासकारों के वर्णन में इस पहाड़ी राज्य को अधीन बनाने हेतु हुए तीन सैन्य अभियानों का वर्णन मिलता है। प्रथम 1635 ई0 में निजावत खां के नेतृत्व में हुआ। गढ़वाल से प्राप्त साक्ष्यों में यद्यपि इसका कोई प्रसंग नहीं मिला है। किन्तु निकोलो मनुस्सी लिखता है कि इस विफलता के कारण शाहजहाँ ने श्रीनगर की रानी को नाककाटा रानी कहे जाने के आदेश दिए थे। मुस्लिम साक्ष्यों में यहाँ के राजा के नामोउल्लेख न मिलना भी इस ओर संकेत करते हैं कि इस समय गढ़राज्य की बागडोर रानी कर्णावती के हाथों में थी। रानी के पश्चात् गढ़राज्य की गद्दी पर बैठने वाले पृथ्वीपतशाह को अहसास था कि मुगल सम्राट इस पराजय को सहज स्वीकार नहीं करेगा। अतः उसने मैत्री सम्बन्ध बनाने का प्रयास किया। यही कारण था कि अब जेसुइट पुरोहित के प्रति उदार रवैया अपनाया गया। उन्हें श्रीनगर में चर्च खोलने की अनुमति दी गई। इन जेसुइट पुरोहितों में मुगल राजकुमार द्वारा शिकोह का मित्र स्टैनिसलास मालपिका भी 1637 में यहाँ पहुंचा। ज्ञात हो कि सापरंग में बंदी बनाए गए जेसुइट को छुड़ाने में भी पृथ्वीपतशाह ने योगदान किया। इस कड़ी में पृथ्वीपतशाह मुगल शासक की अधीनता प्रकट करने वाले पत्र भी दाराशिकोह को भेजते हुए पाते हैं।

उपरोक्त सभी तथ्यों से यह स्पष्ट होता है कि रानी कर्णावती के समय की घटना से गढ़राज्य को बचाने के लिए पृथ्वीपतशाह निरन्तर मुगलों से मैत्रीपूर्ण सम्बन्ध बनाने के प्रयास करता रहा। सम्भवतः उसने मुगल दरबार को कर देना भी प्रारम्भ कर दिया था। किन्तु शाहजहाँ गढ़राज्य को पूर्णतया अधीन करना चाहता था। इस क्रम में खल्लीतुल्लाह खां के नेतृत्व में 1654 में श्रीनगर अभियान आरम्भ हुआ। सिरमौर राज्य इस आक्रमण में मुगल सेना को सहयोग कर रहा था। इस अभियान में खल्लीतुल्लाह दून, बसंतपुर, साहिज्यपुर पर अधिकार स्थापित करता हुआ वह गंगा तट पर पहुँचा। वर्षा ऋतु आगमन के कारण अभियान रोक दिया गया। किन्तु 1956 में शाहजहाँ ने पुनः कासिमखान और मीर आतिश के नेतृत्व में श्रीनगर के विरूद्ध सैन्य अभियान भेजा।

इससे स्पष्ट है कि सिरमौर एवं कुमाऊँ राज्यों के अधीनता में आने के बाद मुगल सम्राट गढ़वाल राज्य की स्वतन्त्र स्थिति को स्वीकार नहीं कर पा रहे थे। वह उसके मैत्री प्रकटीकरण और दौत्य–सम्बन्धों से सतुष्ट न थे। अतः निरन्तर अभियान हुए। यद्यपि मुगल सेनाऐं श्रीनगर तक तो नहीं पहुँच सकी लेकिन दून एवं उसके आस–पास के क्षेत्र पर नियन्त्रण कर उन्होंने श्रीनगर का सम्पर्क मैदानी क्षेत्र से काट दिया। अतः विवश होकर श्रीनगर के राजा को अधीनता का अनुग्रह करना पड़ा। मोलाराम का गढ राजवंश काव्य में राजकुमार मैदिनीशाह द्वारा स्वयं मुगल सम्राट की सेवा में उपस्थित होने और झुककर सलाम करने का वर्णन है।

गढ़राज्य द्वारा मुगल अधीनता स्वीकार किये जाने की पृष्ठभूमि में कई कारक जिम्मेदार थे। इनमें से कुछ का संक्षेप में वर्णन हम इस प्रकार कर सकते हैं–

1. दुर्गम भौगौलिक स्थिति के कारण गढ़राज्य अब तक स्वयं को दिल्ली सल्तनत एवं मुगलों के अधीन होने से बचाए रखने में सफल रहा। किन्तु अकबर द्वारा विकट परिस्थितियों में कश्मीर विजय ने पहाड़ी राज्यों के इस भ्रम को तोड़ा दिया। अब गढ़ नरेश स्पष्ट जान चुक थे कि वे अधिक समय तक सामना करने की स्थिति में नहीं हैं। निरन्तर हो रहे मुगल आक्रमण से यह भी साफ था कि अब मुगल सेनाओं को पर्वतों की दुर्गमता का भय नहीं रह गया था।
2. दून घाटी एवं उसके आस–पास के क्षेत्रों पर मुगल अधिकार हो जाने तथा इन क्षेत्रों में उनके द्वारा अपने मनसबदारों की नियुक्त किए जाने के बाद गढ़राज्य में प्रवेश का मार्ग स्वतः ही बंद हो गया। हार्डविक लिखता है कि गढ़राज्य में चावल, सूती वस्त्र, नमक इत्यादि महत्वपूर्ण वस्तुओं की आपूर्ति इसी मार्ग से मैदानों से ही होती थी। कुछ मात्रा में इन वस्तुओं की पूर्ति तिब्बत व्यापार से होती थी किन्तु तिब्बत व्यापार वर्ष भर नहीं चलता था। अतः यदि इस राज्य की दुर्गमता लम्बे समय तक उसकी स्वाधीनता का कारण रही, तो अब यही उसके अधीन होने का कारण भी बनी।
3. गढ़राज्य की अधीनता स्वीकार करने का सबसे बड़ा कारण हिमालयी राज्यों सिरमौर, कुमाऊँ एवं पहाड़ी जमीदारों को गढ़राज्य के विरूद्ध मुगल संघर्ष में सहयोग करना था। अब मुगलों को इस दुर्गम क्षेत्र से परिचित योद्धा मिलने लगे। अतः गढ़राज्य को मुगल अधीनता स्वीकार करने को बाध्य होना पड़ा।

गढ़राज्य की अधीनता का स्वरूप

शाहजहाँ के शासनकाल के अन्तिम समय में गढ़राज्य ने मुगल अधीनता स्वीकार की। ठीक इसी समय मुगल उत्तराधिकार का संघर्ष आरम्भ हो गया और शाहजहाँ को इस दिशा में अधिक कदम उठाने का अवसर नहीं मिल पाया। उसके काल के महत्वपूर्ण तथ्य जो कि गढ़वाल मुगल सम्बन्धों को स्पष्ट करते हैं, इस प्रकार हैं–

1. इस स्थिति तक पहुँचने के लिए दोनों तरफ से अपने रूख को नरम किया गया। सम्राट ने गढ़पति को अपने दरबार में उपस्थित होने पर जोर नहीं दिया और उसको अपने प्रतिनिधि के माध्यम से अधीनता प्रकट करने दिया।
2. न ही मुगल शासक ने गढ़पति के प्रतिनिधि को दीर्घकाल तक अपने यहाँ उपस्थित रहने पर बल दिया लेकिन साथ ही गढ़प्रतिनिधि को कोई मनसब इत्यादि देकर सम्मानित भी नहीं किया।
3. श्रीनगर राज्य की आन्तरिक स्वतंत्रता को स्पष्ट बनाए रखा गया। लेकिन साथ ही गढ़वाल–मुगल सीमा पर क्षेत्रीय व्यवस्था में परिवर्तन लाया गया।

इससे स्पष्ट होता है कि अब गढ़राज्य नरेश ने न केवल मुगल अधीनता स्वीकार कर ली। अपितु सालाना कर देना भी प्रारम्भ कर दिया था। बदले में मुगल सरकार ने गढ़राज्य के आंतरिक मामलो में कोई भी हस्तक्षेप न करने की नीति अपनाई।

औरंगजेब के शासन के 6वें वर्ष के फरमान में पृथ्वीपतशाह को मैदिनी शाह के मुगल दरबार में ही दिवंगत होने की सूचना दी गई है। उसके शासनकाल के आठवें वर्ष का फरमान पृथ्वीपतशाह की मृत्यु के पश्चात् फतेहशाह को श्रीनगर का राजा घोषित करने की सूचना प्रदान करता है। औरंगजेब के गद्दी पर बैठने से पूर्व उत्तराधिकार के लिए छिड़े संघर्ष में जब दाराशिकोह अंतिम रूप से पराजित हुआ, तो उसके पुत्र सुलेमान शिकोह ने श्रीनगर गढ़वाल में शरण ली। इसका उल्लेख गढ़राज्य वंश काव्य में मिलता है। आलमगीरनामा से ज्ञात होता है कि अपनी स्थिति सुदृढ करने के बाद औरंगजेब ने गढ़वाल राजा के विरूद्ध सैन्य अभियान 1659 ई0 में भेजा। चूँकि इस दुर्गमक्षेत्र में औरंगजेब जीत के प्रति पूर्णतः आश्वस्त नहीं था इसलिए उसने कूटनीति का सहारा लिया। कहा जाता है कि गढ़राज्य के सर्वशक्तिसम्पन मंत्री को अपनी तरफ मिलाकर सुलेमान को मारने के लिए एक षडयंत्र रचा गया। किन्तु

षडयंत्र की जानकारी हो जाने पर गढ़नरेश ने इस मंत्री को मृत्यु दण्ड दे दिया। सम्भवतः प्रारम्भ में इस आशा में कि दाराशिकोह को गद्दी मिल जायेगी, गढ़नरेश ने सुलेमान का पक्ष लिया हो क्योंकि कुछ समय पश्चात् सुलेमान शिकोह को सम्राट औरंगजेब को सौंप दिया गया था। मेदिनीशाह को इस कार्य के लिए दो हजार जात और एक हजार सवार के मनसब पद से सम्मानित किया गया।

इससे स्पष्ट होता है कि गढ़नरेश ने सुलेमान को सौंपकर औरंगजेब के प्रति मुगल अधीनता प्रकट कर दी। श्रीनगर राज्य की स्थिति पूर्ववत बनी रही। इस प्रकार हम पाते हैं कि गढ़राज्य के पूर्वी एवं पडौसी पर्वतीय राज्यों की तुलना में गढ़राज्य को अधिक महत्व प्राप्त हुआ।

निष्कर्षतः सल्तनत काल के कुछ सुल्तान पंजाब पर्वतों में तो सफल रहे किन्तु उत्तराखंड के पर्वतीय क्षेत्र में सफल न हो सके। कदाचित कराजल अभियान को छोड़ अन्य कोई अभियान इस काल में नहीं मिलता है। महान मुगलों ने इस राजनैतिक पृथकीकरण की नीति का त्याग किया। अकबर के काल में इस दिशा में ठोस प्रयास आरम्भ हुए और मुगल सेना की कश्मीर विजय ने इसे एक दिशा प्रदान की। जहांगीर एवं शाहजहाँ के काल में उत्तराखंड के पर्वतीय राज्य के प्रति आक्रमक नीति अपनाई गई। किन्तु भिन्न–भिन्न प्रयासों के बाद भी मुगल गढ़राज्य की राजधानी श्रीनगर गढ़वाल तक कभी नहीं पहुँच पाए। इस कारण गढ़वाल राज्य की मुगल अधीनता भी सीमित रही। इसके प्रमाण में हम कह सकते हैं कि कोई भी मुगल सम्राट इस राज्य में भ्रमण के लिए नहीं आया जबकि इसी प्रकार के प्राकृतिक सौन्दर्य का लुत्फ लेने के लिए वे अक्सर कश्मीर घाटी जाया करते थे। इसके साथ ही जहॉगीर के हरिद्वार आगमन पर गढनरेश का उपस्थित न होना भी इस तथ्य को प्रमाणित करता है। ई0के0पाँ महोदय ने जब 19वीं सदी में यहाँ सर्वेक्षण किया, तो उन्हें काफी प्रयास के बाद गढ़वाल की चाँदपुर पट्टी में बैरगाँव में ही मुस्लिम बस्ती मिली।

अतः गढ़राज्य एक विशिष्ट राजपूत राज्य था। उसने पूर्ण समार्थ्य से अपनी स्वतन्त्रता बनाए रखी। मुगलों की शक्ति के आगे विवश हो जाने पर इस राज्य ने सीमित अधीनता ही स्वीकार की।

बहुविकल्पीय प्रश्न

1. सल्तनत काल के इतिहासकारों ने अपने वर्णन में उत्तर भारत के पर्वतीय क्षेत्र को किस नाम से सम्बोधित किया है?

   (क) शिवालिक (ख) हिमवंत

   (ग) हिमांचल (घ) इनमें से कोई नहीं

2. सल्तनत काल में उत्तराखंड के गढ़वाल अथवा उसके निकटवर्ती पर्वतीय प्रदेश में सर्वप्रथम अपनी पृथक पहचान बनाने वाला क्षेत्र है

   (क) सिरमूर पर्वत (ख) कैमूर पर्वत

   (ग) दूधातोली पर्वत (घ) इनमें से कोई नहीं

3. सर्वप्रथम रजिया सुल्तान के काल में इस बिद्रोही वजीर को सिरमूर पर्वत पर शरण लेते हुए पाते हैं

   (क) महमूद कुरेशी (ख) मुहम्मद जुनैदी

   (ग) मसूदशाह (घ) इनमें से कोई नहीं

4. उत्तराखंड की दक्षिणी सीमा पर स्थित सल्तनत का इक्ता था

   (क) अमरोहा (ख) बिजनौर,

   (ग) कटेहर (घ) इनमें से कोई नहीं

5. मुहम्मद तुगलक के कराजल अभियान का इब्नबतुता ने विस्तृत वर्णन किया है। उसके अनुसार ''यह महापर्वत श्रृंखला दिल्ली से दस दिन की यात्रा दूरी पर है और यहाँ का राजा अपने क्षेत्र का सबसे शक्तिशाली राजा है।' उसके इस वर्णन के आधार पर कराजल की पहचान किस राज्य से की जाती है?

   (क) सिरमौर (ख) कुमाऊँ गढ़वाल

   (ग) कांगड़ा (घ) इनमें से कोई नहीं

6. कुमाऊँ की स्थानीय परम्पराओं के अनुसार दिल्ली के सुल्तान मुहम्मद–बिन–तुगलक के समकालीन कुमाऊँ शासक था

   (क) कनकपाल (ख) ज्ञानचंद

   (ग) भारतीचंद (घ) विक्रमचंद

7. पुस्तक जफरनामा के रचियता हैं

   (क) सरफुदीन यजदी (ख) इब्नबतुता

   (ग) बदायुँनी (घ) इनमें से कोई नहीं

8. तैमूर की आत्मकथा किस नाम से उपलब्ध होती है?

   (क) मुल–फुजात–ए–लंग (ख) मुल–फुजात–ए–तिमुरी

   (ग) तुजकात–ए–मैसूरी (घ) इनमें से कोई नहीं

9. बाबर ने उत्तर के पर्वतीय क्षेत्र के महत्व को समझा और इसी कारण उत्तराखंड की सीमा पर स्थित संभल की जागीर का नेतृत्व प्रदान किया था।

   (क) हुमायुँ (ख) दौलतबेग (ग) कुतुबखां (घ) इनमें से कोई नहीं

10. अकबर के काल से उत्तराखंड राज्य क्षेत्र का मुगल साम्राज्य से राजनैतिक सम्पर्क होने का उल्लेख मिलने लगता है। सिकन्दर सूर की तलाश में अकबर की सेनाऐं इस क्षेत्र में लगभग कितने समय तक व्यस्त रही?

(क) 12 माह (ख) 9 माह

(ग) 6 माह (घ) इनमें से कोई नहीं

11. उत्तराखंड के पर्वतीय राज्य गढ़वाल में अकबर ने विशेष रूचि दिखाई और एक सर्वेक्षण दल निम्न में से किसकी खोज के लिए भी भेजा था?

(क) यमुना के स्त्रोत (ख) हिमालय का उदगम

(ग) गंगा के स्त्रोत (घ) इनमें से कोई नहीं

12. 1796 ई0 में श्रीनगर यात्रा पर पहुँचे हार्डविक ने गढराज्य में किसका शासन पाया था?

(क) प्रद्युम्न शाह (ख) जयकृतशाह

(ग) सुदर्शनशाह (घ) इनमें से कोई नहीं

13. औरंगजेब के गद्दी पर बैठने से पूर्व उत्तराधिकार के लिए छिड़े संघर्ष में जब दाराशिकोह अंतिम रूप से पराजित हुआ, तो उसके किस पुत्र ने श्रीनगर गढ़वाल में शरण ली?

(क) सुलेमान शिकोह (ख) शुजा

(ग) मुराद (घ) इनमें से कोई नहीं

14. आलमगीरनामा के अनुसार औरंगजेब ने गढ़वाल राजा के विरूद्ध सैन्य अभियान इस वर्ष में भेजा

(क) 1659 ई0 (ख) 1669 ई0

(ग) 1679 ई0 (घ) इनमें से कोई नहीं

15. शाहजहाँ गढ़राज्य को पूर्णतया अधीन करने के लिए खल्लीतुल्लाह खां के नेतृत्व में श्रीनगर अभियान आरम्भ किया

(क) 1654 ई0 में (ख) 1669 ई0 में

(ग) 1670 ई0 में (घ) इनमें से कोई नहीं

उत्तर

1 क	2 क	3 ख	4 क	5 ख	6 ख	7 क
8 ख	9 क	10 ग	11 ग	12 क	13 क	14 क
15 क						

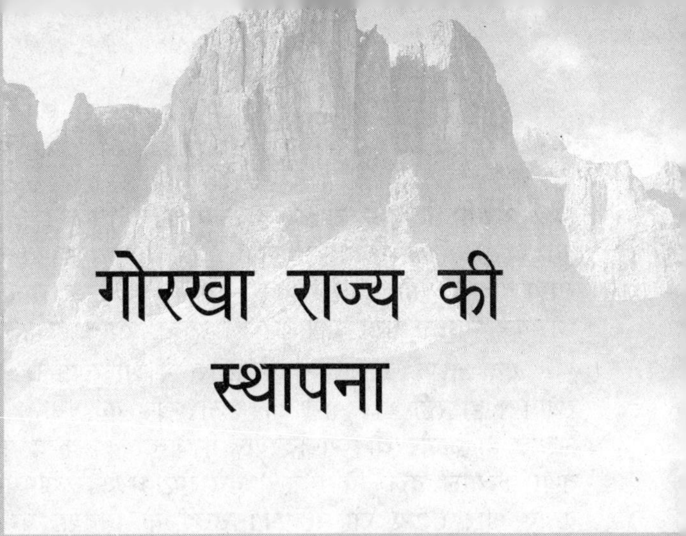

7
अध्याय

गोरखा राज्य की स्थापना

अठारहवीं सदी के मध्य तक नेपाल छोटी–छोटी 24 रियासतों में विभक्त था, जिन्हें चौबीसी के नाम से पुकारा जाता था, इसी समय में उत्तर की एक छोटी सी नेपाली रियासत के राजा ने अपना साम्राज्य विस्तार आरम्भ किया और एक छोटे से समयान्तराल के पश्चात् उसने लगभग सभी रियासतों पर अधिकार कर वृहद राज्य की स्थापना की, जिसे हम 'नेपाल' कहते हैं। इस साम्राज्य में कुछ हिस्सा कुमाऊँ का भी शामिल था। 1778 ई0 में नेपाल राज्य की गद्दी पर सिंह प्रताप शाह आसीन हुआ। जब वह गद्दी पर बैठा, तो वह अव्यस्क था इसलिए उसकी माता रानी राजेन्द्र लक्ष्मी ने संरक्षिका के रूप में राज्यभार संभाला। इस बीच सिंह प्रताप का छोटा भाई रन बहादूर शाह वापस लौटकर गद्दी पर अपनी दावेदारी प्रस्तुत करता है। वह एक षडयंत्र के द्वारा रानी राजेन्द्र लक्ष्मी की 1786 में हत्या करवा देता है और स्वयं सिंह प्रताप का संरक्षक बन जाता है। रानी राजेन्द्र लक्ष्मी एवं रन बहादुर दोनों ने विस्तारवादी नीति का पालन किया। इसी काल में लामजंग, तान्हन, कश्का, पारबत, प्रिसिंग, सतौन, इस्निया, मस्कोट, धारकोट, उर्गा, गुटिमा, जुमला, रागन, दार्मा, जुआर, प्यूथाना, धानी, जेसरकोट, चिली, गोलम, अचाम, धुलवे, दुलु व धोती सभी 'चोबीसी' गोरखा साम्राज्यावाद के शिकार होते चले गए।

इस प्रकार 1790 ई0 तक लगभग सभी छोटी रियासते नेपाली साम्राज्य का अंग बन जाती हैं। रन बहादुर ने आक्रामक साम्राज्यवादी नीति का प्रसार केवल नेपाल में ही नहीं बल्कि पड़ोसी राज्यों तक भी किया। इसी क्रम में उत्तराखंड के कुमाऊँ एवं गढ़वाल राज्य भी प्रभावित

हुए। यद्यपि कुमाऊँ राज्य को नेपाल में मिलाने का सपना इससे भी पूर्व डोटी नरेश पृथ्वीपती शाह देख चुका था किन्तु रन बहादुर की साम्राज्यवादी नीति का शिकार बनने के कारण उसे स्वयं अपना राज्य छोड़कर भागना पड़ा और उसका स्वप्न, स्वप्न ही रह गया।

एक तरफ उत्तराखंड के पड़ोस में शक्तिशाली नेपाली साम्राज्य की स्थापना हो रही थी दूसरी ओर उत्तराखंड के कुमाऊँ साम्राज्य की स्थिति अत्यंत ही जर्जर थी। राजदरबार गुटबन्दी का केन्द्र बना हुआ था। महरा तथा फर्त्याल दल 'किंगमेकर' बने हुए थे और अपनी इच्छानुसार राजा बनाए और हटाए जा रहे थे। उन्हीं के निर्देशों पर जोशी दीवान का कार्यभार देख रहे थे। राजभक्त एवं राज परिवार के विश्वासपात्र लोग मारे जा चुके थे। सर्वत्र अराजकता का माहौल बना हुआ था।

सामाजिक दृष्टि से भी इस समय कुमाऊँ कई–कई उपजातियों में बँटा हुआ था। राज्य की आर्थिक स्थिति भी सोचनीय थी। राज्य के मुख्य बाजार रानीखेत, चंपावत, अल्मोड़ा, भिकिया सैण में अनाज वितरण की कोई व्यवस्था नहीं थी। एक स्थान से दूसरे स्थान तक अनाज पहुँच ही नहीं पा रहा था। जमीदार वर्ग के शोषण से समाज की परेशानी अत्यधिक बढ़ गई थी। सिरतान, खायकर, आसामी, थातवान, कैनी आदि सब परेशान थे। इसके ऊपर से अतिवृष्टि, ओलावृष्टि, सूखे का प्राकृतिक प्रकोप और राज्य की अस्थिर राजनैतिक दशा के कारण किसी भी प्रकार की सिंचाई व्यवस्था न होने से अकाल जैसी स्थिति उत्पन्न हो गई थी। लोग भूखमरी की दशा में पहुँच चुके थे।

अतः स्पष्ट है कि कुमाऊँ राज्य में इस समय राजनैतिक नेतृत्व के अभाव के साथ–साथ देशभक्ति और राजभक्ति की कल्पना भी व्यर्थ थी। 'भूखे पेट भजन न होत गोपाल' की उक्ति यहाँ चरितार्थ हो रही थी। अतः भूखमरी व अकाल की स्थिति से जूझ रही जनता में देश के लिए मरने की भावना का होना संभव न था। कुमाऊँ के ऐसे लोग जिनकी स्वार्थपूर्ति यहाँ नहीं हो पा रही थी, वे यहाँ की जर्जर स्थिति की सूचना नेपाल तक पहुँचा रहे थे। नेपाल में जारी साम्राज्यवादी नीति के विस्तार के लिए यह उपयुक्त अवसर था।

गोरखों की कुमाऊँ विजय

वर्ष 1790 के प्रारम्भ में हस्तिदल चौंतरिया, जगजीत पांडें, अमरसिंह थापा एवं शूरवीर थापा के नेतृत्व में गोरखा सेना ने कुमाऊँ अभियान के लिए प्रस्थान किया। गोरखा सेना को दो टुकड़ो में विभक्त किया गया। एक

टुकड़ी ने काली नदी पार कर सोर क्षेत्र में प्रवेश कर उस पर अधिकार किया, तो द्वितीय दल ने विसुंग पर अधिकार कर राजधानी अल्मोड़ा की ओर कदम बढ़ाए। हर्षदेव जोशी ने गोरखों के कार्य को और भी आसान कर दिया। हर्षदेव जोशी पूर्व में इस क्षेत्र का कार्यनुभाव था एवं उसने नृपनिर्माता एवं तानाशाह की भूमिका का निर्वहन किया था। लेकिन परिस्थितियाँ उसके इतनी प्रतिकूल होती चली गई कि उसे स्वयं अपनी जान बचाने की चिन्ता हो रही थी। अतः बहादुर शाह के आग्रह पर वह शीघ्र ही गोरखाओं का संमर्थन करने को आसानी से तैयार हो गया। यही नहीं कालान्तर में उसने 1791 के गोरखाओं के गढ़वाल आक्रमण में भी पूर्ण सहयोग किया। वह गोरखाओं का विश्वास जीतने मे सफल रहा। यही कारण है कि 1792ई0 में गोरखा ने उसे उत्तराखंड राज्य के विजित–क्षेत्र का प्रशासन का दायित्व भी सौपा।

गोरखों के इस आकस्मिक आक्रमण से कुमाऊँ में भय की लहर दौड़ गई। लोग अपने घर छोड़कर इधर–उधर भागने लगे। तात्कालीन कुमाऊँ नरेश महेन्द्रशाह ने अपनी ताकत इकट्ठा कर गंगोली में अपना मोर्चा लगाया। यहाँ पर उसका सामना अमर सिंह थापा से हुआ जिसे काली कुमाऊँ तक पीछे धकेल दिया। किन्तु काली कुमाऊँ में कटोलगढ़ के निकट गैंतोड़ा ग्राम के युद्ध में अमर सिंह थापा ने लाल सिंह की सेना को शिकस्त दी एवं उसके 200 से अधिक सैनिकों का कत्ल कर दिया। लाल सिंह अपनी जान बचाकर रूद्रपुर भाग गया। महेन्द्रशाह अपने पिता लालसिंह के सहायतार्थ आगे बढ़ रहा था। जब उसे अपने पिता की हार की खबर मिली, तो उसका रहा–सहा साहस भी जबाव दे गया और वह भागकर कोटाबाग चला आया। अब गोरखों के मार्ग की रोकने वाला कोई नहीं रहा और वे बिना किसी प्रतिरोध के मार्च 1790 ई0 के प्रारम्भ में चंद राजधानी अल्मोड़ा पहुँचे। इस अवसर पर हर्षदेव जोशी स्वयं उनके स्वागत के लिए उपस्थित था। इस प्रकार कुमाऊँ राज्य की स्वाधीनता समाप्त हो गई।

गोरखे लगभग एक वर्ष तक अल्मोड़े में रहे। सर्वप्रथम उन्होंने 'चौमहल' पर अधिकार कर चंद रानियों, राजकुमारियों को अपना बनाया। अल्मोडे में घर–घर जाकर लूटपाट की। अल्मोड़े में जमा सोना, चाँदी, ताँबा आदि बहुमूल्य सामग्री प्रतिदिन नेपाल भेजी जाने लगी। बोझा ढोने वाले 'कैदियों' को बेरहमी से पीटा' जाता था। ब्राह्मणों से भी कैदियों का कार्य लिया गया। यद्यपि गोरखे ब्राह्मणों और गाय की पूजा करते थे किन्तु सभी ब्राह्मण की नहीं केवल उपाध्याय और पांडे ब्राह्मणों को पूज्यनीय मानते थे।

गोरखों ने कुमाऊँ पर 1790 से लेकर 1815 ई0 तक निरन्तर शासन किया। नेपाल नरेश का प्रतिनिधि कुमाऊँ प्रांत का शासनभार देखता था, जिसे सुब्बा अथवा सूबेदार कहते थे। कुमाऊँ का प्रथम सूबेदार जोगा मल्ला शाह था। सुब्बा की सहायता के लिए काजी एवं एक सैनिक अधिकारी नियुक्त होता था, जिसे 'नायब सुब्बा' कहते थे। मनिला सल्ट से प्राप्त हस्तलिखित सनदों में नेपाली पदाधिकारियों के नामों की लम्बी सूची प्राप्त होती है। (परिशिष्ट में संलग्न)

गोरखों का गढ़वाल क्षेत्र पर आक्रमण

1790 ई0 में गोरखों ने कुमाऊँ क्षेत्र पर अपना अधिकार कर लिया था। इस समय गढ़वाल राज्य की राजनैतिक स्थिति भी अच्छी नहीं थी। अतः गोरखों की नजर इस राज्य पर पड़ी। 1791 ई0 में हर्षदेव की मदद से गोरखों ने गढ़वाल राज्य के पश्चिमी भाग पर आक्रमण की योजना बनाई। प्रद्युम्नशाह इस समय गढ़राज्य का राजा था। इस प्रथम आक्रमण में गोरखे कोटद्वार होते लगूरगढ़ी पहुँचे और उसका घेरा डाल दिया। किन्तु गढ़ सैनिकों के सामने गोरखों को बार–बार पीछे हटना पड़ा। गुस्साये गोरखों ने हार की झुँझलाहट में सलाण क्षेत्र के ग्रामों में लूटपाट की। आक्रमणकारी इसके पश्चात् पुनः लगूंरगढ़ी पर अधिकार करने की योजना बनाते कि इसके पूर्व ही एक गुप्त सूचना उन्हें प्राप्त हुई कि सम्भवतः चीन का आक्रमण उनके गृह प्रदेश नेपाल पर होने वाला है। इस आक्रमण के लिए चीन के पास कारण भी मौजूद था। 12 नवम्बर 1780 ई0 को पांचवें लामा लोबजाँग पालदेन यिसे की मृत्यु के पश्चात् उसके भाईयों में खजाने को लेकर विवाद हुआ। सबसे छोटा भाई नेपाल की सहायता से इस पर अधिकार करने में सफल रहा किन्तु वह अपने इस वादे को कि वह 15000 टका प्रतिवर्ष नेपाल को भेंट करेगा, पूरा नहीं कर पाया। परिणामतः गोरखों ने तिब्बत पर 1791 ई0 में आक्रमण किया। गोरखों ने न केवल तिब्बती शहर में बल्कि बौद्ध मोनस्टरी ताशी–इहिन्पों में भी लूटपाट की। जब यह सूचना चीनी सम्राट को मिली, तो उसने 7500 सैनिकों की मजबूत सेना तिब्बत भेजी। इस सेना ने गोरखों को तिब्बत से भगाया और साथ ही साथ काठमाँडु के आस–पास के नेपाली क्षेत्र पर भी आक्रमण किया। अतः मजबूरी में गोरखों को लगूरगढ़ का घेरा छोड़कर वापस जाना पड़ा। किन्तु जाने से पूर्व उन्होंने प्रद्युम्न शाह के सम्मुख 20000 रूपये वार्षिक नजराना नेपाली दरबार को देने की मांग रखी। प्रद्युम्नशाह ने गोरखा आक्रमण से मुक्ति पाने के लिए गोरखों की मांग

मान ली। अतः लगूरगढ की सन्धि के तहत नेपाली दरबार को वार्षिक कर देना स्वीकार कर लिया गया। गोरखे 1792 ई0 में नेपाल वापसी से पूर्व तक लगातार गढ़–राज्य में लूटपाट मचाते रहे। किन्तु यह गढ़राज्य पर गोरखा आक्रमण का अन्त नहीं था। वे निरन्तर गढराज्य पर टुकड़ों में आक्रमण करते रहे। गढ़नरेश प्रद्युम्नशाह निरन्तर गोरखा आक्रमण के दबाव में रहे क्योंकि श्रीनगर गढ़वाल स्थित नेपाली रेजीडेण्ट निरन्तर बेकार की मांग उसके सम्मुख रखता रहता था। उनकी मांगों की पूर्ति के लिए राज्य के संसाधनों पर अतिरिक्त दबाव पड़ता रहता था।

प्रद्युम्नशाह और गोरखों के मध्य की सन्धि की सबसे बड़ी मुश्किल हर्षदेव जोशी को कुमाऊँ के प्रभार के लिए विश्वनीय नहीं समझा जाना था क्योंकि जोशी के पूर्वजों का कार्यकाल संशययुक्त रहा था। इस कारण गोरखे हर्षदेव को अपने साथ नेपाल ले गए किन्तु वह वहाँ से भाग निकला। जुहार में रहते हुए हर्षदेव ने अपने पुराने सहयोगी पाली और ब्राहमण्डल के महाराजा से सहयोग लेने का प्रयास किया। जुहार के जुहारी जो कि हर्षदेव के पूर्व प्रतिद्वन्दी फर्त्याल गुट से सम्बन्धित थे, उन्होनें भी हर्षदेव को उसके कट्टर शत्रु लाल सिंह और उसके पुत्र महेन्द्र सिहं को सौपने का उत्तम अवसर जाना और इस कार्य के लिए पदम सिंह को नियुक्त किया गया। किन्तु चालक हर्षदेव ने पदमसिंह को कुमाऊँ का शासक बनाने का प्रलोभन दिया और भागकर श्रीनगर प्रद्युम्नशाह के दरबार में जा पहुँचा। उसने कुमाऊँ को गोरखा शासन से मुक्त करने हेतु प्रद्युम्नशाह को मनाने का अथक प्रयास किया किन्तु सफल नहीं रहा। इस मध्य गोरखे भी अल्मोड़ा लौट आए थे।

हर्षदेव भी चुप बैठने वाला नहीं था। उसने काली कुमाऊँ के महाराजा गुट से सम्पर्क स्थापित कर अपनी शक्ति में वृद्धि का प्रयास किया। इसी कारण जब भी तराई क्षेत्र के किलपुरी स्थित अपने कैम्प से लाल सिंह और उसके पुत्र ने कुमाऊँ पहाड़ी पर आक्रमण कर अपना पुनः आधिपत्य स्थापित करना चाहा, तो उन्हें न केवल गोरखों के प्रबल विरोध का सामना करना पड़ा बल्कि महारा वर्ग के विरोध का भी सामना करना पड़ा। लालसिंह ने रामपुर सूबे की दयनीय स्थिति का लाभ उठाने का प्रयास किया क्योंकि 1794 ई0 में गुलाम मुहमद खान ने अपने भाई मुहमद अली खाँ की हत्या कर रामपुर की गद्दी पर अधिकार कर लिया था। यद्यपि अवध के नवाब ने इस कृत्य को नजर अंदाज किया। किन्तु ब्रिटिश प्रशासन ने इसे मान्यता नहीं दी और बलापहारी गुलाम मुहम्मद खान के विरूद्ध सैनिक कार्यवाही कर दी। अंग्रेजों और रूहेलों के मध्य

युद्ध में हारकर गुलाम मुहमद ने भागकर गढ़वाल हिमालय की तलहटी में पाटलीदून अवस्थित फतेहपुर मे शरण ली। यद्यपि बाद में उसे बन्दी बनाकर बनारस भेज दिया गया। जैसे ही ब्रिटिश सेना ने रामपुर छोड़ा महेन्द्र सिंह ने रूहेलों को अपनी सेना में भर्ती करना आरम्भ कर दिया।

1795 ई0 में अमरसिंह थापा को कुमाऊँ का नया प्रशासक नियुक्त कर अल्मोड़ा भेजा गया। उनके सहायक के रूप में भक्ति थापा और गोविन्द उपाध्याय को क्रमशः सैन्य व प्रशासनिक मामलों के लिए नियुक्त किया गया। कार्यभार संभालने के पश्चात् सर्वप्रथम अमरसिंह ने महेन्द्र सिंह के विरूद्ध सैनिक कार्यवाही आरम्भ की और उसके अधीन क्षेत्र एवं किलपुरी के कैम्प पर अपना अधिकार कर लिया। उसके काल में ही ब्रिटिश मध्यस्ता के साथ ही अवध के नवाब के साथ भी गोरखों के सम्बन्ध मधुर बने। गोरखों ने तराई क्षेत्र पर अपना दावा छोड़ा, तो अवध के नवाब ने कुमाऊँ के गोरखा शासन को मान्यता प्रदान की।

इस समय गढ़वाल राज्य की स्थिति अत्यंत नाजुक थी। 1803 ई0 के विनाशकारी भूकम्प से अभी राज्य उबर भी नहीं पाया था कि गोरखा आक्रमण जैसी विपदा सम्मुख आ खड़ी हुई। यह गढ़राज्य पर द्वितीय गोरखा आक्रमण था। फरवरी 1803 ई0 अमरसिंह थापा, हस्तिदल चौंतरिया, बमशाह चौतरिया इत्यादि के नेतृत्व में गोरखा सेना लगूरगढ़ी अपमान को धोने के लिए गढ़वाल राज्य की ओर बढ़ी। आठ–नौ हजार सैनिकों के साथ गोरखों ने लोभा, जनपद चमोली से गढ़राज्य में प्रवेश किया। गढ़वाल नरेश प्रद्युम्न शाह ने द्वारहाट एवं चम्बा में गोरखा सेना का विरोध करने का प्रयास अवश्य किया था किन्तु अपने को असमर्थ पाकर वह श्रीनगर लौटा और गोरखों के विरूद्ध शक्ति जुटाने की बजाय राजधानी छोड़कर सपरिवार देहरादून आ गया। गोरखा सेनाएँ प्रद्युम्न का पीछा करती हुई देहरादून तक आ पहुँची और अक्टूबर 1803 ई0 में देहरादून पर गोरखों का अधिकार हो गया। प्रद्युम्नशाह ने लण्ढ़ोरा रियासत वर्तमान सहानपुर में जाकर शरण ली।

लण्ढ़ौरा रियासत में इस समय गुर्जर राजा रामदयाल शासन कर रहा था। प्रद्युम्न शाह ने अपनी चल–सम्पत्ति उसे सौंप दी। इसके एवज में रामदयाल ने 12000 सैनिकों की एक सेना तैयार की। इस सैन्य बल की मदद से प्रद्युम्न शाह गोरखों को परास्त करने देहरादून की ओर बढ़ा। 14 मई, 1804 ई0 को प्रसिद्ध खुड़बुड़ा का युद्ध2 हुआ।

इस युद्ध में प्रद्युम्नशाह वीरगति को प्राप्त हुआ और उसके छोटे भाई प्रीतमशाह को गोरखे बन्दी बनाकर नेपाल ले गये। वहीं 1815 ई0 में उसकी मृत्यु हो गई। प्रद्युम्न का दूसरा भाई पराक्रमशाह बचकर भाग निकलने में सफल रहा। इस बारे में मतभेद है कि पराक्रमशाह भागकर हिन्डूर गया अथवा कांगड़ा रियासत के संसारचंद की शरण में गया था। वस्तुतः कुछ भी हो लेकिन गढ़वाल राज्य का वारिश और प्रद्युम्नशाह के अल्पव्यस्क पुत्र सुदर्शनशाह को प्रद्युम्न के स्वामिभक्त बचाकर भागने में सफल रहे। सम्भवतः सुदर्शनशाह हरिद्वार के समीप स्थित ज्वालापुर में ब्रिटिश संरक्षण में लम्बे समय तक रहा। कालान्तर में ब्रिटिश सहायता से ही सुदर्शन शाह टिहरी रियासत का शासक बनने में सफल हुआ।

अतः हम पाते हैं कि 1790 ई0 में कुमाऊँ से चंद वंश को अपदस्थ करने के पश्चात् लगभग 14 वर्ष बाद गढवाल राज्य भी गोरखों के नियंत्रण में आ गया। गोरखों ने कुमाऊँ तथा गढ़वाल पर क्रमशः 25 और 12 वर्ष शासन किया। उनके शासनकाल में सम्पूर्ण उत्तराखंड की जनता पर असहनीय अत्याचार हुए। यहाँ की प्रजा को अन्याय एवं दमन का सामना करना पड़ा । गोरखों के इस क्रूर और अनैतिक शासनकाल को गोरख्याणी के नाम से जाना जाता है। 1804 ई0 में अमरसिंह थापा और उसके पुत्र रणजोर सिंह थापा के हाथों में गढ़वाल–कुमाऊँ के शासन की बागडोर आ गई। तत्पश्चात् गोरखों ने कांगड़ा तक के पर्वतीय राज्यों को अपने अधीन कर लिया।

हर्ष देव जोशी गोरखों की अल्मोड़ा विजय के पश्चात् श्रीनगर गढ़वाल में रहा। 1797 ई0 में वह गढ़नरेश के वकील के रूप में ब्रिटिश रेजीडेण्ट के पास बनारस भी गया। परन्तु वह गोरखों के विरूद्ध ब्रिटिश सहायता पाने में असफल रहा, उसके बाद वह कांगड़ा के शासक संसारचंद से भी सहायता लेने गया। अन्ततः थक हारकर उसने सक्रिय राजनीति से विदा ली और कनखल के निकट बस गया। सम्भवतः इसके पश्चात् भी हर्ष देव का सम्पर्क दिल्ली के ब्रिटिश रेजीडेण्ट फ्रेजर और नेपाल के भगोड़े राजा रणबहादुर से पत्राचार द्वारा जारी रहा।

गोरखा प्रशासन

उत्तराखंड में गोरखों का प्रशासन कमोबेश सैनिक प्रशासन ही अधिक था। यहाँ पर नेपाल नरेश के द्वारा नियुक्त 'सुब्बा' द्वारा शासन चलाया

जाता था। उन्होंने चंद एवं पंवार राजाओं के प्रशासनिक तौर–तरीकों के स्थान पर नेपाली प्रशासनिक व्यवस्था को स्थापित करने का प्रयास किया। चंदकालीन कुछ प्रशासनिक नामावली का प्रयोग गोरखों ने जारी रखा किन्तु राजस्व व्यवस्था को पूर्णतः परिवर्तित कर दिया। गोरखों ने जनता के शोषण की नवीन विधियाँ प्रारम्भ की। गोरखों के इस शोषित–प्रशासनिक पद्धति के मुख्यतः तीन आधार थे जो इस प्रकार थे।

(1) दासता (2) कर–व्यवस्था (3) बेगार

गोरखा प्रशासकों ने एक ऐसे प्रशासनिक तंत्र को विकसित करने का प्रयास किया, जिस प्रकार का शासन विजित द्वारा जनता को प्रताड़ित करने के लिए किया जाता है। उन्होंने सामान्य जनता पर बड़ी सख्ती से शासन किया एवं उन्हें हर तरह से उत्पीड़ित किया। सम्भवतः इसका एक कारण उत्तराखंड की जनता का सामाजिक दृष्टि से गोरखों से उच्च होना भी था। इस कारण गोरखे स्थानीय जनता को दमित एवं आतंकित रखना चाहते थे। उत्तराखंड के समाज की बनावट और अन्य सांस्कृतिक रीति–रिवाज गोरखों से पूर्णतया भिन्न थे। फलतः गोरखे यहाँ के मूलवासियों को विधर्मी मानते थे। इस राज्य के ब्राह्मण जो गढ़वाल एवं कुमाऊँ दोनों जगह राजशासन में प्रमुख भूमिका निभाते थे, वे ही समाज के नीति नियामक और नियंत्रक भी थे। गोरखे उन्हें देशद्रोही, धोखेबाज व दगाबाज मानते थे और उनका दमन नितान्त आवश्यक मानते थे।

गोरखा लेख एवं अभिलेखों से गोरखा प्रशासन के कई पदाधिकारियों के नाम प्राप्त होते हैं। इनमें से प्रमुख थे–सुब्बा, काजी, फौजदार, सरदार, डिष्ढा (दिढा) विचारि एवं बक्शी आदि। सूबेदार के कार्य वही थे जो चंद शासनकाल में दीवान के कृत्य थे।

गढ़वाल पर अधिकार से पूर्व कुमाऊँ पर भिन्न–भिन्न गोरखा प्रशासकों ने शासन व्यवस्था संचालित की। सर्वप्रथम जोगा मल्ला सुबाह कुमाऊँ के मामलों की देखरेख के लिए नियुक्त हुए। इन्होंने यहाँ पर सर्वप्रथम भू–प्रबन्ध व्यवस्था का शुभारम्भ किया। जोगामल्ला के इस भूमि प्रबन्ध का कारण कोई सुधार नहीं अपितु स्थानीय जनता से अधिकतम वसूली के माध्यमों की तलाश करना था। उसके पश्चात् कुछ नए कर लगाए। जोगामल्ला के दो वर्ष के काल के पश्चात् काजी नर शाही को कुमाऊँ का प्रशासक नियुक्त किया गया। इनकी सहायता के लिए रामदत्त शाही और कालू पाण्डे को भेजा गया। इस काल में जनता

को और भी अधिक प्रताड़ित होना पड़ा। शोषण के नए–नए तरीके निकाले गए। इस काल में ही शोषण की पराकाष्ठा का एक उदाहरण 'मंगलवार रात्रि हत्याकाण्ड' है। इस घटना में पाली, सोर और ब्रह्मण्डल में बसे नगरकोट से आए ऐसे लोग, जो पूर्वकाल से ही भाड़े पर कार्य करने के लिए इस क्षेत्र में आते थे, में से कुछ ने स्थानीय कन्याओं से विवाह किया और यहाँ बस गए। इनकी स्वामिभक्ति को संदेहास्पद मानकर काजी नरशाही ने इनके पूर्णदमन की ठानी। अतः उसने इनकी गणना करवाई और एक मंगलवार की रात्रि सबकी हत्या करवा दी। आज भी लोग इस कुत्सित घटना को 'मंगल की रात और नरशाही का पाला' के रूप में याद कर सिहर उठते हैं। इस घटनाक्रम के बाद नरशाही को वापस बुला लिया गया और अजब सिंह थापा को दो सहायक श्रेष्ठा थापा और जसवंत भण्डारी के साथ कुमाऊँ का प्रशासक नियुक्त किया गया। अजब सिंह के काल में भी गोरखों द्वारा नरसंहार जारी रहा। ओकले महोदय ने इस काल में जनता को भयभीत करने के लिए अल्मोड़े में 1500 ग्राम प्रमुख के सामूहिक नरसंहार का उल्लेख किया है। ओकले लिखते हैं कि इसके पश्चात् कई परिवार मैदानी क्षेत्रों और कई अन्य गढ़वाल की ओर पलायित कर गए जबकि कई परिवारों को दास बनाकर बेच दिया गया। अतः कुमाऊँ में आज भी लोग 'गोरख्याणी' अथवा 'गोरख्योल' को आतंक और क्रूरता का पर्याय मानते हैं।

इसके पश्चात् कुमाऊँ का प्रशासन रितुध्वज थापा और उसके सहयोगी विजय सिंह शाही और हरिदत्त सिंह के हाथों में रहा। रितुध्वज थापा को धोती में हुए कृत्य में फँसाया गया और वापस बुला लिया गया। उसके स्थान पर बमशाह चौंतरिया को 1806 में कुमाऊँ का प्रशासक नियुक्त किया गया, जो 1815 ई0 तक इस पद पर बना रहा।

1803 में गढ़वाल राज्य पर गोरखा विजय के पश्चात् चारों ओर जंगल राज कायम हो गया। दूनघाटी की स्थिति तो और भी खराब थी क्योंकि इस क्षेत्र पर न केवल गोरखा अत्याचार हो रहे थे। बल्कि सहारनपुर और पंजाब के लुटेरों का भी निरन्तर प्रकोप बना रहा। फलतः दून की सुन्दर एवं उपजाऊ घाटी धीरे–धीरे निर्जन प्रदेश में बदल गई। इन सब प्रकार के अत्याचारों के प्रकोप से केवल गुरूरामराय दरबार के महन्त ही बचे रहे। गोरखों ने भी गढ़वाल नरेश फतेहशाह तथा प्रदीपशाह द्वारा उनको प्रदत्त भूमि–दान को मान्यता दी। तात्कालीन महन्त हर सेवक दास जी ने लोगों को इस घाटी में पुनःस्थापित करने का अथक प्रयास किया जिसमें उन्हें अल्प सफलता ही प्राप्त हुई। अन्ततः हस्तिदल शाह चौंतरिया ने गढ़वाल के

प्रशासक का कार्यभार संभाला। उनके प्रयासों से ही दून घाटी की स्थिति में सुधार आया। हस्तिदल ने इन बाह्य लुटेरों को धमकी दी कि उनके किसी भी गुट की दून क्षेत्र में की गयी लूट पर उनके एक ग्राम को जला दिया जायेगा। विलियम ने ऐसी एक कार्यवाही का उल्लेख किया है जब गोरखा सेनापति ने 200 सैनिकों की टुकड़ी को भेजकर लुटेरों के एक ग्राम को जलाने भेजा। इस टुकड़ी ने कुछ सुन्दर स्त्रियों को छोड़कर अन्य सभी ग्रामीणों की हत्या कर दी थी। इस प्रकार हस्तीदल की सख्ती के बाद पुनः दून घाटी में चहल–पहल आरम्भ हो पाई।

परगनों में शासन की बागड़ोर 'फौजदार' के हाथों में होती थी। फौजदार मूलतः सैनिक अधिकारी होता था। किन्तु परगने में वह दीवानी एवं छोटे मोटे फौजदारी वादों का निपटारा करने के लिए जिम्मेदार था। युद्धकाल में फौजदार को जब परगने के दीवानी और निजामत के कार्यों को करने का समय नहीं मिलता था, तो वे अपने किसी अधीनस्थ को इसका अधिकार सौंप देता था। इस प्रकार से फौजदार के कृत्यों को करने का अधिकार प्राप्त वह पदाधिकारी 'विचारि' कहलाता था।

इसके अतिरिक्त गोरखा प्रशासन में जमादार, नानी हवलदार, दफ्तरी, समाना, थोकदार, पधान, कमीण आदि कर्मचारियों के नाम मिलते हैं। वस्तुतः प्रशासन विशुद्ध सैन्य प्रशासन था, जिसका मूल उद्देश्य यहाँ के मूल निवासियों का उत्पीड़न और शोषण करना था। इस उत्पीड़न को आज भी याद कर लोग सिहर उठते हैं।

राजस्व प्रशासन

अल्मोड़ा पर अधिकार हो जाने के बाद नेपाल नरेश रण बहादुर शाह का चाचा एवं संरक्षक चौंतरिया बहादुर शाह कुमाऊँ की बागड़ोर अमरसिंह थापा के हाथों में सौंप वापस लौट गया। अमरसिंह थापा ने न केवल विद्रोह का दमन किया अपितु लम्बे समय से चल रहे चंदकालीन कुशासन का अंत किया। शासन को व्यवस्थित करने में उसे शूरवीर थापा और जगजीत पांडे का सहयोग मिला। उसने गोरखा आक्रमण के भय से पलायन कर गये लोगों से पुनः अपने–अपने गाँवो में बसने का फरमान जारी किया। इस प्रकार धीरे–धीरे राजधानी अल्मोड़ा में सुव्यवस्था स्थापित होने लगी।

सम्पन्न एवं समृद्ध राजकोष सुव्यवस्थित शासन चलाने के लिए प्रथम आवश्यकता होती है और सैन्य प्रशासन में तो इसकी महत्ता और भी बढ़ जाती है। अतः गोरखों ने भी इस नीति का अनुसरण करते हुए जनता पर न केवल अनेक कर लगाए बल्कि उनकी वसूली भी कठोरता के साथ

की। उनके काल में भी राज्य की आय का मुख्य स्त्रोत भू–राजस्व ही था। इसके अतिरिक्त गोरखों ने कुछ चंदकालीन करों को बहाल रखा और अपनी तात्कालीन आवश्यकता के अनुरूप कुछ नए कर स्थापित किए। कुमाऊँ के प्रथम गोरखा प्रशासक मुलाशाह ने जनता से अधिक से अधिक राजस्व एकत्रिकरण के तरीके ढूंढ़े। उसने प्रत्येक वीसी कृषि भूमि पर एक रूपया अतिरिक्त कर लगाया। प्रत्येक व्यस्क कुमाऊँनी पर 1 रूपये, 2 आना और 6 पैसा प्रति ग्राम उसने अपने कार्यालय खर्च के रूप में वसूलना प्रारम्भ किया। उसके उत्तराधिकारियों ने भी शोषण की उसकी नीति को जारी रखा। गोरखा फौजदार निर्दयतापूर्वक जनता का खून चूसते थे और दोषीयों को बन्दी बनाकर हरिद्वार स्थित दास बाजार में विक्रय कर देते थे। फ्रेजर महोदय ने अनुमान लगाया है कि अपने पूरे शासनकाल में गोरखों ने लगभग दो लाख से अधिक स्त्री–पुरूष एवं बच्चों का विक्रय कर अपनी आय में वृद्धि की।

चूंकि ब्राह्मण मुख्य बुद्धिजीवी वर्ग था और उनका राजनीति एवं प्रशासन में बड़ा हस्तक्षेप होता था। गोरखे ब्राह्मण को पूजनीय मानते थे किन्तु यहाँ आकर उन्होंने ब्राह्मणों को भी नहीं बख्सा। उन्हें यहाँ की राजनीति से ही विरक्त नहीं किया अपितु पाँच रूपये प्रतिझुलू का भारी कर उनकी कृषि भूमि पर आरोपित किया। उन्होंने यहाँ जो भी भू–व्यवस्था अथवा जनगणना करवाई उसका मूल कारण अपनी आय वृद्धि के अधिकतम मार्गों की खोज करना ही था।

लोगों को सेवा के बदले भूमि दी जाती थी जिसे 'मानाचौल' कहा जाता था। कत्यूरी एवं चंद काल के मन्दिरों को प्रदत भूमि 'विश्नुप्रीत' कहलाती थी। गोरखों ने न केवल यह व्यवस्था पूर्ववत् रखी बल्कि मन्दिरों को भूमिदान भी दिए किन्तु वे इसको 'गूठ' कहते थे।

कृषि पर लगान में अत्यधिक वृद्धि कर दी गई। आय का एक अन्य स्त्रोत दास–दासियों का विक्रय था। इस काल में जिसके पास ताकत होती थी वह गरीबों को बेच सकता था। गरीब माता–पिता अपने बालक–बालिकाओं की बिक्री के लिए बाध्य किए जाते थे। प्रत्यक्षदर्शी कैप्टन रैपर के अनुसार–'प्रतिवर्ष हरिद्वार स्थित गोरखा चौकी में दास–दासियों की बिक्री होती थी। अनेक प्रकार की चुंगिया, अर्थदण्ड तथा कुर्की भी राज्य की आय के स्त्रोत थे।

एटकिन्सन महोदय के अनुसार भूमिकर के अतिरिक्त, प्रजा पर थोपे गए अन्य कर बड़े जबरदस्त थे। गोरखाकाल में वसूल किए जाने वाले कुछ महत्वपूर्ण कर इस प्रकार हैं–

(1) पुंगाड़ी – यह भूमिकर था और इससे लगभग 11½ लाख सालाना की आय होती थी। इस शब्द की उत्पत्ति 'पूंगड़ा' शब्द से हुई है जिसको स्थानीय भाषा में खेत के लिए प्रयुक्त किया जाता है।

(2) सुवांगी दस्तूर– यह भी एक प्रकार का भू–कर था जो प्रत्येक वीसी भूमि पर एक रूपया वसूल किया जाता था।

(3) सलामी– यह एक प्रकार की भेंट अथवा नजराना था।

(4) तिमारी– इसके तहत फौजदार को 4 आना और सूबेदार को 2 आना देना होता था। यद्यपि काजी बहादुर भण्डारी के काल, 1811 ई0 में इसकी दर नियम कर दी गई थी। किन्तु इसका पालन कोई नहीं करता था।

(5) पगरी– सम्भवतः यह भूमि अथवा सम्पत्ति के लेन–देन से सम्बन्धित कर था। जिसे प्राप्तकर्ता को एकमुश्त जमा कराना होता था। यह गोरखों की आय का महत्वपूर्ण साधन था क्योंकि उनकी सनदो में इस कर का उल्लेख बहुत बार हुआ है।

(6) मेजबानी दस्तूर– यह ढाई आना की दर से वसूल किया जाता था। सम्भवतः यह मराठों के चौथे से मिलता जुलता कर रहा होगा जोकि स्थानीय जनता से उनकी सुरक्षा के एवज में लिया जाता रहा होगा।

(7) टीका–भेंट–शादी–विवाह एवं अन्य शुभ कार्यों के अवसर पर यह कर लिया जाता था। सम्भवतः यह स्वैच्छिक कर रहा होगा।

(8) मांगा– यह कर प्रत्येक नौजवान से एक रूपया वसूला जाता था। युद्धों के अवसर पर इसे तात्कालीन कर के रूप में एकत्रित किया जाता था।

(9) सोन्या फागुन–गोरखे सावन, दशाई व फालगुन के उत्सवों में भैंसों एवं बकरों की बलि चढ़ाते थे और उनके माँस को खाते थे। अतः इन उत्सवों के खर्च के लिए स्थानीय जनता से सोन्या फागुन नामक कर लिया जाता था। यह कर भैंस एवं बकरी के रूप में लिया जाता था।

(10) टानकर– तान से तात्पर्य 'कपड़े' से होता है। अतः टानकर मूलतः हिन्दू तथा भौटिया बुनकरों से लिया जाता था।

(11) मिझारी– जगरिया का कार्य करने वाले ब्राह्मणों एवं शिल्पकर्मियों से लिया जाने वाला कर मिझारी कहलाता था।

(12) बहता– छिपाई हुई सम्पत्ति पर लगने वाला कर था।

(13) घी–कर– पशुपालकों से लिया जाने वाला एक प्रकार का कर था, जो सम्भवतः घी के रूप में वसूल किया जाता था। इस कारण घी–कर कहलाता था।

उपरोक्त करों के अतिरिक्त चंदों के काल से आरोपित कई करों की वसूली भी गोरखों ने जारी रखी। इनमें घरही–पिछही अथवा मौंकर भी था जो कि प्रति परिवार दो रूपये की दर से लिया जाता था। राजकर्मचारियों से लगान की जानकारी लेने के लिए जान्या–सुन्या कर देना पड़ता था। राजस्व कर्मचारियों के वेतन–भुगतान के लिए विशेषतः खस–जमींदारों से अधनी–दफ्तरी कर लिया जाता था। गोबर और पुछिया नामक कर भी थे। हेड़ी और मेवाती भावर क्षेत्र में 'दोनिया' नामक कर पशुचारकों से लिया जाता था। इनके अतिरिक्त बक्सीस (वक्ष्यात), ऊपरी –रकम, कल्याण धन, केरू घररू, खुना, अड़ि इत्यादि भी कर के रूप में एकत्रित किए जाते थे।

काश्तकारों से कर ठेका प्रथा के आधार पर एकत्रित किया जाता था। कर की दर सम्भवतः मनमाने ढ़ंग से नियत की जाती थी क्योंकि गोरखा प्रशासन में राज्य अथवा क्षेत्र को फौजी अफसरों को सौंप दिया जाता था, जो अपना वेतन इत्यादि भी वसूली से निकालते थे। इसका कोई हिसाब उन्हें नेपाली सरकार को नहीं देना होता था। सदैव प्रजा पर कर बकाया निकलता था, जिन्हें पकड़कर दास–दासियों के रूप में बेच दिया जाता था।

इस प्रकार हम पाते हैं कि गोरखा काल में सम्पूर्ण गढ़वाल एवं कुमाऊँ पर अत्यधिक करों का बोझ था। जनता इन्हें चुका पाने में असमर्थ थी, अतः गाँव के गाँव खाली होने लगे और बस्तियाँ जंगलों में परिवर्तित होने लगी।

गोरखों का न्याय प्रशासन एवं दण्ड व्यवस्था

गोरखों की कोई नियत न्याय प्रणाली नहीं थी। प्रत्येक अफसर अपने पद के अनुसार जैसा उचित समझता था, फैसला कर देता था। दीवानी तथा फौजदारी के छोटे–छोटे मामले उस प्रान्त के सैन्य अधिकारी निपटाते थे। चूंकि अक्सर गोरखा अधिकारी युद्धों मे व्यस्त रहते थे इसलिए न्याय एवं मुकदमों का कार्य अपने मातहत अधिकारी 'विचारी' को सौंप जाते थे। अभियोग की विधि भी सरल थी किन्तु निश्चित नहीं थी।

अपराधों की सुनवाई प्रारम्भ करने से पूर्व वादी–प्रतिवादी से 'हरिवंश' की प्रति उठवाई जाती थी। सरहदी मामलों में अग्नि–परीक्षा द्वारा निर्णय किया जाता था। जिन्हें सामान्य भाषा में 'दिव्य' कहा जाता था। तीन प्रकार के 'दिव्य प्रचलन में थे।

(1) गोलादीप

(2) तराजुदीप

(3) कढाई दीप

'गोला दीप' एक प्रकार की अग्नि परीक्षा थी। जिसमें वादी–प्रतिवादी को लोहे की गरमागरम छड़ को लेकर कुछ निश्चित दूरी तय करनी होती थी, जो नियत दूरी को तय नहीं कर पाता था, उसे दोषी समझ लिया जाता था।

द्वितीय प्रकार का दिव्य 'तराजुदीप' था, इसमें जिस व्यक्ति को अपराधी समझा जाता था, उसे तराजू में पत्थरों से तौला जाता था। तौलने के लिए शाम का समय तय होता था। तौले गए पत्थरों को एक सुरक्षित स्थान पर रख दिया जाता था। अगली सुबह उस व्यक्ति को पुनः तौला जाता था। यदि वह पहले से हल्का होता था, तो दोषमुक्त मान लिया जाता था किन्तु वजन अधिक आने पर उसे दोषी मान लिया जाता था।

तृतीय प्रकार का प्रचलित दिव्य 'कढाईदीप' कहलाता था। इसमें एक कढ़ाई मे तेल को खौलाया जाता था। दोषी समझे गए व्यक्ति को इसमें अपना हाथ डालना होता था। यदि हाथ जलता नहीं था, तो व्यक्ति निर्दोष समझा जाता था किन्तु हाथ जलने की स्थिति में दोषी माना जाता था।

उत्तराखंड की वर्तमान राजधानी देहरादून में स्थित श्री गुरू रामराय जी दरबार साहिब के तात्कालीन महन्तजी को भी एक हत्या के आरोप में कढाई दीप परीक्षा देनी पड़ी थी। चूँकि महन्तजी का इस परीक्षा में हाथ जल गया था, अतः उन्हें दोषी मानते हुए भारी जुर्माना भरना पड़ा था।

कुमाऊँ प्रान्त के द्वितीय ब्रिटिश कमिश्नर जी0डब्लू0ट्रेल महोदय ने भी कुछ अन्य प्रकार की दिव्य परीक्षाओं का उल्लेख किया है। उनके अनुसार निम्नलिखित 'दिव्य' भी प्रचलन में थे–

(1) तीर का दीप

(2) बौकाटि हारया का दीप

(3) काली हल्दी का दीप

(4) द्यात का दीप

'तीर का दीप' दिव्य में दोषी को पानी में तब तक डुबाया जाता था, जब तक कि कोई अन्य व्यक्ति धनुष से छोड़े तीर तक पहुँचकर वापस लौटकर नहीं आता था। गोरखों के समय में पानी से न्याय करने का एक अन्य तरीका बौकाटि हारया का दीप भी प्रचलित था। इसमें वादी–प्रतिवादी दोनों पक्षों के ऐसे लडके जो तैरना नहीं जानते थे, को तालाब अथवा कुंड में छोड़ दिया जाता था। इसमें जो अधिक समय तक जीवित रहता था, निर्दोष मान लिया जाता था। 'काली हल्दी दीप' नामक दिव्य सम्भवतः जहर परीक्षा थी। इस काली हल्दी जड़ी को खाकर जो बच जाता था, उसे दोषमुक्त मान लिया जाता था। 'द्यात का दीप' नामक दिव्य में विवादित वस्तु अथवा नगदी को न्याय के देवता के मन्दिर में रखा जाता था। जो स्वयं को निर्दोष बताता था, वह इस वस्तु अथवा नगदी को मन्दिर से उठाकर ले जाता था। यदि छः महीने के अन्दर उसके परिवार में किसी की मृत्यु न हो तो, उसे निर्दोष मान लिया जाता था। उत्तराखंड के ग्रामीण अँचल में 'द्यात का दीप' दिव्य के प्रचलन के वर्तमान में भी प्रमाण मिलते हैं।

'दिव्य' के रूप में किए जाने वाले फैसले को तत्काल लिखा जाता था और साथ ही सभी दर्शकों को दिखाया जाता था। असफल पक्ष को अभियोग के अनुरूप नहीं बल्कि अभियोग पक्ष की हैसियत के अनुरूप जुर्माना देना होता था। कभी–कभी पर्चियों के माध्यम से भी फैसला किया जाता था। विरासत एवं व्यवस्था के मामलों का निपटारा पंचायत द्वारा किया जाता था।

गोरखा शासन काल में अनियत न्याय व्यवस्था के साथ ही दण्ड विधान भी अनिश्चित था। सामान्यतः राजकोष को ध्यान में रखकर ही दंड का निर्धारण किया गया था। देशद्रोह के लिए मौत की सजा दी जाती थी। साधारणतया हत्या के लिए दोषी को पेड़ पर लटका दिया जाता था। यद्यपि ब्राह्मण को हत्या के दोषी पाए जाने पर देश से निकाल दिया जाता था। अन्य अपराधों के लिए दोषी ब्राह्मण की संपत्ति जब्त करने के साथ ही जुर्माना किया जाता था। चोरी का आरोप सिद्ध होने पर ब्राह्मण की शिखा काट दी जाती थी। गोरखे अपने निजी ब्राह्मण उपाध्याय और मिश्र को बहुत ही पूजनीय मानते थे किन्तु उत्तराखंड के ब्राह्मणों को वे सामान्य जन की तरह ही मानते थे। चंद काल में पेड़ पर लटकाकर अथवा सिर काटकर मृत्युदण्ड दिया जाता था। गोरखों ने इसके अतिरिक्त अंग–भंग करने का दण्ड विधान भी प्रचलित किया। अपराधियों को आतंकित करने के लिए हाथ अथवा नाक काटना एक आम दण्ड विधान था।

व्यभिचारी पुरूष को मृत्युदण्ड दिया जाता था एवं स्वैरिणी स्त्री की नाक काट दी जाती थी। आत्महत्या करने वाले व्यक्ति के परिवार से जुर्माना वसूल किया जाता था। गाय को मारने, शूद्र के द्वारा जातीय नियमों के उल्लंघन एवं राजपूत और ब्राह्मण के द्वारा हुक्के को छूने पर भी मृत्युदण्ड का प्रावधान था। जिन्हें कैद किए जाने का दण्ड मिलता था, वे राजा के नौकर (केनी) हो जाते थे। तराई के गढ़वाल क्षेत्र में बसने वाले अपराधियों को सजामाफी मिल जाती थी, चाहे उनका दोष कुछ भी रहा हो। गोरखों की विचित्र प्रकार की राजाज्ञों के उल्लंघन पर अर्थदण्ड का विधान था। गढ़वाल क्षेत्र में गोरखों ने एक राजाज्ञा जारी की कि कोई औरत छत पर न चढे और देहात क्षेत्र में छत पर चढे बगैर काम नहीं चलता था क्योंकि स्त्रियों को लकड़ी सुखाने, घास जमा करने, कपड़े सुखाने अथवा अनाज सुखाने छत पर जाना ही होता था और सरकार इस पर जुर्माना वसूल लेती थी। यद्यपि ऐसा सम्भवतः गोरखों ने क्षेत्रवासियों द्वारा उन पर लगाए व्यभिचार के आरोप के कलंक से बचने के लिए किया था। ट्रेल महोदय ने भी गोरखों के दण्ड विधान का विस्तृत विवरण दिया है। इस प्रकार हम देखते हैं कि 'गोरख्याणी' में प्राणदण्ड एक साधारण सी बात थी, जिससे कोई भी वर्ण अछूता नहीं था। छोटे–छोटे जुर्मों के लिए अर्थदण्ड वसूला जाता था एवं कुछ भारी अपराध के लिए अंग–भंग की सजा दी जाती थी। गोरखा न्याय व्यवस्था के कारण जनता में हर समय भय व्याप्त रहता था। फलतः क्षेत्र में अपराध कम होते थे।

मनिला–सल्ट से प्राप्त सनदों में वर्णित गोरखा अधिकारी

1. काजी धौकल सिंह–1800 ई0
2. सूबेदार कृपा सिंधुथापा–1803 ई0
3. रामचंद्र परसाई– 1803 ई0
4. विचारी रामू राणा –1805 ई0
5. नरभजन शाह –1805 ई0
6. अमल सिंह राणा –1805 ई0
7. चौंतरिया बड़ा वमशाह–1806 ई0
8. काजी चामुभंडारी– 1806 ई0
9. सरवर सिंह राणा–1806 ई0
10. वीरमद्र शाह 1806 ई0

11. गजदल थापा– 1803 ई0
12. काजी रेवत सिंह कुंवर–1808 ई0
13. सुब्बा कर्ण सिंह कुंवर– 1808 ई0
14. डिढ़ा जानकी राम– 1808 ई0
15. कृष्णानंद–1808 ई0
16. अमर सिंह बसन्पात– 1808 ई0
17. हंसराज खलट–1808 ई0
18. चौंतरिया बड़ा बमशाह– 1813
19. चौंतरिया बड़ा बमशाह– 1814 ई0
20. मछेराम– 1814 ई0
21. गजढल खंडका– 1814 ई0
22. फ्रेजर साहब बहादुर – 1815 ई0

गोरखों का सैन्य प्रशासन

गोरखों की सम्पूर्ण शासन व्यवस्था सेना पर आधारित थी। इसी सेना के बल पर ही नरभूपाल, पृथ्वी नारायण एवं रण बहादुर शाह इत्यादि ने एक छोटे से गोरखे शहर से वृहद् गोरखा साम्राज्य की स्थापना की थी, जिसमें सम्पूर्ण नेपाल के अतिरिक्त कुमाऊँ, गढ़वाल एवं कागड़ा घाटी तक का प्रदेश सम्मिलित था। चीन एवं तिब्बती सेना से गोरखा सेना का मुकाबला हुआ। महाराजा रणजीत से उनकी सीमाएँ परस्पर मिलती थी। ब्रिटिश कम्पनी से उन्होंने गोरखपुर क्षेत्र के लगभग 200 गाँवों को विजित करने में सफलता पाई थी। अतः सहज ही अनुमान लगता है कि गोरखा सेना व सेनापति शौर्य बल में अत्यधिक मजबूत रहे होंगे।

जहाँ तक उनकी सेना के गठन एवं प्रशिक्षण का प्रश्न है, तो इस सम्बन्ध की कोई ठोस जानकारी नहीं मिल पाती है। गोरखे मूलतः हिन्दू एवं मंगोलाइड नस्ल का मिश्रित रूप थे। इसलिए उनमें शौर्य एवं बल का पुट नस्लीय आ गया था। इसके अलावा उनके प्रदेश के भौगौलिक एवं सामाजिक प्रवेश का उन पर पूर्ण प्रभाव पड़ा। क्रिस्टोफर चैट महोदय ने गोरखों की इस विशेषता का अपने शब्दों में सुन्दर वर्णन दिया है।

गोरखा सेना तमाम प्रान्त में यत्र–तत्र रखी जाती थी और जहाँ छावनी स्थित होती थी, उस परगने से ही उनका वेतन इत्यादि वसूल किया जाता था। यद्यपि फौजी अफसर सुधार की बात नहीं सुनते थे

क्योंकि थोड़े–थोड़े दिनों पर उनको बदला जाता रहता था। 1809 ई0 में बमशाह ने कुछ नियम बनाए जो गोरखा शासन के अन्त तक चलते रहे। प्रधान अधिकारी प्रतिवर्ष स्थानान्तरित होते थे। पद पर रहते हुए उन्हें 'जागिरिया' कहते थे एवं पेंशनयाप्ता होने पर 'ठाकुरिया' कहा जाता था। उनको वेतन इत्यादि नियत गाँव की माल गुजारी से भुगतान किया जाता था।

भारत में अंग्रेजी आगमन के साथ ही गोरखा सेना ने ब्रिटिश सैन्य व्यवस्था के अनुरूप पदानुक्रम अपना लिया। उनके द्वारा जारी सनदों में कर्नल, मेजर, कैप्टन, सूबेदार, सरदार, काजी, हवलदार एवं सिपाही पदों का उल्लेख मिलता है। इसके अतिरिक्त उन्होंने ब्रिटिश सैन्य पोशाक का अनुकरण भी किया। गोरखा काल में सैनिकों को प्रतिवर्ष बदला जाता था। कार्यरत सैनिकों को 'जागचा' एवं सेवामुक्त सैनिकों को 'ढाकचा' कहा जाता था। सम्भवतः सैनिकों का वेतन 8 रूपये युद्धकाल में एवं 6 रूपये सामान्य काल में प्रतिमाह था। कालान्तर में अंग्रेजों ने गोरखों को भाड़े के सैनिकों के रूप में 11 अथवा 16 रूपये प्रतिमाह में प्रयोग किया और इसके लिए गोरखे जान की बाजी लगा देते थे।

कुमाऊँनी शासनकाल में सैन्य पोशाक में चौबंदी, पाजामा, टोपी व जूता शामिल था। किन्तु बाद में गोरखों ने अंग्रेजी सैन्य लिबास का अनुकरण कर लिया। गोरखा सेना का मुख्य अस्त्र 'खुँकरी' होती थी। इसके निर्माण का प्रमुख केन्द्र डोटी का 'गढ़ी' नामक नगर था। गढी नगर के नेवार जाति के लुहार मुख्य रूप से खुँकरियां बनाकर गोरखा सेना को उपलब्ध कराते थे। प्रायः इनकी लम्बाई एक फुट से अधिक नहीं होती थी और गोरखा अधिकारी एवं सैनिक इन्हें चमड़े की म्यान में रखकर अपनी कमरपट्टी से बाँधकर रखते थे। इसके अतिरिक्त गोरखा सेना के अन्य अस्त्रों में तलवार, छुरी, लमछड़, बंदूक, ढाल तीर–कमान भी शामिल थे। कभी–कभार वे रवाड़ा अथवा मुजाली का भी प्रयोग करते थे। गोरखा सेना के पास छोटी–छोटी तोपे भी होती थी।

गोरखों ने अपनी सेना में गढ़वाली एवं कुमाऊँनी सैनिकों की भर्ती कम ही की। जिन्हें भर्ती भी किया, उन्हें स्थायी गोरखा सेना से अलग ही रखा। एक प्रकार से इन लोगों से स्वयं सेवक सेना का निर्माण किया, जिनको लड़ाई के वक्त ही पूरा वेतन दिया जाता था। इनका उपयोग स्थायी सेना की तरह ही होता था किन्तु शक्ति में इन्हें गोरखा सेना से न्यून ही रखा जाता था। गोरखा सैनिकों के सम्बन्ध में कैप्टन हेरसी का कथन है कि–'नेपाली अफसर अज्ञानी, चंचल, दगाबाज, विश्वासघाती और

अत्यंत लालची होते थे। विजयी होने पर खूँखार और बेमुरवत एवं हारने पर नीच व दीन होते थे। उनकी शर्तों एवं संधियों पर विश्वास नहीं किया जा सकता था। हेरसी का कथन है कि–'गोरखा सेना बहादुर, निडर तथा शत्रु की परवाह न करने वाली थी। वह प्रसन्न रहती थी एवं थकान की चिंता नहीं करती थी। अब भी गोरखा सिपाहियों का मुकाबला करने वाले कम ही दल थे।'

गोरखा सेना ने मलाऊ, जैठक व अल्मोड़ा में जिस युद्ध कौशल का परिचय दिया उसकी प्रशंसा अंग्रेजों ने भी की है। 1815–16 में देहरादून स्थित खलंगा स्मृति स्तम्भ अंग्रेजों द्वारा स्थापित है जो अंग्रेजों और गोरखों के मध्य खलंगा की लड़ाई में गोरखों की हार के बावजूद गोरखा वीरों की बहादुरी एवं उनके सही व्यक्तित्व को अंग्रेजी सलामी है।

गोरखा सामाजिक व्यवस्था

गोरखा समाज एक मिश्रित समाज था। इनका हिन्दू जाति व्यवस्था से कोई सम्बन्ध नहीं था। हिन्दुओं के साथ इनका कोई खान–पान भी नहीं होता था। यद्यपि राजा राजपूत वर्ग का होता था, जिसे हिन्दू समाज के अन्तर्गत क्षत्रिय श्रेणी में माना जाता था तथापि गोरखों का अपना एक पृथक समाज था। ये किसी जाति विशेष से सम्बद्ध न थे। वस्तुतः गोरखे पृथक नस्ल एवं जातियों का एक समूह थे। क्रिस्टोफर चैट ने भी गोरखों को मिश्रित प्रजाति से सम्बोधित किया है। गोरखा समाज में राई, मगर, गुरूड़, लिंबु, सुनवार, पुन, सर्की, थापा एवं खनका इत्यादि संमाहित थे। तिब्बत के लामा भी इस समाज के संपृक्त हो गए थे एवं उनका शारीरिक गठन भी गोरखों से मिलता जुलता ही था।

सामान्यतः गोरखों की कद–काठी छोटी, चेहरा गोल तथा आँखें छोटी एवं धंसी हुई होती थी। गोरखों के गाल की हड्डी उभरी हुई, कपाल चौड़ा एवं दाढी–मूंछ रहित होता था। गोरखा नमक हलाल होते थे किन्तु स्वभाव से ये क्रोधी एवं जिद्दी होते थे। इनकी शक्ल हूणों से मिलती थी।

गोरखाली लोग देवता, शास्त्र, ब्राह्मणों एवं गाय को पूजनीय मानते थे। यद्यपि नेपाल से बाहर उनका व्यवहार राजपूतो एवं ब्राह्मणों से अच्छा न था। बोझा उठाने के लिए उन्होंने कुली के रूप में ब्राह्मण, राजपूत, बनियों और खसों का उत्तराखंड में प्रयोग किया। इनसे जबरदस्ती मार–पीट कर बोझ उठवाया जाता था। ब्राह्मणों से भी जबरन बोझ उठवाते थे। गोरखों का कहना था कि ब्राहाम्णों के पैर पूजे जाते हैं, सिर

नहीं पूजा जाता। अतः कहा जा सकता है कि गोरखे अपने ब्राह्मण मिश्र और उपाध्याय को ही मानते थे। उत्तराखंड के ब्राहामणों से उनका कोई सरोकार नहीं था। वे उन्हें भी विजित सामान्य जन ही मानते थे।

गोरखाली माँस एवं मंदिरा के विशेष शौकीन थे। सुअर का माँस वे विशेष चाव से खाते थे। दसाई जैसे पर्वों के अवसर पर बकरों एवं मुर्गों की बलि होती थी। गोरखाली समाज में उच्च–निम्न का भेद था। अगड़ी एवं पिछड़ी जाति का भेद भी विद्यमान था। किन्तु खान–पान में वे कोई परहेज नहीं करते थे। रोटी की अपेक्षा गोरखे चावल अधिक पसन्द करते थे। नेवार जाति के लोगों को भैंस, भेड़, छागल, हंस का गोश्त प्रिय था तो गुरंगों को सुअर का माँस विशेष प्रिय था। गुरूड़ तो महिष के माँस को भी खाते थे किन्तु गुरूड़ सुअर का माँस छूते भी नही थे। लिबुं, किराती और लेप्चाओं का खान–पान नेवारों के ही समान था। गोरखों की इस खान–पान व्यवस्था के कारण हिन्दुओं से उनके सामाजिक सम्बन्ध नहीं स्थापित हो पाये। ब्रिटिश काल में भी यह सामाजिक दूरी यथावत बनी रही। यही कारण था कि 1857 की क्रांति के समय जहाँ हिन्दू सैनिकों के सूअर एवं गाय के चर्बीयुक्त कारतूसों का विरोध किया, तो गोरखों ने इनकी मांग की। फलतः अंग्रेजों ने गोरखा सैनिकों के तम्बू अंग्रेज सैनिकों के निकट लगाए। अतः गोरखाली एवं हिन्दू समाज में अन्त तक विभेद बना रहा एवं वर्तमान में भी यह दूरी कम नहीं हुई है।

गोरखाली बौद्ध एवं हिन्दू धर्मावलम्बी थे यद्यपि भारतीय हिन्दू समाज से उनकी निकटता कभी भी स्थापित नहीं हो पाई। लेकिन वे हिन्दू धर्म के अधिकांश धार्मिक कृत्यों को करते थे। उनकी सनदों में दुर्गा पूजा का उल्लेख हुआ है। गोरखा का प्रिय त्यौहार 'दशाई' अथवा दशहरा ही है। इस दिन गोरखे अपने अस्त्र–शस्त्रों की पूजा करते हैं। पूजा के इस अवसर पर बकरें, भैंसे, खाडू, मुर्गे इत्यादि की बलि दी जाती थी। घर में बनी शराब (जाण अथवा चकती) का विशेष प्रयोग होता है।

हिन्दू धार्मिक कृत्यों के प्रति उनकी रूचि का ज्ञान हमें उनके कार्यों से होता है। उन्होंने उत्तराखंड के प्राचीन देवालयों से कोई छेड़–छाड़ नहीं की। उनका जीर्णोद्वार करवाया। उन्हें प्रदत्त पूर्वकाल की अग्रहार भूमि (गूँठ) यथावत् ही नहीं रखी अपितु नई अग्रहार भूमि भी प्रदत्त की। गोरखाकाल में ही वरदाचार्य ने देवप्रयाग के रधुनाथ मन्दिर की छत का नवीनीकरण एवं किसी अज्ञात के द्वारा श्रीनगर गढ़वाल स्थित कंसमर्दिनी मन्दिर का जीर्णोद्धार करवाया। केदारनाथ, बद्रीनाथ, जागेश्वर आदि तीर्थस्थलों पर तीर्थयात्रियों के लिए 'सदावर्त' की स्थापना भी गोरखों ने

की। चंपावत के बालेश्वर मन्दिर का जीर्णोद्धार सूबेदार महावीर थापा ने कराया। देहरादून के गुरू राम राम दरबार साहिब के तात्कालीन महन्त हरसेवक दास जी को उन्होंने सदावर्त के लिए नियुक्त किया। 1979 ई0 में नेपाल नरेश रणबहादुर शाह की कनिष्ठ रानी ने शतोली परगना के गाँवों को केदारनाथ मन्दिर के सदावर्त के लिए दान किया। स्वयं रण बहादुर शाह ने बद्रीनाथ तीर्थ यात्रियों के सदावर्त के लिए कटोली परगना के गाँव (कुमाऊँ) प्रदत्त किए। गोरखा काल में श्रीनगर गढ़वाल अवस्थित खडपूजा के लिए प्रसिद्धि कमलेश्वर मन्दिर में भी सदावर्त की व्यवस्था हुई।

गोरखों की राजभाषा 'गोरखाली' है, जिसमें नेवारी, हिन्दी, खसकुरी का पुट मिलता है। नेपाल का अधिकांश साहित्य नेवारी भाषा में मिलता है। गोरखाली की उत्पत्ति संस्कृत से मानी जाती है। गोरखों का शिक्षा के प्रति कोई लगाव नहीं था। अतः वे अधिक पढ़े लिखे नहीं थे, केवल शारीरिक शक्ति के धनी थे।

आंग्ल–गोरखा संघर्ष

ईस्ट इंडिया कम्पनी अपनी विस्तारवादी नीति के साथ हिमालय की तलहटी तक पहुँच गई थी, तो दूसरी ओर गोरखे भी विस्तार करते हुए तराई क्षेत्र तक आ पहुँचे थे। जहाँ एक ओर अंग्रेज अपने संरक्षित क्षेत्र पुर्णिया, तिरहुत गोरखपुर एवं यमुना सतलज के मध्य के क्षेत्र में गोरखों का अनुचित विस्तार बता रहे थे, तो वहीं अमर सिंह थापा का कथन था कि "समस्त तराई पर नेपाल का अधिकार है"। वस्तुतः दो शक्तियाँ इतनी निकट आ चुकी थी कि अब संघर्ष सुनिश्चित था। राहुल महोदय ने अपनी पुस्तक हिमालय परिचय में उचित ही लिखा है कि "उधर दक्षिण से बढ़ते–बढ़ते अंग्रेज हिमालय की जड़ तक पहुँच चुके थे और उनकी भूख तृप्त होने वाली नहीं थी, ऐसी स्थिति में अग्रेजों को बहाना चाहिए था। वैसे ब्रिटिश सरकार की एक घोषणा में आंग्ल–गोरखा संघर्ष का तात्कालीन कारण बुटवल एवं शिवराजपुर पर गोरखों के बलात् अधिकार को बताया गया है।

यद्यपि गोरखों की घुसपैठ अंग्रेजी सीमा में 1787 ई0 से शुरू थी। जब भीमसेन थापा ने गोरखपुर के करीब 200 से अधिक गावों का अधिग्रहण किया, तो ईस्ट इंडिया कम्पनी की चुप्पी टूट गई। 1804 ई0 में गोरखों ने पाल्या के राजा को परास्त कर बंदी बनाकर नेपाल भेज दिया और उसके अधीन बुटवल पर जबरन अधिकार कर

लिया। जबकि उस समय बुटवल अंग्रेजी नियंत्रण में था। 1812 ई0 तक ब्रिटिश गोरखों की घुसपैठ और लूटपाट को सहन करते रहे। अप्रैल 1814 ई0 को गर्वनर जनरल लार्ड हेस्टिंग्स ने अपनी सेना को गोरखों द्वारा अधिग्रहित ब्रिटिश क्षेत्र को वापस लेने का अनौपचारिक आदेश दे दिया। मेजर ब्रेदशॉ को विवादित इलाकों में गोरखों से समझौता करने हेतु नियुक्त किया गया किन्तु गोरखा सेनापतियों की हठधर्मिता के कारण कोई समाधान नहीं निकला। अन्ततः कम्पनी ने नेपाली सरकार को चेतावनी भेजी कि वे सारन क्षेत्र के 22 ग्रामों को पुनः पूर्ण अधिकार में लेने के बाद बुटवल को भी कम्पनी राज्य में मिला लेंगे। तात्कालीन नेपाली सेनापति भीमसेन थापा ने इसका प्रति–उत्तर देने की भी आवश्यकता नहीं समझी। फलतः अप्रैल 1814 में कम्पनी ने बुटवल को कम्पनी राज्य में मिला लिया।

जैसे ही बुटवल पर अधिकार की खबर अमर सिंह थापा तक पहुँची, उसने फौजदार मनराज के नेतृत्व में गोरखा सैनिकों की एक टुकड़ी बुटवल पर आक्रमण के लिए भेज दी। इस टुकड़ी ने कई लोगों की हत्या की एवं साथ ही 18 पुलिस अधिकारियों को मौत के घाट उतार दिया। बुटवल के विवादित क्षेत्र पर अब एक बार फिर गोरखा नियत्रंण हो गया। बंगाल की कम्पनी सरकार ने गोरखों को शीघ्र क्षेत्र खाली करने की अपील की किन्तु गोरखों ने साफ इन्कार कर दिया। अतः तात्कालीन गर्वनर लार्ड मायरा ने दृढ निश्चय करते हुए नवम्बर 1814 को नेपाल के विरूद्ध युद्ध की औपचारिक घोषणा कर दी। कम्पनी ने 22 हजार सैनिकों को चार टुकड़ियों में बाँटकर चार जाँबाज अफसरों के अधीन कर दिया। मेजर जनरल मार्ले को एक हजार सैनिकों के साथ राजधानी काठमाण्डू पर, मेजर जनरल जे0एस0वुड को चार हजार सैनिको के साथ गोरखपुर, मेजर जनरल जिलेस्पी साढ़े तीन हजार सैनिकों के साथ देहरादून एवं मेजर–जनरल ऑक्टरलोनी को साढे छः हजार सैनिकों की कमान के साथ गोरखा साम्राज्य के एकदम पश्चिमी भाग में तैनात कर दिया गया।

इधर गढ़वाल राज्य का निष्कासित युवराज सुदर्शनशाह अपने राज्य की पुनःप्राप्ति के लिए कम्पनी सरकार से याचना कर रहा था। दिल्ली के अंग्रेज रेजीडेण्ट को सुदर्शनशाह से बातचीत के लिए अधिकृत किया गया।

रेजीडेण्ट ने अपने सहायक फ्रेजर को सुदर्शनशाह से बातचीत के लिए हरिद्वार भेजा। इसके फलस्वरूप कम्पनी और सुदर्शनशाह के मध्य एक समझौता तय हो गया।

नालापानी का युद्ध

गिलेस्पी के नेतृत्व में ले0 कर्नल कारपेन्टर और कर्नल मौबी शिवालिक श्रेणी की तिमली और मोहन घाटी को पार कर अपनी सेना सहित 24 अक्टूबर 1814 ई0 को दून घाटी पहुँचे। दून घाटी में गोरखों ने अपना शिविर शहर में साढ़े तीन मील उत्तर–पूर्व में अवस्थित कर रखा था। इस क्षेत्र को स्थानीय लोग नालागढ़ी अथवा नालापानी कहकर पुकारते थे। यह स्थल अब 'खलंगा' नाम से प्रसिद्ध है। यहीं पर अंग्रेजों ने गोरखों की वीरता एवं शौर्य के स्मारक को 'खलंगा' नाम से स्थापित किया था। यद्यपि गोरखाली भाषा में 'खलंगा' का शाब्दिक अर्थ सैन्य शिविर होता है। कैप्टन बलभद्र सिंह ने संभावित खतरे को देखते हुए इस क्षेत्र में जल्दी–जल्दी में शाल के वृक्षों से घिरे एक टीले पर पत्थर व लकड़ी से निर्मित एक किला तैयार करवा लिया था। उसने लगभग 500 सैनिकों के साथ यहाँ पर अपना मोर्चा जमा लिया था। कर्नल मौबी के आत्मसर्मपण प्रस्ताव को उसने फाड़ दिया। 26 अक्टूबर से 31 अक्टूबर तक जिलेस्पी ने दुर्ग को जीतने का विफल प्रयास किया। किन्तु गोरखों की खुकरियों ने अंग्रेजी सेना में भगदड़ मचा दी। गोरखा सैनिकों की स्त्रियों ने दुर्ग मार्ग की रक्षिकाओं के रूप में अपना योगदान किया। 31 अक्टूबर 1814 को जिलेस्पी ने पूर्ण तैयारी के साथ हमला किया किन्तु इसमें वह स्वयं ही मारा गया।

जनरल जिलेस्पी की मृत्यु ने अंग्रेज सेनापतियों को सोचने पर मजबूर किया। खलंगा के चार–पाँच सौ सैनिकों के शौर्य एवं वीरता देखने लायक थी। 31 अक्टूबर और 27 नवम्बर के युद्ध के पश्चात् 30 नवम्बर को किले पर भारी बमबारी की गई किन्तु अंग्रजों को किला जीतने में सफलता तब ही मिल पाई जब किले के पीने के पानी की सप्लाई रोक दी गई और गोरखा स्त्री–बच्चे बिलखने लगे। अंग्रेजों की विजय होने के बाद भी बलभद्र सिंह अपने 70 सैनिकों के साथ विजित सेना को चीरता हआ निकल गया। कर्नल लुडलों ने उसका पीछा किया किन्तु बलभद्र थापा सुरक्षित जॉटगढ़ पहुँचा। उसके पश्चात् वह जैतक में गोरखा सेना से मिल गया। जैतक के किले को हारने के पश्चात् उसने सिक्ख सेना की सेवा स्वीकार की और अन्ततः महाराजा रणजीत सिंह के लिए अफगानों के विरूद्व लड़ता हुआ मारा गया।

अंग्रेजों ने खलंगा–विजय के पश्चात् सम्पूर्ण नालापानी दुर्ग को नष्ट कर दिया। इतना अवश्य है कि इस युद्ध में गोरखों के शौर्य एवं वीरता

का सम्मान करते हुए अंग्रेजों ने खलंगा (नालापानी क्षेत्र) में रिस्पना नदी के बायीं ओर दो स्मारक स्थापित किए। इनमें से एक जनरल रोलो गिलेस्पी और उसके मृत सैनिकों की स्मृति में तथा द्वितीय बलभद्र सिंह थापा एवं उसके वीर सैनिकों के सम्मान में स्थापित किया। अंग्रेज लेखकों ने भी गोरखों की वीरता की प्रशंसा की है। प्रत्यक्षदर्शी फ्रेजर महोदय ने स्वयं लिखा है–"जिस दृढ़ संकल्प के साथ एक छोटी सी टुकड़ी ने इस छोटी–सी चोटी को अपेक्षाकृत इतनी बड़ी सेना के हाथ में एक माह तक जाने से रोका, इसकी प्रशंसा किए बगैर कोई भी नहीं रहेगा, घेराबन्दी के समय खलंगा के गोरखा सैनिकों ने उच्च चरित्र को प्रकट किया।"

दूसरी ओर जनरल जे0एस0वुड, जिन्हें 4000 सैनिकों के साथ कुमाऊँ के पूर्व की तरफ से गोरखपुर क्षेत्र से गोरखों को खदेड़ने की जिम्मेदारी सौंपी गई थी, वे भी अपने कार्य मे विफल रहे। थोड़े से ही गोरखा सैनिकों से भी वे इस क्षेत्र को छीनने में असफल रहे।

मेजर जनरल मार्ले को नेपाल की राजधानी काठमांडु पर आक्रमण के लिए अधिगृहित किया गया था, जिनके अधीन 8000 से अधिक सैनिक एवं गोरखा सेना से उत्तम हथियार थे। अपने अभियान में न केवल उसने एक हजार से अधिक सैनिकों को खोया बल्कि 10 फरवरी 1815 को स्वयं ही अपने पद को त्याग दिया एवं अपने सैनिकों को असमंजस में छोड़ वापस चल दिया।

गोरखों के विरूद्ध चार कोनों से छिडे इस अंग्रेजी अभियान में केवल जनरल आक्टरलोनी ही सफल सेनापति सिद्ध हुए। उन्होंने अक्टूबर 1814 ई0 के अन्त में सतलज एवं यमुना के मध्य गोरखा अधिग्रहण के विरूद्ध 6000 सैनिकों के साथ अपना अभियान प्रारम्भ किया। हिन्दूर (नालागढ़) के किले में गोरखे सामरिक दृष्टि से मजबूत स्थिति में थे। इसके अतिरिक्त रामगढ़ एवं मलाऊँ के मजबूत दुर्ग भी गोरखों के योग्यतम सेनापति अमरसिंह थापा के नियत्रंण मे थे। अतः सीधे युद्ध में आक्टरलोनी को पीछे हटना पड़ा। अतः उसने गोरखों के विरूद्ध कपटपूर्ण एवं छलनीति का लगभग तीन माह तक कुशलतापूर्वक प्रयोग किया। फलतः अमरसिंह थापा को अपने अधिकांश ठिकानों को छोड़ने पर मजबूर होना पड़ा और उसने सारी ताकत मलाऊँ के किले में एकत्रित की। अंग्रेज विजय ने इस किले पर हिमालय की तलहटी में गोरखा अधिग्रहण की समाप्ति का संकेत दे दिया था। मलाऊँ किले की विजय अंग्रेजों के लिए अत्यंत महत्वपूर्ण थी इसका अंदाजा इस बात से लगाया जा सकता है कि

जनरल ऑक्टरलोनी ने यहीं पर पहली गोरखा राइफल की स्थापना की। गोरखों की यह बटालियन आज भी भारतीय सेना में मलाऊँ राईफल्स के नाम से प्रसिद्ध है। इस किले को विजित करने के लिए प्रयुक्त बन्दूकों को भी मलाऊँ बन्दूकों का नाम दिया गया जो कि आज भी शिमला के निकट स्थित सबाथु के सैन्य प्रशिक्षण केन्द्र के संग्रहालय में सुरक्षित रखी गई हैं।

किन्तु इस सफलता के बावजूद भी ईस्ट इंडिया कम्पनी का वास्तविक उद्देश्य पूर्ण नहीं हुआ क्योंकि अभी भी कुमाऊँ पर उनका अधिकार नहीं हो पाया था। कुमाऊँ प्रदेश उनके लिए सामरिक एवं व्यापारिक दृष्टि से महत्वपूर्ण था। वे जानते थे इस क्षेत्र पर पूर्ण नियत्रंण के बिना गोरखों के आतंक से पूर्णतया मुक्ति संभव नहीं थी। द्वितीय एवं सबसे महत्वपूर्ण इस क्षेत्र का तिब्बत, चीन एवं एशिया के साथ व्यापार के लिए महत्वपूर्ण होना था।

जब इतनी लड़ाइयाँ भिन्न–भिन्न स्थानों पर करने के बाद भी ब्रिटिशों के हाथ कुछ नहीं लगा, तो उन्होंने सुब्बा बमशाह को अपनी ओर मिलाने की कोशिश प्रारम्भ की। इस समय सुब्बा बमशाह थापा दल से असंतुष्ट चल रहा था। इस हेतु ई0 गार्डनर को नवंबर 1814 में दिल्ली से मुरादाबाद शांतिपूर्ण बातचीत के लिए भेजा गया। कुमाऊँ के सुब्बा बमशाह और उसके भाई हस्तिदल का अधिक ध्यान चिलकिया एवं ब्रह्मदेव के मध्य क्षेत्र पर था क्योंकि इस क्षेत्र में उन्हें पूर्ण व्यापारिक एकाधिकार प्राप्त था। काशीपुर स्थित ईस्ट इंडिया कम्पनी की भांग की फैक्ट्री को भी यहाँ से माल सप्लाई होता था। बमशाह से बातचीत जारी थी और दिसंबर 1814 तक अंगेजों ने कुमाऊँ को हस्तगत करने के लिए पूर्ण प्रयास करने का निश्चय कर लिया था। कर्नल गार्डनर एवं हेरसी को इस कार्य के लिए नियुक्त कर दिया गया। अंग्रेजों ने रोहिल्लों की भर्ती आरम्भ की। ई0 गार्डनर व कर्नल गार्डनर ने काशीपुर में अपना डेरा डालाए तो कैप्टन हेरसी बरेली व पीली भीत से संचालन कर रहा था। आक्रमण की भनक लगने पर गोरखों ने भी अपनी सैन्य संख्या में वृद्धि करना आरम्भ कर दिया।

अंग्रेजों ने गोरखों को कमजोर करने के लिए 14 दिसम्बर 1814 को एक घोषणा निकाली कि गोरखों को बाहर निकालने में स्थानीय लोगों को अंग्रेजों की मदद करनी चाहिए। इसका अच्छा नतीजा निकला और गोरखों ने जो पठान भर्ती किए थे वे अंग्रेजी सेना में मिल गए। लालसिंह ने भी गोरखों के विरूद्ध लड़ने के लिए अंग्रेजों को पत्र भेजा। हर्षदेव जोशी भी सजग हो गए यद्यपि उन्होंने राजनीति से सन्यांस ले लिया था। जनरल मारटिन डेल के राजनीतिज्ञ सलाहक फ्रेजर महोदय से हर्षदेव का

पत्र व्यवहार आरम्भ हो गया। फ्रेजर के प्रयासों से हर्षदेव की मुलाकात काशीपुर में कैप्टन हेरसी से हुई। हर्षदेव को अपनी ओर मिलाने से अंग्रेजों को लाभ हुआ और महर, फर्त्याल, तड़ागी इत्यादि वर्ग के लोग अंग्रेजी सेना में शामिल हुए। हर्षदेव की मदद से खुश अंग्रेजों ने उन्हें 'कुमाऊँ का अर्ल–वारविक' कहा। हर्षदेव ने गोरखा सेना में शामिल कुमाऊँनियों को भी अंग्रेजी पक्ष में लाने में सफलता प्राप्त की।

जनवरी अन्त तक कुमाऊँ पर आक्रमण की तैयारी हो गई। अंग्रेजी सेना का एक हिस्सा कर्नल गार्डनर के नेतृत्व में चिलकिया एवं कोशी के रास्ते अल्मोड़ा के लिए बढ़ा, तो द्वितीय भाग कैप्टन हेरसी के नेतृत्व में तामली दर्रे से होता हुआ आगे बढ़ा। 500 सैनिकों की टुकड़ी रूद्रपुर में तैनात की, जिसे सारी अंग्रेज सेना के पहाड़ पर चढ़ने के बाद बाराखोड़ा के किले पर कब्जा करना था और गोरखों को हराकर रामगढ़ व प्यूड़े होते हुए कर्नल गार्डनर की टुकड़ी से मिलना था। कन्यासी, चिलकिया और आमसोत पर कब्जा करते हुए 16 फरवरी को अंग्रेजी सेना ने चूकम में पड़ाव डाला। चूकम से पन्द्रह मील की दूरी पर गोरखों का कोटगढ़ी किला था। 18 फरवरी तक कोटागढ़ी पर अंग्रेजी अधिकार हो गया। टंगुड़ा वा लोगलिया दर्रे पर अधिकार करते हुए अंग्रेजी सेनापति को ज्ञात हुआ कि गोरखा सेनापति अंगद 800 की सेना के साथ भुजाण नामक स्थल पर पड़ाव डाले है। अतः गार्डनर ने अपने रास्ते में परिवर्तन किया और चौमुखिया नामक ऊँचाई वाली जगह पर कब्जा करने बढ़े। गोरखा सेनापति को जब इस तथ्य की जानकारी हुई तो वह चौमुखिया की ओर बढ़ा किन्तु उसके पहुँचने से पूर्व अंग्रेजी सेना यहाँ कब्जा कर चुकी थी।

गोरखों ने अंग्रेजी सेना को रोकने के लिए रानीखेत के निकट कुमुपुर की पहाड़ी पर डेरा डाला। यह स्थल सामाजिक दृष्टि से अति उत्तम था। अंग्रेज सेना कठाललेख की पहाड़ी पर थी और दोनों सेनाओं के मध्य ताड़ीखेत की घाटी थी। गार्डनर ने युद्ध कौशल का परिचय देते हुए अपनी सेना की एक छोटी टुकड़ी स्याहीदेवी जैसे ऊँचाई वाले स्थल पर अधिकार के लिए भेजी व बड़ी टुकड़ी के साथ कुमुपुर के किले पर आक्रमण किया। गोरखों ने स्याही देवी की ओर सेना जाते देखा, तो अपने को घिरते पाया। अतः गोरखों ने कुमुपुर के किले पर आग लगाई और स्वयं वहाँ से भाग गए। 24 मार्च 1914 तक अंग्रेजी सेना कट्टारमल होती हुई अल्मोड़ा से 7 मील दूर सिटोली पहुँच गई।

काली कुमाऊँ की ओर से हेरसी ने कैलाघाटी के दो किलों पर कब्जा कर लिया। महरा नेता बहादुर सिंह के अधीन भेजी सेना की टुकड़ी कुमाऊँ

की प्राचीन राजधानी चंपावत पहुँच गई। हेरसी ने बिलारी में हस्तिदल चौंतरिया को शारदा नदी पार करने से रोकने के लिए 500 सैनिकों की टुकड़ी छोड़ी। चंपावत पहुँचकर हेरसी ने अमानखाँ के सेनापतित्व में डोटी के पदच्यूत राजा पृथ्वीपतशाह के साथ डोटी आक्रमण के लिए भेजा। गोरखों ने ब्रह्मदेव मंडी के पास हेरसी की सेना पर आक्रमण किया किन्तु उन्हें पीछे हटना पड़ा। इस युद्ध में पृथ्वीशाह घायल हुए और उन्हें पीलीभीत भेज दिया गया। 31 मार्च को हस्तिदल ने चंपावत से 20 मील पहले कुसुमगाढ की घाटी से अपनी सेना सहित काली नदी पार कर ली। दिगाली चौड़ नामक स्थान पर कैप्टन हेरसी की पराजय हुई और वह बंदी बना लिया गया।

हेरसी की पराजय एवं बन्दी बनाए जाने की सूचना से अंग्रेज सकते में आ गए किन्तु गोरखों ने गार्डनर की सेना पर आक्रमण में तत्परता नहीं दिखाई। लार्ड हेस्टिंग्स ने 2025 सैनिकों की प्रशिक्षित सेना गार्डनर की सहायता को भेजी। कर्नल निकोलस जो उस समय अंग्रेजी सेना के क्वार्टर मास्टर जनरल थे उन्होने अल्मोड़ा पहुँचकर सारी सेना का संचालन संभाला। गोरखे हस्तिदल की विजय का लाभ उठाने में असफल रहे। अंग्रेजो ने बमशाह से लिखापढ़ी के साथ–साथ अपनी स्थिति मजबूत की । बमशाह को कहीं से कोई मदद न आते दिख रही थी अतः उन्होंने हस्तिदल को गणनाथ की ओर भेजा। गोरखा इस पहाड़ी पर कब्जा जमा भी न पाये थे कि अंग्रेजी सेना पहुँच गई। मेजर पैटन ने गोरखों पर हमला कर दिया। 23 अप्रैल को गणनाथ की पहाड़ी पर हुए इस भयंकर युद्ध में गोरखों का एक मोती हस्तिदल चौंतरिया हमेशा के लिए विलुप्त हो गया। बारूद के एक हेण्डग्रेनेट के सिर पर लगने से हस्तिदल की मृत्यु हो गई। उनके स्थान पर जयरखा ने कमान संभाली किन्तु शीघ्र ही वह भी मारा गया। नेतृत्व विहीन हुई सेना तितर–बितर हो गई। पैटन ने एक टुकड़ी गणनाथ में रखी एवं शेष सेना को लेकर कटारमल लौट आया।

हस्तिदल एक होशियार, फुर्तीला तथा समझदार गोरखा सेनापति होने के साथ–साथ तत्कालीन नेपाल नरेश का चाचा भी था। उसकी बहादुरी के चर्चे कर्नल निकोलस ने अपने युद्ध कालीन पत्र व्यवहार में बहुत किए थे। हस्तिदल की मृत्यु का लाभ लेने के विचार से निकोलस ने 25 अप्रैल 1815 को अल्मोड़ा पर चढ़ाई कर दी। गोरखा सेना का बड़ा हिस्सा सेनापति अंगद के अधीन सिटोली धार में आधारित था। द्वितीय भाग चामू भण्डारी की कमान में दाहिने छोर से नगर की रक्षा के लिए स्थापित किया गया। सिटोलीधार पर अंग्रेजों ने दो तरफ से धावा बोला

एवं गोरखों को भागने को विवश कर दिया। गोरखा सैनिक अल्मोड़ा की ओर भाग रहे थे और पीछे–पीछे अंग्रेजी सेना थी। उस रात्रि निकोलस ने हीराडुंगरी की पहाड़ी पर डेरा डाला। उसी रात्रि गोरखों ने एक जबरदस्त हमला किया और अपनी खुँखरियों से अंग्रजी सेना में हाहाकार मचा दिया। चामू भण्डारी ने अंग्रेजों को मात दे दी होती यदि निकोलस व गार्डनर स्वयं वहाँ नहीं होते। दोनों अंग्रेज सेनापतियों ने स्वयं बड़ी सेना ले जाकर हमला रोका। दोनों ओर से इस रात्रि अभियान में बड़ी संख्या में जाने गई। कर्नल निकोलस ने रात को ही लनडोरी सेना को लालमंडी के किले से 70 गज की दूरी पर तोपों के साथ खड़ा कर दिया।

प्रातःकाल होते ही अंग्रेजी सेना ने किले पर गोलीबारी आरम्भ कर दी। किले की दीवारें ढहने लगी। अन्ततः मदद की कोई उम्मीद न देख बमशाह ने सन्धि संदेश भेज दिया। कर्नल गार्डनर को बमशाह के साथ बातचीत के लिए भेजा गया। 26 अप्रैल को तय हुआ कि गोरखा सभी किलों पर अधिकार छोड़ कर कुमाऊँ से चले जायेगें। अंग्रेजों ने गोरखों को अपने अस्त्र–शस्त्र एवं निजी सम्पत्ति के साथ काली नदी पार जाने की अनुमति दे दी। 27 अप्रैल 1815 को संधिपत्र पर गोरखों की ओर से बमशाह, चामू भंडारी तथा जसमर्दन थापा और अंग्रेजों की ओर से राजनैतिक एजेण्ट ई0 गार्डनर ने हस्ताक्षर किये। उसी दिन लालमंडी का किला खाली करवा दिया गया और उसका नाम फोर्ट मोयरा रखा गया एवं राजसी ढंग से अंग्रेजों ने किले का प्रबन्ध संभाला।

28 अप्रैल को बमशाह ने कर्नल निकोलस से भेंट की। अंग्रेजों ने गोरखा वीरता का सम्मान करते हुए उन्हें तोपों की सलामी दी। बमशाह ने एक पत्र अमर सिंह थापा को लिखा जो इस समय पश्चिम में जनरल आक्टरलोनी से युद्धरत था। पत्र में उसने कुमाऊँ में गोरखा राज्य के अंत एवं उसे भी समर्पण कर वापस नेपाल चलने का अनुरोध था। अतः 15 मई 1815 तक अमर सिंह थापा ने भी समर्पण कर दिया। इस प्रकार शिमला से लेकर सिखम तक के गोरखा साम्राज्य का अवसान हो गया।

आंग्ल–गोरखा सन्धि

27 अप्रैल 1815 ई0 को गार्डनर एवं बमशाह, चामू भंडारी एवं जशमर्दन थापा की उपस्थित में आंग्ल गोरखा सन्धि सम्पन्न हुई। इस सन्धि में गोरखा द्वारा कुमाऊँ के सभी किलों पर अधिकार छोड़कर सम्पूर्ण कुमाऊँ को अंग्रेजों के हाथ सुपुर्द करने का प्रस्ताव था और साथ ही गोरखों को अपने अस्त्र–शस्त्र, निजी सम्पत्ति इत्यादि के साथ काली पार सुरक्षित

जाने का मार्ग दिये जाने का प्रस्ताव शामिल था। तदनुसार 30 अप्रैल से गोरखों ने कुमाऊँ छोड़ना प्रारम्भ कर दिया था। इस सन्धि की शर्तों की पुष्टि नेपाल सरकार को करनी थी। यद्यपि कुमाऊँ एवं सतलज–यमुना के मध्य का क्षेत्र अंग्रेजों को हस्तगत हो गया था। परन्तु 27 अप्रैल की इस सन्धि की पुष्टि 4 मार्च 1916 ई0 तक नहीं हो पाई। नेपाल पहुंचते ही थापा दल ने संधि की पुष्टि करने से इन्कार कर दिया।

सिंगोली की संधि

बमशाह एवं अंग्रेजों के मध्य हुई संधि पत्र पर 15 मई 1815 को अमर सिंह थापा ने हस्ताक्षर कर दिए थे। किन्तु नेपाल पहुंचते ही उन्होंने बमशाह की संधि को मानने से इन्कार कर दिया। बनारस से नेपाल के राजगुरु गजराज मिश्र को काठमाण्डु बुलाया गया। 2 दिसम्बर 1815 को सिंगौली नामक स्थल पर ले0 कर्नल पेरिस ब्रेडशाँ और नेपाल नरेश शाह बहादुर शमशेरजंग के प्रतिनिधि गजराज मिश्र एवं चन्द्रशेखर उपाध्याय के मध्य एक संधि का मसौदा हस्ताक्षरित हुआ। इसके अनुसार तराई क्षेत्र और काली नदी के पश्चिम पहाड़ी प्रदेश अंग्रेजों को सौंप दिए जाने के साथ ही नेपाल में ब्रिटिश रेजीडेण्ट रखने पर भी सहमति हो गई। नेपाल में गुटबंदी शुरु हो गई और थापा दल ने गजराज मिश्र द्वारा तय की गई संधि शर्तों को मानने से साफ मना कर दिया। थापा दल इसकी बजाय युद्ध के पक्ष में था। अतः पुनः संघर्ष की तैयारी प्रारम्भ हो गई।

जनरल डेविड ऑक्टरलोनी के नेतृत्व में एक बड़ी सेना आक्रमण को भेजी गई। इसके साथ ही कर्नल निकोलस को डोटी,पाल्या एवं पलवल पर आक्रमण का आदेश हुआ। 10 फरवरी 1816ई0 को ऑक्टरलोनी ने अपनी सेना चोरियाघाट दर्रे से नेपाल घाटी की ओर बढाई एवं काठमाण्डु से 20 मील दूर मकवानपुर के पास ले जाकर खड़ी कर दी। 28 फरवरी 1816 ई0 को यहीं पर ऑग्ल–गोरखा युद्ध हुआ, जिसमें गोरखों को हार का सामना करना पड़ा। जब हार की सूचना काठमांडु पहुंची, तो पूर्ववत संधि की यथास्थिति में पुष्टि हो गई। अतः 4 मार्च 1816ई0 को हुई इस संधि को इतिहास में सिंगोली की संधि के नाम से जाना जाता है। इस संधि की शर्तें इस प्रकार थी–

- दोनों पक्षों ने युद्ध समाप्ति की घोषणा की।
- पूर्व में हुई संधि के द्वारा तराई का जो प्रदेश अग्रेजों को सौंपा गया था उसे वापस नेपाल को लौटा दिया गया।
- अवध की सीमा से लगे तराई क्षेत्र को अवध को दे दिया गया।

- मंची नदी एवं तीस्ता नदी के मध्य की पट्टी को सिक्किम के राजा को हस्तगत कर दिया गया।
- व्यास के निकट स्थित तिनकर (टिंकर) और छांगरु नामक क्षेत्र नेपाल को हस्तगत कर दिया गया।
- 2 दिसम्बर को गजराज मिश्र के साथ हुई संधि शर्तों की पुष्टि भी नेपाल के राजा ने कर दी।
- सबसे महत्वपूर्ण यह था कि अंग्रेज रेजीडेण्ट को नेपाल में रखना स्वीकार कर लिया।
- अंग्रेजों ने भी गोरखों को अपनी सेना में भर्ती करना स्वीकार कर लिया।

अन्ततः सिंगौली की संधि ने अंग्रेजों ओर गोरखों के मध्य एक स्थायी शांति स्थापित कर दी। उत्तराखंड एवं हिमाचल प्रदेश इसके द्वारा ब्रिटिश नियंत्रण में चले गए। इस संधि से अंग्रेजों को तिब्बत एवं मध्य एशिया से व्यापारिक लाभ हुआ। संधि से ही अंग्रेजों को गोरखों के रुप में ईमानदार और अपने स्वामी पर मर–मिटने वाले सैनिक प्राप्त हुए, जिन्होंने कालान्तर में अपने शौर्य एवं वीरता की मिशाल कायम कर अंग्रेजी राज्य के स्थायित्व प्रदान करने में सहयोग कर स्वयं को एक मार्शल कौम के रुप में स्थापित किया।

बहुविकल्पीय प्रश्न

1. अठारवहीं सदी के मध्य तक नेपाल छोटी–छोटी 24 रियासतों में विभक्त था जिन्हें पुकारा जाता था

   (क) चौथानी (ख) नेपाली

   (ग) चौबीसी (घ) इनमें से कोई नहीं

2. गोरखों ने कुमाऊँ पर अधिकार किया था

   (क) 1789ई0 में (ख) 1790ई0 में

   (ग) 1791ई0 में (घ) 1792ई0 में

3. काली कुमाऊँ में कटोलगढ़ के निकट के इस युद्ध में अमर सिंह थापा ने लाल सिंह की सेना को शिकस्त दी थी

   (क) गैंतोड़ा ग्राम (ख) कोटाबाग

   (ग) लगूरगढ़ी (घ) इनमें से कोई नहीं

4. गोरखों ने कुमाऊँ पर निरन्तर शासन किया

(क) 1790–1815ई0 तक (ख) 1791–1815ई0 तक

(ग) 1792–1815ई0 तक (घ) इनमें से कोई नहीं

5. गोरखों ने गढ़वाल राज्य पर प्रथम आक्रमण किया था

(क) 1789 ई0 में (ख) 1790 ई0 में

(ग) 1791 ई0 में (घ) 1792 ई0 में

6. 1795 ई0 में कुमाऊँ नया प्रशासक नियुक्त कर अल्मोड़ा भेजा गया था

(क) अमरसिंह थापा (ख) हस्तिदल चौंतरिया

(ग) बमशाह चौतरिया (घ) विक्रमचंद

7. गढ़वाल राज्य की स्थिति इस वर्ष आए विनाशकारी भूकम्प के कारण अत्यंत नाजुक थी

(क) 1805 ई0 (ख) 1804 ई0

(ग) 1803 ई0 (घ) इनमें से कोई नहीं

8. गोरखा सेनाएँ प्रद्युम्न का पीछा करती हुई देहरादून तक आ पहुँची और अक्टूबर 1803 ई0 में देहरादून पर गोरखों का अधिकार हो गया। पराजित प्रद्युम्नशाह ने शरण ली थी

(क) लण्ढ़ोरा रियासत में (ख) सिरमौर रियासत में

(ग) कागंड़ा रियासत में (घ) इनमें से कोई नहीं

9. लण्ढ़ौरा रियासत पर इस समय कौन गुर्जर राजा शासन कर रहा था?

(क) श्यामदयाल (ख) बाबूदयाल

(ग) रामदयाल (घ) इनमें से कोई नहीं

10. 1797 ई0 में वह कौन था जो गढ़नरेश के वकील के रूप में ब्रिटिश रेजीडेण्ट के पास बनारस भी गया?

(क) हर्ष देव जोशी (ख) शिवदत जोशी

(ग) मोहन सिंह (घ) इनमें से कोई नहीं

11. गोरखों ने कुमाऊँ पर कितने वर्ष शासन किया?

(क) 25 वर्ष (ख) 12 वर्ष

(ग) 20 वर्ष (घ) 15 वर्ष

12. गोरखों ने गढ़वाल पर कितने वर्ष शासन किया?

(क) 25 वर्ष (ख) 15 वर्ष

(ग) 12 वर्ष (घ) इनमें से कोई नहीं

13. सर्वप्रथम कुमाऊँ के मामलों की देखभाल के लिए नियुक्त गोरखा प्रशासक था

(क) रामदत्त शाही (ख) अमरसिंह थापा

(ग) जोगा मल्ला सुबाह (घ) इनमें से कोई नहीं

14. इस प्रशासक के काल में ही शोषण की पराकाष्ठा का एक उदाहरण 'मंगलवार रात्रि हत्याकाण्ड' है
(क) जसवंत भण्डारी (ख) अमरसिंह थापा
(ग) जोगा मल्ला सुबाह (घ) इनमें से कोई नहीं

15. फ्रेजर महोदय के अनुमान अनुसार गोरखों ने अपने पूरे शासनकाल में लगभग कितने स्त्री–पुरूष एवं बच्चों की बिक्री कर अपनी आय में वृद्धि की?
(क) दो लाख से अधिक (ख) एक लाख से अधिक
(ग) पचास हजार से अधिक (घ) इनमें से कोई नहीं

16. गोरखा काल में लोगों को सेवा के बदले भूमि दी जाती थी जिसे ' कहा जाता था
(क) मानाचौल (ख) विश्नुप्रीत
(ग) सीता (घ) इनमें से कोई नहीं

17. प्रत्यक्षदर्शी कैप्टन रैपर के अनुसार प्रतिवर्ष कहाँ स्थित गोरखा चौकी में दास–दासियों की बिक्री होती थी?
(क) हरिद्वार (ख) रामनगर
(ग) श्रीनगर (घ) इनमें से कोई नहीं

18. सुवांगी दस्तूर से आप क्या समझते हैं?
(क) कर (ख) पदवी
(ग) उपहार (घ) इनमें से कोई नहीं

19. भूमि अथवा सम्पत्ति के लेन–देन से सम्बन्धित कर जिसका गोरखों सनदो में उल्लेख बहुत बार हुआ है
(क) सलामी (ख) तिमारी
(ग) पगरी (घ) इनमें से कोई नहीं

20. युद्धों के अवसर पर प्रत्येक नौजवान से वसूला जाने वाला तत्कालीन कर था
(क) सलामी (ख) तिमारी
(ग) पगरी (घ) मांगा

21. जगरिया का कार्य करने वाले ब्राह्मणों एवं शिल्पकर्मियो से लिया जाने वाला कर कहलाता था
(क) मिझारी (ख) तिमारी
(ग) बहता (घ) मांगा

22. कुमाऊँ प्रान्त के किस कमिश्नर ने गोरखों में प्रचलित कितने प्रकार की दिव्य परीक्षाओं का उल्लेख किया है?
(क) जी0डब्लू0ट्रेल (ख) रामजे
(ग) बैटन (घ) इनमें से कोई नहीं

23. गोरखा प्रशासन में प्रधान अधिकारी अपने पद पर रहते हुए कहलाते थे

(क) जागिरिया	(ख) ठाकुरिया
(ग) सूबेदार	(घ) इनमें से कोई नहीं

24. गोरखा प्रशासन में प्रधान अधिकारी अपने पद से पेशनयाप्ता होने पर कहलाते थे

(क) जागिरिया	(ख) ठाकुरिया
(ग) सूबेदार	(घ) इनमें से कोई नहीं

25. गोरखों का प्रिय त्यौहार माना जाता है

(क) दीवाली	(ख) होली
(ग) दशाई	(घ) इनमें से कोई नहीं

उत्तर

1 क	2 ख	3 क	4 क	5 ग	6 क	7 ग
8 क	9 ग	10 क	11 क	12 ग	13 ग	14 ग
15 क	16 क	17 क	18 क	19 ग	20 घ	21 क
22 क	23 क	24 ख	25 ग			

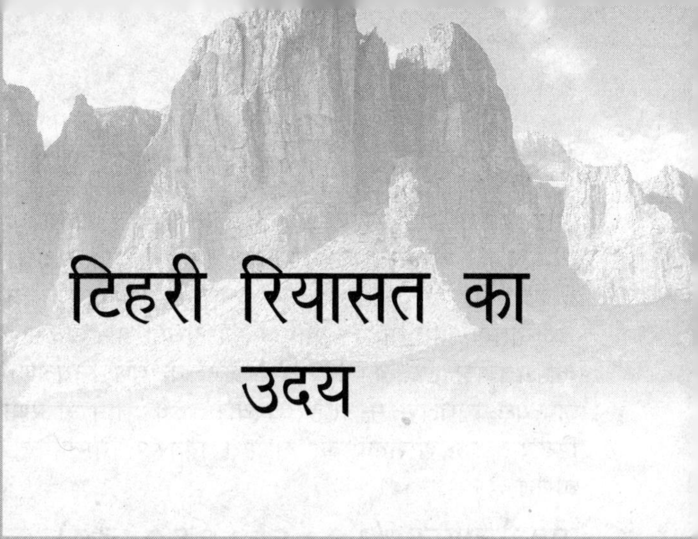

8
अध्याय

टिहरी रियासत का उदय

गढ़वाल नरेश प्रद्युम्न शाह खुड़बुड़ा के युद्ध में गोरखों से अन्तिम रूप से पराजित हुए और वीरगति को प्राप्त हुए। राजकुमार प्रीतमशाह बन्दी बनाकर नेपाल भेज दिए गए। कुंवर पराक्रमशाह ने कांगड़ा राज्य में शरण ली। युवराज सुदर्शनशाह एवं कुंवर देवीसिंह को ज्वालापुर के ब्रिटिश क्षेत्र में पहुँचाया गया। सुदर्शनशाह ने अपने राज्य को पुनः प्राप्त करने के लिए अंग्रेजों से सहायता की याचना की। 1811 ई0 में सुदर्शनशाह और मेजर हेरसी के मध्य तय हुआ कि अंग्रेज गढ़वाल को गोरखों से मुक्त कराने में मदद देंगे और बदले में उन्हें देहरादून व चंडी क्षेत्र दे दिया जायेगा। सिंगोली की संधि से सम्पूर्ण उत्तराखंड पर अंग्रेजी आधिपत्य हो गया। अतः सुदर्शन शाह से समझौते के अनुरूप उन्हें गढराज्य पर पुर्नस्थापित किया गया। सुदर्शनशाह द्वारा युद्ध व्यय की निर्धारित रकम लगभग सात लाख न दे पाने के कारण गढ़वाल राज्य का विभाजन दो भागों में कर दिया गया। इसके अलकनन्दा के पूर्व भाग को ब्रिटिश गढ़वाल के नाम से कुमाऊँ जनपद में शामिल कर दिया गया एवं देहरादून तथा चंडी क्षेत्रों को सहारनपुर में मिला लिया गया। इस प्रकार प्रद्युम्नशाह के समय के गढ़वाल राज्य का एक हिस्सा उनके पुत्र सुदर्शनशाह को प्राप्त हुआ। सुदर्शनशाह ने इस नए राज्य की राजधानी "त्रिहरी" टिहरी में स्थापित की, यह राज्य टिहरी रियासत के नाम से जाना जाता है।

सुदर्शनशाह एवं उनके वंशजों का टिहरी गढ़वाल पर अधिकार मार्च, 1820 ई0 की सन्धि के अनुसार स्वीकृत हुआ। इसकी एवज में सुदर्शनशाह ने आवश्यकता पड़ने पर हर संभव मदद का वचन दिया। अपने राज्य में

ब्रिटिश रेजीडेण्ट रखना स्वीकार किया और राज्य के अन्दर अंग्रेजों को व्यापार की अनुमति दी गई। वर्ष 1824 में रवांई क्षेत्र टिहरी रियासत को दे दिया गया। वर्ष 1942, से कुमाऊँ कमिश्नर को ही टिहरी रियासत में राजनैतिक प्रतिनिधित्व सौंप दिया गया। इस प्रकार से उत्तराखंड राज्य का गढ़वाल क्षेत्र का हिस्सा अंग्रेजों के पूर्ण नियंत्रण में एवं द्वितीय भाग अप्रत्यक्ष नियंत्रण में 'टिहरी रियासत' के नाम से स्थापित हो गया। इस रियासत के शासकों का संक्षिप्त विवरण निम्नांकित शीर्षकों के अधीन वर्णित है।

सुदर्शनशाह (1815–1859 ई0)

प्रद्युम्न शाह गढ़वाल राज्य के अन्तिम पंवार शासक थे। वे खुड़बुड़ा के युद्ध में मारे गए। उनके उत्तराधिकारी युवराज सुदर्शनशाह ने बड़ी आर्थिक तंगी में ज्वालापुर क्षेत्र में निष्काशित दिन व्यतीत किए। अंग्रेजी हस्तक्षेप के बाद उन्हें शाही वैभव की पुर्नप्राप्ति तो हुई किन्तु उनको पुश्तैनी साम्राज्य के केवल एक हिस्से पर ही अधिकार मिला। सुदर्शनशाह ने भागीरथी एवं भिलंगना नदी के संगम स्थल पर गणेश प्रयाग (त्रिहरि) नामक स्थल पर अपनी राजधानी की स्थापना करवाई। इससे पूर्व इस स्थल पर मछुआरों की कुछ झोपड़ी पड़ी थी और इसे टिपरी नाम से पुकारा जाता था। उन्होंने इस निर्जन स्थान पर छोटे–छोटे घर बनाकर इसे आबाद किया। टिहरी को राजधानी बनाने का मुख्य कारण इस स्थल का सामरिक दृष्टि से अत्यधिक सुरक्षित होना था। अपने निवास के लिए उन्होंने एक राज प्रासाद बनवाया जो पुराना दरबार नाम से प्रसिद्ध था। 1848 ई0 में निर्मित यह राजप्रसाद भवानीशाह एवं प्रदीपशाह के काल तक परमार राजाओं का आवास रहा। सुदर्शनशाह अपने काल के उच्च कोटि के विद्वान रहे हैं। उनके द्वारा रचित 'सभासार' नामक ग्रन्थ के सभी सात खण्ड प्राप्त हैं। 1857 ई0 के देशव्यापी विद्रोह के दौरान सुदर्शनशाह ने अंग्रेजों की हर संभव मदद की। मसूरी क्षेत्र की अंग्रेजी जनता की सुरक्षा के लिए सैन्य टुकड़ी भेजी और साथ ही अपने राज्य से उन्हें सुरक्षित निकासी का मार्ग भी प्रदान किया। अपने इस कार्य के लिए अंग्रेजों ने सशस्त्र विद्रोह दबाने के पश्चात् सुदर्शनशाह को बिजनौर जिला देने का प्रस्ताव दिया। सम्भवतः सुदर्शनशाह इसकी बजाय अपने पूर्वजों के साम्राज्य का हिस्सा रहे देहरादून व ब्रिटिश गढ़वाल को वापस लेना चाहते थे। अतः इस दिशा में वार्तालाप आगे बढ़ा किन्तु यह किसी नजीजे पर पहुँचता उससे पूर्व ही सुदर्शनशाह की आकस्मिक मृत्यु हो गई।

सुदर्शनशाह का विवाह कॉगड़ा के कटौच राजा अनिरूद्ध चंद की दो बहनों से हुआ था किन्तु 1859 ई0 में वे बगैर उत्तराधिकारी के स्वर्ग सिधार गए। अतः गद्दी के लिए संभावित दावेदारों के मध्य संघर्ष प्रारम्भ हो गया।

भवानी सिंह (1859–1871 ई0)

सुदर्शनशाह के पश्चात् टिहरी की गद्दी पर उनके दो नजदीकी रिश्तेदारों ने दावेदारी प्रस्तुत की। भवानीशाह को गद्दी पर बिठाया गया किन्तु सुदर्शनशाह के एक अन्य नजदीकी शेरशाह ने इसका विरोध किया। माना जाता है कि वह कुछ समय के लिए भवानीशाह को अपदस्थ करने में भी सफल रहा। अन्ततः तत्कालीन अंग्रेज राजनीतिज्ञ एजेण्ट रामसे, जो उस समय कुमाऊँ के कमिशनर भी थे, के हस्तक्षेप के पश्चात् ही विवाद थम पाया। शेरशाह को देश निकाला देकर देहरादून में नजरबंद कर दिया गया। भवानीशाह साधारण प्रकति के व्यक्ति थे। अपने 12 वर्ष के कार्यकाल को उन्होंने शांतिपूर्वक निकाला एवं वर्ष 1881, माह दिसम्बर में उनका स्वर्गवास हो गया।

प्रतापशाह (1871–1886 ई0)

भवानी शाह का उत्तराधिकारी उनका पुत्र प्रतापशाह टिहरी रियासत के नए राजा बने। उन्होंने 1871 से 1888 ई0 तक शासन किया। प्रतापशाह ने अत्यधिक गर्मी के कारण राजधानी टिहरी को ग्रीष्मकाल के लिए उपयुक्त नहीं पाया। इसलिए टिहरी से 14 किलोमीटर की दूरी पर 2440 मीटर की ऊँचाई पर नई राजधानी प्रतापनगर की स्थापना अपने नाम से की। इसके साथ ही अपने नाम से शहर स्थापित करने की प्रथा का शुभारम्भ करने का श्रेय भी प्रतापशाह को जाता है।

परमार शासकों की इस वंश परम्परा में प्रतापशाह पहले शासक थे, जिन्होंने अपने राज्य में अंग्रेजी शिक्षा को प्रोत्साहन दिया।

प्रतापशाह ने वैवाहिक सम्बन्धों के द्वारा अपनी शक्ति में वृद्धि करने का प्रयास किया। गुलर, सुकेत व मण्डी के राज–परिवार से उनका वैवाहिक सम्बन्ध रहा। जिसके कारण उन्हें उपहार स्वरूप में नीचर चित्रकला का एक बड़ा खजाना प्राप्त हुआ। वर्ष 1886 ई0 में अपनी आकस्मिक मृत्यु के समय उनके तीन अव्यस्क पुत्र थे– कीर्तिशाह, विचित्रशाह और सुरेन्द्रशाह।

कीर्तिशाह (1892–1913 ई0)

अपने पिता की मृत्यु के अवसर पर कीर्तिशाह अल्पायु थे। अतः शासन चलाने के लिए उनके व्यस्क होने तक रानी गुलेरी के संरक्षण में मंत्रियों की एक समिति का गठन किया गया। कीर्तिशाह ने अपनी प्रारम्भिक शिक्षा बरेली में एवं उसके उपरान्त मेयो कॉलेज जयपुर में शिक्षा ग्रहण की। 1892 ई0 में वे पूर्ण अधिकार प्राप्त शासक के रूप में गद्दी पर आसीन हुए। कीर्तिशाह सुशिक्षित एवं विद्धान शासक थे। उनकी योग्यता से प्रभावित होकर ब्रिटिश सरकार ने उन्हें 'कम्पेनियन ऑफ इण्डिया' एवं 'नाइट कमाण्डर' जैसी उपाधियों से विभूषित किया। वर्ष 1900 ई0 में वे इग्लैण्ड की यात्रा पर गए, जहाँ उन्हें ग्यारह तोपों की सलामी दी गई।

वे अपने छात्र जीवन में मेधावी छात्र रहे। मेयो कॉलेज में उन्हें कुल तीन स्वर्ण पदक एवं ग्यारह रजत पदक मिले। अतः आधुनिक शिक्षा की दिशा में अपने पिता की पहल को उन्होंने मजबूती से आगे बढ़ाया। टिहरी शहर में प्रताप हाईस्कूल एवं हीवेट संस्कृत पाठशाला की स्थापना की। इसके अतिरिक्त ग्रामीण क्षेत्रों में प्राथमिक विद्यालय खुलवाए। उन्होंने राजकीय विद्यालय, श्रीनगर गढवाल के छात्रावास के निर्माण के लिए 1300 रूपये का दान दिया था।

कीर्तिशाह ने अपने शासन के हर क्षेत्र में सुधार लाने का प्रयास किया। उन्होंने अपनी जनता के कल्याण हेतु कई कार्य किए। उदाहरणार्थ अपनी रियासत के लोगों का विद्युत से परिचय कराने का श्रेय उन्हें ही जाता है। इसके अतिरिक्त नगरपालिकाओं की स्थापना, जंगलात एवं कचहरी की कार्यप्रणाली में संशोधन इत्यादि का श्रेय भी कीर्तिशाह को जाता है। उनके प्रयासों से ही उत्तरकाशी में कोढ के रोगियों की चिकित्सार्थ 'कोढी खाना', रियासत के कृषकों की सहायता के लिए 'कृषि बैंक' एवं एक आधुनिक छापा खाने की नींव भी पड़ी। वे स्वयं हिन्दी, संस्कृत, उर्दू, फ्रेंच एवं अंग्रेजी भाषाओं के विद्धान थे। उन्हें खगोल एवं ज्योतिष विद्या का अच्छा ज्ञान था।

उन्होंने टिहरी शहर में एक आधुनिक वैधशाला का निर्माण कराया। इस वैधशाला के लिए बाहर के मुल्कों से यंत्र खरीदे गए। तारामण्डल और सौरमण्डल का अध्ययन करने के लिए इस वैधशाला में बड़ी–बड़ी दूरबीनें भी लगवाई। ऐसे भी प्रमाण मिलते हैं कि शायद उन्होंने टाईपराईटर का अविष्कार भी किया किन्तु सम्भवतः इसका पैटेण्ट उन्होंने किसी कम्पनी को दे दिया था।

कीर्तिशाह न केवल विद्धान थे बल्कि बड़ी ही धार्मिक प्रवृति के व्यक्ति भी थे। उन्हें विभिन धर्मों के मर्म को समझने की जिज्ञासा थी। यद्यपि उन्होंने मुगल सम्राट अकबर महान के समान 'इबादतखाना' का निर्माण तो नहीं किया, न ही 'दीन–ए– ईलाही' जैसा पंथ चलाने का प्रयास किया तथापि उन्होंने विभिन्न धर्मों के सत्य का अन्वेषण करने के लिए भिन्न–भिन्न धर्मावलम्बियों की एक सभा बुलाई थी। सम्भवतः कीर्तिशाह स्वामी रामतीर्थ के विचारों से प्रभावित थे। इसलिए उन्होंने रामतीर्थ के विचारों को प्रोत्साहन दिया एवं जापान में आयोजित अन्तर्राष्ट्रीय धर्म सम्मेलन में भाग लेने भी स्वामी जी को भेजा था। अपने द्वारा नए शहर की स्थापना की परम्परा को आगे बढ़ाते हुए कीर्तिशाह ने अलकनन्दा नदी के दाऐं तट पर 'कीर्तिनगर' की स्थापना की और इसे ही अपनी राजधानी बनाया। उनकी विलक्षण प्रतिभा एवं कार्यों से प्रभावित होकर 1892 के वायसराय दरबार में स्वयं वायसराय लार्ड लैन्सडाउन ने कहा कि भारतीय राज्यों के सभी नरेशों को कीर्तिशाह को अपना आदर्श बनाना चाहिए एवं उनके कृत्यों का अनुकरण करना चाहिए।

नरेन्द्रशाह

नरेन्द्रशाह का जन्म 3 अगस्त 1898 ई0 को प्रतापनगर में हुआ था। अपने पिता की मृत्य के समय वे अल्पव्यस्क थे। अगस्त 1913 ई0 में वे टिहरी रियासत की गद्दी पर बैठे किन्तु शासन संचालन के लिए उनकी माता डोगरा महारानी नेपालिया की अध्यक्षता में चार सदस्यीय संरक्षक मण्डल की स्थापना की गई। रानी की अस्वस्थता के कारण अंग्रजों ने एक नागरिक अधिकारी को उनकी जगह इस संरक्षक मण्डल की अध्यक्षता के लिए नियुक्त किया। अक्टूबर, 1919 में वास्तविक सत्ता का हस्तान्तरण नरेन्द्रशाह को होने के मध्य एफ0सी0 के मीयर, जे0एम0 क्ले ओर जी0बी0एफ0म्यूर इस परिषद् के कार्यकारी अध्यक्ष पदों पर नियुक्त हुए। इसके पश्चात् इस परिषद् को भंग कर दिया गया। नरेन्द्रशाह ने लगभग 27 वर्ष तक शासन किया। उनके काल की मुख्य उपलब्धियों का संक्षिप्त विवरण इस प्रकार है।

वन विभाग की उन्नति के लिए उन्होंने विशेष प्रयास किया। अपने राज्य के युवकों को फारेस्ट्र ट्रेनिंग कॉलेज, देहरादून में प्रशिक्षण दिलवाया। इनमें से कई लोगों को प्रशिक्षण के लिए जर्मनी तथा फ्रांस जाने का अवसर भी प्राप्त हुआ। शिक्षा के क्षेत्र में नरेन्द्रशाह ने कई छोटे–छोटे विद्यालयों की स्थापना की। प्रताप हाई स्कूल टिहरी को उच्चिकृत कर

प्रताप इण्टरमीडिएट कॉलेज में तबदील किया। इनके द्वारा प्रतिवर्ष कुछ धनराशि छात्रों को भी प्रदान की जाती थी। इनके द्वारा जनपद गढ़वाल स्थिति लैन्सडाउन स्कूल को रूपये चार हजार और कर्ण प्रयाग के स्कूल को तीन हजार रूपये की सहायता दी गई। इन्होंने वर्ष 1933 ई0 में अपने पिता की स्मृति में एक लाख रूपये की एकमुश्त रकम एवं छः हजार रूपये की सालाना राशि बनारस हिन्दू विश्वविद्यालय को सहायता के रूप में प्रदान की। इसी रकम से स्थापित 'महाराजा कीर्तिशाह चैम्बर ऑफ केमेस्ट्री' वर्तमान में भी प्रतिवर्ष यह छात्रवृति प्रदान करता है।

जनकल्याण के क्षेत्र में भी नरेन्द्रशाह अपनी रूचि दिखाई। उन्होंने टिहरी, देवप्रयाग, उत्तरकाशी एवं राजगढ़ी के औषधालयों को उन्नत करने के लिए नवीनतम उपकरणों से युक्त किया। नरेन्द्रशाह ने एक चिकित्सालय और डियार एवं पुरोला में दवाखाने की व्यवस्था की। मध्यकालीन शासक शेरशाह की तरह सड़क निर्माण के कार्यों में रूचि ली एवं राजधानी नरेन्द्रनगर को सड़क मार्ग से मैदानी क्षेत्रों से जोड़ा। नरेन्द्रशाह ने नरेन्द्रनगर से मुनि की रेती, मुनि की रेती से गंगा नदी के बाएं तट पर देवप्रयाग होते हुए कीर्तिनगर तक और नरेन्द्रनगर से पुरानी टिहरी तक सड़कों का निर्माण करवाया था। वर्ष 1921 में उन्होंने अपने नाम पर नरेन्द्रनगर की स्थापना की, जिसे 1925 ई0 में टिहरी रियासत की नई राजधानी बनाया गया।

अपने राज्य में आधुनिकता का विकास करने के उद्देश्य से उन्होंने स्वयं पश्चिमी देशों का भ्रमण किया। वहाँ की परिस्थितियों का गहन विश्लेषण किया। उनके प्रयासों, सुधारों की प्रवृति को देखते हुए अंग्रेजी सरकार ने उन्हें अठारहवीं गढ़वाल राईफल रेजीमेंण्ट का मानद लैफ्टिनैण्ट एवं के0सी0एम0आई0' की उपाधियों से भी अलंकृत किया। बनारस विश्वविद्यालय ने भी इन्हें वर्ष 1937 ई0 में एल0एल0डी0 उपाधि प्रदान की।

नरेन्द्रशाह की योग्यता पर उनके काल की दो घटनाएँ प्रश्न उठाती हैं। प्रथम घटना वर्ष 1930 में यमुना नदी तट पर स्थित तिलाड़ी मैदान की घटना है जिसे रवांई कांड के नाम से जाना जाता है एवं दूसरी घटना टिहरी कारगार में बन्दी श्रीदेव सुमन की चौरासी दिनों तक की भूख हड़ताल के बाद मृत्यु का मामला है। यद्यपि यह भी स्पष्ट है कि इन दोनों ही घटनाओं के समय नरेन्द्रशाह अपनी रियासत से बाहर थे। तिलाड़ी कांड की घटना से पूर्व नरेन्द्रशाह यूरोप की यात्रा पर थे। श्रीदेव सुमन के बलिदान के अवसर पर वे नरेन्द्रमण्डल की बैठक में भाग लेने

मुम्बई गए थे। यद्यपि जाने से पूर्व वे अपने अधीनस्थों को सुमनजी को मुक्त कराने का आदेश दे गए थे। स्वयं सुमन जी महाराज नरेन्द्रशाह का बड़ा सम्मान करते थे। अपने मुकदमें के दौरान उनका व्यक्तव्य था कि–''टिहरी महाराज व उनके शासन के विरूद्ध किसी प्रकार का विद्रोह, द्वेष व घृणा का प्रचार मेरे सिद्धान्त के बिल्कुल विरूद्ध है। श्री महाराज के प्रति मैं पूर्ण श्रद्धा, सद्भावना व भक्ति के भाव रखता हूँ।'' इन बातों से यह तथ्य उभरकर आता है कि टिहरी रियासत में जन–आन्दोलन के विरूद्ध एक वर्ग संगठित था, जो जनता की आवाज को दबाकर अपनी सत्ता को बनाए रखना चाहता था। इनमें मूलतः राज्य के उच्च पदों पर बैठे राजा के कर्मचारी ही थे, जिन्हें जन आंदोलन की सफलता से अपने विशेषाधिकार जाते हुए दिखाई पड़ रहे थे। फिर भी इन कंलकपूर्ण घटनाओं से महाराज नरेन्द्रशाह का अपने अधीनस्थों पर नियंत्रण कुछ ढीला अवश्य सिद्ध होता है।

नरेन्द्रशाह ने वर्ष 1948 ई0 में स्वयं गद्दी का परित्याग कर दिया। उनके पश्चात् उनका पुत्र मानवेन्द्र गद्दी पर बैठा। नरेन्द्रशाह की वर्ष 1950 ई0 में एक सड़क दुर्घटना में मृत्यु से पूर्व टिहरी रियासत का भारत में विलय कर दिया गया था।

मानवेन्द्रशाह

नरेन्द्रशाह ने वर्ष 1948 ई0 में अपने पुत्र के पक्ष में स्वेच्छा से गद्दी का परित्याग किया। मानवेन्द्रशाह टिहरी रियासत की गद्दी पर आसीन होने वाले अन्तिम शासक थे। रवांई कांड, सुमनजी का बलिदान, सकलाना विद्रोह एवं प्रजामण्डल की बढ़ती गतिविधियों ने टिहरी राज्य के भारतीय संघ में विलय की प्रक्रिया को तीव्र कर दिया था। अन्ततः 1 अगस्त 1949 को टिहरी राज्य का विलय भारत संघ में कर दिया गया और इस तात्कालीन संयुक्त प्रांत को एक जनपद बना दिया गया। इस प्रकार उत्तराखंड राज्य की अन्तिम रियासत से राजशाही का अन्त हो गया।

टिहरी रियासत की प्रशासनिक व्यवस्था

टिहरी रियासत में शासन व्यवस्था प्राचीन परम्पराओं एवं आदर्शों पर आधारित थी। राजा इस व्यवस्था के केन्द्र में होता था किन्तु वह निरंकुश नहीं था। वह अपने मंत्रिमण्डल के परामर्श से ही प्रशासन चलाता था। राज्य की समस्त प्राकृतिक, स्थावर एवं जंगम सम्पति, भूमि, वन, खनिज इत्यादि सभी पर राजा का अधिकार माना जाता था। राजा मंत्रिपरिषद् का

अध्यक्ष होता था। वह कार्यपालिका एवं न्यायपालिका का प्रमुख भी था। सभी नियुक्तियाँ वह स्वयं करता था। उसकी आज्ञा सर्वोपरि होती थी।

राज्य में दीवान अथवा वजीर राजा के पश्चात् सर्वोच्च पदाधिकारी था। राज्य के सभी विभाग एवं उनके कार्यालय इसी के अधीन होते थे। राज्य की आन्तरिक व्यवस्था एवं इस हेतु नीतियों का निर्धारण मुख्यतः दीवान के द्वारा ही होता था। नरेन्द्रशाह के काल में रवांई कांड के लिए मूलतः जिम्मेदार दीवान चक्रधर इस पद पर नियुक्त थे।

प्रशासनिक सुविधा की दृष्टि से राज्य का विभाजन ठाणों, परगनों, पट्टियों एवं ग्रामों के रूप में किया गया था। सम्पूर्ण राज्य में चार ठाणे थे। ठाणे का प्रशासक ठाण्दार कहलाता था। इन चार ठाणों का विभाजन परगनों मे किया गया था, जिसका प्रशासक 'सुपरवाइजर' कहलाता था। प्रत्येक परगना पट्टियों में विभाजित था जिनमें राजस्व व पुलिस व्यवस्था की जिम्मेदारी पटवारी की होती थी। प्रत्येक पटवारी के अधीन निश्चित संख्या में ग्राम होते थे। पटवारी इन गांवों से राजस्व एकत्रित कर सरकारी खजाने में जमा करवाता था। प्रशासन की सबसे छोटी ईकाई ग्राम थे जिनके मुखिया को 'पधान' कहते थे। पधान ही अपने गाँव से राजस्व एकत्रित करने में पटवारी को सहायता देता था। पधान को गाँव के ही मोरूसीदारों में से नियुक्त किया जाता था।

भूमि प्रबन्धन

राज्य की समस्त भूमि का स्वामित्व राजा में निहित था। अतः राज्य में कृषि करने की अनुमति राजाज्ञा से दी जाती थी। राजा की आज्ञा से कृषि भूमि पर कृषि करने वालो को आसामी कहा जाता था। आसामी तीन प्रकार के होते थे–

1. मौरूसी दार
2. खायकर
3. सिरतान

सामान्यतः जो राजा की आज्ञा से कृषि कार्य स्वतन्त्र रूप से स्वयं करता था, मौरूसीदार कहलाता था। यह सीधे राज्य को राजस्व देता था। मौरूसीदार से भूमि लेकर कृषि कार्य करने वाले किसान को 'खायकर' कहते थे। इनके द्वारा निर्धारित रकम मौरूसीदार को दी जाती थी। तृतीय प्रकार के कृषक 'सिरतान' थे जो मौरूसीदार अथवा खायकर कृषकों की जमीन लेकर खेती करते थे एवं बदले में नकद (सिरती) रकम दिया करते थे।

चूंकि भू–स्वामित्व राजा में निहित था अतः कृषक जमीन का लेन–देन नहीं कर सकते थे। ऋण वसूली के लिए भी भूमि की ब्रिकी नहीं होती थी। इसलिए गाँव की भूमि गाँव से बाहर नहीं जा पाती थी। प्रदत कृषि भूमि में कृषक आवास एवं पशुओं के आश्रय स्थल के लिए पयोग को भी समाहित किया जाता था।

शिक्षा व्यवस्था

प्रारम्भिक काल में रियासत के नरेशों ने शिक्षा–व्यवस्था की ओर कोई ध्यान नहीं दिया। राजपरिवार के बच्चों की प्रारम्भिक शिक्षा के लिए अवश्य कुछ पंडित नियुक्त किए जाते थे। किन्तु प्रतापशाह के काल से शिक्षा क्षेत्र की ओर भी ध्यान दिया जाने लगा। कीर्तिशाह ने अंग्रेजी शिक्षा की दिशा में कदम बढ़ाते हुए राजधानी में प्रताप हाईस्कूल एवं हीवेट संस्कृत पाठशाला खुलवाई। जनता को शिक्षित बनाने के उद्देश्य से राज्य के कई ग्रामों में पाठशालाएँ स्थापित करवाई। इसके अतिरिक्त कीर्तिशाह ने टिहरी में ही मुहमद मदरसा और कैम्पबैल बोर्डिग हाउस भी बनवाया। नरेशों ने न केवल अपने राज्य बल्कि राज्य से बाहर भी शिक्षा के विकास में योगदान किया। विभिन्न विद्यालयों को वित्तीय सहायता प्रदान की गई। बनारस हिन्दू विश्वविद्यालय को नरेन्द्रशाह द्वारा प्रदत एक मुश्त एक लाख की राशि पर कीर्तिशाह चेयर ऑफ इडस्ट्रीयल केमेस्ट्री स्थापित है, जो वर्तमान में इस क्षेत्र में शोध करने वाले को वित्तीय सहायता प्रदान करती है।

स्वास्थ्य–सुविधाएँ

चिकित्सा क्षेत्र में राज्य की ओर से पहला प्रयास प्रतापशाह के काल से मिलता है, जिन्होंने वर्ष 1876 में पहला 'खैराती शफाखाना' स्थापित करवाया। इस शफाखाना में भारतीय एवं यूरोपीय पद्धति की चिकित्सा दी जाती थी। चिकित्सा क्षेत्र में कीर्तिशाह की पहल उल्लेखनीय है। उनके द्वारा उत्तरकाशी में एक कोढ अस्पताल की स्थापना हुई। साथ ही उन्होंने यात्रा मार्ग पर छोटे–छोटे औषधालय खुलवाएँ। अपने राज्य में चेचक जैसी महामारी को खत्म करने के लिए कीर्तिशाह ने टीकाकरण आरम्भ करवाया। सर्वप्रथम आधुनिक चिकित्सालय की स्थापना का श्रेय नरेन्द्रशाह को जाता है, इसकी स्थापना 1923 ई0 में हुई। इसके साथ–साथ उन्होंने देवप्रयाग, उत्तरकाशी एवं राजगढ़ी के औषधालयों का उच्चीकरण भी किया।

टिहरी रियासत के प्रारम्भिक शासक सम्भवतः अपनी प्रारम्भिक कठिनाईयों के चलते इस ओर ध्यान नहीं दे पाए। प्रतापशाह के पश्चात् लगभग सभी टिहरी नरेशों ने जनता को स्वास्थ्य सेवाएँ मुहैया कराने का प्रयत्न किया। इसका ही परिणाम था कि वर्ष 1940 ई0 तक राज्य में 15 आयुर्वेदिक औषधालय एवं मुख्य शहरों में आधुनिक सुविधाओं से युक्त चिकित्सालय थे। वर्ष 1943 ई0 में राज्य टीका विधान पारित किया गया। रेडक्रास सोसाइटी की स्थापना राज्य में वर्ष 1934 ई0 में हो चुकी थी। अतः इससे स्पष्ट होता है कि टिहरी शासकों ने जनकल्याणकारी राज्य की स्थापना करने का प्रयास किया था।

यातायात एवं संचार व्यवस्था

सम्भवतः इस पहाड़ी प्रदेश में पूर्वकाल में सुरक्षा दृष्टि से मार्गों की सुव्यवस्था की ओर ध्यान नहीं दिया जाता था। सुदर्शनशाह एवं भवानीशाह ने झूलापूलों एवं सड़कों की मरम्मत अवश्य करवाई किन्तु सड़क निर्माण की दिशा में रूचि सर्वप्रथम प्रतापशाह ने दिखाई। उसने सड़कों एवं भवनों के निर्माण के लिए एक अधीक्षक की नियुक्ति भी की। नरेन्द्रशाह के काल में मोटर मार्ग निर्माण के कार्य की गति तीव्र हुई। उन्होंने राजधानी नरेन्द्रनगर का सम्पर्क मैदानी क्षेत्र एवं अपने राज्य के प्रमुख शहरों से सड़क मार्ग द्वारा किया। नरेन्द्र नगर से मुनि की रेती (ऋषिकेश), मुनि की रेती से ब्रिटिश गढ़वाल की राजधानी श्रीनगर एवं नरेन्द्रनगर से टिहरी मोटरमार्ग का निर्माण उनके शासन काल में ही हुआ।

न्याय व्यवस्था

गोरखों द्वारा स्थापित न्याय व्यवस्था में परिवर्तन किया गया। 'दिव्य' प्रकार की न्याय व्यवस्था का अंत हुआ। प्रथम शासक सुदर्शनशाह ने छोटी दीवानी, बड़ी दीवानी, सरसरी न्यायालय एवं कलक्टरी न्यायालय खोले। हत्या के मामलों का निर्णय स्वयं राजा द्वारा होता था। न्याय व्यवस्था की आधुनिकीकरण की दिशा में महत्वपूर्ण पहल नरेन्द्रशाह ने की। उन्होंने परम्परागत एवं प्रथागत नियमों को संहिताबद्ध करवाया जिन्हें 'नरेन्द्र हिन्दू लॉ' के नाम से जाना जाता है। वर्ष 1938 ई0 में नरेन्द्रशाह ने राज्य में एक हाईकोर्ट की स्थापना की। इसमें एक मुख्य न्यायधीश एवं एक या एक से अधिक जजों की नियुक्ति की व्यवस्था रखी गई थी। हाईकोर्ट एवं उसके अधीनस्थ न्यायालयों के निर्णय पर पुर्नविचार का अधिकार महाराज को था। इस कार्य में महाराज जूडिशियल कमेटी की सलाह ले सकता था। फौजदारी मुकदमों की सुनवाई के लिए सैशन न्यायालय

स्थापित किए गए। इस प्रकार के न्यायालय का प्रमुख सैशन जज होता था जिसके अधीन प्रथम, द्वितीय एवं तृतीय श्रेणी के न्यायधीश होते थे। इस प्रकार हम पाते हैं कि नरेन्द्रशाह ने यूरोपीय पद्धति को अपने राज्य में स्थापित किया।

अर्थव्यवस्था

प्रारम्भिक काल में रियासत की अर्थव्यवस्था बहुत खराब थी, यही कारण है कि महाराज सुदर्शनशाह को अपने राज्य का आधा हिस्सा अंग्रेजों को सौंपना पड़ा। ट्रेल महोदय का विवरण कि यात्रा–मार्ग पर लूट–पाट की घटनाएँ अधिक होती हैं, के पीछे भी जनता की दयनीय अर्थव्यवस्था ही थी। लेकिन कालान्तर में इसमें सुधार आया जिनका प्रतिफल जन कल्याण के कार्यों से होता है।

राज्य की आय का मुख्य स्त्रोत भूमिकर ही था। इसके अतिरिक्त वन, न्यायालय, यातायात, आयात–निर्यात, मादक द्रव्य उत्पादन, ब्रिकीकर इत्यादि राज्य की आय के स्त्रोत थे। भूमिकर का 7/8 भाग नकद लिया जाता था। जिसे 'रकम' कहते थे एवं शेष भाग जीन्स रूप में लिया जाता था। जागीदार और मुआफीदार अपने–अपने गाँवों से 'रकम' 'बरा' एवं लकड़ी लिया करते थे। राज्य के कर्मचारी पटवारी उसके अधीनस्थ 'चाकर' और फारेस्ट गार्ड को भी गाँव से 'बरा' दिए जाने की प्रथा थी। राज्य में वनों में शिकार खेलने के लिए लाईसेन्स, वन्य जीवों की खाल, सींग, दाँत, बहुमूल्य जड़ी–बूटी, छाल, फूल, फल इत्यादि को ठेके पर देने की प्रथा थी, जिससे राज्य को पर्याप्त आय होती थी। ग्रामीणों से वसूला जाने वाला जुर्माना भी आय का महत्वपूर्ण स्त्रोत था।

सुदर्शनशाह ने वादी से शुल्क लेने की प्रथा आरम्भ की। यह शुल्क राजकोष में नगद जमा कराया जाता था। प्रतापशाह ने मुकदमों की बढ़ती संख्या को देखते हुए सुनवाई तिथि निश्चित करने एवं कोर्ट फीस के रूप में टिकट प्रथा आरम्भ की। यातायात विभाग द्वारा ढुलान के कार्य से आय होती थी। कुली–उतार के लिए भ्रमण करने वाले व्यक्ति से राशि ली जाती थी, जिसका एक अंश ग्रामीणों को देकर शेष ट्रांसपोर्ट विभाग की आय में सम्मिलित कर लिया जाता था। टिहरी नरेशों के राज्यकाल में दास–दासियों का विक्रय होता था और यह भी राज्य की आय का एक स्त्रोत था।

टिहरी नरेशों के द्वारा सड़क मार्गों के विस्तार के साथ–साथ व्यापारिक गतिविधियाँ भी तीव्र हुई। अतः ब्रिकी कर, आयात–निर्यात कर,

चुंगी इत्यादि से होने वाली आय भी बढ़ती गई। कर वसूली के लिए चौकियों की स्थापना हुई। अतः धीरे–धीरे राज्य में समृद्धि आने लगी। यद्यपि उद्योग धन्धों की उन्नति एवं स्थापना की दिशा में विशेष ध्यान नहीं दिया गया। राज्य के लोगों की निर्भरता खेती एवं पशुपालन पर ही अधिक बनी रही।

टिहरी रियासत में राजनैतिक असंतोष

टिहरी एक स्वतंत्र रियासत सी बन गई थी किन्तु फिर भी राजा की स्थिति पूर्ण स्वतंत्र नहीं थी। टिहरी के एक स्थानीय निवासी का कथन राजा की विवशता का वर्णन इस प्रकार करता है कि–''नरेन्द्रशाह अपना तथा अपनी प्रजा का भला अच्छी प्रकार जानते थे। वे समझते थे कि राज्य के अन्दर राजा और प्रजा का समन्वय किस प्रकार होना चाहिए किन्तु ऐसा करने से अंग्रेज नाराज हो जाते। यही दुविधा उसके साथ हमेशा छाया की तरह रही, इस बात का लाभ राज्य अधिकारियों ने उठाया।'' यही कारण था कि राज्य में निरन्तर विद्रोह होते रहे। स्थानीय भाषा में जनता के इस प्रतिरोध को ढंढक कहते हैं। ढंढकों की इस कड़ी में सबसे पहला प्रमाण सकलाना एवं रवांई क्षेत्र का मिलता है।

गोरखा युद्ध की समाप्ति के पश्चात् अंग्रेजी सरकार ने सकलाना के शिवराम व काशीराम मुआफीदारों को पुर्नस्थापित किया। अतः ये लोग स्वयं को राजा से बड़ा मानने लगे। फलतः राजा की आज्ञा के विरूद्ध इन्होंने सकलाना क्षेत्र में जनता का शोषण करना शुरू किया। धीरे–धीरे इनकी सामन्ती क्रूरता सीमा के बाहर हो गयी। अन्ततः सकलाना के कमीण, सयाणा एवं प्रजा ने संगठित होकर 1935 ई0 में आन्दोलन कर दिया। राजा के हस्तक्षेप के बाद उचित भूकर लिया जाने लगा। यह टिहरी रियासत का प्रथम जन आन्दोलन था। इसके पश्चात् 1815 ई0 में सकलाना के मुआफीदारों ने अठूर पट्टी की जनता से 'तिहाड़' नामक कर वसूलने का प्रयास किया, तो सुनार गाँव के बद्रीसिंह असवाल के नेतृत्व में अठूरवासियों ने विद्रोह कर दिया। खूनी संघर्ष की स्थिति बन गई थी किन्तु राजा ने राज्य पुलिस दल भेजकर हस्तक्षेप किया और जनता की माँगें पूरी कर दी गई।

वर्ष 1824 ई0 में औपचारिक रूप से पावर नदी के पूर्व स्थित रवांई क्षेत्र सुदर्शनशाह को मिला। उसने यहाँ व्यवस्था स्थापित करने का प्रयास किया। किन्तु पूर्व महाराज के द्वारा इस क्षेत्र में नियुक्त फौजदार गोविन्द सिंह बिष्ट, जो गोरखा काल के एक स्वतन्त्र जागीदार थे, ने राजा की

पूर्णतः उपेक्षा की। गोविन्द सिंह और उसके सहायक शिवदत्त ने स्वयं को स्वतंत्र जागीदार बनाने का प्रयत्न किया। इस हेतु उन्होंने खाल्टाओं और सकलानियों को राजा के विरुद्ध भड़काने का प्रयास किया। राजा ने उनके विरूद्ध कठोर कदम उठाये, तो उन्होंने क्षेत्र में अव्यवस्था उत्पन्न कर दी। सकलाना तथा रवांई के मुआफीदारों–जागीदारों पर राजा को नियन्त्रण करने में महत्वपूर्ण भूमिका 4 जुलाई 1835 के कम्पनी के निर्णय को जाता है, जिसके अनुसार राजा को राज्य में सर्वोपरि मानते हुए कहा गया कि यदि राजा से जागीर प्राप्तकर्ता मुआफीदार राजा की अवज्ञा करे, तो राजा को उनकी सेवाएँ समाप्त करने तथा उन्हें प्रदत जागीरे वापस लेने का पूर्ण अधिकार है।

राजा भवानीशाह के अल्प शासनकाल में भी रवांई की प्रजा ने विद्रोह किया। यह भी राज्य पदाधिकारियों की असावधानी से हुआ। भवानीशाह ने स्वयं पहुँचकर इसका दमन किया एवं 1861 में रामजे ने अठूर के किसानों के लिए बारह आना बीसी की भूव्यवस्था करवाने से प्रजा शान्त हो गई।

राजा प्रतापशाह ने अपने राज्य में निरन्तर सुधार कार्य किए किन्तु अपने राज्य कर्मचारियों की धृष्टता के कारण उसे जन आन्दोलनों का सामना करना पड़ा। वास्तव में इनके शासनकाल के द्वितीय भाग में दरबारी गुटबन्दी के कारण विद्रोहों को हवा दी गई। इसके साथ ही वर्ष 1876, 1880 एवं 1886 ई0 के सुधारों ने तो राज्य के इन स्वार्थी राज्य पदाधिकारियों, मुखियों पर तुषारापात किया। इसने विद्रोह की अग्नि को और भी तीव्र किया। इन स्वार्थी पदाधिकारियों ने अपने स्वार्थ–सिद्धि के लिए भोली–भाली जनता को उकसाया एवं विद्रोह करवा दिया। इस कड़ी में 1882 ई0 में लछमू कठैत के नेतृत्व में ''बासर ढंढक''; तथा 1886 ई0 में टिहरी के आस–पास स्थिति ग्रामीणों ने विप्लव किया। सुधारों के विरोधी राज्य पदाधिकारी जनता का शोषण भी करते थे और उन्हें विप्लव के लिए भी भड़काते थे। लछमू कठैत को भी इन्हीं लोगों ने जहरीली शराब देकर मरवा दिया था। इन सभी घटनाओं से शासक के सुधारवादी होते हुए भी प्रशासन पर ढीली पकड़ सिद्ध होती है।

महाराज कीर्तिशाह के काल में पुनः सकलाना क्षेत्र में विद्रोह हुआ। इस क्षेत्र की प्रजा अपने मुआफीदार के जुल्मों से त्रस्त थी। साथ ही 'बरा–बेगार' की कुप्रथा से प्रजा पर अत्याचार बढ़ते ही जा रहे थे। इसके विरूद्ध स्थानीय व्यक्ति रूपसिंह ने आवाज बुलन्द की। अन्ततः राजा और कुमाऊँ कमिश्नर के हस्तक्षेप के बाद ही मुआफीदारों के दण्डाधिकार

समाप्त किए गए। इसके साथ ही 1903–04 में कजरवेटर केश्वानन्द रतुड़ी द्वारा दैण और पुच्छी नामक कर लगाने पर विप्लव हुआ, जो राजा के हस्तक्षेप के बाद ही शान्त हुआ। खासपट्टी एवं उसके पश्चात् चन्द्रबदनी क्षेत्र में भी वननीति के विरूद्ध जनता का विद्रोह हुआ। राजा को इन्हें दबाने में बड़ी कठिनाई का सामना करना पड़ा।

राजा नरेन्द्रशाह ने राज्य को आधुनिक बनाने का हर सम्भव प्रयास किया। जन कल्याण की दिशा में महत्वपूर्ण उपाय किए। किन्तु अपने राज्य पदाधिकारियों की मनमानी के कारण एवं ब्रिटिश भारत में बढ़ रही जन जाग्रति एवं जन आन्दोलनों की हवा ने इनके शासनकाल में जन आन्दोलनों की लम्बी श्रृंखला प्रारम्भ कर दी। इस काल की दो महत्वपूर्ण घटनाएँ इस प्रकार हैं–

रवांई कांड अथवा तिलाड़ी कांड

30 मई 1930 को टिहरी रियासत की सेना ने यमुना नदी तट पर स्थित तिलाड़ी के मैदान में एकत्रित रवांई क्षेत्र की क्षुब्ध जनता पर गोलियों की बरसात कर दी। इस खून की होली से बरबस जलियावाला बाग की घटना याद आती है। इसी कारण इस रक्तरंजित घटना को टिहरी रियासत के इतिहास में टिहरी का जलियावाला काण्ड भी कहा जाता है। सम्भवतः रवांई कांड टिहरी रियासत के दमन एवं जनता के विद्रोह की सबसे बड़ी घटना थी।

इस घटना के पीछे मूलतः रियासत की दमनकारी नीति का विरोध था किन्तु इसका तात्कालीन कारण राज्य द्वारा 1927–28 ई0 में जारी 'वननीति' के अर्न्तगत किया जा रहा सीमा–निर्धारण था। इसने ग्रामीणों पर कठोर प्रतिबन्ध आरोपित किए। इस नई वन व्यवस्था ने रवांई की जनता में व्याप्त असंतोष को बढ़ावा दिया। उन्होंने वन विभाग से अनुरोध किया कि नई वन नीति में ग्रामीणों को जानवरों को चराने का अधिकार मिलना चाहिए, तो वन विभाग ने जवाब दिया कि अपने पशुओं को पहाड़ से नीचे लुढका दो। साफ है कि जनता की आवाज को पूरी तरह नजरअंदाज कर दिया गया। फलतः इस क्षेत्र में 'आजाद पंचायत' लोकप्रिय होने लगी।

कालान्तर में इन आजाद पंचायत के साथ–साथ समान्तर सरकारें भी बनी। इस आन्दोलन का नेतृत्व कर रहे नागणा के हीरा सिंह, कसरू के दयाराम एवं खमुण्डी के बैजराम और लाला राम प्रसाद साधारण कृषक ही थे। नेपाल की तर्ज पर हीरा सिंह को 'पांच सरकार'

एवं बैजराम को 'तीन सरकार' की उपाधि भी दी गई। रवांई और जौनपुर की जनता तिलाड़ी के चन्दादोजरी नामक स्थल पर आजाद पंचायत की सभाएँ करते थे। राजा ने भूतपूर्व दीवान हरिकृष्ण रतुड़ी को समस्या के समाधान के लिए राज्य प्रतिनिधि के रूप में भेजा। जनता के सुधार की मांग की और हरिकृष्ण रतुड़ी ने उन्हें सुधार का आश्वासन दिया किन्तु तत्कालीन दीवान चक्रधर जुयाल नहीं चाहते थे कि समझौता हो। एक बार पुनः दरबार की गुटबन्दी में जनता की आवाज दबाने का प्रयास हुआ। इसं बीच कंजरवेटर पदमदत्त रतुड़ी ने आन्दोलनकारियों दयाराम, रूद्रसिंह, रामप्रसाद एवं जमन सिंह पर मुकदमा दायर कर दिया। मई 1930 ई0 को जब एस0डी0एम0 सुरेन्द्र दत्त तथा डी0एफ0ओ0 पदमदत्त आन्दोलनकारियों को गिफ्तार कर ले जा रहे थे, तो राजगढ़ी के निकट जनता ने उनका घिराव कर अपने नेताओं को छुड़ाने का प्रयास किया। जनता पर गोली चलाई गई, तीन लोग मारे गये एवं कई घायल कर दिये जबकि पदमदत्त सुरक्षित भाग निकला।

इस घटना की सूचना पाते ही दीवान ने प्रतिशोध की भावना से संयुक्त प्रांत की सरकार से विद्रोहियों पर गोली चलाने की अनुमति ली। 30 मई 1930 ई0 को क्षुब्ध जनता यमुना तट पर तिलाड़ी मैदान में रणनीति तय करने को एकत्रित थी। दीवान चक्रधर जुयाल ने स्वयं उपस्थित होकर निहत्थी जनता पर गोली चलाने का आदेश दिया। सूचना विभाग, उत्तर प्रदेश के अनुसार इस हत्याकाण्ड में 200 लोग मारे गये। इस शर्मनाक कांड में कितने लोग मरे व घायल हुए इसकी सटीक जानकारी तो नहीं मिलती किन्तु दीवान चक्रधर जुयाल के आक्रोश में बड़ी संख्या में निर्दोष मारे गये होंगे।

जिस समय रवांई का शर्मनाक हत्याकाण्ड हुआ, उस वक्त राजा नरेन्द्रशाह यूरोप की यात्रा पर थे। अधिसंख्य विद्वानों का मानना है कि यदि राजा राज्य में स्वयं उपस्थित होता तो शायद यह शर्मनाक घटनाक्रम होता ही नहीं। लेकिन हत्याकाण्ड के पश्चात् जब जनता ने लिखित शिकायत वायसराय से की, बावजूद इसके दोषियों के विरूद्ध कोई कार्यवाही नहीं की। राजा ने भी लौटने के बाद एक जाँच कमेटी नियुक्त अवश्य की किन्तु वे भी दोषियों को दण्ड नहीं दे पाये। दमन चक्र रवांई से बाहर भी हुआ। राज्य के बाहर के वकीलों को गढ़वाली पत्र के संपादक विश्वम्भर दत्त चंदोला पर मुकदमा लड़ने की अनुमति नहीं दी गई। फलतः सबको दोषी सिद्ध कर 15 से 20 साल की कैद की सजा हुई। सम्भवतः इनमें से 15 लोग जेल में ही मरे जिनकी लाशों को यमुना में फेंक दिया

गया। अतः ऐसा विचार की राजा की उपस्थिति पर शर्मनाक हत्याकाण्ड नहीं होता, एक संशयपूर्ण विचार ही प्रतीत होता है क्योंकि दरबार की गुटबन्दी एवं राज्य कर्मचारियों में से कुछ को अंग्रेजी समर्थन के कारण महाराज बहुत कुछ करने की स्थिति में नजर नहीं आते हैं।

प्रजामण्डल का गठन एवं श्रीदेव सुमन

नरेन्द्रशाह के काल की यह द्वितीय घटना है, जिसने राज्य की निरंकुश नौकरशाही के कृत्य को उजागर किया। यद्यपि राजा ने श्रीदेव सुमन को रिहा करने का आदेश अपने नरेन्द्रमण्डल सम्मेलन में मुम्बई के लिए रवाना होने से पूर्व दे दिया था, तब भी राज्य पदाधिकारियों की स्वार्थपरता के चलते 1944 ई0 में सुमनजी की कारागार में ही मृत्यु हो गई।

रवांई काण्ड के पश्चात् टिहरी राज्य में जन–आक्रोश में वृद्धि हुई। इसका परिणाम था, 1935 ई0 में सकलाना पट्टी के उनियाल गाँव में सत्यप्रसाद रतुड़ी द्वारा 'बाल सभा' की स्थापना करना। इस सभा का उद्देश्य छात्र–छात्रांओं में राष्ट्रीयता का प्रचार–प्रसार करना था। इसके साथ ही 1936 ई0 में दिल्ली में 'गढ़देश सेवा संघ' की स्थापना हुई। इसके सदस्यों ने टिहरी रियासत की जनता के मध्य कार्य करने का निर्णय लिया। मार्च, 1938 ई0 को दिल्ली में अखिल पर्वतीय सम्मेलन हुआ, जिसमें स्वयं बद्रीदत पाण्डे व श्रीदेव सुमन ने भाग लिया। इसी क्रम में श्रीनगर गढवाल में एक राजनैतिक सम्मेलन आयोजित हुआ, जिसकी अध्यक्षयता प0 जवाहरलाल नेहरू ने की। इस सम्मेलन में सुमनजी ने टिहरी राज्य की प्रजा के कष्टों से सम्बन्धित एक प्रस्ताव भी पारित करवाया था। जून 1938 ई0 में मानवेन्द्र नाथ की अध्यक्षता में ऋषिकेश के सम्मेलन में टिहरी राज्य की जनता की समस्याओं पर मंथन हुआ और अभिव्यक्ति की स्वतन्त्रता की मांग की गई। अतः 1938 के उपरान्त राज्य से बाहर रह रहे रियासत के युवकों ने प्रजामण्डल की शाखाएँ स्थापित करनी प्रारम्भ की क्योंकि 1938 ई0 के गुजरात कांग्रेस अधिवेशन में देशी राज्य की प्रजा के अधिकारों की रक्षा 'प्रजामण्डल' द्वारा संचालित करने का निर्णय लिया गया। माना जाता है कि टिहरी राज्य प्रजामण्डल की स्थापना देहरादून में श्याम चन्द्र नेगी के आवास पर हुई थी। उसके प्रारम्भिक सदस्य टिहरी महाराजा के अधीन ही उत्तरदायी शासन की स्थापना चाहते थे। श्रीदेव सुमन, गोविन्दराम भट्ट, तोताराम गैरोला, महिमानन्द डोभाल इत्यादि इसके संस्थापक सदस्यों में थे। स्वयं श्रीदेव सुमन जी भी महाराज का बड़ा सम्मान करते थे। उनका स्वयं का कथन है कि

–'टिहरी राज्य में मेरा तथा प्रजामण्डल का ध्येय वैध व शांतिपूर्ण ढंग से श्रीमहाराज की छत्रछाया में उत्तरदायी शासन प्राप्त करना है।' श्री महाराज भी सुमन की योग्यता से परिचित थे किन्तु उनके स्वार्थी अधिकारी ऐसा नहीं चाहते थे। अतः रवांई काण्ड की भाँति उन्हें भ्रमित किया गया।

टिहरी दरबार उत्तरदायी शासन की मांग से चिन्तित था क्योंकि ऐसा होने पर उनके एकाधिकार खत्म हो जाते। अतः प्रजामण्डल की मांगों की अनदेखी कर ''रजिस्ट्रेशन ऑफ एसोशियेशन एक्ट'' पारित कर दिया गया, जिसके तहत किसी भी स्वतंत्र संस्था के रियासत के अन्दर कार्य करने पर प्रतिबन्ध लग गया। श्रीदेव सुमन और शंकरदत डोभाल ने टिहरी के अन्दर ही प्रजामण्डल की स्थापना की कोशिश करनी चाही। सुमन के पीछे पुलिस लगा दी गई। 9 मार्च 1941 को पहली बार उन्हें उनकी ससुराल पडियार गाँव से गिरफ्तार किया गया। सुमन जी जन सम्पक्र वाले नेता एवं समाचार पत्रों एवं कई संस्थाओं से जुड़े व्यक्ति थे। जब उन पर दो माह तक रियासत में घुसने पर प्रतिबन्द लगाया, तो उसकी सर्वत्र निंदा हुई। वे कर्मभूमि पत्र के सम्पादक मण्डल के सदस्य थे। अतः कर्मभूमि एवं अल्मोड़ा से प्रकाशित 'शक्ति' पत्र निरन्तर टिहरी राज्य से सम्बंधित समाचार प्रकाशित करते थे।

अगस्त 1942 ई0 को देवप्रयाग में सकलानन्द डोभाल की अध्यक्षता में हुई सभा में आन्दोलन को आक्रामक बनाने का निर्णय हुआ। ब्रिटिश सरकार द्वारा देवप्रयाग में आन्दोलन के नेताओं को गिरफ्तार कर लिए जाने का भारी विरोध हुआ। 29 अगस्त को श्री देव सुमन भी देवप्रयाग में बन्दी बनाए गए। पहले उन्हें देहरादून जेल एवं फिर आगरा जेल स्थानान्तरित कर दिया गया। जेल से मुक्त होने के बाद दिसम्बर 1943 ई0 में वे अपने गाँव जौल पहुँचे। 17 दिसम्बर, 1943 ई0 को उन्हें टिहरी जाते हुए चम्बा में रोक लिया गया। 30 दिसम्बर, 1943 को उन्हें टिहरी जेल में भेज दिया गया। 29 फरवरी, 1944 को उन्होंने यहीं अनशन शुरू किया किन्तु राज्य की बेरूखी को देखकर 3 मई 1944 से उन्होंने भूख हड़ताल शुरू कर दी जोकि 25 जुलाई को उनकी मृत्यु पर ही समाप्त हुई। सुमन जी ने लगभग 209 दिन कारावास में बिताए, जिसमें से अन्तिम 84 दिन भूख हड़ताल पर रहने के बाद अपने प्राण त्याग दिये। शेखर पाठक ने उनकी भूख हड़ताल को 'ऐतिहासिक अनशन' की संज्ञा दी। उनकी शहादत ने टिहरी में जन आन्दोलन को और मजबूत किया। प्रजामण्डल को वैधानिक मान्यता मिली जिसका कार्यालय टिहरी नगर में स्थापित हुआ। आजाद हिन्द फौज के सैनिक

भी टिहरी जन आन्दोलन के समर्थन में वर्ष 1946 ई0 में गढ़वाल आए। उन्हीं के प्रयासों से वर्ष 1946 ई0 की 26 जुलाई को प्रथम बार सुमन दिवस मनाया गया।

सकलाना विद्रोह एवं कीर्तिनगर आन्दोलन

टिहरी रियासत के साथ में अंग्रेजों ने एक छोटी सी जागीर को भी जोड़ा। 700 वर्ग किमी में टिहरी के पश्चिम और देहरादून के उत्तर–पूर्व स्थित यह क्षेत्र सकलियाना जागीर के नाम से जाना जाता था। इस क्षेत्र के मुआफीदार शिवराम एवं काशीराम ने गोरखों के विरूद्ध अंग्रेजों को सहायता दी थी। अतः अंग्रेजों ने उनकी परम्परागत स्थिति बनाए रखी और उन्हें कुमाऊँ कमिश्नर के अधीन दीवानी एवं राजस्व मामलों में द्वितीय श्रेणी के मजिस्ट्रेटी अधिकार भी दिए। अतः वे स्वयं को टिहरी के महाराज से ऊपर समझने लगे। उन्होंने जनता का शोषण आरम्भ किया, फलतः जन आन्दोलन की एक श्रृंखला प्रारम्भ हुई। प्रारम्भ में इस क्षेत्र के मुआफीदार अपने को कम्पनी के निकट जान स्वतंत्र रियासत का स्वप्न देख रहे थे। किन्तु जनता के मनोबल को देखते हुए उन्होंने 15 दिसम्बर 1947 ई0 को टिहरी राज्य पंचायत को सौंप दिया। सकलाना विद्रोह की सफलता ने राज्य के भावी जनआन्दोलनों के लिए प्रेरणा कार्य किया। शीघ्र ही बढियारगढ, देवप्रयाग, कीर्तिनगर इत्यादि क्षेत्रों में आजाद पंचायत का गठन हुआ।

29 अगस्त 1946 ई0 को राजदरबार और प्रजामण्डल के मध्य '' अगस्त समझौता'' हुआ था कि प्रजामण्डल राज्य के कार्यों में बाधा नहीं डालेगा एवं दरबार राजबन्दियों को बिना शर्त रिहा कर देगा। किन्तु कीर्तिनगर, डागीचौरा क्षेत्र से कृषक आन्दोलन के नेता नागेन्द्र सकलानी, दौलतराम एवं परिपूर्णनन्द को मुक्त करने की बजाय कारावास की सजा दी गई। राज्यकर्मचारियों ने अगस्त समझौता भंग कर दिया एवं दमन चक्र चालू रखा। फलतः टिहरी जेल में ही दौलत राम, नागेंद्र सकलानी, भूदेव लखेड़ा, इन्द्र सिंह एवं परिपूर्णनन्द ने भूख हड़ताल आरम्भ कर दी। उनकी मांग थी कि रजिस्ट्रेशन एकट समाप्त हो एवं अत्याचारों की निष्पक्ष जाँच कराई जाए। जयनारायण व्यास एवं राजदरबार के आश्वासन पर 22 सितम्बर को इन्होंने अपनी हड़ताल वापस ले ली।

5 अक्टूबर, 1946 को नरेन्द्रशाह ने स्वास्थ्य अच्छा न होने के कारण अपने पुत्र के पक्ष में सिहांसन त्याग दिया। जनता को आशा थी कि युवराज मानवेन्द के राज्यभिषेक पर राजनैतिक बन्दियों को छोड़ा जायेगा

किन्तु इसके विपरीत नवम्बर, 1946 ई0 में बन्दियों को बिना सुनवाई के कठोर सजा दे दी गई। जनवरी ,1947 ई0 को कोटद्वार में प्रजामण्डल, आजाद हिंद फौज एवं कांग्रेस के सदस्यों का एक संयुक्त अधिवेशन हुआ। कर्नल पित्तशरण रतुड़ी की अध्यक्षता में हुई इस बैठक के बाद टिहरी के सैशन जज के सम्मुख राजनैतिक बन्दियों की अपीलें प्रस्तुत की गई।

अप्रैल, 1947 ई0 में दरबार ने शान्ति रक्षा अधिनियम लागू किया। इसके द्वारा प्रजामण्डल के कार्यकलाप, सभा, जूलूस एवं सब प्रकार की अभिव्यक्ति पर प्रतिबन्ध लगा दिया गया। 26–27 मई 1947 के प्रजामण्डल के वार्षिक अधिवेशन को रियासत के अधिकारी नहीं होने देना चाहते थे, अतः धारा 144 लगा दी गई। फिर भी जयनारायण व्यास, मोहन लाल एवं कुशलानन्द ने इसे सफलतापूर्वक करवाया। राज्य का दमन चक्र इस हद तक बढ़ा कि अगस्त 1947 ई0 को अन्य लोगों के साथ ही अव्यस्क छात्रों को भी जेल में डाल दिया गया। काश्तकारों की फसलों को नष्ट करवा, निर्दयतापूर्वक वसूली, नीलामी इत्यादि के द्वारा जनता को आतंकित करने का प्रयास किया गया।

इस बीच सकलाना के मुआफीदारों द्वारा पंचायत को समस्त अधिकार सौंप दिए जाने के बाद बलपूर्वक शासन को अपने हाथ में लेने का निर्णय लिया। अब रियासत की सेना व जनता के मध्य तीव्र संघर्ष प्रारम्भ हुआ। डिप्टी कलक्टर के नेतृत्व में अश्रु गैस छोड़ी गई किन्तु स्थिति बेकाबू होते देख कर्मचारी भागने लगे। इस घटनाक्रम में डीसी की गोली से नागेन्द्र सकलानी एवं मोलूराम की मृत्यु हो गई। आन्दोलनकारियों ने दोनों अधिकारियों को पकड़ कर कैद कर लिया एवं शहीदों के शव के साथ टिहरी प्रस्थान का निश्चय किया। देवप्रयाग एवं खास पट्टी होता यह जन सैलाब 15 जनवरी 1948 ई0 को टिहरी पहुँचा। प्रताप इण्टर कॉलेज के मैदान में वीरेन्द्र दत सकलानी की अध्यक्षता में आजाद पंचायत का गठन हुआ। टिहरी के पूर्व नरेश नरेन्द्रशाह को आजाद पंचायत के स्वयं सेवकों ने भागीरथी पुल से आगे नहीं बढ़ने दिया। दूसरी तरफ भारत सरकार की ओर से सेना व पुलिस ने आकर नगर का प्रशासन अपने हाथों में ले लिया। आजाद पंचायत ने सभा की, जिसमें दो विचारधाराएं उभर कर सामने आई, एक पक्ष राजशाही के अधीन उतरदायी शासन एवं दूसरा पक्ष स्वतंत्र भारत में विलय का पक्षधर था। 15 जनवरी को राजा ने भी प्रजामण्डल की मांग स्वीकार करते हुए उत्तरदायी शासन की स्थापना का वचन दिया। 16 फरवरी 1948 को दौलतराम की अध्यक्षता में सभा की

गई और आन्तरिक सरकार का गठन हुआ, जिसमें चार सदस्य प्रजामण्डल एवं एक सदस्य सरकार द्वारा मनोनीत किया गया। 12 अगस्त 1948 को व्यस्क मताधिकार के आधार पर टिहरी विधानसभा का पृथक चुनाव हुआ, जिसमें 24 स्थान प्रजामण्डल 5 प्रजा हितैषणी सभा और 2 स्वतंत्र प्रत्याशियों को प्राप्त हुए। मार्च, 1949 को राजा मानवेन्द्र ने विलय की सभी औपचारिकताऐं पूर्ण कर ली थी।

इस प्रकार श्रीदेव सुमन का बलिदान, सकलाना विद्रोह एवं कीर्तिनगर आन्दोलन की सफल परिणिति के रूप में 1 अगस्त, 1949 को टिहरी रियासत का भारत में विलय हुआ और उसको संयुक्त प्रांत के 50वें जनपद के रूप में शामिल कर लिया गया। गढ़वाल राज्य के 60वें एवं अन्तिम पवांर राजा मानवेन्द् की मृत्यु वर्ष 2007 ई0 में हुई। वे राजमाता कमलेन्दुमति के बाद (1957 ई0 से) निरन्तर आठ बार टिहरी संसदीय क्षेत्र से सांसद रहे। इस प्रकार उत्तराखंड से अन्तिम राजशाही का अन्त हुआ।

बहुविकल्पीय प्रश्न

1. निम्न में कौन गढ़वाल नरेश खुड़बुड़ा के युद्ध में गोरखों से अन्तिम रूप से पराजित हुए और वीरगति को प्राप्त हुए?
   (क) पराक्रमशाह (ख) प्रद्युम्न शाह
   (ग) सुदर्शनशाह (घ) इनमें से कोई नहीं
2. सुदर्शनशाह ने नए राज्य टिहरी रियासत की राजधानी स्थापित की
   (क) नरेन्द्रनगर (ख) प्रतापनगर
   (ग) त्रिहरी (घ) इनमें से कोई नहीं
3. सुदर्शनशाह एवं उनके वंशजों का टिहरी गढ़वाल पर अधिकार स्वीकृत हुआ
   (क) जनवरी, 1820 ई0 में (ख) फरवरी, 1820 ई0 में
   (ग) मार्च, 1820 ई0 में (घ) इनमें से कोई नहीं
4. किस वर्ष रवांई क्षेत्र टिहरी रियासत को दे दिया गया?
   (क) 1815 ई0 (ख) 1824 ई0
   (ग) 1835 ई0 (घ) इनमें से कोई नहीं
5. किस वर्ष कुमाऊँ कमिश्नर को ही टिहरी रियासत का राजनैतिक प्रतिनिधित्व सौंप दिया गया?
   (क) 1839 ई0 (ख) 1854 ई0
   (ग) 1852 ई0 (घ) 1842 ई0

6. सुदर्शनशाह ने भागीरथी एवं भिलंगना नदी के संगम स्थल पर टिहरी नामक राजधानी की स्थापना करवाई इसका एक नाम यह भी है

(क) गणेश प्रयाग (ख) सोन प्रयाग

(ग) विष्णु प्रयाग (घ) इनमें से कोई नहीं

7. सुदर्शनशाह अपने काल के उच्च कोटि के विद्वान रहे और उनके द्वारा रचित 'सभासार' नामक ग्रन्थ कितने खण्डों में विभाजित है?

(क) सात (ख) नौ

(ग) ग्यारह (घ) इनमें से कोई नहीं

8. 1857 ई0 के देशव्यापी विद्रोह के दौरान निम्न में से किस राजा ने अंग्रेजों की हर संभव मदद की और मसूरी क्षेत्र की अंग्रेजी जनता की सुरक्षा के लिए सैन्य टुकड़ी भेजी?

(क) सुदर्शनशाह (ख) भवानीशाह

(ग) प्रतापशाह (घ) इनमें से कोई नहीं

9. अपने नाम से शहर स्थापित करने की प्रथा का शुभारम्भ करने का श्रेय जाता है

(क) सुदर्शनशाह को (ख) भवानीशाह को

(ग) प्रतापशाह को (घ) इनमें से कोई नहीं

10. निम्न में से किसकी योग्यता से प्रभावित होकर ब्रिटिश सरकार ने उन्हें 'कम्पेनियन ऑफ इण्डिया' एवं 'नाइट कमाण्डर' जैसी उपाधियों से विभूषित किया?

(क) सुदर्शनशाह (ख) कीर्तिशाह

(ग) प्रतापशाह (घ) इनमें से कोई नहीं

11. टिहरी शहर में प्रताप हाईस्कूल एवं हीवेट संस्कृत पाठशाला की स्थापना की

(क) सुदर्शनशाह ने (ख) कीर्तिशाह ने

(ग) प्रतापशाह ने (घ) इनमें से कोई नहीं

12. टिहरी रियासत के लोगों का विद्युत से परिचय कराने का श्रेय जाता है

(क) कीर्तिशाह को (ख) सुदर्शनशाह को

(ग) प्रतापशाह को (घ) इनमें से कोई नहीं

13. टिहरी रियासत के युवकों को फॉरेस्ट्र ट्रेनिंग कॉलेज, देहरादून में प्रशिक्षण दिलवाया

(क) कीर्तिशाह ने (ख) सुदर्शनशाह ने

(ग) नरेन्द्रशाह ने (घ) इनमें से कोई नहीं

14. अपने पिता की स्मृति में एक लाख रूपये की एकमुश्त रकम एवं छः हजार रूपये की सालाना राशि बनारस हिन्दू विश्वविद्यालय को सहायता के रूप में प्रदान करने वाले थे

(क) कीर्तिशाह (ख) सुदर्शनशाह

(ग) नरेन्द्रशाह (घ) इनमें से कोई नहीं

15. नरेन्द्रनगर की स्थापना कर किस वर्ष नरेन्द्र शाह ने उसे टिहरी रियासत की नई राजधानी बनाया गया?

(क) 1925 ई0 (ख) 1926 ई0

(ग) 1927 ई0 (घ) इनमें से कोई नहीं

16. अंग्रेजी सरकार ने इन्हें अठारहवीं गढ़वाल राईफल रेजीमेंण्ट का मानद लैफ्टिनैण्ट की उपाधि से अलंकृत किया

(क) कीर्तिशाह (ख) सुदर्शनशाह

(ग) नरेन्द्रशाह (घ) इनमें से कोई नहीं

17. किस वर्ष नरेन्द्रशाह के काल में यमुना नदी तट पर स्थित तिलाड़ी मैदान की घटना जिसे रवांई कांड के नाम से जाना जाता है,घटित हुई थी?

(क) 1930 ई0 (ख) 1929 ई0

(ग) 1932 ई0 (घ) इनमें से कोई नहीं

18. प्रशासनिक सुविधा की दृष्टि से टिहरी राज्य का विभाजन कितने ठाणों में किया गया था?

(क) 3 (ख) 4

(ग) 5 (घ) 6

19. सामान्यतः राजा की आज्ञा से कृषि कार्य स्वतन्त्र रूप से स्वयं कृषि करने वाला कहलाता था

(क) मौरूसीदार (ख) खायकर

(ग) सिरतान (घ) इनमें से कोई नहीं

20. टिहरी में ही मुहमद मदरसा की स्थापना करवाई थी

(क) कीर्तिशाह ने (ख) सुदर्शनशाह ने

(ग) नरेन्द्रशाह ने (घ) इनमें से कोई नहीं

21. चिकित्सा क्षेत्र में राज्य की ओर से पहला प्रयास प्रतापशाह के काल का मिलता है, जिन्होंने पहला 'खैराती शफाखाना' स्थापित करवाया

(क) 1874 ई0 में (ख) 1876 ई0 में

(ग) 1878 ई0 में (घ) इनमें से कोई नहीं

22. टिहरी रियासत में सर्वप्रथम आधुनिक चिकित्सालय की स्थापना का श्रेय जाता है

(क) कीर्तिशाह को (ख) सुदर्शनशाह को

(ग) नरेन्द्रशाह को (घ) इनमें से कोई नहीं

23. टिहरी रियासत में रेडक्रास सोसाइटी की स्थापना किस वर्ष हुई?
    (क) 1944 ई0 (ख) 1924 ई0
    (ग) 1934 ई0 (घ) इनमें से कोई नहीं
24. टिहरी रियासत का प्रथम जन आन्दोलन था
    (क) रवांई (ख) तिलाड़ी
    (ग) सकलाना (घ) इनमें से कोई नहीं
25. किस रक्तरंजित घटना को टिहरी रियासत के इतिहास में टिहरी का जलियावाला काण्ड भी कहा जाता है?
    (क) रवांई घटना (ख) सकलाना घटना
    (ग) कीर्तिनगर घटना (घ) इनमें से कोई नहीं

उत्तर

1 ख	2 ग	3 ग	4 ख	5 घ	6 क	7 क
8 क	9 ग	10 ख	11 ख	12 क	13 ग	14 ग
15 क	16 ग	17 क	18 ख	19 क	20 क	21 ख
22 ग	23 ग	24 ग	25 क			

9
अध्याय

उत्तराखंड में औपनिवेशिक शासन का प्रारम्भ

ईस्ट इण्डिया कम्पनी एक व्यापारिक संघ था, जिसका गठन 1600 के चार्टर के तहत इग्लैंड के व्यापारियों के एक संघ ने पूर्व के साथ व्यापार के लिए किया था। कम्पनी के कूटनीतिज्ञ कर्मचारियों ने ब्रिटिश पार्लियामेण्ट की सहायता से धीरे–धीरे सम्पूर्ण भारत पर अपना राजनैतिक अधिकार जमाया। जहाँ तक उत्तराखंड में अंग्रेजी आगमन का प्रश्न है, तो उन्होंने सर्वप्रथम काशीपुर में एक भांग की फैक्टरी स्थापित की। यहाँ अक्सर कम्पनी के कर्मचारी आते रहते थे। वे सभी कुमाऊँ के नैसर्गिक दृश्यों और हिमालय की सुन्दरता को देखकर खुश होते थे। 1802 ई0 में लार्ड वेलीजेली ने गॉट महोदय को कुमाऊँ की जलवायु, जंगल एवं परिस्थितियों का संकलन करने के लिए भेजा। 1811–12 ई0 में मूरक्राफ्ट और कैप्टन हेरसी तिब्बत गये। माना जाता है कि मारकिसस ऑफ हेस्टिंग्स लार्ड मायरा काशीपुर होते हुए कुमाऊँ भ्रमण पर आये थे। वे ही पहले व्यक्ति थे, जिन्होंने इस सुन्दर प्रदेश को ब्रिटिश नियंत्रण में देखने का स्वप्न देखा था। उस समय कुमाऊँ में चंदों को अपदस्थ कर गोरखे राज कर रहे थे। गोरखों की अंग्रेजी राज्यक्षेत्र में निरन्तर घुसपैठ ने अंग्रजों को वह मौका दिया, जिसका वह पहले ही निश्चय कर चुके थे।

नेपाल के साथ संघर्ष ने अंग्रेजों को कुमाऊँ की सुन्दर वादियों पर अपना अधिकार करने का सुअवसर प्रदान किया। मार्च 1816 को पुष्ट हुई सिंगौली की सन्धि के पश्चात् अंग्रेजों का इस क्षेत्र पर राजनीतिज्ञ अधिकार हों गया। 1815 ई0 से लेकर 1949 तक यह क्षेत्र सीधे ब्रिटिश नियंत्रण में रहा। सर्वप्रथम ब्रिटिश काल में इस क्षेत्र में प्रशासनिक संगठन

स्थापित करने का प्रयोग आरम्भ हुआ। गोरखों से विजित उत्तराखंड के इस प्रदेश को अंग्रेजों ने दो भागों में बाँटा। अलकनन्दा नदी से काली नदी के मध्य का भाग कुमाऊँ कमिश्नरी के रूप में स्थापित कर सीधे ब्रिटिश नियंत्रण में रखा गया जबकि अलकनन्दा के पश्चिम क्षेत्र में पड़ने वाले भाग पर पूर्व गढ़वाल नरेश के वंशज सुदर्शनशाह को स्थापित किया गया। इस देशी रियासत को 'टिहरी रियासत' का नाम देकर एक संरक्षित राज्य के रूप में आतंरिक स्वतंत्रता प्रदान की गई। किन्तु रीएजेण्ट रखकर यह सुनिश्चित किया गया कि रियासत का प्रबन्ध अंग्रेजी हित के अनुरूप ही रहे।

अंग्रेजी नियंत्रण में रखे क्षेत्र को ब्रिटिश कुमाऊँ के नाम से जाना जाता है, जिसे एक गैर–विनियमित क्षेत्र के रूप में प्रशासित किया गया। सामान्यतः वे प्रान्त जिन्हें किसी गर्वनर अथवा लेफ्टिनेंट गर्वनर के अधीन रखा जाता था और उनका प्रशासन किसी एक्ट के द्वारा अधिकृत रेगुलेशन से चलता था, उन्हें रेगुलेशन प्रान्त कहा जाता था। किन्तु वे प्रान्त जो मुख्य आयुक्त द्वारा प्रशासित होते थे एवं वहाँ किसी एक्ट का रेगुलेशन लागू नहीं होता था, गैर–विनियमित क्षेत्र कहलाते थे। इन क्षेत्रों में गवर्नर अथवा जनरल के द्वारा निर्गत आदेशों के अनुसार प्रशासन करने की व्यवस्था को भी ब्रिटिश संसद से अनुमोदित कराया जाता था। गैर विनियमित प्रान्त के रूप में प्रथमतः ब्रिटिश कुमाऊँ गढ़वाल का प्रशासन चलाया गया। उसके उपरान्त क्रमशः पंजाब (1853 ई0) एवं अवध प्रान्त (1856 ई0) में भी यह व्यवस्था लागू की गई थी।

उत्तराखंड में प्रशासनिक विकास

उत्तराखंड राज्य को गोरखों से हस्तगत करने के पश्चात् अंग्रेजों ने अपनी पूर्व नियोजित योजना के तहत इस विजित क्षेत्र का विभाजन दो भागों मे कर दिया। अलकनन्दा नदी से पश्चिम के भाग पर गढ़ नरेश के वंशज सुदर्शनशाह को पुनः स्थापित किया, जिसे 'टिहरी रियासत' के नाम से जाना जाता है जबकि अलकनन्दा के पूर्व के गढ़वाल क्षेत्र एवं सम्पूर्ण कुमाऊँ क्षेत्र को सीधे ब्रिटिश नियंत्रण में लाया गया। 1839 में विभाजित होने से पूर्व इस सम्पूर्ण क्षेत्र को ब्रिटिश कुमाऊँ गढ़वाल के नाम से जाना जाता था। उत्तराखंड राज्य की वर्तमान प्रशासनिक व्यवस्थाएँ कहीं न कहीं इस काल में हुए प्रशासनिक प्रयोगों एवं परिवर्तनों का ही प्रतिफल है। सामान्यतः इस राज्य का प्रशासनिक विकास दो चरणों में हुआ। प्रथमतः गैर विनियमित क्षेत्र के रूप मे एवं 1816 ई. के उपरान्त

विनियमित क्षेत्र के रूप में इसके प्रशासनिक ढाँचे का संगठन किया गया। 1815 से 1861 ई0 के मध्य इस क्षेत्र को क्रमशः कुमाऊँ कमिश्नर तथा उत्तर पश्चिमी प्रान्त के लै0 गवर्नर के आदेशों से प्रशासित किया गया।

वर्तमान उत्तराखंड की प्रशासनिक व्यवस्थाएँ इस युग की ही देन है। पर्वतीय क्षेत्र होने के कारण गैर विनियमित क्षेत्र के रूप में प्रयोग का यहाँ स्थायी प्रभाव पड़ा। उत्तराखंड राज्य की राजस्व पुलिस व्यवस्था इस युग की विशिष्ट देन है। वर्तमान में भी उत्तराखंड भारत वर्ष का एकमात्र राज्य है, जो पटवारी व्यवस्था द्वारा ग्रामीण क्षेत्रों को संचालित करता है। मुख्यतः इस प्रदेश के प्रशासनिक ढांचे का विकास प्रारम्भिक कमिश्नरों के निजी प्रयासों का प्रतिफल अधिक लगता है। इस कारण हमने उत्तराखंड के प्रशासनिक विकास का वर्णन निम्नांकित तीन शीर्षकों के अधीन किया है–

1. गार्डनर एवं ट्रेल के सुधार
2. लुशिगटन व बैटन के सुधार
3. रामजे के सुधार

गार्डनर एवं ट्रेल के सुधार

ई0 गार्डनर को 1815 ई0 में कुमाऊँ का पहला कमिश्नर नियुक्त किया गया। उनके सहायक के रूप में ट्रेल महोदय को नियुक्ति मिली। इसके साथ ही उत्तराखंड के प्रशासनिक नवाचार के एक नए युग का शुभारम्भ हुआ। अपने नौ महीनों के कार्यकाल में गार्डनर ने तहसीलों, थानों, सदर कार्यालय, भूराजस्वनानकर भूमियों की जाँच इत्यादि का कार्य प्रारम्भ किया। सात तहसीलों और पाँच थानों की स्थापना की। सहायक ट्रेल को बंदोबस्त के कार्य में लगाया। यद्यपि इस बीच आंग्ल–नेपाल संघर्ष जारी था एवं गार्डनर महोदय राजनीतिज्ञ एजेण्ट की भूमिका भी इसमे निभा रहे थे। इस कारण उन्हें प्रशासन में सुधार का अधिक समय नहीं मिल पाया।

गार्डनर महोदय को सिंगोली की संधि की पुष्टि के लिए कम्पनी के राजनीतिज्ञ एजेण्ट के रूप में नेपाल की राजधानी काठमाण्डु जाने के कारण उनके सहायक जार्ज विलियम ट्रेल को कुमाऊँ गढ़वाल के द्वितीय आयुक्त के रूप में पदोन्नति मिली। ट्रेल महोदय ने कुमाऊँ गढ़वाल में 20 वर्ष सेवा दी, जिसमें लगभग 19 वर्ष तक वे यहाँ के आयुक्त रहे। उन्हें कुमाऊँ का प्रथम वास्तविक आयुक्त भी माना जा सकता है क्योंकि उनके कार्यकाल में ही यहाँ प्रशासन के वास्तविक स्वरूप की आधारशिला रखी गई।

ट्रेल महोदय ने प्रशासन के सभी क्षेत्रों में अपनी व्यक्तिगत रूचि दिखाई। उन्होंने सामान्य प्रशासन, राजस्व प्रशासन, पर्वतीय श्रमिकों की समस्याओं, ब्रिटिश कुमाऊँ प्रान्त की राजनैतिक एवं प्रशासनिक सीमाओं के निर्धारण, सड़क एवं पुलों के निर्माण, वन व्यवस्था, पोस्टल सेवाओं एवं कोषागार और मुद्रा विनियम इत्यादि मामलों में व्यक्तिगत रूप से हस्तक्षेप किया। उन्होंने पिछले 25 वर्षों से चली आ रही गोरखा राजस्व व्यवस्था के स्थान पर स्थानीय परिस्थितियों एवं पूर्व परम्पराओं के अनुसार कुमाऊँ प्रान्त का 26 परगनों में विभाजन किया। अस्सी के बंदोबस्त के रूप में राजकीय अभिलेखों में राजस्व का ग्रामवार अंकन कराया।

इस बंदोबस्त से प्रथम बार ग्रामीणों को उनके गाँव की सीमा, सीमा में समाहित भूमि, वन एवं नैसर्गिक सम्पदा की जानकारी प्राप्त हुई।

माह अक्टूबर, 1816 ई0 को इस क्षेत्र को बोर्ड ऑफ कमिश्नर के नियंत्रण में कर दिया गया था। ट्रेल महोदय ने उत्तराखंड को एक नई व्यवस्था दी, जो वर्तमान में भी इस राज्य की विशिष्ट पहचान है। उन्होंने नानकर भूमि के अधिग्रहण से प्राप्त बचत की राशि से 1819 में पटवारी के 9 पद सृजित किए। यह एक प्रकार से राजस्व पुलिस व्यवस्था थी। पटवारी का पद पर्वतीय क्षेत्रों के प्रशासन में अत्यंत महत्वपूर्ण पाया गया। उसका कार्य अपने क्षेत्र से लगान की वसूली करना, गाँव की पैमाइश करना, लड़ाई–झगड़ों का स्थानीय निपटारा करना, सदर कचहरी को सूचना प्रदान करना एवं तहसीलदारों को सूचना पहुँचाना इत्यादि था। एक प्रकार से पटवारी ग्रामीण क्षेत्र में राजस्व एवं पुलिस दोनों के कार्य करता था।

ट्रेल ने अपने कार्यकाल में कुल 7 बंदोबस्ती चक्र पूर्ण किए। उन्होंने कुमाऊँ की अत्यंत दयनीय अर्थव्यवस्था की समीक्षा की। ट्रान्स हिमालयन व्यापार के अन्तर्राष्ट्रीय महत्व को समझा और उसे अनुकूल बनाने के विशिष्ट उपाय किए। निजी यात्रा मार्गों को यात्री मार्ग में परिवर्तित कर बद्रीनाथ–केदारनाथ तक चरणबद्ध सड़क निर्माण आरम्भ करवाया। उन्होंने ही व्यापारिक सीमावर्ती भोटिया जाति को लगान माफी के साथ ही परम्परागत मेलों के आयोजन स्थल पर ही व्यापारिक मुकदमों की सुनवाई का प्रयास आरम्भ किया। इससे व्यापारियों और कृषकों का उत्साह बढ़ा, जिसका प्रमाण ट्रेल के सात बंदोबस्तों की वित्तीय सफलता के आकड़ों से होता है।

कुमाऊँ की प्रशासनिक सीमा निर्धारण में ट्रेल महोदय का मुरादाबाद के कलेक्टर हाल हेड से लम्बा विवाद चला, जिसका निस्तारण 1825 में बोल्डरसन् महोदय की अध्यक्षता में हुआ। सन् 1826 ई0 में देहरादून व

चंडी क्षेत्र को कुमाऊँ में शामिल किया गया। 1 मई 1829 तक देहरादून कुमाऊँ प्रांत का हिस्सा रहा। 1820 ई0 में ट्रेल ने कोर्ट फीस के रूप में स्टाम्प जारी किए।

अतः ट्रेल ने कुमाऊँ के उजड़े प्रान्त में पुनः एक व्यवस्था कायम की। विशप हीबर नामक यात्री जो 1824 ई0 मे उत्तर भारत भ्रमण पर आए थे, उन्होंने अपने संस्मरण में लिखा है कि कमिश्नर ट्रेल निरन्तर भ्रमण पर रहते थे एवं केवल वर्षाकाल ही अपने मुख्यालय में व्यतीत करते थे। केनेय मेसन महोदय ने लिखा है कि स्वयं ट्रेल को अनुमान न रहा होगा कि कालान्तर में पर्वतीय जन किसी विवाद का निर्णय करेंगे, तो उदाहरण देंगे कि कमिश्नर ट्रेल के जमाने में ऐसा होता था।

लुंशिगटन व बैटन के अनुसार

कुमाऊँ के तृतीय कमिश्नर के रूप में कर्नल जार्ज गोबान की अप्रैल 1836 में नियुक्ति हुई। अनुभवहीन गोबान की शिकायतें बोर्ड ऑफ रेवन्यू तक पहुँची। शीतकालीन भ्रमण पर आए बोर्ड के वरिष्ठ सदस्य राबर्ट मार्टिन्स बर्ड ने भी अपनी रिपोर्ट में गोबान की आलोचना की। साथ ही बर्ड ने कुमाऊँ को उत्तरी पश्चिमी प्रान्त की भांति मुख्य धारा में लाने के लिए रेगुलेशन 1833 के अनुरूप बंदोबस्त करने, अधीनस्थ कर्मचारी निर्धारण, असम की भाँति कुमाऊँ कोड निर्माण सम्बन्धी 16 सुझाव भी दिए। बर्ड के नोट के आधार पर कुमाऊँ को अब रेगुलेशन क्षेत्र के कमिश्नरी की भाँति स्थापित करने की प्रक्रिया आरम्भ हुई। सितम्बर 1838 ई0 तक कार्यरत कमिश्नर गोबान के कार्यकाल मे दासप्रथा का अंत हुआ। अब दासों को बेचने, मर्दों का अपनी औरतों तथा विधवाओं को बेचने पर रोक लगी। पूर्व कमिश्नर ट्रेल ने गोवध की अनुमति दी थी। गोबान के काल मे स्थानीय लोगों ने गोवध के विरूद्ध अपने स्वर मुखर किए। 1836 ई0 में काशीपुर को मुरादाबाद और तराई क्षेत्र को रोहिलखण्ड में शामिल किया गया। गोरखकाल मे स्थापित न्याय की 'दिव्य' व्यवस्था का अंत हुआ।

कुमाऊँ का रेगुलेशन प्रान्तों की भाँति एक नियमित प्रांत बनाने को अधिनियम– 10 (Act-10) अप्रैल 1838 ई0 में प्राख्यापित हुआ। इस नई व्यवस्था के तहत प्रथम कमिश्नर जार्ज लुशिंगटन बने। उन्होंने अपने दस वर्ष के कार्यकाल में नैनीताल शहर की स्थापना के साथ ही राजस्व, वन, भाबर– तराई प्रबन्धन, शिक्षा, सड़क निर्माण इत्यादि पर मूलभूत कार्य किया। इनके कार्यकाल में बैटन महोदय को बंदोबस्ती अधिकारी बनाया गया, जिन्हें बंगाल रेगुलेशन और 1833 के उत्तर–पश्चिमी

प्रान्त रेगुलेशन के अनुरूप गढ़वाल एवं कुमाऊँ का बंदोबस्त करना था। सामान्यतः 1833 के रेगुलेशन के तहत हुए बंदोबस्त को 'बैक प्रोसेस' बदोबस्त कहा जाता है। इस बंदोबस्त में राजस्व महाल की देय क्षमता का आंकलन भूमि की उर्वरता, कृषकों की क्षमता एवं वित्तीय स्थित के अनुरूप तय कर राजस्व महाल के कृषकों में अलग–अलग निर्धारित कर दिया जाता है। प्रत्येक राजस्व महाल की सीमाएं भी बंदोबस्त में लिखित रूप से निर्धारित कर दी गई। यह ब्रिटिश कुमाऊँ का आठवां बंदोबस्त था।

इसी दौरान बर्ड महोदय और लैफ्टिनेट गर्वनर थॉमसन के पर्यवेक्षण में राजस्व प्रशासन की आधारशिला रखी गई, जो कि थोड़े बहुत परिवर्तनों के साथ वर्तमान में भी प्रभावी है। इसी काल में महत्वपूर्ण निर्देश 'डाइरेक्शन फार क्लेक्टर्स आफ रेवन्यू' और 'डाइरेक्शन फार सेटिलमेण्ट आफिसर्स' भी निकले। इसके साथ ही कलेक्ट्रेट कार्यालय, रिकार्ड ऑफिस, पटवारी रिकार्ड, गुजारी रजिस्टर, वैस्ट लेण्ड, परगना रजिस्टर, भूमि की बिक्री, नूजल भूमि, तकावी, खाम, तहसील एकाउंट जैसी अभिलेखीय व प्रक्रियात्मक व्यवस्थाएँ स्थापित हुई।

बर्ड़े की अनुशंसा पर तराई– भावर मे द्वैध शासन व्यवस्था लगी। इस क्षेत्र में फौजदारी व्यवस्था तो निकटस्थ मैदानी जिले से होती थी किन्तु राजस्व प्रबन्धन पर्वतीय अधिकारियों द्वारा ही होता था। गर्वनर थामसन इस क्षेत्र के जंगल प्रबन्ध का विशेष इच्छुक था। लुशिंगटन महोदय ने कुमाऊँ में असम रूल्स को स्थानीय परिस्थितियों के अनुरूप बनाने की दिशा में अपने सुझाव दिए। सदर की दीवानी एवं निजामत अदालतों ने उसके सुझावों के माध्यम से संशोधित नियमों की श्रृंखला जारी की, जिन्हें बाद में 'कुमाऊँ प्रिंटेड रूल्स' कहा गया। प्रारम्भिक कठिनाईयों के बावजूद लुशिगटन इन नियमों को कुमाऊँ में लागू करवाने में सफल रहा। वर्तमान में भिन्न–भिन्न विभागों द्वारा सरकार को वार्षिक प्रतिवेदन भेजे जाते हैं, ज्ञातव्य हो की यह व्यवस्था लुशिंगटन के कार्यकाल में 1839 में कुमाऊँ से ही प्रारम्भ हुई।

इस काल में शिक्षा के क्षेत्र में सीनियर असिस्टैट हडलस्टन द्वारा लावारिस फंड से श्रीनगर में 1839 ई0 में एक स्कूल स्थापित किया गया। इसी काल में बद्री–केदार यात्रा मार्ग पर अप्रैल 1840 में असिस्टेंट सर्जन की तैनाती हुई। कालान्तर में अक्टूबर 1947 में नैनीताल में भी सर्जन नियुक्त हुआ एवं चिकित्सा क्षेत्र में सुधार हेतु 1848 ई0 को कमिश्नर की अध्यक्षता में एक डिस्पैन्सरी कमेटी गठित की गई।

सम्पर्क मार्ग निर्माण की दिशा में 1845 ई0 में खैरना– नैनीताल मार्ग का कार्य आरम्भ हुआ। वहीं बागेश्वर में गोमती पर पुल निर्माण का कार्य स्वीकृत हुआ, जो सितम्बर 1848 तक तैयार भी हो गया। अक्टूबर 1848 ई0 में अपने आकस्मिक निधन से पूर्व लुशिंगटन ने कुमाऊँ के प्रशासन को एक नई दिशा प्रदान कर दी थी। यद्यपि एंटकिसन महोदय ने अपने गजेत्यिर में लुशिंगटन के सम्बन्ध में मात्र इतना लिखा है कि वह 1839 से 1848 ई0 के मध्य कमिश्नर रहे। कवि गुमानी पंत ने लुशिंगटन की प्रशंसा में कुछ छंदों की रचना की।

लुशिंगटन की मृत्यु के उपरान्त नवम्बर 1848 को बैटन ने पूर्णकालिक कमिश्नर के रूप में कार्यभार ग्रहण किया। अब तक उन्हें इस पर्वतीय प्रदेश में 12 वर्ष का अनुभव हो चुका था। प्रशासन के लगभग सभी पक्षों में बैटन महोदय का हस्तक्षेप रहा। उसे जान स्ट्रेची और हेनरी रेमजे जैसे सीनियर एसिस्टेंट कमिश्नरों के कार्यों का सुपरिणाम भी मिलने लगा। इस काल में राजस्व,सामान्य प्रशासन एवं कमिश्नरी कार्यालय को स्थानान्तरित कर नैनीताल में स्थापित किया गया। खसरा सर्वेक्षण आधारित राजस्व बंदोबस्त लागू किया। प्रशिक्षित पटवारियों की तैनाती, तहसीली स्कूलों एवं डाक बंगलों का निर्माण उनकी मुख्य उपलब्धियों में शामिल है। सन् 1852–53 में चाय की खेती को प्रोत्साहित करने के लिए जमीनें प्रदान की गई। इनके काल में पुलिस दीवानी और फौजदारी प्रशासन में गुणात्मक सुधार एवं परिवर्तन हुए।

बैटन महोदय ने नैनीताल को न केवल कमिश्नरी मुख्यालय के रूप में स्थापित करने का प्रयास किया अपितु इसे लोकप्रिय पर्यटक नगरी बनाने के लिए भी मौलिक प्रयत्न किए। यद्यपि 1852 ई0 में 'कलकता रिव्यु' नामक पत्र ने कुमाऊँ के शासन के सम्बन्ध में टिप्पणी इस प्रकार दी–''40 वर्ष से कुमाऊँ में अंग्रेजी राज्य है......... क्या हम अपनी संरक्षरता का अच्छा जवाब दे सकते हैं।..........डर है उतर 'हाँ' नहीं है......बहुत से रूपये मात्र फौजी पुल व सड़क निर्माण पर खर्च किए गए। किन्तु यह भी ठीक है कि इन पुलों पर कोई आदमी न चला और पुल उन सड़कों पर है जो कहीं नहीं जाती।''

रामजे के सुधार

हेनरी रामजे ने लगभग 44 वर्षों तक ब्रिटिश कुमाऊँ में विभिन्न पदों पर कार्य किया। इसमें से 28 वर्ष वे कुमाऊँ के छठे कमिश्नर रहे। इसके अतिरिक्त वे वरिष्ठ सहायक कमिश्नर गढ़वाल और कुमाऊँ के पद पर भी

कार्यरत रहे। 1857 के विद्रोह से 15 माह पूर्व उन्हें कुमाऊँ के कमिश्नर पद पर नियुक्ति मिली थी। रामजे मूलतः स्काटलैंड के निवासी और लार्ड डलहौली के चचेरे भाई थे। लुशिंगटन की बेटी से इनका विवाह हुआ था। ईसाई मत के वे बड़े प्रचारक थे। पहाड़ी भाषा भी बोल लेते थे एवं कृषकों के घर की मंडवे की रोटी भी खा लेते थे। इसी कारण वे सम्पूर्ण कुमाऊँ में 'रामजी साहब' के नाम से लोकप्रिय हुए। अंग्रेज लेखकों ने तो उन्हें 'कुमाऊँ का राजा' की संज्ञा से भी विभूषित किया है। वे 1884 ई0 में सेवानिवृत हुए और 1892 तक अल्मोड़ा में ही रहे।

रामजे नवाबी तरीके से शासन करते थे। वे चार माह विनसर, चार माह अल्मोड़ा तथा चार माह भावर में रहते थे। उनका सबसे प्रशंसनीय कार्य तराई–भावर को आबाद करना था। उनके प्रयासों से इस क्षेत्र में मलेरिया का प्रकोप कम हुआ। सड़कों, नहरों एवं नगरों के विकास के साथ ही तराई–भावर में खेती का खूब विस्तार हुआ। लार्ड मेयों जब कुमाऊँ आए, तो उन्होंने रामजे के तराई–भावर प्रबन्धन की खूब प्रशंसा की।

1857 के सैनिक विद्रोह के अवसर पर रामजे के अधीन यह क्षेत्र अपेक्षाकृत शांत रहा। बरेली एवं रूहेलखण्ड के अधिकारियों और यूरोपियों ने मई 1858 तक नैनीताल में प्रवास किया। इनमें रूहेलखण्ड के कमिश्नर एलेकजेण्डर भी थे। इन सभी को वेतन आदि का भुगतान भी कुमाऊँ कमिश्नरी ने किया। रामजे ने सैन्य छुट्टी निरस्त कर कुमाऊँ में मार्शल ला लगाया। बागियों को जेल में बंद कर दिया गया अथवा फाँसी पर लटका दिया गया। नैनीताल का 'फाँसी गधेरा' तभी से प्रसिद्ध है। नये बंदोबस्त कार्य को रोककर डिप्टी कलेक्टर को पर्वतीय घाटों/द्वारों पर चौकसी की जिम्मेदारी दी गई। टिहरी नरेश, कुन्दन लाल शाह इत्यादि से स्थानीय सहयोग व राशन आपूर्ति की आवश्यकता सुनिश्चित की गई। नेपाल में सेना की भर्ती एवं नेपाल से सैन्य सहायता के रूप में 'रनवीर सेना' का सहयोग प्राप्त किया गया।

गदर के समय में कुली नहीं मिल पा रहे थे। अतः रामजे ने बन्दियों से यह कार्य लिया और उनसे कहा गया कि यदि वे ठीक से कार्य करेंगे तो उन्हें छोड़ दिया जाएगा। सैन्य विद्रोह की अवधि में विद्रोह के केन्द्र के इतने निकट होते हुए भी रामजे कुमाऊँ टिहरी क्षेत्र में शान्ति बहाल करने में सफल रहे। इसी कार्य के पुरस्कार स्वरूप वे अगले 26 वर्षों तक कुमाऊँ के निर्बाध शासक रहे।

रामजे ने बैकेट महोदय को बंदोबस्त का कार्य सौंपा क्योंकि बैटन का 8वाँ बंदोबस्त 20 वर्षों के लिए था और 1960 ई0 में इसकी अवधि समाप्त हो रही थी। बैकेट जो कि वरिष्ठ सहायक आयुक्त पद पर थे, ने प्रत्येक पट्टी का व्यक्तिगत निरीक्षण किया एवं 1864 तक गढ़वाल का बंदोबस्त पूर्ण हुआ। बैकेट द्वारा किया गया बंदोबस्त गढ़वाल–कुमाऊँ का एक ही अधिकारी द्वारा किया गया अन्तिम बंदोबस्त था। इसमें गढ़वाल के 4392 व कुमाऊँ के 6333 ग्रामों की पैमाइश हुई। खाम स्टेट प्रबन्धन के माध्यम से रामजे को सफल वन प्रबन्धन का श्रेय जाता है। रामजे ने 1861 में हिमालय के तराई क्षेत्र के जंगलों की विस्तृत रिपोर्ट तैयार करवाई। पहले वन संरक्षक के रूप में उन्होंने ठेकेदारी प्रथा का अंत किया एवं वृक्षपातन से पूर्व ही चिन्हीकरण के कार्य को अन्जाम देने की व्यवस्था को प्रारम्भ किया। ज्ञातव्य रहे कि रामजे साहब 1868 ई0 तक कुमाऊँ कमिश्नर के साथ–साथ वन संरक्षक भी रहे।

इस प्रकार हम पाते हैं कि कुमाऊँ पर 1815 ई0 से लेकर स्वतन्त्रता प्राप्ति तक क्रमशः गार्डनर, ट्रेल गोबान, लुशिंगटन, बैटन, रामजे, फिशर, रौस, ग्रिग, अर्सकिन, रावर्ट्स, डेभिस, ग्रेसी, केम्पबैल, बिनढक, स्टाइफ, ओयन और इबस्टन महोदय ने कमिश्नर के पद पर कार्य किया। कुछ लागों ने अस्थायी कमिश्नर के तौर पर भी कार्यभार ग्रहण किया था। उनकी सूची उपलब्ध नहीं है। जो भी हो एक बात साफ है कि लगभग सभी शासकों ने इस क्षेत्र में एकतंत्र की ही स्थापना की।

संक्षेप में वर्तमान प्रशासनिक ढाँचा, जिसमें कलेक्टर के अधीन डिप्टी कलेक्टर अथवा डिवीजन के अफसर होते हैं। इनके नीचे तहसील के प्रशासक तहसीलदार होते हैं। तहसीलदार के नीचे क्रमशः नायब तहसीलदार, कानूनग और पटवारी कार्य करते हैं एवं ग्राम प्रधान शासन में पटवारी को सहायता करते हैं। इन सबका विकास ट्रेल, बैटन और रामजे साहब के अधीन ही हुआ। 1869 ई0 में पी व्हेलें को इस क्षेत्र के कानूनों की समीक्षा के लिए नियुक्त किया गया, जो इस प्रान्त के कानूनों के विनियमन की दिशा का प्रथम प्रयास था। उनकी रिर्पोट 1870 ई0 में प्रकाशित हुई। ब्रिटिश संसद द्वारा अधिसूचित जिला अधिनियम, 1874 ई0 पारित हुआ। इस अधिनियम में व्यवस्था दी गई कि गर्वनर जनरल के परिषद् के अनुमोदन से विशिष्ट क्षेत्रों के लिए प्रभावी कानूनों की व्यवस्था गजट अधिसूचना से की जा सकती है। इस अधिनियम की धारा–5 के अनुसार ऐसे विशिष्ट क्षेत्रों में राजस्व, दीवानी और फौजदारी मामलों के निस्तारण के लिए अधिकारियों की तैनाती और निस्तारण प्रक्रिया के

लिए उन्हें ही अधिकृत किया जा सकता है। दुर्गम, पिछड़े एवं कठिन क्षेत्रों के लिए यह अपेक्षाकृत व्यावहारिक व्यवस्था थी। अधिसूचित जिला अधिनियम, 1874 को प्रथम अनुसूची में गैर विनियमित क्षेत्र रखे गए थे। इन क्षेत्रों के लिए अधिनियम की धारा 3 व 4 के अन्तर्गत अधिसूचनाएँ और नियम प्राख्यापित किए जा सकते थे। कुमाऊँ गढ़वाल के लिए जारी इन नियमों को 'कुमाऊँ रूलस' के नाम से लम्बे समय तक जाना जाता रहा। इस अधिनियम के तहत जारी अन्य नियम इस प्रकार हैं–

1) राजस्व पटवारियों की पुलिस शक्तियों के सम्बन्ध में नियम (मार्च 1916)
2) रेस्ट व टिनेन्सी मामलों के कुमाऊँ न्यायालयों के लिए नियम, जनवरी, 1918 ई0
3) सिंचाई गूलों व घराटों के लिए नियम, अक्टूबर 1930
4) नयाबाद व वेस्टलैण्ट नियम, अगस्त 1943

लगभग 50 वर्षों तक अधिसूची जिला अधिनियम 1974 के अन्तर्गत शासित होने के उपरांत अनुभव किया गया कि स्थानीय जनता इससे असंतुष्ट थी। स्थानीय जनता के द्वारा प्रतिवेदन के माध्यम से इस विशिष्ट प्रावधान को हटा लेने का आग्रह भी समय–समय पर होता रहा। शेष संयुक्त प्रांत के अनुरूप ही इसको शासित किये जाने की माँग भी उठती रही। अन्ततः संयुक्त प्रांत की विधान परिषद के एक संकल्प द्वारा सन् 1925 में एक कमेटी का गठन किया गया। इस समिति ने 1927 ई0 की ग्रीष्म ऋतु में अपना कार्य प्रारम्भ किया। समिति ने सुझाव दिया कि अधिसूचित जिला अधिनियम, 1974 से बाहर लाने के लिए केवल दो विधेयक पारित किए जाने पर्याप्त हैं। प्रथम जिसमें कुमाऊँ को उक्त अधिनियम से हटाएँ जाने की घोषणा की जायेगी कि कुछ अपवादों को छोड़ वे सभी अधिनियम जो रूहेलखण्ड मण्डल से प्रभावी हैं, वह कुमाऊँ से भी प्रभावी होंगे। द्वितीय यह कि ऐसा न करने पर जिन कठिनाईयों का अनुभव होगा उन्हें दूर किया जा सकेगा। साइमन कमीशन के आगमन व अन्य कारणों के चलते हुए विलम्बन के पश्चात् कुमाऊँ लॉ कमेटी ने निम्नांकित विधेयकों का प्रारूप तैयार किया–

1. दि शिड्यल डिस्ट्रिक्टस (कुमाऊँ) रिमूवल बिल, 1932 ई0
2. दि कुमाऊँ रेवेन्यू पुलिस बिल, 1932 ई0
3. दि यूनाइटेड प्रोवेन्सि लैण्ड रेवेन्यू (कुमाऊँ एमैण्डमेण्ट)बिल 1932 ई0

4. दि बंगाल, आगरा एण्ड असम सिविल कोर्टस (कुमाऊँ एमैण्डमेण्ट) बिल 1932 ई0
5. कुमाऊँ टिनेन्सी (जूरिस्डिकशन एण्ड प्रोसिजर) बिल, 1931

उपरोक्त में से क्रम संख्या 4 वाले बिल को छोड़कर शेष चारों बिलों पर सलेक्ट कमेटी ने विचार अवश्य किया किन्तु 1935 ई0 के उपरान्त इस पर कोई अग्रेतर कार्यवाही नहीं की गई। 1937 में गवर्मेण्ट ऑफ इंडिया (एडेप्टशन ऑफ इण्डियन लॉज) के आने के साथ ही अधिसूचित जिला अधिनियम, 1874 का अस्तित्व ही समाप्त हो गया। गवर्मेण्ट ऑफ इंडिया एक्ट 1935 की धारा 91 व 92 में किसी पिछड़े क्षेत्र को पूर्ण या आंशिक रूप से उस प्रान्त के शेष भाग पर लागू कानून से मुक्त रखा जा सकता था किन्तु इसके तहत निर्गत आदेश में कुमाऊँ का नाम सम्मिलित न था।

सन् 1839 ई0 तक ब्रिटिश गढ़वाल को कुमाऊँ के एक परगने के रूप में रखा गया। इसके उपरान्त इसे जनपद बना दिया गया। 1854 ई0 में कुमाऊँ का मुख्यालय ओस ग्रोव, नैनीताल में स्थापित हुआ। 1854 से 1890 तक कुमाऊँ मण्डल में अल्मोड़ा व ब्रिटिश गढ़वाल दो जनपद थे। ब्रिटिश गढ़वाल का मुख्यालय 'श्रीनगर' गढ़वाल था, जिसे 1840 ई0 में पौड़ी स्थानान्तरित कर दिया गया। 1890 ई0 में अल्मोड़ा जनपद को पुनः दो जनपद नैनीताल एवं अल्मोड़ा में विभक्त कर दिया गया। सन् 1890 से स्वतन्त्रता प्राप्ति तक कुमाऊँ मण्डल में नैनीताल, अल्मोड़ा व गढ़वाल तीन जनपद शामिल थे। यद्यपि सन् 1901 में इस भाग को संयुक्त प्रान्त का हिस्सा बना दिया गया था फिर भी 1904 ई0 के नैनीताल गजेटियर में इस क्षेत्र के लिए 'हिल स्टेट' शब्द का प्रयोग हुआ है।

ब्रिटिश कालीन भू–प्रबन्धन

आदि पुरूष मनु ने राजा अथवा शासक को राज्य प्रबन्धन हेतु कर लेने का अधिकार प्रदान किया है। हिन्दू राजाओं की राजस्व व्यवस्था मनु के आदेशों के अनुरूप ही संचालित होती थी। उत्तराखंड के प्राचीन राजवंशों ने भी इसका अनुपालन किया। किन्तु अंग्रेजों ने इसे बदल दिया। राजस्व सम्बन्धी उनके नियम रबड़ की तरह लचीले होते थे। बंदोबस्त की कोई स्थायी व्यवस्था नहीं थी एवं प्रत्येक बंदोबस्त के पश्चात् कर की दर बढ़ाना सरकार की नीति रही। इस पर्वतीय क्षेत्र में स्थानीय जनता को दो तरह से बंदोबस्त की मार पड़ी। उन्हें जमीन के साथ–साथ वन बंदोबस्त का त्रास भी झेलना पड़ा।

सामान्यत बंदोबस्त से तात्पर्य जमीन के बाबत राज्य व प्रजा के मध्य जो लिखा–पढ़ी होती है, से है। ब्रिटिशकाल में इस क्षेत्र में खसरा पैमाइश की व्यवस्था शुरू हुई। जमीन के नक्शे बनाए गए, जिनमें खेतों के नंबर डाले जाते थे। खसरों के हिस्सेदार, खायकर, व सिरतानों के नाम खेतों के नम्बर सहित दर्ज होते थे। इस क्षेत्र की जमीन को चार भागों में बाँटा गया था–

1. तलाऊँ
2. अब्वल
3. दोयम
4. कटील

विकेट महोदय ने राजस्व निर्धारण का तरीका निर्धारित किया। उनका बंदोबस्त सन अस्सी के बंदोबस्त के नाम से प्रसिद्ध है यद्यपि यह सन् 1823 ई0 में (सम्वत्1880) में लागू हुआ था। इसके अनुसार तलाऊँ भूमि के तीन गुने, अब्वल भूमि के डेढ़ गुने पर, दोयम के बराबर और कटील भूमि आधे पर मालगुजारी की रकम तय की जाती थी। गाँव के प्रधान मालगुजारी वसूल कर पटवारी को देता था, जो उसे सरकारी खजाने में जमा करता था।

मालगुजारी की दर सामान्यतः 2.5 से 3.5 तक प्रति बीसी होती थी। मालगुजारी वसूलने वालों को 5 रूपये सैकड़ा दस्तूर मिलता था। रामजे महोदय की विशेष कृपा के कारण–नैनीताल के महरा गाँव के थोकदारों को 10 रूपये सैकड़ा दस्तूर मिलता था। बंदोबस्त की सम्पूर्ण कारवाई प्रान्तीय गजट में छपती थी। 1815 से 1833 तक ट्रेल महोदय ने ही सात बंदोबस्त पूरे कर डाले थे। बैकेट का आठवाँ बंदोबस्त 20 वर्षों के लिए किया गया था। यह गढ़वाल–कुमाऊँ का संयुक्त अन्तिम बंदोबस्त था।

पूर्व के कुमाऊँ शासक सीधे–सीधे नृपाति थे और उनके अधिकार सीमाबद्ध थे। राजधानी के निकट की कुछ जमीन राज परिवार के भरण–पोषण को रखी जाती थी जिसमें राजा के निजी खर्च से जुताई एवं बुवाई की जाती थी। इस तथ्य का उल्लेख स्वयं ट्रेल महोदय ने भी किया है। तात्पर्य यह है कि पुराने हिन्दू राजा स्वयं को जमीन का स्वामी नहीं केवल संरक्षक मानते थे। किन्तु अंग्रेजों ने इस नीति को परिवर्तित कर दिया। उन्होंने कहा कि सम्पूर्ण जमीन का मालिक सरकार है। इस नीति के अनुसार गाँव के अंदर की बेनाप भूमि, घट, गाड़, जंगल, बंजर नदी आदि सम्पूर्ण भूमि सरकार की मान ली गई। गाँव के लोग एक प्रकार से

खायकर हो गए। इसका तात्पर्य है कि कृषक जमीन से खाए, कमाए और सरकार को नियमित कर दे।

आगरा टिनेन्सी अधिनियम संयुक्त प्रान्त में लागू हुआ किन्तु कुमाऊँ पर लागू नहीं किया गया। यहाँ की पद्धति श्री स्टौवल महोदय ने बनाई थी जो पुरानी हो चुकी थी। सरकार ने नई नीति बनाने की घोषणा की थी किन्तु नीति बनाई नहीं गई।

ब्रिटिशकाल में वन प्रबन्ध

ब्रिटिशकाल में वन प्रबन्धन की ओर भी ध्यान दिया गया। यद्यपि इसका वास्तविक उद्देश्य 1917 ई0 में स्टाइफ महोदय, जो उस समय जंगलात बंदोबस्त अधिकारी थे कि रिपोर्ट से होता है, जिसमें उन्होंने स्पष्ट लिखा था कि–कुमाऊँ का यह जंगलात बंदोबस्त कुमाऊँ के जंगलों के उत्पादन एवं रक्षा किसी योग्य एजेन्सी द्वारा क्रयविक्रय करने निमित्त है। इस प्रान्त में जंगल ही एक सम्पत्ति है, जो लाभदायक है, जिसकी आमदनी से प्रान्त और साम्राज्य के कोष को लाभ पहुँच सकता है। यहाँ पर जंगलात बंदोबस्त ब्रिटिश लाभ के उद्देश्य से ही किया गया। स्थानीय भावनाओं को एक किनारे रखा गया।

चंदकाल में वापी, कूप, तड़ाग देवालय, वृक्ष आदि लोकसम्पत्ति मानी जाती थी, जिन पर सम्पूर्ण जनता का अधिकार था। गोरखों ने काठवाँस तथा कत्थे पर कर लगाया, बाकी शेष जंगल पर सबका समान अधिकार था। किन्तु अंग्रेजों ने वन प्रबन्धन सम्पत्ति शास्त्र के अनुसार किया। जंगलात विभाग बनाने पर सर्वप्रथम ध्यान ट्रेल महोदय ने 1826 में दिया। उन्होंने भाबर क्षेत्र में थापलों से साल कटाई पर रोक लगाई। 1855–61 ई0 के मध्य रेल के स्लीपरों के लिए अन्धाधुंध वृक्षों का दोहन हुआ। 1861 ई0 में रामजे ने जंगलात बंदोबस्त किया। उन्होंने विशेषकर तराई के जंगल प्रबन्धन पर विशेष ध्यान दिया। रिजर्व क्षेत्र बनाए जाने से पूर्व अल्मोड़ा में 4540 वर्गमील जिला जंगल के अधीन था। उत्तराखंड में वन प्रबन्धन विकास मुख्यतः तीन चरणों में हुआ माना जा सकता है।

1) प्रथम चरण, 1815–1878 ई0 तक
2) द्वितीय चरण, 1878–1893 ई0 तक
3) तृतीय चरण, 1893–ई0 से लेकर वर्तमान तक जारी।

वर्ष 1858 ई0 के उपरान्त बम्बई प्रेसीडेन्सी में जंगलों की रक्षा होने लगी। वर्ष 1865 से जंगल रक्षित किए जाने लगे। जंगालात की रक्षा

हेतु कानून बना। कुमाऊँ में स्याही देवी, बिनसर, सागर आदि जंगलों में फारेस्ट गार्ड रखे गये। 1893 ई0 में नैनीताल में वनों पर एक सभा का आयोजन में किया गया। 1868 ई0 में संयुक्त प्रान्त में मेजर पिफरसन पहले कन्र्जवेटर नियुक्त हुए। 1875 ई0 में 1700 वर्गमील वन क्षेत्र जंगलात के अधीन हुआ। कुमाऊँ में जंगलात अफसर की नियुक्ति की गई। 1882 ई0 में जंगलात महकमा प्रान्तीय हुआ और 1893 ई0 में वन संरक्षित किए गए।

प्रथम चरण में हुए जंगलात प्रबन्धन से प्रजा को कष्ट न हुआ। ट्रेल साहब ने काठबाँस तथा कत्थे का ठेका भाबर में दिया जो 1858 तक जारी रहा। 1858 से 1868 ई0 में रामजे जंगलात अफसर भी रहे। उन्होंने वन प्रबन्ध में विशेष रूचि दिखाई, 1868 में भावर के वन संरक्षित एवं 1877 में सुरक्षित कर दिए गए। ये सभी अब जंगलात के अधीन हो गए। वर्ष 1873 में रानीखेत,1875 में बलढौटी एवं 1879 ई0 में नैनीताल के जंगल भी सुरक्षित वन घोषित हो गए।

1878 से 1893 का काल कुमाऊँ जंगलात का द्वितीय चरण कहा जा सकता है। इस काल में कुछ वन लोहे की कम्पनी और कुछ चाय–बागानों की स्थापना के लिए दिए गए। इस चरण से स्थानीय जनता को भारी कष्ट आरम्भ हुए। उनके पुस्तैनी अधिकार छीन लिए गए। अधिकांश वन क्षेत्र को पहले संरक्षित एवं बाद में सुरक्षित घोषित कर जंगलात के अधीन कर दिया गया।

वर्ष 1893 के उपरान्त प्रबन्धन का तृतीय चरण आरम्भ होता है। 1893 में तीन मूर्तियों सरजान हिवेटी, जान कैम्बल और सर पी0 कलटरबक ने अपने प्रभाव से नैनीताल से एक राजाज्ञा निकलवाई कि नाप जमीन के अलावा शेष बेनाप, ऊसर, बरफानी, नदी, तालाब, चट्टान, गाड़–गधेरे, जंगल, नुजूल आदि जमीने, सब सरकारी हैं। प्रजा का उन पर कोई हक नहीं है। इसी बीच जंगलों को तीन श्रेणियों में विभक्त किया गया। 'अ' श्रेणी के जंगल पूर्णतः सुरक्षित, जिनमें प्रजा को कोई हक नहीं दिया गया। 'ब' श्रेणी के संरक्षित जंगलों में प्रजा को थोड़े से अधिकार दिए गए जबकि 'स' श्रेणी क खुले जंगल थे, जो ग्राम के नजदीक होते थे। वर्ष 1894 ई0 में देवदार, चीड़ कैल, साल, सीसम, तुन खैर आदि वृक्ष सुरक्षित घोषित किए गए। इनको नाप भूमि में भी बिना अनुमति काटना मना था। जंगलों में बिना अनुमति शिकार करना, मछली पकड़ना इत्यादि भी प्रतिबन्धित कर दिया गया। इस चरण में पतरोलों (फोरस्ट गार्ड) ने जनता पर अमानवीय अत्याचार किए।

1911 ई0 से 1917 ई0 के मध्य स्टाइफ और नेलसन महोदय ने जंगलात बंदोबस्त किया। प्रजा के सभी जंगल अधिकार छीन लिए गए। पत्ती तोडने पर भारी जुर्माना व दण्ड दिया जाता था। इस चरण में कमिश्नर पी0 बिण्डन ने ही प्रजा के कष्टों को थोड़ा महसूस किया। एक जाँच कमेटी बिठाई एवं प्रजा को कुछ ओर हक देने तथा कुछ जंगलों को खोलने की सिफारिस की। कुमाऊँ सक्रिल का अलग से गठन हुआ जिसका संचालन नामजद सदस्यों एवं सरकारी कर्मचारियों द्वारा होता था। इसे कुमाऊँ–जंगलात कमेटी के नाम से जाना जाता है। इस कमेटी में सुनवाई तो होती थी किन्तु कार्यवाही सरकार अपने अनुसार ही करती थी। इस काल में पंचायती जंगल बनाने का प्रसार भी हुआ था।

जंगलात प्रबन्ध के लिए एक चीफ कंर्जवेटर होता था। उनके अधीन कई कन्जवेटर होते थे। उनके नीचे डिप्टी कर्न्जवेटर, रेजर, डिप्टी रेजर, फारेस्टर एवं फारेस्ट गार्ड(पतरोले) होते थे। अंग्रेजों द्वारा वन प्रबन्धन का यह ढाँचा बिना परिवर्तन के वर्तमान में भी जारी है।

न्याय एवं पुलिस व्यवस्था

चंद राजाओं के समय में पुलिस प्रबन्ध थोकदारों व प्रधानों के हाथों में होता था। तराई क्षेत्र में मेवाती व हेड़ी मुस्लमान पुलिस का कार्य सम्पन्न करते थे। गोरखों का शासन फौजी था। अतः सैन्य अधिकारी ही यह कार्य भी देखता था। अंग्रेजी शासन काल की स्थापना के साथ ही इस क्षेत्र में पुलिस व्यवस्था का एक सुदृढ़ ढाँचा तैयार हुआ। यद्यपि तराई क्षेत्र में अंग्रेजों ने प्रारम्भ में इस कार्य को हेड़ी व मेवातियों को ठेके पर दिया। इन लोगों को ठेका था कि वे इस इलाके में चोरी डकैती न होने देंगे और यदि हुई तो माल पूरा करेंगे। किन्तु डिप्टी सुपरिटेन्डेन्ट शेक्सपियर की रिपोर्ट के बाद सन् 1813 ई0 में यह व्यवस्था बंद कर दी गई और प्रत्येक घाटों पर कुमाऊँनी बटालियन के लोग रखे गए। भाबर–तराई में जंगलों के मध्य लीकें काट दी गई, जिनमें सवार पहरा दिया करते थे।

सामान्यतः पहाड़ी जिले अपराधिक नहीं समझे जाते थे इसलिए साधारण पुलिस (Regular Police) यहाँ पर पहले से भी नहीं थी। ट्रेल महोदय ने स्वयं स्वीकार किया है कि–'इस प्रांत में अपराधों की संख्या कम होने से फौजदारी पुलिस की कोई आवश्यकता नहीं है। कत्ल को यहाँ कोई जानता नहीं। चोरी व डकैती बहुत कम होती है। अंग्रेजी राज्य स्थापित होने से लेकर अब तक जेल में 12 से ज्यादा कभी नहीं हुए और उनमें भी अधिकतर मैदानी क्षेत्रों से हैं। यहाँ पर मौतों का कारण सर्पदंश,

जानवर से अथवा आत्महत्या से होती थी। स्त्री सम्बन्धी मुकदमें ज्यादा होते थे। 1824 ई0 में दास प्रथा के अंत और 1829 में सती प्रथा के अंत के साथ इनमें भी कमी आई।

पहाड़ों में अल्मोड़ा का थाना सबसे प्राचीन है, जो 1837 ई0 में स्थापित हुआ। इसके पश्चात् क्रमशः 1843, 1869 ई0 में नैनीताल और रानीखेत में थाने स्थापित हुए। अंग्रेजों ने यात्रा–मार्ग पर पुलिस व्यवस्था की। मोटर–सड़क के निर्माण के बाद इन पर भी ट्रैफिक पुलिस चौकियाँ स्थापित की गई।

पहाडों में कम खर्च पर पुलिस व्यवस्था का सर्वोतम तरीका ट्रेल महोदय ने निकाला। उन्होंने पटवारी के रूप में राजस्व पुलिस की स्थापना कर ग्रामीण क्षेत्र में पुलिस के सामान्य कार्यों को इस पद में निहित कर दिया। इस संदर्भ में रामजे का राज विशेष है कि– "मैं समझता हूँ कि हमारा गाँव सम्बन्धी पुलिस का तरीका भारत में सबसे अच्छा है। यह ग्राम पुलिस सस्ती है। इसमें सरकार का कुछ भी खर्च नहीं होता।" यद्यपि इस व्यवस्था में पटवारी, पेशकार, पंच, पतरौल इत्यादि सीधी–सीधी व अशिक्षित जनता का अधिकाधिक शोषण करते थे। 1920–22 के असहयोग आन्दोलन के बाद पटवारी की स्थिति में परिवर्तन आया। साक्षरता बढ़ने से कुमाऊँ के लोग अब पहले जैसे सीधे न रहे। स्थानीय जनता में आई जागरूकता के कारण अब पटवारी को वसूली में मुश्किलों का सामना करना पड़ा। उसकी शक्तियाँ कम पड़ने लगी और पट्टी से उसका दबदबा न्यून होने लगा। इसलिए 1925 ई0 के गजेत्यिर में परिशिष्ट लिखा गया कि अब रामजे साहब की राय में संशोधन होना जरूरी है।

सामान्यतः ब्रिटिश राजकाल में सारे प्रान्त की पुलिस व्यवस्था इन्स्पैक्टर–जनरल के हाथों में होती थी। जिसके अधीन सुपरिडेन्डेन्ट, डिप्टी सुपरिडेन्ट, इन्स्पैक्टर, सब–इन्स्पैक्टर होते थे। कमोबेश पुलिस का यही ढाँचा बिना परिवर्तन के अब भी जारी है।

न्याय व्यवस्था के तहत वर्ष 1838 ई0 के नियम–10 के तहत जिले के पश्चिमकोत्तर भाग में सदर दीवानी अदालत, सदर निजामत अदालत और सदर बोर्ड माल के अधीन हुए। बोर्ड ऑफ रेवेन्यू इस क्षेत्र में मालगुजारी के विषय का अधिष्ठाता था। इस सम्बन्धी मामलों की सुनवाई केवल माल की कचहरियों में ही होती थी। सन् 1894 ई0 तक कुमाऊँ कमिश्नर ही न्याय का सर्वेसर्वा था। उसे फांसी देने तक का अधिकार था, जिसकी अपील हाईकोर्ट में नहीं हो सकती थी। 1894 ई0 से 1914 ई0

तक सेशनजज के कोर्ट खुले। वर्ष 1914 ई0 में न्याय विभाग पृथक हो गया और इनका सीधा सम्बन्ध उच्च न्यायालय से हो गया।

पहला मुंसिफ वर्ष 1929 ई0 में नियुक्त हुआ। कमिश्नर के रिश्तेदार को सदर अमीन बनाया गया। 1838 ई0 में ये पद समाप्त कर दिए गए। अधिनियम 10, 1838 के अनुसार कुमाऊँ को गढ़वाल एवं कुमाऊँ दो प्रान्तों में विभक्त किया गया। एक–एक सिनियर असिटेण्ट कमिश्नर और सदर अमीन नियुक्त हुए। मुसिंफ के अधिकार तहसीलदार पद में निहित कर दिए गए।

आधुनिक शिक्षा का विकास

ट्रेल महोदय लिखते हैं कि ''कुमाऊँ में आम स्कूल नहीं और निजी स्कूलों में केवल उच्च वर्ण के लोगों को ही शिक्षा मिलती है। पढ़ाने का कार्य ब्रह्मण करते हैं। उच्चशिक्षा के लिए काशी भेजे जाते हैं। हिन्दू शिक्षा पद्धति के अनुसार ही शिक्षा दी जाती है।'' गोरखा काल में शिक्षा का ह्रास हुआ फिर भी अंग्रेजी आधिपत्य के समय कुमाऊँ में 129 हिन्दी व संस्कृत की पाठशालाएँ थी। सर्वप्रथम अंग्रेजों ने एक स्कूल श्रीनगर गढ़वाल में 1840 ई0 में शुरू किया। कालान्तर में कलकत्ता शिक्षा समिति की सिफारिश पर दो और स्कूल भी खुले। 1841 ई0 में शिक्षा विभाग की स्थापना की गई। कई स्कूलों की स्थापना हुई।

सर्वप्रथम 1871 ई0 में प0 बुद्धिबल्लभ पंत शिक्षा इन्सपेक्टर बने। उनके काल में शिक्षा क्षेत्र में अभूतपूर्व प्रगति हुई। इस काल में 2 मिडिल स्कूल, 166 स्कूल खुले जिनमें छात्र संख्या 8488 थी। कुमाऊँ में आधुनिक शिक्षा की जड़ जमाने में बल्लभजी का बड़ा योगदान है। 1844 में एक मिशन स्कूल खुला जो 1871 ई0 में रामजे कॉलेज बना। यही स्कूल कुमाऊँ में अंग्रेजी शिक्षा का श्री गणेश करने वाला स्कूल है। रामजे महोदय काम चलाऊ शिक्षा दिए जाने के पक्षधर थे। 1923 ई0 के पश्चात् स्वराज दल के सदस्य शिक्षा बोर्ड में शामिल हुए। अब शिक्षा के प्रसार में तेजी आई। चूंकि नैनीताल का जिले के रूप में गठन 1841 ई0 में हुआ। इसके पश्चात् ही यहाँ शिक्षा का विकास संभव हो पाया।

संक्षेप में, उत्तराखंड में आधुनिक, प्रशासनिक, न्याय राजस्व एवं शिक्षा व्यवस्था का विकास अंग्रेजी राज्य की स्थापना के साथ हुआ। इस प्रक्रिया से धीरे–धीरे इस क्षेत्र की जनता में जागरूकता आई और प्रशासनिक कुप्रबन्ध, जंगलात कानून, बुरी व्यवस्थाओं के विरूद्ध जनता ने आवाज उठानी शुरू की। राजनीतिज्ञ संस्थाओं का विकास हुआ। राष्ट्रीय

आन्दोलन में भागीदारी प्रारम्भ हुई। कांग्रेस की स्थापना इस दिशा में महत्वपूर्ण प्रयास था। वर्तमान उत्तराखंड राज्य में अधिकांश व्यवस्थाओं का श्रीगणेश ब्रिटिश शासनकाल में ही हुआ।

बहुविकल्पीय प्रश्न

1. 1802 ई0 में लार्ड वेलीजेली ने किसको कुमाऊँ की जलवायु, जंगल एवं परिस्थितियों का संकलन करने के लिए भेजा था?
   (क) लार्ड मायरा (ख) मूरक्राफ्ट
   (ग) गॉट (घ) इनमें से कोई नहीं
2. इस सुन्दर प्रदेश उत्तराखंड को ब्रिटिश नियंत्रण में देखने का स्वप्न देखने वाले पहले व्यक्ति थे
   (क) लार्ड मायरा (ख) लार्ड डलहौजी
   (ग) लार्ड नेलसन (घ) इनमें से कोई नहीं
3. प्रथमतः ब्रिटिश कुमाऊँ गढ़वाल का प्रशासन किस रुप में चलाया गया?
   (क) गैर विनियमित प्रान्त (ख) विनियमित प्रान्त
   (ग) क व ख दोंनों रुप में (घ) इनमें से कोई नहीं
4. 1815 ई0 में कुमाऊँ का पहला कमिश्नर नियुक्त किया गया
   (क) ई0 गार्डनर (ख) विलियम ट्रेल
   (ग) जार्ज गोबान (घ) इनमें से कोई नहीं
5. ट्रेल महोदय ने कुमाऊँ गढ़वाल में 20 वर्ष सेवा दी, इसमें से कितने वर्ष तक वे यहाँ के आयुक्त रहे?
   (क) 15 (ख) 17
   (ग) 19 (घ) 20
6. विलियम ट्रेल ने 25 वर्षों से चली आ रही गोरखा राजस्व व्यवस्था के स्थान पर स्थानीय परिस्थितियों एवं पूर्व परम्पराओं के अनुसार कुमाऊँ प्रान्त का कितने परगनों में विभाजन किया?
   (क) 14 (ख) 18
   (ग) 24 (घ) 28
7. विलियम ट्रेल ने नानकर भूमि के अधिग्रहण से प्राप्त बचत की राशि से 1819 में कौनसा नया पद सृजित किया?
   (क) गर्वनर (ख) कमिश्नर
   (ग) पटवारी (घ) इनमें से कोई नहीं

8. ट्रेल ने अपने कार्यकाल में भूमि सम्बधी कुल कितने बंदोबस्ती चक्र पूर्ण किए?
(क) 5 (ख) 7
(ग) 9 (घ) 12

9. कुमाऊँ के तृतीय कमिश्नर कर्नल जार्ज गोबान के कार्यकाल में अंत हुआ
(क) दासप्रथा का (ख) सतीप्रथा का
(ग) बालिका वध का (घ) इनमें से कोई नहीं

10. कुमाऊँ का रेगुलेशन प्रान्तों की भाँति एक नियमित प्रांत बनाने को अधिनियम–10 (Act-10) में प्राख्यापित हुआ
(क) मार्च 1838 ई0 को (ख) अप्रैल 1838 ई0 को
(ग) मई 1838 ई0 को (घ) इनमें से कोई नहीं

11. अधिनियम–10 के तहत एक नियमित प्रांत बनने के बाद कुमाऊँ के प्रथम कमिश्नर बने
(क) जार्ज लुशिंगटन (ख) विलियम ट्रेल
(ग) जार्ज गोबान (घ) इनमें से कोई नहीं

12. वर्तमान में भिन्न–भिन्न विभागों द्वारा सरकार को वार्षिक प्रतिवेदन भेजे जाने की व्यवस्था लुशिंगटन के कार्यकाल में कुमाऊँ से ही किस वर्ष प्रारम्भ हुई?
(क) 1944 ई0 (ख) 1939 ई0
(ग) 1934 ई0 (घ) इनमें से कोई नहीं

13. बद्री–केदार यात्रा मार्ग पर सर्वप्रथम असिस्टेंट सर्जन की तैनाती हुई
(क) मार्च 1940 ई0 में (ख) अप्रैल 1840 में
(ग) मई 1940 ई0 में (घ) इनमें से कोई नहीं

14. नैनीताल को न केवल कमिश्नरी मुख्यालय के रूप में अपितु एक लोकप्रिय पर्यटक नगरी बनाने के लिए भी मौलिक प्रयत्न किए
(क) बैटन ने (ख) विलियम ट्रेल ने
(ग) जार्ज गोबान ने (घ) इनमें से कोई नहीं

15. हेनरी रामजे ने विभिन्न पदों पर ब्रिटिश कुमाऊँ में लगभग कितने वर्षों तक कार्य किया?
(क) 40 वर्षों (ख) 44 वर्षों
(ग) 48 वर्षों (घ) इनमें से कोई नहीं

16. अंग्रेज लेखकों ने किसे 'कुमाऊँ का राजा' की संज्ञा से विभूषित किया है?
(क) बैटन (ख) विलियम ट्रेल
(ग) हेनरी रामजे (घ) इनमें से कोई नहीं

17. कुमाऊँ के प्रथम वन संरक्षक थे।
(क) बैटन (ख) बैकेट
(ग) हेनरी रामजे (घ) इनमें से कोई नहीं

18. ब्रिटिश गढ़वाल का मुख्यालय 'श्रीनगर' गढ़वाल से किस वर्ष में पौड़ी स्थानान्तरित कर दिया गया?

(क) 1940 ई0 (ख) 1941 ई0

(ग) 1942 ई0 (घ) इनमें से कोई नहीं

19. किसका बंदोबस्त 'सन अस्सी के बंदोबस्त' के नाम से प्रसिद्ध है यद्यपि यह सन् 1823 ई0 में लागू हुआ था?

(क) बैटन (ख) बैकेट

(ग) ट्रैल (घ) इनमें से कोई नहीं

20. पहाड़ों में सबसे पहला थाना 1837 ई0 मे कहाँ स्थापित हुआ?

(क) अल्मोड़ा (ख) नैनीताल

(ग) कौसानी (घ) इनमें से कोई नहीं

21. किस वर्ष अंग्रेजों ने एक स्कूल श्रीनगर गढ़वाल में शुरू किया?

(क) 1840 ई0 (ख) 1846 ई0

(ग) 1848 ई0 (घ) इनमें से कोई नहीं

उत्तर

1 ग	2 क	3 क	4 क	5 ग	6 ग	7 ग
8 ख	9 क	10 ख	11 क	12 ख	13 ख	14 क
15 ख	16 ग	17 ग	18 क	19 ख	20 क	21 क

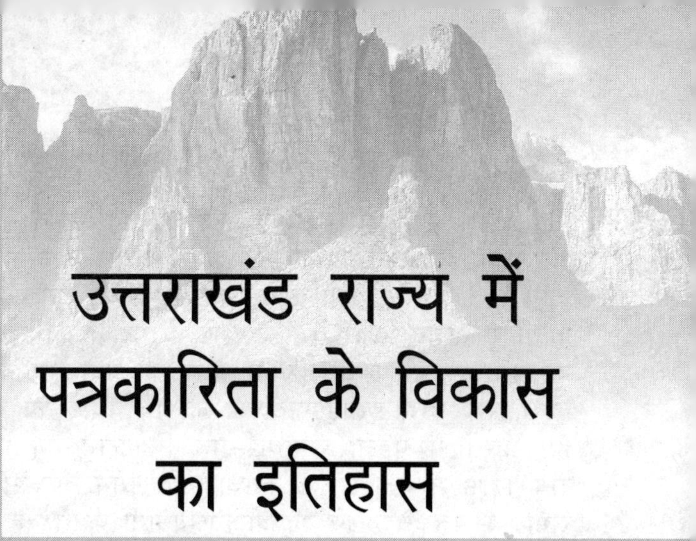

10
अध्याय

उत्तराखंड राज्य में पत्रकारिता के विकास का इतिहास

भारत में विधिवत् समाचार पत्रों का प्रारम्भ यूरोपीय देशों के यहाँ आने के पश्चात् ही हुआ। यद्यपि भारत में अंग्रेजी शासन काल से पूर्व भी सूचनाओं का प्रचार प्रसार होता था परन्तु उस युग में इसका स्वरूप आज से भिन्न था। चूंकि तब तक मुद्रण तकनीक का आविष्कार नहीं हुआ था। अतः अधिकांश सूचनाएं हस्तलिखित होती थी। राज्य–प्रशासन की ओर से निर्गत ओदशों को हस्तलिखित कर एक कर्मचारी द्वारा सम्पूर्ण राज्य के विभिन्न चौराहों पर खड़े होकर जोर–जोर से पढ़ा जाता था। यह व्यवस्था 'मुनादी' के नाम से जानी जाती थी। अतः कहा जा सकता है कि उस युग में 'मुनादी' के माध्यम से ही सूचनाओं व आदेशों का प्रचार–प्रसार किया जाता था। कभी–कभी सूचनाऐं पत्र के रूप में लिखकर विभिन्न चौराहों पर चिपका दी जाती थी। परन्तु शिक्षा के अभाव के कारण सूचनाओं का मुख्य साधन मुनादी ही हुआ करते थे। डॉ0 राम विलास शर्मा ने अपनी पुस्तक सन् सत्तावन की राज्य क्रांन्ति में लिखा है कि दिल्ली से लगभग सवा सौ हस्तलिखित पत्र निकलते थे।

भारत में सर्वप्रथम प्रिन्टिंग प्रेस लाने का श्रेय पुर्तगालियों को जाता है। सर्वप्रथम मुगल बादशाह अकबर के शासन काल में सन् 1557 में पुर्तगाली मिशनरी द्वारा पहला प्रिटिंग प्रेस गोवा में स्थापित किया गया। प्रायः यूरोपीय देशों का भारत आने का एक मूल उद्देश्य ईसाई धर्म का प्रचार करना भी था तथा इसी उद्देश्य की पूर्ति हेतु यहाँ प्रिन्टिंग प्रेस की स्थापना की गयी। ईसाई पादरियों द्वारा इसी प्रेस में ईसाई साहित्य छापकर अपने धर्म का प्रचार–प्रसार किया जाना लगा। इस प्रकार 1557

में गोवा के पादरियों ने अपनी पहली पुस्तक भारत में छापी। वहीं दूसरी ओर अब ईस्ट इंडिया कम्पनी के अत्याचार धीरे–धीरे बढ़ने लगे तथा कम्पनी के कर्मचारी अब कम्पनी के मंसूबों को समझने लगे, वे कम्पनी के कार्यों से असन्तुष्ट थे तथा कम्पनी के मसूबों को समाज के समक्ष लाने का प्रयत्न करने लगे। इस उद्‌देश्य की पूर्ति हेतु कम्पनी के असन्तुष्ट कर्मचारियों द्वारा ईसाई पादरियों के धर्म प्रचार की प्रणाली को अपनाते हुए भारत में पहला समाचार–पत्र निकालने का प्रयास किया गया। सन् 1776 में एक अंग्रेज कर्मचारी विलियम बोल्ट्स ने त्यागपत्र देकर समाचार–पत्र निकालने की योजना बनायी परन्तु वह असफल हुआ तथा उसे वापस इंग्लैण्ड भेज दिया गया। चार वर्ष बाद सन् 1780 में जेम्स आगस्टस हिक्की भारत में पहला समाचार पत्र प्रकाशित करने में सफल हुए। अतः 29 जनवरी 1780 को भारत में मुद्रित पहला समाचार पत्र 'द बंगाल गजट' अथवा 'द कलकता जेनरल एडवटाइजर' के नाम से प्रकाशित हुआ। यद्यपि इस प्रेस को भी कुछ समय पश्चात नष्ट कर दिया गया। नवम्बर 1780 में प्रकाशित 'इण्डिया गजट' दूसरा भारतीय पत्र था। किसी भी भारतीय द्वारा प्रकाशित प्रथम समाचार–पत्र गंगाधर भट्‌टाचार्य का साप्ताहिक 'बंगाल गजट' था, जो अंग्रेजी भाषा में मुद्रित था। इसका प्रकाशन 1816 में किया गया। सन् 1818 में कुछ ब्रिटिश व्यापारियों द्वारा जेम्स सिल्क बकिंघम नामक पत्रकार को कलकता जनरल का सम्पादक नियुक्त किया गया। पत्रकारिता के इतिहास में बकिंघम का महत्वपूर्ण योगदान है। उन्होंने बहुत से अन्य पत्रकारों को प्रोत्साहित किया, इन्होंने ही प्रेस को जनता का प्रतिबिंब बनाया। वर्तमान में हम प्रेस के जिस रूप को देखते हैं, इस स्वरूप को देने का श्रेय भी इन्हें ही जाता है। भारत में पत्रकारिता के इस प्रारम्भिक दौर में प्रकाशित समाचार–पत्रों का कार्य बहुत अधिक लम्बा नहीं होता था। अधिकांश पत्र सालभर में ही बंद करवा दिये जाते थे। चूंकि अभी तक समाचार–पत्र सम्बन्धी कोई कानून नहीं बना था अतः ये समाचार पत्र पूर्णतया कम्पनी की दया पर निर्भर होते थे। जो समाचार–पत्र कम्पनी के विरूद्ध मुद्रित होता था, उसे बंद करवा दिया जाता अथवा संचालक को हटाकर उसके स्थान पर दूसरे अधिकारियों की नियुक्ति कर दी जाती थी। भारत में जैसे–जैसे अंग्रेज जनता के प्रति कठोर होते गए, फलस्वरूप भारतीय जनता में असन्तोष फैलने लगा, जिसका परिणाम राष्ट्रीय चेतना के रूप में सामने आया। कालान्तर में राष्ट्रीय चेतना का विकास तीव्र गति से होने लगा। इसमें देश के बुद्धिजीवी वर्ग का महत्वपूर्ण योगदान रहा। इसी बुद्धिजीवी वर्ग

ने सामान्य जन के नेतृत्व की बागडोर सम्भाली। इन राष्ट्रीय नेताओं ने राष्ट्रीय चेनता व नवीन जागृति उत्पन्न करने के लिए समाचार–पत्रों का उपयोग करना प्रारम्भ किया। फलतः अब समाचार पत्रों की संख्या व वितरण में उल्लेखनीय वृद्धि हुई। सभी राष्ट्रीय नेता अपने विचारों को विभिन्न समाचार–पत्रों के माध्यम से सामान्य जन तक पहुँचाने लगे।

वर्ष 1624 में अन्तोनियो दे अनद्रादे नामक व्यक्ति पहला ईसाई था, जो श्रीनगर पहुँचा। उस समय श्रीनगर गढराज्य की राजधानी हुआ करती थी। अन्द्रादे एक पुर्तगाली जेसुएट पादरी था। इस प्रकार देखा जाए, तो उत्तराखंड में प्रवेश करने वाले पहले यूरोपीय पुर्तगाली थे। अन्द्रादे दिल्ली से तीर्थयात्रियों के साथ यहाँ पहुचा। गढनरेश ने पादरी के साथ अच्छा व्यवहार किया और अपने राजप्रासाद के निकट उन्हें स्थायी निवास बनाने के लिए भूमि का टुकड़ा देने को भी तैयार हो गए थे। चूंकि वह स्थान काफी समय तक पादरीबाड़ा के नाम से जाना जाता रहा इसलिए सम्भव है कि उन्होंने वहां गिरिजाघर की स्थापना भी की हो। बाद में राजा के वजीर ने पादरीबाड़ा में शंकरमठ की स्थापना की, जिसे वर्तमान में भी वहाँ देखा जा सकता है।

कुमाऊँ में सन् 1850 में ईसाई मिशनरी का कार्य प्रारम्भ हुआ, जब लन्दन मिशनरी सोसाइटी का पादरी रेवरेण्ड बढन अल्मोड़ा पहुंचा। इससे पूर्व वह बनारस व मिर्जापुर में ईसाई धर्म का प्रचारक था। उन्होंने अल्मोड़ा में एक अग्रेजी स्कूल की स्थापना की,जहां बच्चों को हिन्दी के साथ–साथ अंग्रेजी भी पढानी शुरु की। इससे पूर्व 1815–16 में अग्रेजों का गढवाल और कुमाऊँ पर अधिकार स्थापित हो चुका था। अतः यहाँ ईसाई धर्म का प्रचार कार्य आसान हो गया था। सन् 1853 में मंसूरी में अन्दरिया नामक एक कबीर पंथी साधू ईसाई बना। वह देवभूमि के नाम से जानी जाने वाली उत्तराखंड की भूमि पर ईसाई धर्म की दीक्षा लेने वाला पहला व्यक्ति था। ईसाई धर्म की दीक्षा लेने वाला पहला गढ़वाली 'ख्याली ओड' था, जो पेशे से एक राज मिस्त्री था। उसने सन् 1867 में ईसाई धर्म की दीक्षा ली।

गोरखा युद्ध में टिहरी नरेश की सहायता करने के साथ ही सन् 1815 में अंग्रेजों ने गढ़वाल क्षेत्र पर अपना आधिपत्य स्थापित कर लिया। सन् 1815 से 1900 तक अंग्रेजों के 85 वर्ष के शासनकाल में यहां की जनता अंग्रेजी राज्य की भक्त बनी रही तथा अंग्रेजों ने यहाँ बेखौफ राज किया। सन् 1900 के बाद उत्तराखंड की जनता को अपनी पराधीनता का एहसास होने लगा। धीरे–धीरे जनता अपनी स्वाधीनता के लिए प्रयास

करने लगी। समूचे राज्य में एक नई जागृति की लहर दौड़ गई। शिक्षा के प्रसार ने इस जागृति को एक नई ऊर्जा प्रदान की। इसके अतिरिक्त सम्पूर्ण देश में बहने वाली राष्ट्रभक्ति की लहर, कांग्रेस पार्टी का उदय, उच्च शिक्षा प्राप्त लोगों का पुनः घर लौटना तथा बाहय सम्पर्क और देश के विभिन्न क्षेत्रों से वापस लौटे उत्तराखण्डियों के अनुभवों ने भी स्थानीय जनता को इस दिशा में सोचने के लिए प्रेरित किया। साथ ही अब जनता पृथक–पृथक प्रयास करने के बजाय संगठित रूप कार्य करने लगी। इसी प्रयास के परिणामस्वरूप बीसवीं सदी के पहले और दूसरे दशक में गढ़वाल में– ब्राह्मण सभा, सरोला सभा, गढ़वाल हितैषिणी सभा, गढ़वाल भ्रातृ मण्डल, क्षत्रिय महासभा, गढ़वाल यूनियन, युवक संघ (पौड़ी) और कुमाऊँ में–शुद्ध साहित्य समिति, राजपूत रात्रि पाठशाला, स्टुडेण्ट कल्चरल एसोसियेशन, टम्टा सुधारिणी सभा, शुद्धिकरण समारोह, क्रिश्चियन यंग पिपुल्स सोसाईटी, कुमाऊँ परिषद्, नायक सुधार सभा, प्रेम सभा काशीपुर जैसे संगठन अस्तित्व में आये। इन संगठनों के नाम व काम में भिन्नता अवश्य थी परन्तु इन सभी का उद्देश्य एक था– स्वाधीनता।

देश की चिन्ता–चेतना और पराधीनता से निकलने की वैचारिक प्रेरणा को क्रान्ति के स्तर तक जन–जन में प्रचारित–प्रसारित का दायित्व तात्कालिक हिन्दी पत्रकारिता ने बखूबी निभाया। साथ ही तात्कालीन आंचलिक समाचार पत्रों ने भी भाषा तथा साहित्य, इतिहास बोध, सामाजिक और सांस्कृतिक चेतना के विकास में अपना महत्वपूर्ण योगदान दिया।

सन् 1870 में अल्मोड़ा में पहली बार सामाजिक, राजनैतिक, सांस्कृतिक और आर्थिक समस्याओं के समाधान हेतु 'डिबेटिंग क्लब' नामक एक छोटी सी संस्था अस्तित्व में आयी। सन् 1871 में अल्मोड़ा से ही देश का पहला हिन्दी भाषी आंचलिक समाचार पत्र 'अल्मोड़ा अखबार' प्रकाशित हुआ। यद्यपि इससे पूर्व सन् 1868 में 'समय विनोद' नाम से एक हिन्दी समाचार–पत्र नैनीताल से श्री जय दत्त जोशी नामक वकील के संपादन में प्रकाशित हुआ था। परन्तु यह आज भी अपरिचित व गुमनाम है। इन आंचलिक हिन्दी समाचार–पत्रों से पहले सन् 1842–1870 के मध्य कुछ आंग्लभाषी समाचार–पत्र प्रकाशित तो हुए किन्तु एक–दो को छोड़कर सभी अल्पजीवी रहे। सन् 1842 में एक अंग्रेज व्यावसायी व समाजसेवी जान मेकिन्न द्वारा उत्तर भारत का पहला समाचार–पत्र 'द हिल्स' का मंसूरी से प्रकाशन किया गया। 7–8 वर्ष चलने के पश्चात् इसे बन्द कर दिया गया। लगभग एक दशक तक अखबारविहीन रहने के पश्चात् सन् 1860 में एक बार पुनः उत्तरी

भारत में डॉ0 स्मिथ द्वारा इस समाचार–पत्र का प्रकाशन प्रारम्भ किया गया, परन्तु 5 वर्ष चलने के बाद यह अखबार सन् 1865 में हमेशा के लिए बन्द होकर इतिहास का एक छोटा सा हिस्सा बन गया। 'मसूरी एक्सचेज', 'मसूरी सीजन' तथा 'मसूरी क्रानिकल' नामक कुछ आंग्ल भाषा समाचार–पत्रों का क्रमशः सन् 1870, 1872 तथा 1875 में मसूरी से प्रकाशन शुरू हुआ परन्तु इनमें से कोई भी अधिक समय तक न चल सका। इनके अतिरिक्त इसी दशक में 'बेकन' और 'द ईगल' नामक दो अंग्रेजी भाषी अखबारों का भी प्रकाशन हुआ परन्तु ये दोनों भी बहुत कम समय तक रहे।

इसी समय झांसी की रानी लक्ष्मीबाई के वकील रह चुके मि. जान लेंग द्वारा अंग्रेज विरोधी समाचार–पत्र 'मेफिसलाइट' का प्रकाशन मसूरी से किया गया। कुछ इतिहासकार इसका प्रकाशन वर्ष सन् 1845 को मानते हैं एवं हमें इस समाचार–पत्र के बन्द होने की भी कोई प्रमाणित तिथि उपलब्ध नहीं होती है। इसके सन् 1882–83 के प्रकाशन अभिलेखों के कुछ अंकों से ज्ञात होता है कि मि0 लिडिल इसके तात्कालीन सम्पादक थे। लगभग 130 वर्षों के लंबे अन्तराल के पश्चात् पत्रकार जयप्रकाश 'उत्तराखण्डी' द्वारा 'मेफिसलाइट' को पुर्नजीवित किया गया। सन् 2003 से आप इस समाचार–पत्र को हिन्दी–अंग्रेजी में साप्ताहिक प्रकाशित कर रहे हैं।

20वीं सदी के पहले समाचार–पत्र 'द मसूरी टाइम्स' का मि0 बाडीकार द्वारा सन् 1900 में मसूरी से प्रकाशन प्रारम्भ किया गया। स्वतंत्रता के कुछ वर्ष बाद तक यह छपता रहा। बाद के वर्षों में इसका प्रबन्धन भारतीयों के हाथों में आ गया था। लगभग 30 वर्षों के पश्चात् श्रीनगर गढ़वाल के एक जुझारू पत्रकार हुकुम सिंह पंवार द्वारा इस नाम को पुर्नजीवित करते हुए 20वी सदीं के 7वें दशक में 'द टाइम्स' के हिन्दी संस्करण का मसूरी से प्रकाशन प्रारम्भ किया गया। वर्तमान में इसका सम्पादन व स्वामित्व युवा पत्रकार अनिल पाँधी के द्वारा किया जा रहा है। सन् 1924 में मसूरी के एक प्रतिष्ठित नागरिक 'बनवारी लाल वेदम' द्वारा एक और अंग्रेजी भाषी समाचार–पत्र 'द हेराल्ड वीकली' का प्रकाशन किया गया। टिहरी जन क्रान्ति की खबरें इस अखबार की विशेषता थी। गढ़वाल के प्रसिद्ध पत्रकार 'श्री श्याम चन्द्र नेगी' इस अखबार के लिए बराबर लिखते रहे। 11 फरवरी 1914 को गढ़वाली प्रेस, देहरादून से 'देहरा–मसूरी एडवाइजर' नामक अखबार छपना प्रारम्भ हुआ परन्तु यह अखबार केवल विज्ञापनों तक ही सीमित रहा।

सन् 1842–2003 के मध्य उत्तराखंड की पत्रकारिता कुल 161 वर्षों का इतिहास रही है, जिसमें 105 वर्षों का इतिहास स्वतंत्रता पूर्व पत्रकारिता का रहा है, पत्रकारिता की इस कालाविधि को 3 भागों में विभाजित किया जा सकता है।

पहला चरण (1842–1870 ई0)

28 वर्षों का यह कालखण्ड उत्तराखंड में पत्रकारिता का प्रारम्भिक दौर था। इसी काल में अंग्रेजों द्वारा मंसूरी में पत्रकारिता की पाठशाला की नींव रखी गई। इस काल में उत्तराखण्ड में जितने भी समाचार–पत्र प्रकाशित हुए, वे सभी मंसूरी से प्रकाशित हुए तथा सभी का संचालन व सम्पादन अंग्रेजों द्वारा किया गया। फलतः इनका यहाँ के जन जीवन से कोई लेना–देना नहीं था, इसमें अंग्रेजों की नीतियों को ही प्रमुखता दी जाती थी। इस चरण में प्रकाशित होने वाले प्रमुख समाचार–पत्रों का संक्षिप्त विवरण निम्नवत् है–

1. हिल्स, 1842

उत्तराखंड में पत्रकारिता का प्रारम्भ 19 वीं सदी के मध्य में हुआ। जब सन् 1842 में जॉन मेकिनन नाम के ईसाई पादरी ने 'द हिल्स' नाम से उत्तराखंड का पहला आंग्ल भाषी समाचार पत्र प्रकाशित किया। उस समय 'टाइम्स ऑफ इण्डिया' देश का प्रसिद्ध समाचार पत्र हुआ करता था। परन्तु 'द हिल्स' ने उससे कही अधिक ऊँचाईयां प्राप्त की। प्रारम्भ में यह पत्र गाजियाबाद से छपता था लेकिन बाद में मेकिनन ने मसूरी सेमीनरी में अपनी प्रिन्टिंग प्रेस खोली, जो उत्तराखंड की पहली प्रिन्टिंग प्रेस थी। अब 'द हिल्स' का मुद्रण यहीं से होने लगा। जॉन मेकिनन मूलतः आइरिश थे। अतः उन्होंने 'द हिल्स' के सम्पादकीय के माध्यम से आयरलैण्ड–इग्लैण्ड के आपसी संघर्षों को लेकर इग्लैण्ड की घोर आलोचना की। 'द हिल्स' के प्रकाशन की चर्चा दिल्ली के मुगल दरबार से लेकर कलकता में ईस्ट इण्डिया कम्पनी के हेडक्वार्टर तक होने लगी। सन् 1849–50 में मेकिनन द्वारा इस पत्र का प्रकाशन बंद कर दिया गया। इसके पश्चात् अग्रिम 10 वर्षों तक केवल मंसूरी ही नहीं वरन् सम्पूर्ण उत्तराखंड समाचार पत्र विहीन रहा।

सन् 1860 में डॉ0 स्मिथ द्वारा 'द हिल्स' का प्रकाशन पुनः प्रारम्भ किया गया। उन्होंने पत्र के सम्पादन का कार्य भार मेकिनन के पुत्र ए मेकिनन को सौप दिया। अपने जीवन काल की दूसरी पारी में 'द हिल्स'

के आकार में परिवर्तन किया गया। अब इसे खूबसूरती के साथ बड़े आकार में प्रकाशित किया जाने लगा। इसके साथ ही 'द हिल्स' की प्रसार संख्या में भी वृद्धि हुई। दूसरे चरण में इसने पत्रकारिता की नई ऊँचाईयों को छुआ। किन्तु पांच वर्ष प्रसिद्धि के साथ चलने के बाद उत्तर भारत को पत्रकारिता से परिचित कराने वाला यह समाचार–पत्र सदैव के लिए बन्द हो गया।

2. मेफिसलाइट, 1850

'मेफिसलाइट' के प्रकाशन व बन्द होने के सम्बन्ध में प्रायः विभिन्न इतिहासकार एकमत नहीं हैं। कुछ इतिहासकार इसका प्रकाशन वर्ष सन् 1845 बताते हैं, तो कुछ इसके लगभग एक दशक बाद बताते हैं। आंग्ल भाषी यह समाचार–पत्र उत्तर भारत का एक प्रमुख तथा अंग्रेज प्रशासन विरोधी क्रांन्तिकारी पत्र था। पेशे से वकील मि0 जान लेंग इस पत्र के प्रकाशक व सम्पादक थे।

3. समय विनोद (1868–78)

उत्तराखंड से प्रकाशित होने वाला हिन्दी का यह पहला समाचार–पत्र था। इससे पूर्व यहाँ से प्रकाशित होने वाले सभी समाचार पत्र आंग्ल भाषी थे। यद्यपि भारत में हिन्दी पत्रकारिता की शुरूआत सन् 1826 में 'उद्न्त मार्तण्ड' से हो चुकी थी। यह पत्र कलकत्ता से प्रकाशित होता था। उत्तराखंड में हिन्दी–उर्दू पत्रकारिता सन् 1868 में इसी समाचार–पत्र के साथ प्रारम्भ हुई। सम्भवतः यह पत्र सम्पूर्ण हिमालयी क्षेत्र से देशी अथवा हिन्दी भाषा का पहला समाचार–पत्र था। लगभग एक दशक तक नियमित प्रकाशित होने वाले 'समय' विनोद' ने सन् 1871 में 'अल्मोड़ा अखबार' के प्रकाशित होने तक उत्तराखंड की हिन्दी पत्रकारिता पर एक छत्र राज किया। इसके पश्चात् बन्द होने तक यह पत्र, पत्रकारिता की राह में अल्मोड़ा अखबार के सहयात्री की भूमिका बखूबी निभाता रहा।

नैनीताल प्रेस से छपने वाले 'समय विनोद' के संस्थापक व सम्पादक जयदत्त जोशी थे। जो पेशे से वकील थे। यह एक पाक्षिक पत्र था। सन् 1868 में जब इसका प्रकाशन हुआ, तब इसके कुल 32 ग्राहक थे। जिनमें लगभग आधे यूरोपीय व आधे भारतीय पाठक थे। इस समाचार पत्र में अंग्रेजी राज की नीतियों की समीक्षा के साथ–साथ सामाजिक मुददों को भी स्थान दिया जाता था।

4. मंसूरी एक्सचेंज, 1870

1870 में प्रकाशित इस समाचार पत्र के सम्बन्ध में अधिक जानकारी नहीं मिलती। इसके विषय में कहा जाता है कि यह पत्र विज्ञापनों तक ही सीमित रहा। अतः अधिक न चल पाने के कारण कुछ ही महीनों मे बंद हो गया।

5. अल्मोड़ा अखबार, (1871–1918)

उन्नीसवीं सदी के 7वें दशक के प्रारम्भ (1879) में पहली बार अल्मोड़ा के कुछ शिक्षित व जागृत व्यक्तियों ने तात्कालिक समाज में व्याप्त राजनैतिक, सामाजिक, सांस्कृतिक व आर्थिक समस्याओं के सम्यक समाधान हेतु पृथक–पृथक प्रयास करने की बजाय एकजुट होकर कार्य करने के उद्देश्य से एक छोटी सी संस्था की स्थापना की। यद्यपि 'डिबेटिंग क्लब' नामक इस संस्था का संरक्षक, चंद राजवंश से सम्बन्धित राजा भीमसिंह को चुना गया। किन्तु इसकी स्थापना व उद्देश्यों के पीछे मूल रूप से पं0 बुद्धि बल्लभ पंत जी के विचार व आकांक्षा जुड़ी हुई थी। पंत जी उस समय के प्रसिद्ध शिक्षाविद्ध थे। इसी वर्ष अल्मोड़ा में तात्कालीन प्रान्तीय लाट 'सर विलियम क्यूअर' का आना हुआ। जब वे प्रथम बार क्लब में आये, तो उन्होंने जनता और प्रशासन से सम्पर्क करने के लिए एक समाचार–पत्र निकालने का सुझाव दिया। जिसे क्लब के सदस्यों द्वारा सहर्ष ही स्वीकार कर लिया गया तथा सन् 1871 में पं0 बुद्धि बल्लभ पंत के सम्पादन में 'अल्मोड़ा अखबार' नाम के समाचार पत्र का प्रकाशन प्रारम्भ हुआ।

अपने सम्पूर्ण जीवन काल में अधिकांश समय तक यह पत्र अंग्रेजी प्रशासन की ओर ही झुका हुआ नजर आता है। अपने जीवनकाल के प्रारम्भिक तीन दशकों के कुछ अपवादों को छोड़ दे, तो इस पत्र द्वारा कोई भी अंग्रेजी विरोधी व सशक्त सम्पादकीय अथवा लेख प्रकाशित नहीं किया गया। बंग–भंग की घटना के पश्चात सही मायनों में यह पत्र आम जनता की ओर उन्मुख हुआ तथा धीरे–धीरे इसकी कमान अंग्रेजों के हाथ से निकलने लगी थी। सन् 1918 में पत्र के बन्द होने तक इसमें कुलीबेगार, वन सम्बन्धी समस्या तथा राष्ट्रीय स्वतंत्रता सम्बन्धी अनेक लेख प्रकाशित हो चुके थे।

पंत जी के सम्पादन में प्रकाशित हुए इस समाचार–पत्र का जीवन काल लगभग पांच दशक का रहा। पंत जी के पश्चात् सन् 1909 तक क्रमशः मुंशी इम्तिाजअली, जीवानन्द जोशी तथा मुंशी सदानन्द सनवाल

द्वारा 'अल्मोड़ा अखबार' का सम्पादन किया गया। सन् 1909 से 1913 तक विष्णु दत जोशी इसके सम्पादक रहे तथा इनके पश्चात् सन् 1918 में अल्मोड़ा अखबार के बंद होने तक बद्रीदत पांडे द्वारा इसका सम्पादन किया जाता रहा।

6. मंसूरी सीजन, 1872

सन् 1872 ई0 में कोलमैन व नार्थम की साझेदारी में यह पत्र मसूरी से प्रकाशित हुआ। 1874 में कोलमैन द्वारा मसूरी छोड़ने के साथ ही 'मसूरी सीजन' नाम का यह समाचार–पत्र सदा के लिए बन्द हो गया। अपने अत्यन्त अल्प जीवन काल में यह पत्र कोई खास प्रभाव नहीं छोड़ पाया।

7. हिमालय क्रान्तिकाल, 1875–76

उत्तराखंड के प्रसिद्ध समाचार पत्र मेफिसलाइट के बन्द होने के पश्चात् इसके प्रतिनिधि के रूप में जॉन नार्थम ने 'हिमालय क्रान्तिकाल' नाम के समाचार पत्र का सम्पादन व प्रकाशन किया। कुलड़ी (मंसूरी) में स्थित प्रेस में छपने वाले इस पत्र में 'मेफिसलाइट' के प्रतिनिधि की भूमिका को बखूबी निभाया तथा पाठकों पर अपना प्रभाव छोड़ते हुए अपार प्रसिद्धि प्राप्त की। कुछ समय तक नियमित मसूरी से निकलने के पश्चात् इसका प्रकाशन मेरठ से किया जाने लगा।

8. द ईगल, 1878

मौर्टन के सम्पादन व प्रकाशन में 'द ईगल' नामक समाचार–पत्र सन् 1878 में छपना शुरू हुआ। आंग्ल भाषी यह पत्र काफी लोकप्रिय था। इसका अपना एक अलग ही प्रभाव था। फलतः इसके प्रसार में भी लगातार वृद्धि होती रही। 7–8 वर्ष नियमित निकलने के पश्चात् सन् 1885 में यह पत्र सदा के लिए बन्द हो गया।

दूसरा चरण, (1900ई0–1939 ई0)

उत्तराखंड में पत्रकारिता के इस 39 वर्ष के दूसरे चरण में अत्यधिक उतार–चढ़ाव देखने को मिलते हैं। इस काल की पत्रकारिता का मूल उद्देश्य स्वतंत्रता प्राप्ति के लिए किये जाने वाले संघर्ष का प्रचार–प्रसार करना था। इस युग के समाचार पत्रों ने अंग्रेजों की स्वार्थपूर्ण नीति को जनता के सम्मुख लाकर उन्हें स्वतंत्रता के लिए प्रेरित करने का कार्य बखूबी किया। शक्ति, गढ़वाली, गढ़वाल समाचार, स्वाधीन प्रजा, तरूण कुमाऊँ, अभय, कास्मोपोलिटन, गढ़देश, संदेश, जागृत जनता, कर्मभूमि

जैसे दैनिक व साप्ताहिक इस युग में प्रकाशित होने वाले समाचार–पत्रों में प्रमुख थे। इस युग में प्रकाशित समाचार–पत्रों का संक्षिप्त परिचय अग्रवत् है–

1. रियासत टिहरी गढ़वाल (पाक्षिक)1901

सन् 1901 में टिहरी रियासत के तात्कालीन राजा कीर्तिशाह पंवार ने राजधानी टिहरी में रियासत का पहला मुदृणालय स्थापित किया। इस प्रिन्टिंग प्रेस में 'रियासत टिहरी' नामक एक पाक्षिक पत्र प्रकाशित किया गया। यह पत्र एक प्रकार से रियासत का गजट मात्र था। इसमें छपने वाले समाचार जन समस्याओं से कोसों दूर थे। इसमें रियासत से जुड़े नियम–कानूनों की सूचना प्रमुखता से प्रकाशित होती थी। कुछ समय उपरान्त यह बन्द हो गया।

2. द मसूरी टाइम्स, 1900

बीसवी सदी के प्रारम्भिक दिनों में कुलड़ी की मेफिसलाइट प्रेस (मसूरी) से प्रकाशित यह समाचार–पत्र अपने युग का सर्वाधिक लोकप्रिय व लम्बे समय तक चलने वाला अखबार था। प्रसिद्ध लेखक एफ बॉडीकार ने इसे छपवाना प्रारम्भ किया था। बाद में जे0 एच0 जॉन्सन इसके स्वामी व सम्पादक हुए। सन् 1947 में यह समाचार–पत्र बन्द हो गया। ('द मंसूरी टाइम्स' के सम्बन्ध में अधिक जानकारी इसी पुस्तक में पूर्व में दी जा चुकी है।) वर्तमान में यह समाचार–पत्र अपनी पुरानी लोकप्रियता के साथ हिन्दी में प्रकाशित हो रहा है।

3. गढ़वाली, 1905

'गढवाली' के प्रकाशन से पूर्व प्रकाशित होने वाले अधिकांश समाचार–पत्र राजशाही व अंग्रेज नीतियों के प्रचारक की भूमिका में रहे। उत्तराखंड में एक उद्देश्य पूर्ण पत्रकारिता के प्रारम्भ का श्रेय 'गढ़वाली' मासिक को जाता है। पंडित विश्वभरदत चन्दोला के द्वारा 'गढ़वाली' का प्रकाशन ऐसे समय में किया गया, जब देश में हर दिशा में राष्ट्रीय विचारों का दौर प्रारम्भ हो चुका था। देश में स्वाधीनता व पराधीनता के विचारों के मध्य संघर्ष प्रारम्भ हो चुका था। सम्भवतः यह किसी भी अच्छे समाचार–पत्र के लिए परीक्षा की घड़ी थी, जब स्वाधीनता या पराधीनता किसी का भी खुलकर समर्थन करना किसी भी समाचार–पत्र की दीर्घायु के लिए उचित नहीं था। अतः अपने प्रथम चरण में 'गढ़वाली' ने मध्यम मार्ग का अनुरूपण किया। पत्र के सम्पादक चन्दोला जी पत्रकारिता में अधिक उग्र नहीं थे।

वे नरम व सुधारवादी विचारों के समर्थक व माननीय गोखले के अनुयायी थे। दूसरे दशक तक गढ़वाली सामान्य अखबार की भूमिका निभाता रहा। इसमें क्षेत्रीय समाचार, स्थानीय लेखकों की रचनाएें तथा सुधारवादी लेखों को प्रमुखता से प्रकाशित किया जाता था। इसके अतिरिक्त यातायात साधनों में सुधार, बाल विवाह, बहुविवाह, कन्या विक्रय जैसी सामाजिक कुरीतियों का भी गढ़वाली ने पुरजोर विरोध किया।

वह दौर दासता का था तथा टिहरी रियासत की जनता इस समय दोहरी दासता को झेल रही थी। ऐसे में अखबार के माध्यम से टिहरी जनता की आवाज को बुलन्द किया जा सकता था किन्तु सम्पादक इसके दुष्परिणामों से भी भली–भांति अवगत थे। अतः उन्होंने अखबार का आदर्श भी बना रहे और राजभक्ति पर भी आंच न आये, की नीति का बखूबी निर्वहन किया।

तीसरे दशक के प्रारम्भ होते–होते देशभर में राष्ट्रीयता के विचारों का सैलाब सा उमड़ चुका था और सभी देश भक्त व जनता प्रत्येक अखबार की ओर आशा भरी निगाहों से देखने लगे। फलतः अब चन्दोला जी को भी अपने समाचार–पत्र की रीति–नीति को बदलना पड़ा। उन्हें स्थानीय समाचारों के साथ–साथ राष्ट्रीय समाचारों को भी प्रमुखता देनी पड़ी। इस प्रयास में 'गढ़वाली' ने लेखकीय व सम्पादकीय कालम के माध्यम से स्वाधीनता आन्दोलन की खबरों को प्रमुखता दी तथा राष्ट्रीय नेताओं के विचारों को प्रमुखता से छापा जाने लगा। परन्तु फिर भी अपने सम्पूर्ण जीवन काल में 'गढ़वाली' कभी भी आक्रामक नहीं रहा। वह क्रान्ति की नीति पर नहीं वरन् गांधीवाद की सत्याग्रही नीति पर चलने वाला समाचार पत्र था।

4. कास्मोपेलिटिन (साप्ता), 1910

देहरादून में कांग्रेस के सूत्रधार रहे बैरिस्टर बुलाकी राम जी ने सन् 1910 में यहाँ कचहरी रोड़ पर भास्कर नामक प्रेस खोली। यहीं से बैरिस्टर साहब ने कास्मोपेलिटिन नाम से एक अंग्रेजी साप्ताहिक का मुद्रण किया। यह देहरादून से प्रकाशित होने वाला पहला आंग्ल भाषी साप्ताहिक समाचार–पत्र था। बुलाकी राम जी स्वाधीनता के प्रबल पक्षधर थे। उन्होंने अपने इस समाचार–पत्र के माध्यम से राष्ट्रीय विचारों की आग में घी डालने का कार्य करते हुए ब्रिटिश प्रशासन की नीतियों की घोर आलोचना की। फलतः आपके इस समाचार–पत्र को एक–दो बार अंग्रेजी सरकार के कोप का भी भाजन बनना पड़ा। परन्तु बुलाकी राम जी ने हार नहीं

मानी। सन् 1920–22 तक यह समाचार पत्र नियमित–अनियमित रूप से चलता रहा। इस बीच सन् 1913 में 'कुमाऊँ केसरी' बद्रीदत्त पाण्डेय ने भी इस समाचार–पत्र के सम्पादन का काम किया। सन् 1923 में बैरिस्टर साहब अपने पैतृक निवास पंजाब (पाकिस्तान) लौट गये।

5. निर्बल सेवक (साप्ता),1913

वृन्दावन रियासत के तात्कालिक राजा महेन्द्र प्रताप ने सन् 1913 में देहरादून से 'निर्बल सेवक' नाम के साप्ताहिक समाचार–पत्र का सम्पादन व प्रकाशन प्रारम्भ किया। राजा साहब प्रारम्भ से ही उग्र क्रान्तिकारी विचारों के थे। अतः उनके अखबार 'निर्बल सेवक' में भी उग्र क्रान्तिकारी विचारों वाले लेख व सम्पादकीय होते थे। उन दिनों हवाई डाक सेवा न होने के कारण इस समाचार पत्र की कुछ प्रतियाँ समुद्र पार, जहाज से अप्रवासी भारतीय क्रान्तिकारियों को भी भेजी जाती थी। आदर से लोग राजा साहब को 'फकीर' कहकर बुलाते थे।

6. विशाल कीर्ति, 1913

पौड़ी गढवाल से सबसे पहले प्रकाशित होने वाले समाचार–पत्रों में विशाल कीर्ति का नाम प्रमुखता से लिया जाता है। पौड़ी में ब्रहमानन्द थपलियाल की बदरी–केदार प्रेस से फरवरी 1913 में विशाल कीर्ति का प्रकाशन प्रारम्भ हुआ। इसके सम्पादक सदानन्द कुकरेती जी थे। पुस्तक के आकार वाला यह पत्र मासिक छपता था जिसमें गढ़वाली साहित्य के अतिरिक्त राजनीतिक व्यंग्य प्रमुखता से छपते थे। फरवरी 1913 से दिसम्बर 1915 तक नियमित अंक छपने के बाद आर्थिक अभाव के कारण यह बंद हो गया।

7. पुरूषार्थ, 1917–21ई0

'गढ़वाल सरकार' के बंद होने के पश्चात् आर्थिक तंगी के कारण नैथाणी जी का दुगइड़ा का प्रेस भी बन्द हो गया। तब उन्होंने अल्पावधि के लिए दो बार 'गढवाली' का सम्पादन किया। इतना करने के पश्चात् भी जब गिरिजादत्त नैथाणी की पत्रकारिता के प्रति ललक कम न हुई, तो उन्होंने अक्टूबर 1917 में 'पुरूषार्थ' नामक एक मासिक पत्र का प्रकाशन प्रारम्भ किया। पुरूषार्थ का मुद्रण बिजनौर में होता था परन्तु इसका प्रकाशन कभी दुगड़डा से तो कभी उनके पैतृक गांव नैथाणा से होता था। इसके कुछ अंक बाराबंकी से भी छपे। कुछ समय चलने के पश्चात् यह अखबार भी बन्द हो गया। अपने पत्रकारिता प्रेम के चलते नैथाणी जी ने 1921 में

अपने गांव नैथाणा से पुरूषार्थ का पुनः प्रकाशन प्रारम्भ किया। किन्तु कुछ अंक निकलने के बाद यह पुनः बन्द हो गया। पत्रकारिता के प्रति उनके लगाव का परिचय इस बात से लगाया जा सकता है कि उन्होंने अपने जीवनकाल के अन्तिम समय में पुरूषार्थ का तीसरी बार प्रकाशन प्रारम्भ किया। किन्तु अभी इसका एक ही अंक निकला था कि 21 नवम्बर 1927 को गढवाल में पत्रकारिता के जनक के निधन के साथ ही पुरूषार्थ एक बार पुनः बन्द हो गया।

8. शक्ति (साप्त),1918 ई0

प्रथम चरण का प्रमुख समाचार–पत्र 'अल्मोड़ा अखबार' के बन्द होने पर इसके द्वारा अधूरे छोड़े गये कार्यों को पूर्ण करने के उद्देश्य से सन् 1918 में देशभक्त प्रेस की स्थापना हुई तथा 18 अक्टूबर 1918 को विजयदशमी के अवसर पर बद्रीदत पाण्डे के सम्पादन में 'शक्ति' का पहला अंक प्रकाशित हुआ। 'शक्ति' ने 'अल्मोड़ा' अखबार के उद्देश्य को पूर्ण करने के साथ ही राष्ट्रीय नेतृत्व व सामान्य जन के मध्य एक सेतु की भूमिका को बखूबी निभाया। स्वतंत्रता आन्दोलन के अंन्तिम चरण के साक्षी रहे इस समाचार पत्र ने न केवल असहयोग आन्दोलन, सविनय अवज्ञा आन्दोलन तथा भारत छोड़ो आन्दोलन जैसे– राष्ट्रीय स्तर के बड़े संघर्षों को ही महत्ता दी वरन् इसने क्षेत्रीय समस्याओं को भी प्रमुखता से उजागर करने के साथ ही इन समस्याओं के समाधान हेतु चलाये जाने वाले क्षेत्रीय आन्दोलनों का भी पुरजोर समर्थन किया।

सन् 1942 से 45 तक शक्ति का प्रकाशन बन्द रहा। 1946 में इसका प्रकाशन पुनः प्रारम्भ हुआ। 'शक्ति' में गौर्दा, श्यामचरण पंत, रामलाल वर्मा के अतिरिक्त सुमित्रा नन्दन पंत, हेमचन्द्र जोशी तथा इलाचन्द्र जोशी जैसे तात्कालिक जागरूक कवियों की कविताऐं भी छपती थी, जो सदैव ही समाज के लिए एक प्रेरक का कार्य करती थी। इसके अतिरिक्त कुली बेगार प्रथा, उत्तराखंड के लोगों को वन सम्बन्धी अधिकार दिलाने, उत्तराखंडी एकता को सुदृढ आधार प्रदान करने के साथ ही सल्ट, सालम, टिहरी तथा रवांई आन्दोलनों में भी इसने पथप्रदर्शक की महत्वपूर्ण भूमिका निभाई।

9. क्षत्रिय वीर, 1922 ई0

विशाल कीर्ति के पश्चात् पौड़ी से निकलने वाला यह दूसरा पत्र था। 15 जनवरी 1922 से इस पत्र का प्रकाशन प्रारम्भ हुआ था। यह एक

जातिवादी समाचार पत्र था, जिसका मूल उद्देश्य क्षत्रिय जाति का सामाजिक व शैक्षणिक विवरण प्रस्तुत करना था। प्रारम्भ में प्रताप सिंह नेगी द्वारा इसका सम्पादन किया जाता था। इनके बाद यह पत्र एडवोकेट कोतवाल सिंह नेगी एवं शकर सिंह नेगी के सम्पादन में सन् 1938 तक प्रकाशित होता रहा।

आगरा से छपने वाले इस समाचार–पत्र के संस्थापक ग्राम सूला, असवालस्यूं पट्टी, गढवाल के रायबहादुर जोध सिंह नेगी थे। वे कट्टर राजपूती विचारधारा के थे तथा इसी विचारधारा के चलते इन्होंने 'क्षत्रिय–वीर' नामक अखबार की नींव रखी थी। इस समाचार पत्र में क्षत्रिय जाति तथा उनके उत्थान से सम्बन्धित सूचनाओं को प्रमुखता दी जाती थी। फलतः जोध सिंह नेगी पर समय–समय पर क्षत्रिय समर्थक व ब्राह्मण विरोधी होने के आरोप लगते रहे।

10. कुमाऊँ कुमुद (पाक्षिक), 1922 ई0

उत्तराखंड में पत्रकारिता के इतिहास में लगभग ढाई दशक तक नियमित रूप से प्रकाशित होने वाले इस समाचार पत्र 'कुमाऊँ कुमुद' का प्रकाशन सन् 1922 में श्री बसन्त कुमार जोशी द्वारा अल्मोड़ा में प्रारम्भ किया गया। यह समाचार–पत्र राष्ट्रीय विचारधारा का प्रबल समर्थक था परन्तु इसकी नीतियाँ 'शक्ति' से भिन्न थी। इसके सम्पादकीय तीखे व धारदार होते थे। साथ ही इसमें सामाजिक कुरीतियों के उन्मूलन सम्बन्धी लेख भी छपते रहते थे। इसके बावजूद समय–समय पर इस पत्र पर सरकार समर्थक होने का भी आरोप लगता रहा। इसे 'बाजार समाचार' भी कहा जाता था। यह समाचार पत्र तात्कालिक लोकभाषी रचनाकारों को निरन्तर प्रोत्साहित करता रहा।

11. तरूण कुमाऊँ, (1922–23) ई0

बहुआयामी व्यक्तित्व के धनी बैरिस्टर मुकुन्दी लाल ने सन् 1922 में लैन्सडौन से 'तरूण कुमाऊँ' नामक एक हिन्दी साप्ताहिक का प्रकाशन प्रारम्भ किया। इस समाचार–पत्र में बैरिस्टर लाल के राष्ट्रवादी व प्रगतिशील विचारों की झलक स्पष्ट रूप से देखी जा सकती थी। इस साप्ताहिक का नाम बैरिस्टर साहब ने मैजनी के 'यंग इटली' की तर्ज पर रखा था। सन् 1923 में वे काउंसिल के लिए चुन लिए गये, फलतः लगभग डेढ़ वर्ष तक नियमित चलने के पश्चात् 'तरूण कुमाऊँ' का प्रकाशन बन्द हो गया।

12 अभय, 1928 ई0

भारतीय स्वतंत्रता आन्दोलन में सामान्य जन के साथ ही साधु सन्यासी वर्ग ने भी महत्वपूर्ण भूमिका निभाई थी। इन्हीं में एक थे स्वामी विचारानन्द सरस्वती जो देहरादून के एक आश्रम में रहते थे, साथ ही अभय नामक एक प्रिन्टिंग प्रेस चलाते थे। अपने राष्ट्रवादी विचारों से सामान्य जन को स्वाधीनता हेतु प्रेरित करने के उद्देश्य से इन्होंने सन् 1928 में इसी प्रिन्टिंग प्रेस से 'अभय' नामक एक हिन्दी साप्ताहिक समाचार–पत्र का प्रकाशन प्रारम्भ किया, जो कई वर्षों तक नियमित चलता रहा।

13. गढ़वाल समाचार, 1902 ई0

बीसवीं सदी के प्रारम्भिक दौर में जब उत्तराखंड के गढ़वाल क्षेत्र में पत्रकारिता के विषय में लोगों को ना के समान जानकारी थी, तब श्री गिरिजा दत नैथाणी ने 1902 में लैन्सडौन से 'गढ़वाल समाचार' नाम से एक मासिक का प्रकाशन प्रारम्भ कर गढ़वाल को पत्रकारिता की ताकत से परिचित कराया। इसीलिए उन्हें गढ़वाल में पत्रकारिता का जनक कहा जाता है।

यह समाचार–पत्र फुलस्कैल साइज में 16 पृष्ठों का होता था। प्रारम्भ में इसे मुरादाबाद से मुद्रित किया जाता था। जनसामान्य की सुविधा को देखते हुए बाद में नैथाणी जी कोटद्वार आ गये तथा अक्टूबर 1902 में 'गढ़वाल समाचार' का छठा अंक यही से प्रकाशित हुआ परन्तु आर्थिक अभाव के कारण यह पत्र दो वर्ष भी न चल सका। नैथाणी जी को पत्रकारिता से अत्यधिक लगाव होने के कारण वे अधिक दिन इससे दूर न रह सके तथा सन् 1912 में उन्होंने दुगड़डा में एक प्रेस की स्थापना की और फरवरी 1913 में इसी प्रेस से 'गढ़वाल समाचार' का पुनः प्रकाशन प्रारम्भ किया। अपने जीवन काल की दूसरी पारी में भी गढ़वाल समाचार अधिक लम्बा सफर तय नहीं कर सका। दिसम्बर 1914 तक यह नियमित रूप से चलता रहा। नैथाणी जी स्वाधीनता के परमसमर्थक थे, साथ ही वे तात्कालिक सामाजिक समस्याओं से भी भलीभाँति अवगत थे। उन्होंने अपने तीखे, साहसी व निष्पक्ष लेखन से अंग्रेजी प्रशासन के अत्याचारों का विरोध करने के साथ–साथ सामाजिक समस्याओं पर भी गढ़वाली समाचार के माध्यम से प्रकाश डाला।

14. स्वाधीन प्रजा (साप्ता), 1930 ई0

'शक्ति' तथा 'कुमाऊँ कुमुद' के पश्चात् कुमाऊँ क्षेत्र से प्रकाशित होने वाला यह तीसरा महत्वपूर्ण समाचार–पत्र था। इस समाचार पत्र का संचालन व सम्पादन पूर्ण रूप से, 'कुमाऊँ' के बेताज बादशाह व भारतीय ईसाई समुदाय के अग्रणी रहे मोहन जोशी द्वारा किया जा रहा था। सम्भवतः बीसवीं सदी के तीसरे दशक में उत्तराखंड की जनता को स्वतंत्रता हेतु प्रेरित करने का कार्य सर्वाधिक समर्पित व सशक्त ढंग से मोहन जोशी द्वारा ही किया गया। अनेक सन्दर्भों में मोहन जोशी तात्कालीन अन्य पर्वतीय नेताओं से अधिक स्पष्ट व आक्रामक थे। उनकी इसी प्रवृति की परिणिति थी, 'स्वाधीन प्रजा' का प्रकाशन।

1 जनवरी 1930 को 'स्वाधीन प्रजा' का प्रथम अंक प्रकाशित हुआ। इस अंक के प्रथम पृष्ठ पर 'स्वाधीन प्रजा' नाम से छपा अग्रलेख ही सामान्य जन को स्वाधीनता हेतु उत्साहित व प्रेरित करने के लिए पर्याप्त था। इस अंक ने जोशी जी के अंग्रेज विरोधी विचारों को स्पष्ट कर दिया था। मोहन जोशी एक उत्कृष्ट लेखक तो थे ही, साथ ही एक प्रमुख कांग्रेसी नेता भी थे। वे अपने विचारों को तत्स्वरूप में अभिव्यक्त करने के लिए जाने जाते थे। उनकी इसी निर्भीकता की झलक उनके द्वारा प्रकाशित समाचार–पत्र में भी दिखने लगी। जन सामान्य में यह पत्र लोकप्रिय होने लगा। फलतः शीघ्र ही यह पत्र अंग्रेजी प्रशासन को खलने लगा तथा 10 मई 1930 को इस पत्र से छः हजार रूपये की जमानत मांगी गई, जो अब तक की मांगी गई सर्वाधिक जमानत थी। इतना होने पर भी जोशी जी ने हार नहीं मानी तथा भगतसिंह की फांसी की सूचना को 'स्वाधीन प्रजा' में सरकार का गुडापन बताकर छापा गया। इसके बाद पत्र का छपना और भी असम्भव हो गया तथा इसके उन्नीसवें अंक के दो पृष्ठ बिना छपे ही रह गये।

अक्टूबर 1930 में 'स्वाधीन प्रजा' पुनः प्रकाशित होने लगा। कृष्णानन्द शास्त्री के सम्पादन में दो वर्ष तक नियमित प्रकाशित होने के पश्चात् सन् 1932 में एक बार फिर यह पत्र बन्द हो गया। पत्र के बंद होने के कारण मोहन जोशी जी का मानसिक सन्तुलन बिगड़ने लगा। 'स्वाधीन प्रजा' भले ही मात्र दो वर्ष की अल्पावधि तक ही प्रकाशित हो सका। परन्तु इसने इसी अल्पावधि में कुमाऊँ के वातारण में जागृति की लहर उत्पन्न की एवं साथ ही ईसाई समुदाय को भी स्वाधीनता संग्राम से जोड़ने का महत्वपूर्ण कार्य भी किया।

बीसवीं सदी के 7वें दशक में लगभग 35 वर्ष बाद श्री पूर्ण चन्द्र अग्निहोत्री के सम्पादन में स्वाधीन प्रजा का प्रकाशन पुनः प्रारम्भ हुआ। यह साप्ताहिक आज भी अपनी उसी पुरानी पूर्वागृहिता व स्पष्टता के लिए चर्चित है तथा इसे सदैव से ही उत्कृष्ट सम्पादकीय लेखों के लिए सराहा जाता रहा है। सम्प्रति में प्रकाश पाण्डे 'स्वाधीन प्रजा' का सम्पादन कर रहे हैं।

15. गढ़ देश, (1929–34 ई0)

बीसवीं सदी के दूसरे व तीसरे दशक में गढ़वाल में श्री कृपाराम मिश्र 'मनहर' का नाम अत्यधिक प्रसिद्ध था। उस समय 'मनहर' जी अपनी निस्वार्थ समाज सेवा, दानवीरता, पत्रकारिता, काव्य रचना तथा स्वतंत्रता प्रेम के लिए जाने जाते थे। उनकी प्रबल इच्छा थी कि गढ़वाल क्षेत्र से एक साप्ताहिक समाचार–पत्र प्रकाशित हो। अतः इस इच्छा के चलते वे 'गढ़वाली' के सम्पादक से मिले परन्तु वहां सहमति न बनने पर इन्होंने स्वयं ही पत्र निकालने का निश्चय किया। परिणामस्वरूप उनके सम्पादन में अप्रैल 1929 में गढदेश का पहला अंक प्रकाशित हुआ। इस पत्र का मुद्रण कभी–कभी मुरादाबाद, कभी बिजनौर तो कभी मेरठ में होता था परन्तु प्रकाशन सदैव कोटद्वार से होता था। वर्षान्त में महेशानन्द थपलियाल द्वारा इन्हें सम्पादकीय सहयोग प्राप्त हुआ। 1930 के प्रारम्भ में नई व्यवस्था के तहत श्री कन्हैया लाल मिश्र प्रभाकर द्वारा जिला देवबन्द, सहारनपुर, से इसका सम्पादन करना प्रारम्भ किया। अब इसका मुद्रण भी सहारनपुर में ही होने लगा। भास्कर जी ने पत्र को नई ऊँचाइयाँ प्रदान की। इसी बीच सत्याग्रह आन्दोलन में सहभागिता के चलते पत्र के सम्पादक व प्रकाशक दोंनों के जेल जाने के कारण 13 जून 1930 के अंक के साथ गढ़ देश का प्रकाशन बंद हो गया। 1934 में 'मनहर' जी ने इसे पुनः प्रकाशित किया, अब इसका मुद्रण देहरादून से होने लगा। इस बार अपने कुछ लेखों के कारण गढ़देश के सम्पादक व मुद्रक दोनों से दो–दो हजार रूपये की जमानत मांगी गई। जमानत की व्यवस्था न होने के कारण इसका प्रकाशन बन्द कर दिया गया।

16. स्वर्ग भूमि, (1934) ई0

स्व0 देवकीनन्दन ध्यानी जी एक सच्चे राष्ट्रप्रेमी व अच्छे पत्रकार थे। अल्मोड़ा निवासी ध्यानी जी ने 1930 में मुरादाबाद से 'विजय' नामक साप्ताहिक का प्रकाशन प्रारम्भ किया। तभी सत्यागृह आन्दोलन शुरू

हो गया। इसके चलते ध्यानी जी को जेल जाना पड़ा। इस समय तक 'विजय' के मात्र 8–10 अंक ही प्रकाशित हुए थे कि इसका प्रकाशन बंद हो गया। जेल से छूटने के पश्चात् ध्यानी जी ने हल्द्वानी पहुँचकर एक बार फिर प्रकाशन के क्षेत्र में कदम रखा। 15 जनवरी, 1934 को इनके नये पाक्षिक 'स्वर्ग–भूमि' का प्रकाशन प्रारम्भ हुआ। अभी 'स्वर्ग–भूमि' का सफर शुरू ही हुआ था, इसके 3–4 अंक ही निकले थे कि ध्यानी जी, अनुसूया प्रसाद बहुगुणा के आमंत्रण पर पौड़ी चले गये और स्वर्ग भूमि का प्रकाशन बंद हो गया। सन् 1936 में इनका देहान्त हो गया।

17. समता, (1934 ई0)

हमारे देश में शिल्पकार वर्ग को पीढ़ियों से हीन दृष्टि से देखा जाता है। उत्तराखंड में भी इनकी स्थिति कुछ अलग नहीं थी। तीसरे दशक में जब सारा देश अंग्रेजों की दासता से मुक्त होने का प्रयास कर रहा था, तब शिल्पकार वर्ग दोहरी दासता का जीवन व्यतीत कर रहा था। शिल्पी समाज सामाजिक उत्पीड़नों तथा रूढ़िवादी अभिशापों से त्रस्त था। तभी मुंशी हरिप्रसाद टम्टा ने सदियों से उपेक्षित व दबे–कुचले इस वर्ग को समाज में उचित अधिकार दिलाने के उद्देश्य से अल्मोड़ा से सन् 1934 में समता नामक साप्ताहिक हिन्दी समाचार–पत्र का प्रकाशन प्रारम्भ किया। टम्टा जी अपने समय के प्रसिद्ध समाजसेवी, दलितोद्धरक तथा पत्रकार रहे हैं। अपने पत्र के माध्यम से उन्होंने शिल्पी समाज की आवाज को बुलन्द किया। सदियों से सुप्त अवस्था में पड़े शिल्पी समाज में इन्होंने अपने प्रेरणादायक लेखों से राजनीतिक व सामाजिक चेतना का प्रसार किया। सन् 1935 में श्रीमती लक्ष्मी देवी टम्टा ने, जो उत्तराखंड की पहली दलित महिला पत्रकार थी, इस साप्ताहिक पत्र के सम्पादकीय का दायित्व सम्भाला। इन्होंने 'समता' के माध्यम से सदैव शिल्पी समाज की दयनीय स्थिति को अपने लेखों के द्वारा उजागार किया। उनके लेख समाज व सरकार को शिल्पी वर्ग की ओर बरबस आकृष्ट करते रहे। उच्च वर्ग की आलोचनाओं का शिकार होते हुए भी लम्बे अन्तराल के बाद वर्तमान में श्री दया शंकर टम्टा 'समता' का सम्पादन कर रहे हैं। यह उत्तराखंड का एक मात्र ऐसा समाचार पत्र है, जो दलित समाज के उत्थान को प्रेरित करता है।

18. हादी–ए–आजम (मासिक), 1936 ई0

हल्द्वानी निवासी–मोहम्मद इकबाल सिद्दकी द्वारा लिखित व प्रकाशित की गई यह मासिक पत्रिका उत्तराखंड की पहली उर्दू धार्मिक पत्रिका थी।

अत्यन्त अल्पावधि के लिए प्रकाशित हुई यह पत्रिका सन् 1936 में अपने प्रारम्भिक 2–3 अंकों के प्रकाशन के बाद ही बंद हो गई थी।

19. हितैशी (पाक्षिक), 1936 ई0

पौड़ी गढ़वाल निवासी श्री पीताम्बर दत परबोला ने सन् 1936 में लैन्सडौन से 'हितैषी' नामक एक पाक्षिक समाचार पत्र का सम्पादन व प्रकाशन किया। यह पत्र औपनिवेशिक सत्ता का समर्थक था। फलतः यह बहुत कम समय तक रहा। यह समाचार–पत्र स्वयं तो अधिक समय तक न चल सका परन्तु अंग्रेज सत्ता के समर्थन के कारण परबोला जी को 'रायबहादुर' की पदवी अवश्य दिला गया।

20. उत्तर भारत, (1936–37 ई0)

सन् 1936 में पं0 महेशानन्द थपलियाल गढ़केसरी अनुसूया प्रसाद बहुगुणा के निमंत्रण पर पौड़ी आये तथा यहाँ उनकी प्रेस स्वर्ग–भूमि का संचालन करने लगे। यहीं से थपलियाल जी ने 'उत्तर भारत' नाम के समाचार पत्र का प्रकाशन व सम्पादन किया। प्रारम्भ से यह पत्र पुस्तक के साइज में निकला, कुछ अंकों के पश्चात् इसका स्वरूप बदल दिया गया। कुछ समय तक नियमित चलने के पश्चात् सन् 1937 में यह पत्र बन्द हो गया।

21. उत्थान (सप्ता), 1937 ई0

श्री ज्योति प्रसाद माहेश्वरी जो तीसरे दशक के प्रसिद्ध समाज सेवी तथा वकील थे। उनके द्वारा 'उत्थान' नामक साप्ताहिक पत्र का प्रकाशन प्रारम्भ किया गया। यह समाचार पत्र अपने नाम के अनुरूप क्षेत्रीय आन्दोलन का मार्गदर्शन करने तथा अपनी निष्पक्ष, सतही व बेबाक पत्रकारिता के लिए प्रसिद्ध था।

22. जागृत जनता, 1938 ई0

ब्रिटिश सम्राज्य के विरूद्ध तथा स्वतंत्रता प्राप्ति के लिए जनता को जागृत करने के उद्देश्य से देशभक्त पीताम्बर पाण्डे ने 'जागृत जनता' नाम से एक साप्ताहिक समाचार पत्र निकालने का संकल्प लिया। यद्यपि उनकी स्कूली शिक्षा प्राइमरी तक ही हो पाई थी परन्तु फिर भी वे एक सच्चे पत्रकार थे। वे समाचार–पत्र सम्बन्धी प्रत्येक कार्य को स्वयं करते, फिर चाहे वे सारे शहर भर में घूमकर सूचना संकलन करना हो या उन्हें छापना हो या समाचार–पत्रों का वितरण हो, वे सभी कार्य स्वयं पैदल किया करते थे। स्वयं में क्रान्तिकारी विचारों के व्यक्ति थे। ''भारत छोड़ो आन्दोलन''

के चलते उन्हें जेल जाना पड़ा जिससे कुछ समय तक यह पत्र अल्मोड़ा से प्रकाशित हुआ था। जेल से छूटने के पश्चात् आप हल्द्वानी आ गये तथा मृत्युपर्यन्त यहीं से 'जागृत जनता' का प्रकाशन करते रहे।

इस प्रकार उपरोक्त विवरण से ज्ञात होता है कि प्रथम चरण में उत्तराखंड में विधिवत् पत्रकारिता का अभ्युदय तो हुआ किन्तु उसकी गति में तीव्रता द्वितीय चरण में देखने को मिलती है। प्रथम चरण में अधिकांश प्रकाशित समाचार–पत्र अंग्रेजी प्रशासन के समर्थकों द्वारा संचालित होते थे किन्तु दूसरे चरण में राष्ट्रीय आन्दोलनों की बाढ़ सी आ गई तथा सम्पूर्ण देश की पत्रकारिता राष्ट्रीयता में डूबती चली गई। फलतः द्वितीय चरण में प्रकाशित होने वाला प्रत्येक समाचार पत्र चाहे वह कम समय के लिए रहा हो या अधिक समय के लिए, सभी ने अपने–अपने स्तर से राष्ट्रीय आन्दोलनों में अपना–अपना सहयोग प्रदान किया। सन् 1918 में प्रकाशित 'शक्ति' नामक साप्ताहिक समाचार पत्र ने इस युग में क्रान्तिकारी भूमिका निभाई। बद्रीदत्त पाण्डे के सम्पादन में 'शक्ति' ने पत्रकारिता के क्षेत्र में एक नई परम्परा की नींव रखी। बाद के वर्षों में 'स्वाधीन प्रजा' 'कर्म भूमि' 'जागृत जनता' 'गढ़देश' तथा 'सन्देश' आदि अन्य समकालीन समाचार–पत्र आजीवन इस परम्परा का भलि–भांति निर्वहन करते रहे।

तीसरा चरण

स्वतंत्रता पूर्व उत्तराखंड में पत्रकारिता का तीसरा व अन्तिम चरण सन् 1940 से 1947 के मध्य मात्र 7 वर्षों का रहा। यह चरण अन्य दोनों चरणों की अपेक्षा अत्यन्त अल्पावधि का रहा। चूंकि इस समय स्वतंत्रता आन्दोलन अपने चरम पर था। देश के हालात दिन प्रतिदिन बदलते रहते थे, प्रत्येक दिन नये परिवर्तन के साथ प्रारम्भ होता तथा दिन के समाप्त होने तक नये परिवर्तन की नींव तैयार होने लगती। अतः इन सभी परिस्थितियों से पत्रकारिता भी अछूती न रही। यही कारण है कि स्वतंत्रता पूर्व की पत्रकारिता का तीसरा चरण अन्य दोंनों चरणों की अपेक्षा अत्यधिक उथल–पुथल वाला रहा।

इस समय देश के हर कोने में 'अंग्रेजों भारत छोड़ों' तथा पूर्ण स्वराज की मांग गूंज रही थी। इसका प्रभाव था कि उत्तराखंड के प्रत्येक समाचार–पत्र ने तथा उनके सम्पादकों व पत्रकारों ने स्वाधीनता आन्दोलन में अपनी–अपनी उपस्थिति दर्ज कराई। फलतः कई राष्ट्रभक्त सम्पादकों व पत्रकारों को जेल यात्रा करनी पड़ी, कई समाचार–पत्रों से ऊँची– ऊँची

जमानते मांगी गई तथा कई समाचार–पत्रों का प्रकाशन बन्द हो गया। अन्ततः सन् 1945–1946 तक आते–आते अंग्रेजों ने भारत को स्वतंत्र करने का निर्णय लिया। इसके साथ ही अधिकांश आन्दोलन भी समाप्ति की ओर बढ़ने लगे तथा देशभक्तों की रिहाई का दौर प्रारम्भ हुआ तथा देश में स्थिरता का माहौल बनने लगा। इस बीच विभिन्न समाचार–पत्र के सम्पादक व पत्रकार भी जेल से रिहा होकर पुनः पत्रकारिता के क्षेत्र में आ गये थे किन्तु अब उनमें पहले जितनी आक्रामकता नहीं थी। भारत के स्वतंत्र होने के पश्चात् समाचार–पत्रों ने अब देश की सामाजिक, सांस्कृतिक, राजनैतिक व आर्थिक स्थिति की ओर रूख किया तथा अब वे समाज में व्याप्त समस्याओं को दूर करने तथा देश को आर्थिक व राजनैतिक स्थिरता प्रदान करने में सहयोग देने लगे। पत्रकारिता के इस तृतीय चरण में प्रकाशित समाचार–पत्रों का संक्षिप्त विवरण निम्नलिखित है–

1. सन्देश, 1940–41 ई0

कृपाराम मिश्र 'मनहर' जी के सम्पादन में प्रकाशित होने वाले समाचार–पत्र 'गढ़ देश' के बन्द हो जाने के बाद भी 'मनहर' जी का मन पत्रकारिता में ही रमा रहा। अपनी इस उत्कण्ठा को शान्त करने के उद्देश्य से उन्होंने अपने छोटे भाई हरिराम मिश्र 'चंचल ' के सहयोग से सन् 1940 में कोटद्वार से 'सन्देश' नामक समाचार पत्र का प्रकाशन प्रारम्भ किया। 'चंचल' जी इस पत्र के सहकारी सम्पादक व प्रकाशक थे। अभी यह पत्र मात्र एक वर्ष ही चल पाया था कि सन् 1941 में 'मनहर' जी के व्यक्तिगत सत्याग्रह में जेल चले जाने के कारण संदेश का प्रकाशन बन्द करना पड़ा।

2. समाज, 1942 ई0

स्वतंत्रता सेनानी श्री राम प्रसाद बहुगुणा द्वारा सन् 1942 में एक हस्तलिखित पत्र 'समाज' का सम्पादन किया गया। वे चमोली जिले में तात्कालीन पत्रकारिता के आधार स्तम्भ थे। दो वर्ष तक यह पत्र नियमित रूप से चलता रहा। इसके पश्चात् भारत छोड़ो आन्दोलन में बहुगुणा जी के जेल चले जाने पर यह पत्र बन्द हो गया।

3. मसूरी एडवरटाइजर, 1942 ई0

मसूरी के 'कुलड़ी' स्थित प्रिन्टिंग प्रेस से छपने वाले समाचार–पत्र 'मसूरी एडवरटाइजर' का प्रकाशन सन् 1942 में के एफ0 मेकागोन के द्वारा शुरू किया गया। यह पत्र विज्ञापनों तक ही सीमित रहा, इसमें अन्य समाचार

नाममात्र के ही होते थे। सन् 1947 तक नियमित प्रकाशित होने के बाद स्वतंत्रता प्राप्ति के पश्चात् यह समाचार पत्र बन्द हो गया।

4. स्वराज, संदेश, पाक्षिक, 1942–43 ई0

मूल रूप जिला बिजनौर के निवासी रहे श्री हुलास वर्मा का कर्म क्षेत्र सदैव से देहरादून रहा। अतः यही से इनके सम्पादन में स्वराज–सन्देश नामक एक पाक्षिक हिन्दी समाचार–पत्र का प्रकाशन प्रारम्भ हुआ। वे एक कट्टर स्वतंत्रता सेनानी थे, अंग्रेज प्रशासन के विरूद्ध उनकी आक्रामकता की झलक उनके द्वारा प्रकाशित इस पत्र में देखी जा सकती थी। वे स्वराज सन्देश के माध्यम से सदैव आमजन को स्वाधीनता के लिए प्रेरित करते रहे। प्रशासन के विरूद्ध समाचार छापने तथा आक्रामक व भड़काऊ सम्पादकीय लिखने के आरोप में सरकार ने इनसे दो बार जमानत मांगी किन्तु इसका उनके मनोबल पर कोई प्रभाव न हुआ तथा वे पत्रकारिता के क्षेत्र में डटे रहे।

5. युगवाणी (साप्ता/मासिक),1947 ई0

टिहरी जनक्रान्ति के महानायक रहे श्रीदेव सुमन की शहादत के बाद प्रजा मंडल आन्दोलन में शिथिलता आ गई थी। रियासत में एकबार पुनः चारों ओर राजशाही का खौफ फैल गया। अब प्रजामंडल के शीर्ष कार्यकर्ताओं ने रियासत से दूर देहरादून से आन्दोलन का संचालन करने का निर्णय लिया। स्वतंत्रता प्राप्ति की पूर्व संध्या पर टिहरी के कुछ बुद्धिजीवियों तथा प्रजामंडल के कार्यकर्ताओं ने देहरादून में एक सम्मेलन में प्रजामंडल आन्दोलन पुनः प्रारम्भ करने का निश्चय किया तथा आन्दोलन को उचित दिशा निर्देश देने व उसके समाचारों को जन सामान्य तक पहुँचाने के उद्देश्य से एक समाचार–पत्र प्रकाशित करने का भी निर्णय किया गया। इसके लिए भी टिहरी रियासत की बजाय देहरादून को ही उपयुक्त माना गया। अतः टिहरी के मूल निवासी काशी विद्यापीठ के प्राचार्य भगवती प्रसाद पांथरी के सम्पादन में 15 अगस्त 1947 को देहरादून से युगवाणी नामक समाचार–पत्र का पहला अंक प्रकाशित हुआ। प्रजामंडल के सक्रिय कार्यकर्ता श्री तेजराम भट्ट का इसके प्रकाशन में भी सक्रिय सहयोग रहा। प्रारम्भ में कुछ समय पाक्षिक प्रकाशन के बाद इसका स्वरूप साप्ताहिक हो गया और अब सम्पादन का पूर्ण दायित्व आचार्य गोपेश्वर कोठियाल पर आ गया।

चूंकि 'युगवाणी' का प्रकाशन स्वतंत्रता के दिन से प्रारम्भ हुआ था। अतः इस पत्र का देश की आजादी में कोई योगदान नहीं था किन्तु

टिहरी जनक्रान्ति में रियासत के विरूद्ध इस पत्र की अहम् व महत्वपूर्ण भूमिका रही। इस पत्र में रियासत में राजा के द्वारा किये गये जोर–जुल्मों को प्रचार तो किया ही साथ ही इनका पुरजोर विरोध भी किया। अतः इसका राजा के कोप का भाजन बनना स्वाभाविक था। राजाज्ञा से इसका रियासत में प्रवेश वर्जित हो गया किन्तु फिर भी हर क्रान्तिकारी के पास इसकी प्रति हुआ करती थी। सन् 1949 में टिहरी रियासत का उत्तर प्रदेश में विलय हो गया। इसके साथ ही रियासत के विरूद्ध चलाये जा रहे सभी आन्दोलन भी समाप्त हो गये, तो 'युगवाणी' में आक्रामक तेवर भी नरम पड़ने लगे। अब 'युगवाणी' द्वारा आम जनता के उत्थान हेतु रचनात्मकता की ओर रूख कर लिया।

टिहरी रियासत की जनक्रान्ति में 'युगवाणी' की भूमिका इतनी महत्वपूर्ण थी कि इतिहासकारों ने इसे रूस की क्रान्ति में लेनिन द्वारा सम्पादित पत्र 'इस्त्रा' के समकक्ष रखा। गोविन्द नेगी 'आग्नेय' तथा अन्य कई पत्रकारों ने अपनी पत्रकारिता जीवन की शुरुआत इसी पत्र से की। पत्रकारिता व साहित्य के क्षेत्र में नई प्रतिभाओं को प्रेरित करने व आगे बढ़ाने में भी 'युगवाणी' की महत्वपूर्ण भूमिका रही है। कोठियाल जी की मृत्यु के पश्चात् उनके सुपुत्र संजय कोठियाल पत्र के सम्पादन का दायित्व निभा रहे हैं। सन् 2001 से 'युगवाणी' मासिक पत्रिका के रूप में नियमित प्रकाशित हो रही है।

6. प्रजाबन्धु (साप्ता),1947 ई0

रानीखेत, अल्मोड़ा के मूल निवासी स्वतंत्रता सेनानी स्व0 श्री जय दत्त वैला ने सन् 1947 में प्रजाबन्धु नामक एक साप्ताहिक समाचार पत्र का प्रकाशन रानीखेत से प्रारम्भ किया। यह पत्र प्रारम्भ से ही कांग्रेसी विचारधारा का समर्थक रहा किन्तु कुछ समय नियमित चलने के पश्चात् यह बन्द हो गया।

स्वाधीनता पूर्व की पत्रकारिता के 105 वर्षों के उपरोक्त संक्षिप्त विवरण से ज्ञात होता है कि भले ही इतिहासकारों ने अध्ययन की सुविधा हेतु इसे 105 वर्षों के तीन चरणों में विभक्त किया हो किन्तु यदि इन तीनों चरणों की पत्रकारिता को सम्मिलित रूप से देखे, तो इसके स्वरूप को दो भागों में विभक्त किया जा सकता है, अर्थात् 105 वर्षों की इस पत्रकारिता का विकास दो चरणों में हुआ।

प्रथम चरण – यह पत्रकारिता का प्रारम्भिक स्वरूप था, जब उत्तराखंड में पत्रकारिता प्रारम्भ हुई। इस दौर की पत्रकारिता में औपनिवेशवाद की

झलक मिलती है। चूंकि अधिकांश समाचार–पत्र अंग्रेज प्रशासन के अनुरूप छपते थे। अतः उनमें उतनी ही सूचना जन–सामान्य के लिए होती थी जितनी की अंग्रेजी सरकार चाहती थी। साथ ही कभी–कभी सामाजिक पिछड़ेपन के मुददों को भी उजागर किया जाता है किन्तु इनके सम्बन्ध में भी अंग्रेजों के अनुसार ही विचार व्यक्त किये जाते हैं।

दूसरा चरण– इस चरण में पत्रकारिता ने राष्ट्रीयता की ओर रूख किया। बीसवीं सदी का पहला दशक समाप्त होते–होते देश में राष्ट्रीयता का प्रसार तीव्रता से होने लगा। अंग्रेजी हुकूमत के विरूद्ध राष्ट्रीय आन्दोलन का दौर प्रारम्भ होने लगा। इसका प्रभाव तात्कालिक पत्रकारिता पर भी पड़ा। अब पत्रकारों व सम्पादकों के विचारों में परिवर्तन आने लगा। परिणामस्वरूप अब समाचार–पत्रों का स्वरूप बदलने लगा। अंग्रेजी सरकार का यशोगान करने वाले पत्र अब राष्ट्रीय विचारों के सम्वाहक बन गये। अल्मोड़ा और 'गढ़वाली' नामक समाचार–पत्र का उदाहरण है, जो प्रारम्भ में सत्तान्मुखी थे किन्तु 1910–11 के बाद ये राष्ट्रीयता का प्रचार–प्रसार करने लगे। दूसरे दशक के मध्याहन के पश्चात् पत्रकारिता के स्वरूप में थोड़ा और परिवर्तन हुआ। अब समाचार–पत्र के माध्यम से राष्ट्रवादी विचारों की सम्प्रेषणा और शासन की नीतियों की आलोचना के साथ–साथ अंग्रेजों द्वारा किये जाने वाले सामाजिक उत्पीड़न व शोषण (कुली बेगार) कुली बर्दायश, बरा–बेगार, प्रभु सेवा तथा हक हकूकों का हनन जैसे विचारणीय मुददों पर भी अपनी–अपनी अभिव्यक्तियां प्रकट की जाने लगी। इसका एक प्रमुख परिणाम यह देखने को मिला कि अब अंग्रेजी प्रशासन को राष्ट्रीय व सामाजिक दोनों आन्दोलनों का साथ–साथ सामना करना पड़ा। स्वाधीनता पूर्व भी पत्रकारिता जन जागृति की पत्रकारिता थी। अभी व्यवसायिक अथवा अर्थोपार्जन हेतु पत्रकारिता का जन्म नहीं हुआ था। राजनैतिक आर्थिक संघर्षो के बाद भी उनकी चेतना व प्रखरता में कभी कोई कमी नहीं देखी गई। प्रायः कुछ अपवादों को छोड़कर स्वाधीनता पूर्व के अधिकांश समाचार पत्र कम समय के लिए रहे तथा उनके अल्पजीवन के पीछे के कारण भिन्न–भिन्न थे किन्तु सभी पत्रों का उद्‌देश्य एक ही था कि देश की स्वाधीनता।

उत्तराखंड में स्वतंत्रता प्राप्ति के पश्चात् पत्रकारिता

स्वतंत्रता पूर्व उत्तराखंड से प्रकाशित समाचार–पत्रों में, 'शक्ति' तथा 'जागृत जनता' (अल्मोड़ा) 'कर्मभूमि' (गढ़वाल,) 'गढवाली' (देहरादून),

तथा द हेराल्ड वीकली व 'द मसूरी टाइम्स' (मंसूरी) आदि कुछ ही ऐसे समाचार–पत्र थे, जिन्हें 15 अगस्त सन् 1947 की स्वतंत्र प्रभात बेला में सांस लेने का सौभाग्य प्राप्त हुआ। मसूरी से प्रकाशित 'द हेराल्ड वीकली' व 'द मसूरी टाइम्स' जश्न मनाने के पश्चात् शीघ्र ही बन्द होने वाले पत्रों में प्रमुख रहे। इसके अतिरिक्त कुछ समाचार–पत्र ऐसे भी थे, जिन्होंने सन् 1947 का स्वतंत्रता का जश्न तो नहीं देखा पर उन्हें एक स्वतंत्र देश में पुनः प्रकाशित होने का अवसर प्राप्त हुआ, उनमें समता, 'स्वाधीन प्रजा' (शीघ्र ही प्रकाशित हुए), 'दून समाचार' (देहरादून), 'द मंसूरी टाइम्स' व मेफिसलाइट' (मंसूरी) (लम्बे अन्तराल बाद पुनः प्रकाशित), प्रमुख रहे। वर्तमान में हमारे बीच औपनिवेशिक शासन में पत्रकारिता का एकमात्र जीवित साक्षी 'शक्ति' (अल्मोड़ा) नामक समाचार पत्र है, जो अब जीवन काल में वृद्धावस्था के समान शक्तिहीन तथा दीन अवस्था में किसी प्रकार चल रहा है।

15 अगस्त 1947 को अंग्रेज भारत देश छोड़कर चले गये, किन्तु उससे पहले कि देश आजादी का जश्न मना पाता, समूचा भारत साम्प्रदायिकता की आग में झुलसने लगा। पूरे विश्व को धर्म निरपेक्षता का ज्ञान देने वाले हमारे देश को अंग्रेज जाते–जाते दो धर्मों (हिन्दू व मुसलमान) में विभाजित कर गये। लगभग पांच महीनों तक देश इस साम्प्रदायिकता को झेलता रहा, जिसमें लाखों हिन्दू व मुसलमानों को अपनी जाने गवानी पडी। उस समय देश में चारों ओर बेचैनी, असुरक्षा, भय तथा अव्यवस्था की स्थिति थी। अतः ऐसे में पत्रकारिता का ध्यान किसे रहता। उत्तराखंड भी इस स्थिति से बचा न रहा। फिर भी 15 अगस्त को 'युगवाणी' का प्रथम अंक देहरादून से प्रकाशित हुआ। इसके कुछ समय पश्चात् रानीखेत से स्वतंत्रता सेनानी श्री जय दत बैला ने 'प्रजाबन्धु' नामक एक साप्ताहिक का प्रकाशन किया। इसके अतिरिक्त इन 5 महीनों में देहरादून से मात्र एक अंग्रेजी साप्ताहिक 'वायस ऑफ द दून' तथा धार्मिक मासिक पत्रिका 'सर्व हितकारी' का ही प्रकाशन हुआ।

स्वतंत्रता के पश्चात् प्रारम्भिक पांच वर्ष पत्रकारिता की दृष्टि से सामान्य ही रहे। अब देश स्वतंत्र था। इन प्रारम्भिक 5 वर्षों में देहरादून से 'हिमाचल', मंसूरी से 'फ्रंन्टियर मेल', हिमाचल टाइम्स (अंग्रेजी), देश सेवक' (उर्दू), 'नन्ही दुनिया' (बाल पत्रिका) 'अँगारा' (गढ़वाली सांस्कृतिक मासिक पत्रिका), 'राम सन्देश (अध्यात्मिक धार्मिक मासिक पत्रिका) तथा 'चेतावनी' जैसे साप्ताहिक प्रकाशित हुए। उत्तराखंड में अपने समय के चोटी के पत्रकार रहे, सर्व श्री अमीरचन्द बम्बवाल, सतपाल पाँधी,

पं0 खुशदिल, सत्यप्रसाद रतुड़ी तथा प्रो0 लेखराज 'उल्फत' आदि ने पत्रकारिता के क्षेत्र में इसी अवधि में पर्दापण किया।

अगले 5 वर्षों में देश की बदलती हुई परिस्थितियों तथा राजनैतिक परिवर्तनों का सर्वाधिक प्रभाव पत्रकारिता पर पड़ा। अब पत्रकारिता वाद की ओर चलने लगी तथा विवाद उसके पीछे। सन् 1952 से 57 के मध्य सर्वाधिक 25 समाचार–पत्र देहरादून से प्रकाशित हुए जबकि गढ़वाल से 5, अल्मोड़ा से 2, टिहरी गढ़वाल, चमोली, काशीपुर व नैनीताल से 1–1 समाचार–पत्र प्रकाशित हुए। स्वतंत्रता के पश्चात् पहला दशक पूरा होते–होते उत्तराखंड में पत्रकारिता का स्वरूप स्पष्ट होने लगा था। अधिकांश पत्र कांग्रेसवादी थे, कुछ भाषाई व अन्य विषयों को छोड़ दे तो अब पत्रकारिता राजनीति केन्द्रित हो चली थी। इसी समय पहली बार नेत्रहीनों के लिए ब्रेल साहित्य छपना प्रारम्भ हुआ।

रचनात्मकता की दृष्टि से देखे तो सन् 1966–77 के मध्य का काल खण्ड उत्तराखंड में पत्रकारिता के उत्कर्ष का काल माना जा सकता है क्योंकि यही वो कालखण्ड है, जब उत्तराखंड में राजनीति से इतर सामाजिक सारोकार रखने वाले समाचार–पत्रों का प्रकाशन प्रारम्भ हुआ। इस अवधि में प्रकाशित होने वाले पत्र वास्तव में उत्तराखंड के पत्र थे। वे उत्तराखंड की भौगालिक, सामाजिक व सांस्कृतिक परिस्थितियों तथा उनसे जुड़ी हर छोटी से छोटी समस्या की जानकारी रखते थे। इन पत्रों ने देश–प्रदेश की राजनीति के स्थान पर स्थानीय सामाजिक मुददों को प्राथमिकता दी तथा इनका रचनात्मक दृष्टिकोण से विश्लेषण किया। इस अवधि में मसूरी से सीमान्त प्रहरी 'दमामा' 'मंसूरी सन्देश' तथा कमेन्टेटर' देहरादून से 'जनलहर', 'हिमानी', 'देहराक्रानिकल' तथा 'द नार्दन पोस्ट' आदि ऋषिकेश से–'हिमालय की आवाज', टिहरी से 'टिहरी टाइम्स', 'तरूण हिन्दी', 'उत्तराखंड', उत्तरकाशी से 'पर्वतवाणी', व 'गढ़ रैबार', चमोली से 'उत्तराखंड आब्जर्बर', 'अनिकेत', कोटद्वार (गढ़वाल) से 'मस्ताना मजदूर', 'गढ गौरव', पौड़ी से 'पौड़ी टाइम्स' तथा 'गढ़वालमण्डल', लैसडौन से 'अलकनन्दा' (मासिक) तथा दोगडडा से 'राष्ट्रीय ज्वाला' (त्रैमासिक) श्रीनगर से 'मातृ पद' आदि समाचार पत्रों का प्रकाशन प्रारम्भ हुआ। इसके अतिरिक्त स्वतंत्रता के पश्चात् जिन आंचलिक क्षेत्रों से पत्र प्रकाशन बन्द हो गया था, उन क्षेत्रों से पुनः प्रकाशन इस काल में प्रारम्भ हो गया था जैसे–पिथोरागढ़ से 'पर्वत पियूष' बागेश्वर से 'बागनाथ' अल्मोड़ा से 'स्वाधीन प्रजा', द्वारहाट से द्रोणाचल प्रहरी', रानीखेत से 'कुँजराशन' तथा नैनीताल से 'सन्देश सागर', 'उत्तराखण्ड', 'खबर संसार' तथा 'लोकालय' आदि।

इस काल खण्ड में अपेक्षाकृत वामपंथी समाचार–पत्रों का प्रकाशन अधिक संख्या में हुआ किन्तु इनमें अधिकांश स्वीकार्यता के अभाव में बहुत कम समय के लिए रहे। सन् 1955 में काशीपुर से प्रकाशित 'जन जागृति' नामक पत्र यहाँ से प्रकाशित होने वाला पहला जनवादी पत्र था तथा 'नया जमाना' (1957) दूसरा था, सन् 1974 में गढ़वाल के एक युवा क्रान्तिकारी पत्रकार कृपालसिंह रावत 'सरोज' ने ऋषिकेश छिद्द्रवाला से 'लपराल' ('छपराल' : एक गढ़वाली शब्द जिसका शाब्दिक अर्थ 'लपट' होता है) नामक एक पाक्षिक पत्र प्रकाशित किया। इसके माध्यम से उन्होंने क्षेत्रीय किसानों, मजदूरों तथा नवयुवकों की आवाज बुलन्द की।

धर्म व आध्यात्म आधारित प्रकाशन में साधु समाज का महत्वपूर्ण व आदरणीय योगदान रहा। इनमें राम सन्देश, गीता सन्देश, चरित्र निर्माण, परमार्थ मण्डल, गायत्री दर्शन, ज्ञानमाला, मानस सन्देश तथा यात्री पथ नामक पत्रिकाएँ प्रमुख थी। इनका प्रकाशन केवल देहरादून व ऋषिकेश से होता था।

पिछली सदी के आठवें दशक के बाद समाज का मार्गदर्शन करने वाली राजनीति तथा मार्गदर्शक की भूमिका निभाने वाले राजनेता दोनों के आदर्शों में पर्याप्त गिरावट आयी, जिसका सीधा प्रभाव समाज के हर वर्ग पर पड़ा। भ्रष्टाचार ने देश में अपनी जड़ें इस प्रकार जमा ली कि आज देश का प्रत्येक वर्ग, प्रत्येक व्यक्ति सिर्फ अर्थोंपार्जन में जुटा है फिर चाहे उसके लिए उसे कुछ भी क्यों ने करना पड़े अथवा कितना ही नीचे क्यों न गिरना पड़े। अतः पत्रकारिता भी इन सब से अछूती कैसे रह सकती थी। स्वतंत्रता के कुछ समय पश्चात् पत्रकारिता राजनीति केन्द्रित तो हो ही गई थी और जब राजनीति का ही स्तर गिर गया तो पत्रकारिता के स्तर मे गिरावट आना स्वाभाविक था। नये दौर की पत्रकारिता नई परिभाषाओं, नये अर्थों व नये मूल्यों को लेकर गढ़ी जाने लगी। नये दौर की पत्रकारिता नई सोच के अनुसार चल पड़ी। अब पत्रकारिता समाज सेवा तथा मिशनरी की भावना से दूर केवल व्यवसायोन्मुखी व अर्थोपार्जन का प्रमुख साधन बन गई। समाचार पत्रों में सामाजिक व रचनात्मक समाचारों का स्थान अब विज्ञापनों को मिलने लगा। संविधान द्वारा विचारों की अभिव्यक्ति की स्वतंत्रता की आड़ में शिक्षित, अल्पशिक्षित, अप्रशिक्षित, बेरोजगार, महत्वाकांक्षी तथा साधन सम्पन्न आदि जिसका मन आया पत्रकार व सम्पादक बन 4–6 पृष्ठों के साप्ताहिक, दैनिक, मासिक व पाक्षिक पत्र छापने लगा तथा जब कभी अखबार सम्बन्धी नियम रोड़ा बना तो किसी राजनैतिक पार्टी से अथवा नेता की शरण लेकर बच गया। इस

प्रकार इन नाममात्र के पत्रकारों का काम चलता रहा तथा समाचार–पत्र व पत्रकारों की संख्या में दिनदूनी रात चौगुनी वृद्धि होती गई।

आठवें दशक के बाद, आम जनता की पहुँच रेडियो व टी0 वी0 तक होने के पश्चात् सूचनाओं व समाचार–पत्र की दुनिया पर रेडियो, दूरदर्शन, अन्य दर्जनों समाचार चैनलों तथा इलेक्ट्रॉनिक मीडिया का अधिकार होने लगा। अब धीरे–धीरे देश का अधिकांश पत्रकारिता क्षेत्र बड़े व मझोले पूंजिपतियों के हाथों में चला गया। चूंकि सरकार को चुनाव के समय इन्हीं पूजीपतियों का सहारा होता था, अतः सरकार बनने पर इन पूंजिपतियों को भी मनमानी करने की छूट मिल जाती थी। इसका सर्वाधिक प्रभाव आंचलिक व क्षेत्रीय समाचार–पत्रों पर पड़ा। उत्तराखंड की आवाज कहे जाने वाले क्षेत्रीय व आंचलिक साप्ताहिक पत्र–पत्रिकाओं का स्थान अब समाचार चैनलों ने ले लिया है। वर्तमान में राज्य की राजधानी से प्रकाशित होने वाले अब नाम मात्र के पत्र रह गये हैं, जो उत्तराखंड के मूल निवासियों द्वारा सम्पादित व प्रकाशित होते हैं। स्वतंत्रता पश्चात् देश में पत्रकारिता का व्यवसायीकरण होने लगा, अब यह अर्थोपार्जन का साधन मात्र बनकर रह गया है। उत्तराखंड में भी पत्रकारिता का लगभग यही हाल है, यहाँ पढ़े जाने वाले अधिकांश समाचार पत्र देश के बड़े–बड़े उद्योगपतियों द्वारा सम्पादित व प्रकाशित होते हैं। अन्य शब्दों में कहे तो उत्तराखंड–वासी अब इन आयातित समाचार पत्रों के आदी हो गये हैं। चूंकि अब क्षेत्रीय व आंचलिक समाचार पत्रों का उत्तराखंड के समाज व संस्कृति से विशेष सरोकार नहीं रह गया। आंचलिक समाचार–पत्र भी अब शेष आयातित पत्रों की राह पर चल पड़े हैं। अतः आम जन भी अब इन्ही पूंजीवादी समाचार–पत्रों को पढ़ना पसन्द करता है।

उत्तराखंड में पत्रकारिता का आद्योपांत अध्ययन, सर्वेक्षण, विश्लेषण व मूल्यांकन के फलस्वरूप यह निष्कर्ष सामने आया कि 19वीं सदी के मध्याहन में जब उत्तराखंड में पत्रकारिता का जन्म मात्र अंग्रेजी नीतियों के प्रचार–प्रसार के उद्देश्य से हुआ था, तब कोई नहीं जानता था कि बीसवीं सदी के प्रारम्भ होते ही यह पत्रकारिता उत्तराखंड में स्वाधीनता की आग में घी के समान कार्य करेगी। उत्तराखंड में चलने वाले स्वतंत्रता आन्दोलन में पत्रकारिता का अतुलनीय योगदान रहा। स्वतंत्रता के पश्चात् इसकी आक्रामकता में कमी आयी, तो आंचलिक बुद्धि जीवियों ने इसका रूख सामाजिक सांस्कृतिक सृजन की ओर मोड़ दिया। धीरे–धीरे उत्तराखंड की पत्रकारिता का स्वरूप पूर्णतया रचनात्मक हो गया। किन्तु आठवें दशक के पश्चात् पृथक राज्य की मांग के साथ यहाँ

16. उत्तराखंड में एक उद्देश्य पूर्ण पत्रकारिता के प्रारम्भ का श्रेय किस पत्र को जाता है?
    (क) समय विनोद (ख) गढवाली
    (ग) अल्मोड़ा अखबार (घ) इनमें से कोई नहीं
17. 1918 को विजयदशमी के अवसर पर बद्रीदत पाण्डे के सम्पादन में किस पत्र का पहला अंक प्रकाशित हुआ?
    (क) समय विनोद (ख) शक्ति
    (ग) अल्मोड़ा अखबार (घ) इनमें से कोई नहीं
18. बैरिस्टर मुकुन्दी लाल ने सन् 1922 में लैन्सडौन से किस हिन्दी साप्ताहिक का प्रकाशन प्रारम्भ किया?
    (क) तरूण कुमाऊँ (ख) कुमाऊँ कुमुद
    (ग) अल्मोड़ा अखबार (घ) इनमें से कोई नहीं
19. भारतीय स्वतंत्रता आन्दोलन में सामान्य जन के साथ ही साधु सन्यासी वर्ग ने भी महत्वपूर्ण भूमिका निभाई थी। इन्हीं में एक थे स्वामी विचारानन्द सरस्वती जो देहरादून में एक प्रिन्टिग प्रेस चलाते थे, जिसका नाम था
    (क) अभय (ख) अजय
    (ग) निर्भय (घ) इनमें से कोई नहीं
20. गिरिजादत्त नैथाणी ने 1902 में 'गढ़वाल समाचार' नाम से एक मासिक का प्रकाशन प्रारम्भ किस स्थान से किया था?
    (क) लैन्सडौन (ख) नैनीताल
    (ग) कौसानी (घ) इनमें से कोई नहीं
21. कृपाराम मिश्र 'मनहर' का नाम अत्यधिक प्रसिद्ध था। उनके द्वारा गढ़वाल क्षेत्र से प्रकाशित समाचार–पत्र था
    (क) तरूण कुमाऊँ (ख) कुमाऊँ कुमुद
    (ग) गढदेश (घ) इनमें से कोई नहीं
22. किसने सदियों से उपेक्षित व दबे–कुचले इस वर्ग को समाज में उचित अधिकार दिलाने के उद्देश्य से अल्मौड़ा से सन् 1934 में समता नामक साप्ताहिक हिन्दी समाचार–पत्र का प्रकाशन प्रारम्भ किया?
    (क) हरिप्रसाद टम्टा (ख) लक्ष्मी देवी टम्टा
    (ग) बुद्धि बल्लभ पंत (घ) सदानन्द सनवाल
23. कोटद्वार से 'सन्देश' नामक समाचार पत्र का प्रकाशन प्रारम्भ किया
    (क) राम प्रसाद ने (ख) कृपाराम मिश्र ने
    (ग) बुद्धि बल्लभ पंत ने (घ) सदानन्द सनवाल ने

24. टिहरी रियासत की जनक्रान्ति में महत्वपूर्ण भूमिका अदा करने के लिए किस पत्र को इतिहासकारों ने नेरूस की क्रान्ति में लेनिन द्वारा सम्पादित पत्र 'इस्त्रा' के समकक्ष रखा?
(क) युगवाणी (ख) कुमाऊँ कुमुद
(ग) गढदेश (घ) इनमें से कोई नहीं

25. प्रजाबन्धु नामक एक साप्ताहिक समाचार पत्र का प्रकाशन प्रारम्भ किया
(क) जयदत्त वैला ने (ख) कृपाराम मिश्र ने
(ग) बुद्धिबल्लभ पंत ने (घ) सदानन्द सनवाल ने

उत्तर

1 क	2 क	3 ख	4 ख	5 क	6 ख	7 ख
8 क	9 ख	10 ख	11 ग	12 क	13 ग	14 ख
15 क	16 ख	17 ख	18 क	19 क	20 क	21 ग
22 क	23 ख	24 क	25 क			

11
अध्याय

उत्तराखंड राज्य की स्वतंत्रता आंदोलन में भूमिका

वस्तुतः भारतीय राष्ट्रीय आन्दोलन से तात्पर्य उस संघर्ष से है जो भारतीयों ने ब्रिटिश शासन से आजादी पाने के लिए किया था। अंग्रेज भारत में व्यापारी बनकर आये थे लेकिन शनैः शनैः उनका राजनैतिक अधिपत्य सारे भारत पर हो गया। इस आधिपत्य का प्रारम्भ 1757 में प्लासी के युद्ध से हुआ। बक्सर के युद्ध से इसे एक मजबूत आधार मिला। अंग्रेजी साम्राज्य के विरूद्ध प्रारम्भ से ही भारतीयों ने अपनी आवाज बुलन्द की यद्यपि इसका स्वरूप स्थानीय एवं क्षेत्रीय प्रवृति का था। ब्रिटिश शासकों के आर्थिक शोषण और दमनकारी प्रशासनिक नीतियों के कारण भारत में राष्ट्रीय आन्दोलन का सूत्रपात्र हुआ। भारत की आजादी की कहानी अनगिनत बलिदानों और त्याग–तपस्या की कहानी है। लम्बे संघर्ष के बाद 15 अगस्त 1947 को हमारे सपने साकार हुए और स्वाधीनता का अरूणोदय हुआ। लेकिन इस मंगल मुहूर्त तक पहुँचने के लिए हमारे स्वतंत्रता संग्राम के सेनानियों ने जो कीमत अदा की उसका इतिहास बहुत लम्बा और रोमांचक है।

इस संघर्ष से तात्कालीन उत्तर प्रदेश का पहाड़ी क्षेत्र उत्तराखंड भी अछूता नहीं रहा। स्थानीय समस्याओं तथा रहन–सहन के तौर तरीकों के कारण गढ़वाल में राष्ट्रीय आन्दोलन का स्वरूप भले ही अलग था। नालापानी के युद्ध और सिंघौली संधि के बाद उत्तराखंड में अंग्रेजों की संख्या में वृद्धि प्रारम्भ होने लगी। अंग्रेज बहुत ही कूटनीतिज्ञ थे। उन्होंने गढ़वाल नरेश से युद्ध का खर्च मांगा जो लगभग 5 लाख रूपये के आस–पास था। गढ़वाल नरेश के पास उतने रूपये न होने के कारण वह

युद्ध का हर्जाना अदा नहीं कर पाया। परिणामस्वरूप 1815 ई0 में अंग्रेजों ने गढ़–नरेश से राजधानी श्रीनगर और गढ़वाल के आधे से अधिक राज्य को ब्रिटिश राज्य में मिलाकर कुमाऊँ के कमिश्नरी का हिस्सा बना दिया। गढवाल का जो भाग ईस्ट इंडिया कम्पनी के अधीन था, वह कालान्तर में ब्रिटिश गढ़वाल और जो भाग गढ़वाल राजा को प्रदान किया गया उसे टिहरी रियासत कहा गया। कालान्तर में देहरादून क्षेत्र अंग्रेजों का प्रिय स्थान बन गया। ब्रिटिश शासन के विरूद्ध भारत में राष्ट्रीय आन्दोलन का सूत्रपात्र सन् 1857 के प्रथम स्वतंत्रता संग्राम के समय हुआ। उत्तराखंड की जनता ने भी 1857 से लेकर 1947 तक इस स्वतंत्रता संघर्ष में भाग लिया।

इस प्रकार हम पाते हैं कि उत्तराखंड राज्य वर्ष 1815 ई0 के पश्चात् अंग्रेजों के प्रत्यक्ष नियत्रण में आया। धीरे–धीरे देश की स्वतंत्रता के लिए चल रहे आन्दोलन का प्रभाव यहाँ भी नजर आने लगा। आजादी के परवानों की कर्मस्थली राज्य में देहरादून, लैन्सडाउन, अल्मोड़ा एवं स्वतंत्रत रियासत टिहरी इत्यादि रही। राज्य में आन्दोलन की आवाज को बुलन्द करने के लिए कई समाचार पत्र–पत्रिकाओं का प्रकाशन होने लगा। अध्ययन की सुविधा दृष्टि से हमने उत्तराखंड में स्वतंत्रता आन्दोलन के इतिहास को दो चरणों में विभक्त किया है

(1) उत्तराखंड में जन चेतना का विकास (1815–1920 ई0)

(2) स्वतंत्रता संघर्ष में भागीदारी (1920–1947 ई0)

1. उत्तराखंड में स्वतंत्रता आन्दोलन का प्रथम चरण (उत्तराखंड में जन चेतना का विकास)

उत्तराखंड में आंग्ल शासन का प्रथम चरण शान्तिपूर्ण एवं सुव्यवस्थित रहा। उन्नीसवीं शताब्दी के द्वितीय भाग में इस क्षेत्र में निरन्तर अकाल की घटनाऐं घटित हुई। परिणामस्वरूप स्थानीय निवासियों का जीवन और भी दुष्कर हो गया। इस दौर में ही यहाँ से लोगों का रोजगार के लिए मैदानी क्षेत्रों को पलायन शुरू हुआ, जिसने कालान्तर में मनीआर्डर अर्थव्यवस्था को जन्म दिया। 19वीं शताब्दी के उतरार्द्ध में पहले ईशाई मिशनरी एवं फिर आर्य समाज के प्रवेश से शिक्षा क्षेत्र एवं सामाजिक क्षेत्र में एक हलचल उत्पन्न हुई। दयानन्द सरस्वती एवं विवेकानन्द ने इस पर्वतीय प्रदेश का व्यापक भ्रमण किया और स्थानीय जनता को राष्ट्रीय जाग्रति का संदेश दिया। इसके परिणामस्वरूप इस क्षेत्र में राष्ट्रीयता की भावना का विकास हुआ।

अंग्रेजी शासन के विस्तार के साथ इस क्षेत्र में बेगार की मांग बढ़ने लगी, जिससे स्थानीय जनता का जीवन और भी संकटमय हो गया। सर्वविदित तथ्य है कि अंग्रेज व्यापारी के रूप में भारत आए थे और सर्वदा व्यापारी ही रहे। अतः शासक बनने के बाद भी उनकी प्रवृति में कोई अन्तर नहीं आया। अतः इस पर्वतीय प्रदेश की संपदा को भी उन्होंने व्यापारिक उद्देश्य से संरक्षित करना शुरू किया। इस कारण क्षेत्र में आत्मनिर्भर ग्राम व्यवस्था चरमराने लगी। शासन द्वारा 1864 ई0 में वन विभाग की स्थापना हुई और 1868 में सम्पूर्ण कुमाऊँ कमिश्नरी के वनों को इसके अधीन कर दिया गया। इस नई व्यवस्था से जनता के अधिकार सीमित हो गए और उन्हें कई समस्याओं का सामना करना पड़ा। यही कारण है कि 20वीं शताब्दी के द्वितीय दशक से क्षेत्र में बेगार व वन व्यवस्था के विरूद्ध जनता का असन्तोष आन्दोलन के रूप में प्रस्तुत होने लगा।

प्रथम चरण में सरकार के अनुरूप समाचारों के प्रस्तुतीकरण के लिए समय विनोद एवं अल्मोड़ा अखबार की शुरूआत हुई। उत्तराखंड के कई ताल्लुकों में संघर्ष की आवाज 1857 से कई पहले उठने लगी थी। कुजां ताल्लुका के विजय सिंह के नेतृत्व के 1824 ई0 में विद्रोह हुआ, जिसको अंग्रेजी सेना ने बड़ी बर्बरता से दबा दिया। गढ़वाल के प्रसिद्ध चित्रकार मोलाराम की कृतियों से भी स्पष्ट होता है कि अंग्रेजी शासन भी पूर्ववती गोरखाराज के समान स्वेच्छाचारी, व्यभिचारी कृत्यों से परिपूर्ण था। उन्होंने इसे गोरखा आततयी शासन के पुनरावृति की संज्ञा दी। इस प्रकार हम पाते हैं कि अंग्रेजी आगमन के साथ उत्तराखंड में शोषण की एक नई शासन परिपाटी का शुभारम्भ हुआ। इसके कारण जनता ने शनै–शनै अंग्रेजी साम्राज्य की विरूद्ध अपनी प्रतिक्रिया प्रारम्भ की। 1857 के विद्रोह के समय जिसकी एक झलक स्पष्ट रूप से दिखाई दी।

1857 का विद्रोह और उत्तराखंड

जिस समय सम्पूर्ण उत्तरी व मध्य भारत में 1857 के विद्रोह की आग फैल रही थी। उस समय जनपद में बैकेट डिप्टी कमिश्नर था। उसने गढ़वाल में शान्ति विद्यमान रखने में महत्वपूर्ण भूमिका निभायी तथा गढ़वाल को विद्रोहियों से सुरक्षित रखने के लिये ब्रिटिश गढ़वाल के उन सभी मार्गों पर नाकेबन्दी कर दी, जो मैदानी क्षेत्रों में मिलते थे। वॉल्टन के अनुसार यद्यपि मैदानी क्षेत्रों से कुछ क्रान्तिकारियों ने श्रीनगर गढ़वाल में अशान्ति फैलाने का प्रयास किया था। किन्तु कुमाऊँ कमिश्नर हेनरी रेमजे ने विद्रोहियों के दमन के लिये अल्मोड़ा से गोरखा सेना श्रीनगर भेजी।

यद्यपि क्रान्तिकाल में ब्रिटिश गढ़वाल में कोई हिंसक घटना घटित नहीं हुई। फिर भी इस बात की भी संभावना हो सकती है कि कुछ लोग 1857 की क्रान्ति से अंग्रेजों के विरूद्ध जाग्रत हुये हो। इसी कारण वहाँ जिन व्यक्तियों पर यह सन्देह होता था कि वह क्रान्तिकारी हैं, उन्हें पकड़कर श्रीनगर पहुँचाया जाता था और वहाँ गंगा नदी के किनारे स्थित एक टीले पर जिसे स्थानीय लोग टिबरी कहते थे, खड़ा कर गोली से मार दिया जाता था।

ब्रिटिश गढ़वाल के थोकदारों, जमींदारों ने भी 1857 के विद्रोह में भाग नहीं लिया। उन्होंने उस समय ब्रिटिश सरकार को हर संभव सहायता प्रदान की। गढ़वाल में पदम सिंह नेगी तथा शिवराम सिंह नामक दो गढ़वाली मित्र थोकदारों ने क्रान्तिकाल में अंग्रेजों की तरफ से कोटद्वार–भावर क्षेत्र की रक्षा की। इनकी उत्कृष्ट राजभक्ति को देखकर क्रान्ति के समापन पर इन्हें जनपद बिजनौर के कुछ गाँवों में अलग–अलग जमींदारी प्रदान की गयी।

हेनरी रेमजे उस समय कुमाऊँ का कमिश्नर था। उसने 1857 में कुमाऊँ कमिश्नरी के राजनैतिक वातावरण पर प्रकाश डालते हुए लार्ड कैनिंग को पत्र लिखा–"सन् 1857 की क्रान्ति के समय मेरी जनता शान्त और राजभक्त रही है। इन्हें इसका यह पुरूस्कार न दिया जाये कि उनसे उनकी बंदूकें छीन ली जाए, जिन्हें वे उस समय हमारी सेवा में लाये थे, जब हम खतरे में थे।"

इस पत्र का कैनिंग पर इतना गहरा प्रभाव पड़ा कि उसने पर्वतीय जनता के हथियार छीनने के आदेश तुरन्त ही निरस्त कर दिये थे। ब्रिटिश गढ़वाल की भांति टिहरी रियासत की जनता भी 1857 की क्रान्ति के समय सरकार की राजभक्त थी।

क्रान्तिकाल में मैदानी क्षेत्रों में अंग्रेज परिवारों को क्रान्तिकारियों द्वारा हानि पहुँचाने का भय था। अतः सुदर्शन शाह ने सभी को मंसूरी में आश्रय दिया था। इन परिवारों की सुरक्षा के लिये राजा ने अपने दो सौ सैनिकों को ब्रिटिश परिवारों की रक्षार्थ देहरादून एवं मसूरी के मध्य राजपुर की पहाड़ियों पर तैनात कर दिया था। ये सैनिक तब तक वहीं पहरा देते रहे जब तक कि क्रान्ति की ज्वाला शान्त नहीं हुई। इसके अलावा सुदर्शन शाह ने ब्रिटिश सरकार को एक लाख रूपये आर्थिक सहायता भी दी थी।

बम्बू खां, जो नजीबाबाद का नवाब था, की शक्ति चरमोत्कर्ष पर थी। उसने अंग्रेजों से युद्ध कर गंगा जी से लेकर रामगंगा तक फैले

बिजनौर जिले पर अधिकार कर लिया था और अंग्रेजों को भगाकर अपने साम्राज्य का विस्तार कर लिया।

बम्बू खां एक सच्चा देशभक्त था। वह अंग्रेजों को हिन्दुस्तान से निकाल देना चाहता था। उसने अपने पड़ोसी टिहरी नरेश सुदर्शनशाह को अपने एक विश्वासपात्र व्यक्ति द्वारा एक पत्र भेजा। उस पत्र में लिखा था–"आप फिरंगियों को हिन्दुस्तान से निकालने में हमारा साथ दे व क्रान्ति में सक्रिय भाग ले। ऐसा करने से आप अपना सम्पूर्ण पैत्रिक राज्य फिरंगियों से वापस पा जायेंगे और यदि आपने ऐसा नहीं किया तो हम आपके राज्य पर आक्रमण करेंगे।"

बरेली में आन्दोलन का नेतृत्व संभाल रहे खान बहादुर की सेना ने नैनीताल पर अधिकार करने के लिए हल्द्वानी पर अनेक आक्रमण किए। काली कुमाऊँ में कालू माहरा ने अंग्रेजी साम्राज्य के विरूद्ध एक गुप्त संगठन स्थापित किया। यद्यपि इस समय क्रुर गोरखा शासन से मुक्ति दिलाने के कारण उत्तराखंड क्षेत्र में अंग्रेजों के विरूद्ध प्रतिक्रिया का स्वर धीमा ही था। कालू माहरा का खान बहादुर खाँ से सम्पर्क था। उन्होंने अपने साथियों के साथ लोहाघाट स्थित अंग्रेजों की बेरकों पर आक्रमण किया। अंग्रेज सैनिक भाग खड़े हुए और आन्दोलनकारियों ने बैरको को आग के हवाले कर दिया। इसके पश्चात् बरमदेव थाने पर हमला किया गया।

तराई क्षेत्र के बंजारों ने संघर्षकारियों के समर्थन में रूद्रपुर क्षेत्र में संचार एवं यातायात व्यवस्था को अवरूद्ध किया। हल्द्वानी में तैनात कुमाऊँनी सैनिको ने भी अपना असंतोष व्यक्त किया फलतः उन्हें जेल में डाल दिया गया। जून के मध्य तक कुमाऊँ में मार्शल ला लगा दिया गया। कुलीयों ने भी इस समय संधर्षकारियों का समर्थन किया। फलतः कुली न मिलने का कारण कारागारों में बन्द कैदियों को मुक्त कर कुलियों का कार्य लिया गया। इस काल में कई संघर्षकारियों को गोली मार दी गई अथवा फाँसी दे दी गई। ऐसा ही एक स्थल तभी से नैनीताल में "फाँसी गधेरा" के नाम से पुकारा जाता है। फजल हक ने हल्द्वानी से इक्कीस किमी पूर्व में जबकि कालेखान ने बहेड़ी में अपने–अपने केन्द्र स्थापित कर रखे थे। दोंनों ने एक साथ अंग्रेजों पर धावा बोला था एवं छरपुरा नामक स्थान पर हुए युद्ध में अंग्रेजी फौजो से दोनों परास्त हुए। इसके पश्चात् कुमाऊँ के तराई क्षेत्र में आन्दोलन मंद पड़ने लगा।

कुमाऊँ कमिश्नरी का गढ़वाल सम्भाग देहरादून संघर्षकारियों का केन्द्रस्थल रहा। जालन्धर की ओर से संघर्षकारियों ने दून में प्रवेश किया।

इसी कारण यूरोपियन महिलाओ एवं बच्चों को मसूरी में संरक्षण प्रदान किया गया था।

रूड़की के निकट स्थित कुजां ताल्लुका में तो विद्रोह की घंटी 1857 ई0 से काफी पहले बज चुकी थी। 1824 ई0 में यहाँ के ग्रामीणों का सीधा संघर्ष अंग्रेजी फौज से हुआ था। बड़ी संख्या में क्रान्तिकारियों को सरेआम फाँसी दी गई थी। 1857 के विद्रोह में भी इस क्षेत्र ने बढ़ चढ़कर हिस्सा लिया था। अंग्रेज़ी गजेत्यिर में भी अंकित है कि "इस क्षेत्र के आस–पास के गाँव में विद्रोह करने वालो को बरगद के पेड़ पर लटकाकर फाँसी दी गई थी।"

1857 के आन्दोलन के संदर्भ में यह तथ्य भी महत्वपूर्ण है कि अल्मोड़ा स्थित सेना की यूनिट में भी बगावत की सुगबुगाहट शुरू हुई थी। नाना साहब के आने की संभावना को देखते हुए, कई लोगों को अल्मोड़ा व श्रीनगर में फाँसी दी गई थी। बहरहाल इतना अवश्य सत्य है कि 1857 के गदर के दौरान उत्तराखंड में सशस्त्र क्रान्ति की ज्वाला भले ही न सुलगी हो किन्तु एक वैचारिक क्रान्ति का शुभारम्भ इस क्षेत्र में अंग्रेजों के विरूद्ध अवश्य हो गया था।

1857 के स्वतन्त्रता आन्दोलन के पश्चात् कम्पनी का शासन समाप्त हुआ और महारानी के शासन की स्थापना हुई। इसके पश्चात् भारतीयों को निशस्त्र करने की एक प्रक्रिया प्रारम्भ हुई जिसके परिणामस्वरूप अब भारतीयों के पास अपने अंसतोष को व्यक्त करने के लिए समाचार पत्र एवं धरना प्रदर्शन इत्यादि साधन ही शेष रहे।

इस प्रकार हम पाते हैं कि तात्कालीन कमिश्नर हेनरी रामजे की प्रसिद्धि एवं सूझ–बूझ के कारण उत्तराखंड क्षेत्र अपेक्षाकृत शांत रहा। 22 मई 1857 को जब रामजे को मेरठ विद्रोह की सूचना मिली, उस समय वह मध्य गढ़वाल में था। वह तुरन्त ही अल्मोड़ा पहुँचा एवं उसके बाद नैनीताल पहुँचकर लोगों को शांत रखने का व्यक्तिगत प्रयास किया।

चूंकि 1815 ई0 के पश्चात् ही अंग्रेजों का प्रवेश उत्तराखंड में हुआ। वर्तमान उत्तराखंड राज्य इस वक्त दो हिस्सों में विभक्त था, एक हिस्सा गढ़वाल नरेश सुदर्शन शाह के अधीन टिहरी रियासत एवं शेष भाग ईस्ट इण्डिया कम्पनी के अधीन था। ट्रेल महोदय इस भाग के पहले प्रशासक थे, जिन्होंने बेगार प्रथा समाप्त की एवं उसके स्थान पर "खच्चर सेना" का निर्माण करवाया। बाद में आए प्रशासक ग्लीन महोदय ने पहाड़ी मजदूरों की स्थिति का गहन अध्ययन कर रिपोर्ट प्रस्तुत की। इस प्रकार हम पाते हैं कि 1857 के विस्फोट के अवसर पर कम्पनी का शासन

उत्तराखंड में प्रारम्भिक अवस्था में ही था। इसी कारण इस आन्दोलन में क्षेत्र के लोगों की भागीदारी भी सीमित रही। संचार के साधनों का अभाव और प्रेस–मीडिया की अनुपस्थिति से इसका प्रचार भी सम्पूर्ण प्रदेश में नहीं हो पाया था। दूसरी तरफ इस दौरान टिहरी नरेश सुदर्शन शाह ने अंग्रेजों की हरसंभव सहायता की।

1857 के पश्चात् उत्तराखंड

1857 ई0 के पश्चात् क्रमशः राजनैतिक चेतना के एक नए युग का आरम्भ हुआ। 1870 ई0 में अल्मोड़ा में डिबेटिंग क्लब की स्थापना की गई। इसने मिशन स्कूलों के प्रसार में सहयोग कर एवं अल्मोड़ा अखबार के माध्यम से नरम दलीय चेतना का प्रसार शुरू किया। वर्ष 1901 में देहरादून में ''गढ़वाल यूनियन'' की स्थापना हुई, जिसके प्रयासो के बाद बेगार सम्बन्धी प्रश्न प्रान्तीय काउन्सिल और गर्वनर–जनरल की काउन्सिल में प्रथमतः उठाए गए। आंग्ल प्रशासकों का अधिक समय नैनीताल में व्यतीत होता था। फलतः अल्मोड़ा अखबार ने गढ़वाल की सड़कों इत्यादि की उपेक्षा पर चिन्ता जताते हुए सुधार की मांग की। इस प्रकार आंग्ल प्रशासन की विसंगतियों के विरोध एवं असन्तोष के स्वरों को नवशिक्षित सुधारवादियों ने आन्दोलन के द्वार तक पहुँचाने का प्रयास किया।

1883 ई0 में अल्मोड़ा में इलबर्ट बिल के समर्थन में सभा का आयोजन किया गया, जिसकी अध्यक्षता बुद्धिबल्लभ पंत ने की थी। वर्ष 1897 ई0 में दयानन्द सरस्वती ने हरिद्वार कुम्भ में पाखण्ड खण्डिनी पताका फहराई, इस अवसर पर महन्त नारायण दास जी उपस्थित रहे। स्वामी जी को धर्मान्तरण की प्रक्रिया को रोकने के लिए देहरादून आमंत्रित किया गया। उन्होंने आमंत्रण को सहर्ष स्वीकार किया एवं उनके प्रभाव के परिणाम स्वरूप देहरादून क्षेत्र में हो रही धर्म परिवर्तन की प्रक्रिया पर काफी हद तक रोक लग गई। स्वामी जी के भाँति विवेकानन्द ने भी उत्तराखंड का भ्रमण कर पुर्नजागृति के संदेश का प्रसार किया।

महारानी के शासन में कोंसिलों का जन्म हुआ, जिसमें सरकारी एवं गैरसरकारी सदस्यों का मनोनयन होता था। किन्तु कर्टिस महोदय एवं वेस्टन महोदय के कारण उत्तराखंड क्षेत्र को इन सुधारों का लाभ नहीं मिला क्योंकि इन्होंने इस क्षेत्र को गैर आइनी क्षेत्र घोषित कर दिया था। अतः इसके विरूद्ध में कुमाऊँ क्षेत्र में आन्दोलन हुए। अन्ततः 1916 ई0 में कुमाऊँ कमिश्नरी को एक नामजद मेम्बर मिला एवं तारादत्त गैरोला को सरकार द्वारा कौंसिल सदस्य नामजद किया गया। यद्यपि कुमाऊँ

कमिश्नरी को अपना प्रतिनिधि छाँटने का वास्तविक अधिकार 1921 ई0 में प्राप्त हुआ।

1870 से 1980 के मध्य उत्तराखंड के गढ़वाल क्षेत्र में निरन्तर पड़ने वाले अकाल से यहाँ की आत्मनिर्भर कृषि अर्थव्यवस्था का अन्त हो गया। इस कारण पलायन इस क्षेत्र की मजबूरी बन गयी, जिसके कारण मनीआर्डर अर्थव्यवस्था का उदय भी इसी चरण में हुआ। अंग्रेजी साम्राज्य की स्थापना के साथ बेगार प्रथा एवं वन कानून को ब्रिटिश हित के अनुक्रम में परिवर्तित किए जाने से स्थिति और भी विकट होने लगी। धीरे–धीरे असंतोष सम्पूर्ण क्षेत्र में व्याप्त होने लगा। इस असंतोष के फलस्वरूप सामाजिक क्षेत्र में जन जागरण की तरंगें उत्पन्न हुई। इस कार्य को आगे बढ़ाने के लिए कई सामाजिक संस्थाओं की स्थापना हुई। ये सामाजिक संस्थाए दो प्रकार की थी–

(1) जाति आधारित संस्थाऐं

(2) जाति निरपेक्ष संस्थाऐं

सरोला सभा इस क्षेत्र की प्रथम जाति आधारित संस्था थी, जिसकी स्थापना 1984 में तारादत एवं साथियों ने ब्राह्मणों के सामाजिक उत्थान के लिए की। धनीराम वर्मा ने 1907 में कोटद्वार नगर में गोरक्षणी सभा की स्थापना की। इसके पश्चात् 1907 में मथुरा प्रसाद नैथानी के प्रयासों से लखनऊ में गढ़वाल भ्रात्र मण्डल की स्थापना की गई, जिसका प्रथम सम्मेलन कुलानन्द बड़थ्वाल की अध्यक्षता में 1908 ई0 में कोटद्वार में हुआ। इस मण्डल का मुख्य उद्देश्य बन्धुत्व एवं सहयोग की भावना का प्रसार करना था। 1914 ई0 में सुधारवादियों का एक सम्मेलन आयोजित किया गया, जिसमें गढ़वाल क्षेत्र में विद्यमान सभी सभाओं एवं समाचार पत्रों के एकीकरण पर विचार हुआ। साथ ही इसमें गढ़वाल सभा की भावी रूपरेखा का भी निर्धारण किया गया। इसके साथ ही 1915 में दुगडडा में स्टोवल प्रेस की स्थापना की गई।

कुमाऊँ क्षेत्र में काग्रेस की स्थापना वर्ष 1912 ई0 में हुई। इस क्षेत्र में काग्रेस की स्थापना का श्रेय उदारवादी वाचस्पति दत्त, ज्वालादत्त जोशी, हरिराम पाण्डे, सदानंद सनवाल इत्यादि को दिया जा सकता है। 1913 में स्वामी सत्यदेव ने कुमाऊँ क्षेत्र का भ्रमण किया और शुद्व साहित्य नामक संस्था की स्थापना की। 1914 में आरम्भ होमरुल में भी यहाँ के लोगों ने अपनी उपस्थिति दर्ज कराई। मोहन जोशी, चिरंजीलाल, बदरीदत्त पाण्डे इत्यादि ने इस क्षेत्र में होमरुल की स्थापना कर राष्ट्रीय आन्दोलन

में सहयोग किया। 1916 ई0 में गोविन्दबल्लभ पंत, प्रेमल्लभ इत्यादि ने मिलकर ''कुमाऊँ परिषद'' की स्थापना की। इसका प्रथम अधिवेशन 1917 ई0 में अल्मोड़ा में हुआ, जिसकी अध्यक्षता जयदत जोशी ने की। परिषद ने कुली–उतार, वन कानून लाईसेंस, नयाबाद एवं बंदोबस्त जैसे मुद्दों के विरोध में अपनी आवाज बुलन्द की। कालान्तर में वर्ष 1923 में परिषद का विलय कांग्रेस में कर दिया गया।

प्रथम चरण की कुछ महत्वपूर्ण घटनाएँ

(1) गढवाल यूनियन गढ़वाल हितकारिणी – तारादत गैरोला जो एक प्रथम श्रेणी के वकील थे, ने गढ़वाल की समस्याओं को दूर करने के लिए 19 अगस्त सन् 1901 ई0 को 'गढ़वाल यूनियन' अथवा 'गढ़वाल–हितकारिणी–सभा' की स्थापना की। इनके साथ ही गढ़वाल के कुछ नवयुवक भी यूनियन के प्रचार–प्रसार के लिये तथा उसके कार्यों को विस्तार देने के लिये उसके सदस्य बन गये। गढ़वाल में सुधार और जागृति का संदेश जन–जन तक पहुँचाने के लिये यूनियन के गिरजा शंकर नैथानी ने यूनियन से ही मई सन् 1905 में 'गढ़वाली' नामक मासिक पत्रिका का प्रकाशन प्रारम्भ किया।

गढ़वाल यूनियन की स्थापना के एक वर्ष बाद ही सन् 1903 में लैसडौन में श्री गिरिजादत नैथानी ने 'गढ़वाल समाचार' नामक पत्र का प्रकाशन किया। जिसका उद्देश्य गढ़वाल में समाजिक व राजनैतिक चेतना जाग्रत करना था। श्री गिरिजादत नैथानी 'गढ़वाल समाचार' के प्रथम सम्पादक थे। मथुरा प्रसाद नैथानी ने सन् 1908 में लखनऊ में ''गढ़वाल भ्रात–मण्डल'' की स्थापना की। अपने कार्यों से शीघ्र ही यह एक प्रथम श्रेणी की संस्था बन गयी। इसका प्रथम अधिवेशन दिसम्बर सन् 1908 में कोटद्वार में मनाया गया। गढ़वाल के ज़ागरण में सत्य प्रसाद रतूड़ी जी की कविताओं का भी महत्वपूर्ण योगदान है। इनकी पहली कविता 'उठा गढ़वालियो का' प्रकाशन 'गढवाली' पत्र के प्रथम अंक में सन् 1905 में हुआ।

(2) कुंजणी वन आन्दोलन, (सन् 1904) – टिहरी राज्य में नई वन–व्यवस्था लागू कर दी गई और करों में भी वृद्धि कर दी। किन्तु इस व्यवस्था से ग्रामवासी दुखी हो गये। लोगों के कष्टों में वृद्धि होने लगी। वन विभाग के अधिकारियों के प्रशासनिक अधिकारों में वद्धि कर दी। महाराज कीर्तिशाह उस समय टिहरी गढ़वाल राज्य के शासक थे। कुंजणी पट्टी में किसानों ने इस असंतोष को दूर करने के लिये किसान नेता

अमर सिंह के नेतृत्व में नई वन व्यवस्था और बढ़े हुये करों के खिलाफ आवाज उठाई। शीघ्र ही इस विरोध ने एक आन्दोलन का रूप ले लिया और यह हेंवल नदी की घाटी में व्यापक रूप से फैल गया। जब किसी भी प्रकार से आन्दोलन कम नहीं हुआ, तो महाराज कीर्तिशाह स्वयं आन्दोलन वाले क्षेत्र में पहुँचे और उन्होंने जनता की मांग को स्वीकार कर लिया।

(3) खास पट्टी वन आन्दोलन– गढ़वाल में सन् 1906–1907 में नई भूमि बन्दोबस्त का कार्य चल रहा था, जिसके द्वारा जनता को उसके अधिकारों से वंचित किया जा रहा था। गाँव के पास के वनों को तथा खाली पड़ी बंजर भूमि को घेरकर वहाँ के अधिकारी उसे आरक्षित वन घोषित कर रहे थे। धीरे–धीरे जब ऐसे आरक्षित वनों की सीमा बढ़ने लगी, तो गाँव वालों को वनचर भूमि, घास व लकड़ी के लिये परेशानी उत्पन्न होने लगी। इसके अतिरिक्त जंगलात के अधिकारी ग्रामीण महिलाओं को परेशान किया करते थे। ग्रामवासी अधिकारियों से वार्ता करने के लिए आमड़ी के मैदान में एकत्रित हुये। आन्दोलन का नेतृत्व विख्यात महिला नेता बंलवती देवी, भगवान सिंह बिष्ट, भरोसा राम आदि स्थानीय नेता कर रहे थे किन्तु अधिकारियों ने वार्ता करने से इन्कार कर दिया और ग्राम सभा के प्रतिनिधियों के साथ बुरा बर्ताव किया। इस व्यवहार से क्षुब्ध होकर उत्तेजित जनता ने जंगलात विभाग के एक उच्च अधिकारी श्री सदानन्द गैरोला (कंसरवेटर) सहित कई कर्मचारियों को पकड़कर रस्सों से बाँधकर गिरफ्तार कर लिया।

अतः स्थिति गम्भीर होने पर महाराज कीर्तिशाह स्वयं सभा के प्रतिनिधियों से मिले और उनके साथ शान्तिपूर्ण समझौता किया। बन्दी अधिकारियों को मुक्त करा लाये किन्तु वापस लौटते ही महाराज ने समझौते को मानने से इन्कार कर दिया और खास पट्टी वन आन्दोलन के नेताओं पर मुकदमा चलाकर उन्हें जेल में बंद कर दिया गया तथा कई लोगों पर जुर्माना लगा दिया। महाराजा के इस तरह मुकर जाने से जनता में राजशाही शासन के प्रति विरोध की भावना उत्पन्न हो गई और जनता पूरी तरह से राजतंत्र के विरोध में हो गयी। यह आन्दोलन धीरे–धीरे सुलगता रहा और आजादी के समय तक बना रहा। इस आन्दोलन का राजतंत्र पर भी प्रभाव पड़ा और बाद के वर्षों में अनेक जनहितकारी सुधार हुये। किसानो की आर्थिक सहायता के लिए 'किसान बैंक' की स्थापना की गई।

अंग्रेजों के सहयोग से कुछ लोग जन जाग्रति कर सामाजिक सुधार करना चाहते थे। इन व्यक्तियों ने 1910 तक गढ़वाल में गढ़वाल

यूनियन, गढ़वाल भातृ मण्डल सभा, सनातन धर्म सभा और गोरक्षणी सभा की स्थापना की।

(4) प्रथम विश्व युद्ध के अवसर पर उत्तराखंड– 5 मई 1887 को अल्मोड़ा में गढ़वाल बटालियन का जन्म हुआ। गढ़वाली सैनिक बड़े जोश और उत्साह से सेना में भर्ती हुये। पहली गढ़वाल बटालियन के नायक दरबान सिंह नेगी ने प्रथम विश्व युद्ध में फ्रांस की लड़ाई में बड़ी बहादुरी से अपनी सेना के साथ युद्ध किया। सरकार ने उनकी वीरता से प्रभावित होकर 'विक्टोरिया क्रास' सम्मान प्रदान किया।

10 मार्च 1915 को न्यू चैपल (फ्रांस) की लड़ाई में गढ़वाली सैनिकों को आदेश दिया गया कि वह आगे जाकर शत्रु से मोर्चा ले। सर्दी का मौसम था और नमी व कोहरा भी था किन्तु गढ़वाली सैनिकों ने धीरे–धीरे व वीरता के साथ आगे बढ़कर शत्रु सेना से युद्ध प्रारम्भ कर दिया। दोंनों तरफ से गोलियाँ चल रही थी। ऊपर से वायुयान बम बरसा रहे थे तभी एक गोली गढ़वाली बटालियन के नायक को लगी, उसके प्राण निकल गये। गढ़वाली सेना ऐसी परिस्थिति में असमंजस में पड़ गयी, अब क्या किया जाए? क्योंकि इस समय तक उनके काफी साथी भी मौत की नींद सो गये थे तभी राइफलमैन गबर सिंह नेगी ने अपने निराश हो चुके सैनिकों को युद्ध करने के लिए प्रेरित किया तथा स्वयं भी बंदूक लेकर शत्रु सेना पर टूट पड़ा। सैनिकों ने उनका साथ दिया। जब गोला बारूद कम पड़ गया तब शत्रुओं के शस्त्र छीनकर उन्हीं पर हमला बोल दिया। शत्रु सेना में अफरा–तफरी मच गई और गढ़वाली सैनिकों की जीत हो गई। किन्तु इस जीत में गबर सिंह घायल होकर जमीन पर गिर पड़ा और फिर महान नायक रणभूमि में हमेशा के लिए सो गया। मरणोपरान्त उन्हें 'विक्टोरिया क्रास' प्रदान किया गया।

सन् 1885 से कांग्रेस के जन्म के बाद गढ़वाल में राष्ट्रीय आन्दोलन की भावना विकसित हो रही थी, उसकी रफ्तार बहुत धीमी थी। 1905 में 'गढ़वाली' मासिक पत्रिका के प्रकाशन ने इसमें एक गति पैदा कर दी। 1915 में गांधी जी देहरादून आये थे। इस समय वे अफ्रीका के सत्याग्रही थे। अनेक लोग उनसे मिले थे और सत्याग्रह के विषय में उनके विचारों को सुना। उस समय गढ़वाल के विद्यालयों के विद्यार्थियों में भी राष्ट्रीय विचारधारा का प्रचार किया जाता था किन्तु यह कार्य छिपकर किया जाता था। राघवेन्द्र राव विद्यालय की सुव्यवस्था के साथ–साथ निकट पड़ोस के गाँवों में स्वदेश प्रेम एवं खादी का प्रचार करते रहते थे।

(5) कुमाऊँ परिषद का गठन– सितम्बर 1916 ई0 को हरगोविन्द पंत, गोविन्द बल्लभ पंत, बद्रीदत्त पाण्डे, मोहन सिंह इत्यादि लोगों के प्रयास से "कुमाऊँ परिषद" की स्थापना हुई। इस परिषद् ने 1916 से द्वितीय चरण के आरम्भ तक स्थानीय समस्याओं को लेकर जनता की आवाज को एक दिशा प्रदान की। इसका प्रथम अधिवेशन (1917 ई0) अल्मोड़ा में हुआ जिसकी अध्यक्षता रिटायर्ड डिप्टी कलैक्टर जयदत जोशी ने की। इस पहले ही अधिवेशन में गरमपंथी व नरमपंथी दो विचारधाराएँ अभिव्यक्त हुई। 1918 के हल्द्वानी अधिवेशन में बेगार व वन सम्बन्धी कानूनों के खिलाफ प्रस्ताव रखे गए।

रोलक्ट एक्ट के विरोध में परिषद ने अपनी आवाज उठाई। अप्रैल 1919 ई0 में काशीपुर एवं अल्मोड़ा में एक्ट के विरोध में हड़ताल व प्रदर्शन हुआ। परिषद का तृतीय सम्मेलन वर्ष 1919 ई0 के कोटद्वार में बद्रीदत जोशी की अध्यक्षता में सम्पन्न हुआ। सम्मेलन मुख्यतः बेगार एवं वन कानूनों पर केद्रित रहा।

परिषद के प्रयासो से " नायक सुधार समिति" की स्थापना हुई, जिसकी प्रथम बैठक नवम्बर 1919 को नैनीताल में हुईं। इसमें नायक कन्याओं के शिक्षण के लिए प्रथम विद्यालय एवं आर्थिक अनुदान की व्यवस्था का प्रस्ताव पास किया गया। परिषद का चौथा अधिवेशन 1920 में काशीपुर में गोविन्द पंत की अध्यक्षता में हुआ। अधिवेशन में तय हुआ कि बद्रीदत्त पाण्डे के नेतृत्व में एक शिष्ट मंडल नागपुर कांग्रेस में भाग लेगा, जो महात्मा गांधी को राज्य आने का आमंत्रण देगा। नागपुर में शिष्ट मंडल की मुलाकात स्वामी सत्यदेव से हुई।

अधिवेशन से लौटने के पश्चात् कुली बेगार के विरोध में चामी (कत्यूर घाटी) गाँव के निवासियों ने एक सम्मेलन किया। इसके पश्चात् 1923 में कांग्रेस में विलय होने तक परिषद ने कुली बेगार, कुली बर्दाश्त एवं वन कानूनों के खिलाफ एक मुहिम छेड़ कर रखी। परिणामतः कमिश्नर ट्रेल को खच्चर सेना की स्थापना की दिशा में प्रयास करना पड़ा।

2.उत्तराखंड में स्वतंत्रता आन्दोलन का द्वितीय चरण

भारतीय स्वतंत्रता संघर्ष के प्रथम चरण में हम पाते हैं कि अपेक्षाकृत बहुत धीमी गति से आन्दोलन आगे बढ़ता है। इसका कारण प्रथमतः इस क्षेत्र में ईस्ट इंडिया कम्पनी का देर से प्रवेश एवं इस क्षेत्र की दुर्गमता अधिक नजर आता है। किन्तु गांधीजी के स्वतंत्रता आन्दोलन की बागडोर सम्भालने के साथ ही इस क्षेत्र में भी स्वतंत्रता आन्दोलन को एक गति प्राप्त होती है।

संयुक्त प्रान्त के पर्वतीय क्षेत्र की जनता भी अपने जीवनयापन के लिये मुख्यतः कृषि, पशुपालन व वनों पर निर्भर थी। ब्रिटिश प्रशासन ने इस क्षेत्र में जंगलो की नई प्रशासनिक व्यवस्था लागू कर जनता के पारम्परिक अधिकारों में दखलअंदाजी शुरु कर दी। इस व्यवस्था से जनता में असन्तोष की भावना पनपने लगी। अपने आर्थिक स्तर को ऊँचा उठाने के लिए जनता मैदानी क्षेत्रों की ओर पलायन करने लगी। बाहर निकलकर उन्हें यह महसूस हुआ कि गढ़वाल की जनता शैक्षणिक व आर्थिक रूप से भी पिछड़ी हुई है तथा बरा–बेगार, कुली बर्दायष, गाड़ी–सड़क व डोला पालकी जैसी कुप्रथायें भी उस समय वहाँ विद्यमान थी। अतः गढ़वालियों का जीवन स्तर ऊँचा उठाने व अपना अधिकार पाने के लिए जनता आन्दोलित हो उठी और वह देश में चल रहे गांधी जी के आन्दोलन से जुड़ गयी। गढ़वाल के स्थानीय नेताओं ने भी गढ़वाल की उन्नति के लिए जनता को प्रेरित किया। समस्याओं के समाधान के लिए कांग्रेस ने अपना मंच प्रदान किया।

उत्तराखंड राज्य क्षेत्र में प्रथम चरण के आन्दोलन ने एक जागृति की लहर दौड़ाई। कुमाऊँ गढ़वाल एवं टिहरी रियासत के लोगों ने धीरे–धीरे एक मंच के नीचे आकर अपने आप को संगठित करने का प्रयास किया। उत्तराखंड में आन्दोलन का द्वितीय चरण असहयोग के साथ–साथ प्रारम्भ हुआ। यद्यपि इसे तीव्र गति 1926 ई0 के बाद ही प्राप्त हुई। इस चरण के कुछ प्रमुख आन्दोलन का संक्षिप्त विवरण इस प्रकार है–

असहयोग आन्दोलन

गांधी जी के असहयोग आन्दोलन का प्रभाव उत्तराखंड में बेगार तथा वन आन्दोलन के रूप में पड़ा। गढ़वाल के सामाजिक जीवन में उस समय दो अलग प्रकार की विचारधारा रखने वाले लोग थे। एक तो वे लोग थे जो सरकार से सीधे टक्कर न लेते हुए धीरे से अपनी मांगें उनके सामने रखते थे तथा जनता को उनके अधिकारों के प्रति जागरूक करके उनके सुधारों के प्रति प्रयत्नशील थे। ऐसे नेताओं में राय बहादुर तारादत गैरोला, रायबहादुर पातीराम, गंगादत जोशी, घनानन्द खन्डूडी, राम बहादुर, जोध सिंह नेगी आदि प्रमुख थे। दूसरे वे लोग थे जो राष्ट्रीय आन्दोलन में स्थानीय समस्याओं को जोड़कर आन्दोलन राष्ट्रीय स्तर पर चलाना चाहते थे। ऐसे लोगों में मुकुन्दी लाल बैरिस्टर, अनुसूया प्रसाद बहुगुणा तथा प्रताप सिंह नेगी प्रमुख थे। ये राष्ट्रीय विचारों के पक्षधर नेता थे। ये लोग उत्तराखंड से बाहर रहते

थे किन्तु जब इन्होंने देखा कि उत्तराखंड की जनता इतना कष्ट उठा रही है, तो इन्होंने वापस लौटकर गढ़वाली समाज को राष्ट्रीय राजनीति की मूलधारा से जोड़ा। मुकून्दीलाल और अनुसूया प्रसाद बहुगुणा ने तो गढ़वाल में रौलेट एक्ट का विरोध किया था। 1919 में जो अखिल भारतीय कांग्रेस का अधिवेशन अमृतसर में हुआ। उसमें भी इन दोंनों ने भाग लिया और उत्तराखंड का नेतृत्व किया। वापस लौटकर इन्होंने स्वयं को काग्रेसी घोषित कर जिला कांग्रेस कमेटी का विधिवत् संगठन प्रारम्भ कर दिया। गढ़वाल का यह पहला राजनीतिक संगठन था।

बनारस हिन्दू विश्वविद्यालय तथा काशी विद्यापीठ में अध्ययन कर रहे गढ़वाली छात्रो में भैरवदत धूलिया, भोलादत चन्दोला, भोलादत डबराल, जीवानन्द बड़ोला तथा गोर्वद्धन बड़ोला प्रमुख थे। इन छात्रों ने मुकुन्दी लाल, ईश्वर दत ध्यानी, मंगतराम खन्तवाल तथा अनुसूया प्रसाद बहुगुणा आदि के साथ मिलकर गढ़वाल की जनता को जागृत करने के लिए गढ़वाल के विभिन्न क्षेत्रों में पद यात्रायें की तथा जनता को बेगार न देने को कहा। महात्मा गाँधी के असहयोग आन्दोलन के दौरान केसरे–हिन्द उपाधि का परित्याग से प्रभावित होकर पौड़ी जनपद के बीरोखाल क्षेत्र के थोकदार ने अपने पद से त्यागपत्र देकर प्रशासन से असहयोग किया था। राष्ट्रीय स्तर पर कांग्रेस की बागडोर संभालने के पश्चात् महात्मा गांधी ने युवकों का आवाह्न करते हुये शिक्षण संस्थाओं का बहिष्कार कर असहयोग आन्दोलन में सक्रिय होने को कहा था। गांधी जी के इस आवाह्न पर भैरवदत्त धूलिया, भोलादत्त चन्दोला, भोलादत्त डबराल, जीवानन्द बडोला तथा गोवर्द्धन बडोला आदि ने गढ़वाल में सत्याग्रह का संचालन किया। 1919 ई0 के अन्तिम दिनों में गढ़वाल में कांग्रेस कमेटी की स्थापना हुई। इससे गढ़वाल की जनता राष्ट्रीय आन्दोलन से जुड़ने लगी। इसके अलावा रायबहादुर तारादत गैरोला, राय बहादुर पातीराम, गंगादत जोशी, घनानन्द खडूडी, राम बहादुर, जोध सिंह नेगी, मुकुन्दीलाल बैरिस्टर, अनुसूया प्रसाद बहुगुणा, प्रताप सिंह नेगी आदि नेताओं ने गढ़वाल के विभिन्न स्थानों पर सम्मेलन आयोजित कर आन्दोलन को बल प्रदान किया एवं गढ़वाल की स्थानीय समस्याओं को इसमें जोड़कर जनता का समर्थन प्राप्त किया। दुगड्डा में विदेशी वस्त्रों की होली जलाई गई। बेगार आन्दोलन के माध्यम से जनता ने ब्रिटिश प्रशासन के साथ असहयोग की नीति अपनाई। असहयोग आन्दोलन के दौरान कुमाऊँ क्षेत्र ने भी बढ़–चढ़कर हिस्सा लिया। जागेश्वर में सरयू नदी तट पर 4000 से अधिक लोगों ने

अंग्रेजी सरकार को किसी भी प्रकार के सहयोग न देने की शपथ ली। विभिन्न स्थानों पर रैली एवं प्रदर्शन हुए। पूर्णानन्द तिवारी वन विभाग की नौकरी से त्यागपत्र देकर असहयोग आन्दोलन में कूद पड़े। वर्ष 1923 में कुमाऊँ परिषद का विलय कांग्रेस में कर दिया गया। असहयोग आन्दोलन के दौरान घटित महत्वपूर्ण घटनाओं का संक्षिप्त वर्णन इस प्रकार है–

(1) वन आन्दोलन– राष्ट्रपिता महात्मा गांधी के नेतृत्व में जब सम्पूर्ण देश मे असहयोग आन्दोलन चल रहा था, उस समय ब्रिटिश तथा टिहरी गढ़वाल में वनों की समस्या के कारण जनता आन्दोलित हो रही थी। चमोली तथा पौड़ी तहसीलों की जनता ने जंगलात विभाग के अफसरों व अंग्रेज अधिकारियों के साथ असहयोग किया था। ब्रिटिश गढ़वाल में तारादत गैरोला, श्री जोध सिंह नेगी एवं श्री अनुसूया प्रसाद बहुगुणा आदि वरिष्ठ कांग्रेस नेताओं ने, टिहरी गढ़वाल में श्री गोपाल सिंह राणा के नेतृत्व में असहयोग वन आन्दोलन का नेतृत्व किया था। गोपाल सिंह राणा को टिहरी गढ़वाल में "आधुनिक किसान आन्दोलन का जन्मदाता" कहा जाता है। कुमाऊँ क्षेत्र में भी वन कानूनों का जनता ने पुरजोर विरोध किया। जनता ने जंगलों में आग लगाकर एवं तार–बाड़ तोड़कर अपना असंतोष व्यक्त किया।

(2) कुली बेगार और कुली बरदायश का विरोध– कुली–बेगार में ब्रिटिश अधिकारियों की निःशुल्क सेवा करनी पड़ती थी एवं कुली–बरदायश में खाद्य सामग्री निःशुल्क देनी पड़ती थी। सुधारवादी नेताओं ने इन कुप्रथाओं को दूर करने के लिये कई सभायें आयोजित की। 1917 में मदन मोहन मालवीय गढ़वाल आये, उन्होंने भी इस कुप्रथा के विरूद्ध एकजुट होकर कार्य करने की सलाह दी। उस समय स्थानीय जनता अधिकारियों के सामान को एक स्थान से दूसरे स्थान तक ले जाने के लिए कुली का काम करती थी। गाँव के मालगुजार के पास रजिस्टर में सभी ग्रामवासियों के नाम लिखे होते थे। मालगुजार ही ग्रामीणों को इन कुप्रथाओं के लिए भेजा करता था। विरोध करने वाले व्यक्ति के सिर पर अंग्रेज अधिकारी द्वारा कमोड या अन्य निकृष्ट सामग्री रख दी जाती थी तथा उल्लंघन करने पर पाँच रूपये से लेकर पन्द्रह रूपये तक दण्ड निर्धारित था। इन कुलियों पर ब्रिटिश अधिकारियों द्वारा अमानवीय अत्याचार किया जाता था। उनका मेहनताना भी भारतीय कर्मचारियों द्वारा हड़प लिया जाता था, जिससे कुलियों में अन्संतोष व्याप्त हो गया था। गढ़वाल में कुली बेगार आन्दोलन के तीन नेता थे– चमोली में अनुसूयां प्रसाद बहुगुणा,

पौड़ी में मथुरा प्रसाद नैथानी तथा लैन्सडौन में बैरिस्टर मुकुन्दी लाल। 1 जनवरी 1921 को बैरिस्टर मुकुन्दी लाल की अध्यक्षता में चमेठाखाल में एक सार्वजनिक सभा के प्रस्तावों पर विचार–विमर्श करने के बाद सभा के अन्त में यह निर्णय लिया गया कि जनता ब्रिटिश प्रशासन को बेगार नहीं देगी और जब तक सरकार जनता की मांगों को स्वीकार कर इस कुप्रथा को बन्द नहीं करती तब तक जनता सरकार से असहयोग करती रहेगी।

कुमाऊँ में भी इस प्रथा का पुरजोर विरोध किया गया। बी0डी0 पाण्डे, हरगोविन्द, मोहन सिंह एवं चिरंजीलाल जैसे नेताओं ने इस आन्दोलन को नेतृत्व प्रदान किया। हेनरी रेमजै जैसे लोकप्रिय कमिश्नर ने भी सोमेश्वर पट्टी के लोगों पर कुली बर्दायश में असमर्थता व्यक्त करने पर दण्ड लगाया था। बद्रीदत पांडे ने गांधी जी को इस कुप्रथा से अवगत कराया था। नागपुर कांग्रेस से लौटने के पश्चात् जनवरी, 1921 को चिरंजीलाल, बद्रीदत पाण्डे एवं कुमाऊँ परिषद के सदस्य बागेश्वर पहुचे। 13 फरवरी को मकर सक्रांति के अवसर पर सरयू नदी तट पर एक आमसभा का आयोजन हुआ। तत्पश्चात् सरयू को साक्षी मानकर जबरन कुली न बनने की शपथ ली गई। इस अवसर पर कुछ मालगुजारों ने कुली रजिस्टरों को सरयू में प्रवाहित किया। इस घटना को असहयोग की पहली ईंट और रक्तहीन क्रांति की संज्ञा दी गई। इसके पश्चात् यह आन्दोलन सम्पूर्ण प्रदेश में तीव्र हो गया। कमिश्नर ट्रेल ने इस समस्या का हल निकालने के लिए वर्ष 1922 ई0 से खच्चर सेना के विकास का प्रयास आरम्भ किया।

(3) दुगड्डा सम्मेलन– बेगार आन्दोलन के कार्यकताओं ने आन्दोलन की रणनीति बनाने के लिए दुगड्डा में एक सभा का आयोजन किया। कार्यकर्ताओं की टोलियाँ बेगार प्रथा उन्मूलन के लिये गढ़वाल के विभिन्न भागों में भेजी गई। गढ़वाल के पूर्वी भाग बीरौंखाल, साबली, गुजडू की ओर पहला दल भेजा गया, जिसमें ईश्वरीदत ध्यानी, हरिदत बोड़ाई मंगतराम खन्तवाल, जीवानन्द बड़ोला, योगेश्वर प्रसाद खण्डूडी आदि कार्यकर्ता थे। दूसरे दल में भैरवदत धूलिया, भोलादत डबराल, मथुरा प्रसाद नैथानी आदि कार्यकर्ता पौड़ी के नौगांवखाल क्षेत्र में जनमत तैयार करने हेतु प्रयत्नशील थे। इन्होंने यहीं पर स्वदेशी के प्रचार–प्रसार के लिये कताई–बुनाई के केन्द्र की स्थापना की। इसका उद्देश्य जनता को बेगार न देने के लिए उद्धेलित करना था। इन कार्यकर्ताओं ने गाँव–गाँव में घूमकर गांधी जी के विचारों से प्रभावित होकर पंचायतों का निर्माण किया और ग्रामीण जनता को बेगार के विरूद्ध संगठित किया। इस

अवसर पर ग्रामीणों ने लूण–लोट्या लेकर (नमक वाला पानी) कार्यकर्ताओं के सम्मुख बेगार न देने का संकल्प दोहराया। उत्तराखंड में बेगार विरोधी आन्दोलन के प्रमुख केन्द्र जागेश्वर में जनवरी 1921 में मकर संक्रान्ति मेले के अवसर पर जनता ने बेगार रजिस्टरो को सरयू नदी में डुबोकर आन्दोलन का शंखनाद किया। प्रारम्भ में बेगार विरोधी आन्दोलन में नव शिक्षित वर्ग का ही हाथ था किन्तु धीरे–धीरे थोकदार,प्रधान,छात्र एवं ग्रामीण जनता भी इस कुप्रथा को समाप्त करने एवं प्रशासन की विसंगतियों को दूर करने के लिये खुलकर विरोध प्रकट करने लगी थी।

(4) कंकोड़ाखाल आन्दोलन– चमोली तहसील में आन्दोलन की बागडोर अनुसूया प्रसाद बहुगुणा को सौंपी गयी थी। 1921 में नवयुवकों का एक सम्मेलन श्रीनगर गढवाल में आयाजित किया गया। दशजूला पटट्री के कंकोड़ाखाल स्थान पर बेगार विरोधी समितियों की स्थापना की तथा जनता से किसी भी अधिकारी को बेगार न देने के लिए कहा। सबसे बड़ी जनसभा का आयोजन बैरासकुंड में किया गया, जिसमें लगभग 4,000 ग्रामीण जनता सम्मिलित हुई थी। इसी समय दिसम्बर 1921 में गढ़वाल कांग्रेस कमेटी के कार्यकर्ताओं की दुगड्डा (गढ़वाल)में एक बैठक आयोजित की गई। इसकी अध्यक्षता पुरूषोतम दास टण्डन ने की थी। इस बार भी अन्य बैठकों के भांति कुली बेगार न देने की मांग की गई तथा सर्वसम्मति से इस प्रस्ताव को पारित किया गया। साथ ही असहयोग के अन्तर्गत विदेशी वस्त्रों के बहिष्कार का निर्णय लिया गया और दुगड्डा में विदेशी वस्त्रों की होली जलाई गई।

डिप्टी कमिश्नर ने ग्रामीणों से अधिक से अधिक सुविधा प्राप्त करने के लिए 12 जनवरी 1921 को ककोड़ाखाल में कैम्प लगाया। दूसरी तरफ अनुसूया प्रसाद बहुगुणा 3–4 दिन पहले से ही बेगार विरोधी आन्दोलन को जन–जन तक पहुँचाने के लिए गाँव–गाँव में घूम रहे थे। जब उन्हें डिप्टी कमिश्नर के कैम्प की सूचना मिली, तो बेसौड़ से आलम सिंह प्रधान को साथ लेकर ककोड़ाखाल के लिये चल दिये। "कुली–बरदायष बन्द करो–बन्द करो" आदि के नारे लगाते हुये जुलूस ककोड़ाखाल की तरफ चल दिया, रास्ते में गाँव के अन्य लोग भी साथ हो लिये, जिससे वहाँ पहुँचते– पहुँचते जुलूस की संख्या हजारों में पहुँच गयी। कंकोड़ाखाल में पहुँचकर जुलूस सभा में परिवर्तित हो गया। चार–चार स्वंयसेवक के दल चार मार्गों पर कुली वरदायष रोकने के लिए तैनात किये गये। प्रधानों, थोकदारों व पटवारियों के डर से कुछ लोग वरदायष ला रहे थे, उन्हें रोकने के लिये अनुसूया प्रसाद बहुगुणा रास्ते पर लेट गये और उन्होंने

वरदायरा (खान पीने का मुफ्त सामान) ले जाने वाले को अपने सीने पर पांव रखकर आगे बढ़ने को कहा। उनको लांघकर जाने का साहस कोई भी न कर सका और उन लोगों को वरदायश का सामान नहीं पहुँचाने दिया गया। डिप्टी कमिश्नर मेषन सुलझे व्यक्ति थे। विरोध बढ़ता देख उन्होंने फायरिंग बन्द करने के आदेश दिये। उन्होंने अपनी सुझुबुझ का परिचय दिया और आन्दोलनकारियो से बातचीत की। अन्ततः 1923 में इस बेगार प्रथा को बंद कर दिया गया। जिससे एक बड़ी घटना होने से बच गयी। गांधीजी ने इसे रक्तहीन क्रांति की संज्ञा दी। स्वामी सत्यदेव ने इस आंदोलन को असहयोग की प्रथम ईंट कहकर पुकारा था।

स्वराज पार्टी

सन् 1923 में स्वराज पार्टी की स्थापना हुई, जिसमें उत्तराखंड से हरगोविन्द पंत, गोविन्दबल्लभ पंत चुने गए। सयुक्त प्रांत मे गोविन्दबल्लभ को स्वराज दल का नेता चुना गया। उनके प्रयासों से कुमाऊँ को नान–रेगुलेशन व्यवस्था से हटाया गया। 1929 में साईमन कमीशन के विरोध का नेतृत्व कुमाऊँ में हरगोविन्द ही कर रहे थे।

सल्ट क्रांति

अल्मोड़ा का सल्ट क्षेत्र उस समय बहुत ही पिछड़ा था। इस क्षेत्र में पटवारी अफसरों को घूस देकर तबादला करवाते थे। गाँव में पहली बार पहुँचने पर पटवारी टीका का पैसा भी वसूलते थे। फसल कटान पर एक पसेरी अनाज और खाने–पीने का सामान जबरन वसूला जाता था। सन् 1921 को सरयु नदी तट पर कुली–बेगार न करने का संकल्प लिया गया, तो अफसरों ने पौड़ी मे गुजुडु पट्टी और कुमाऊँ में सल्ट में बेगार लेने का फैसला किया। इसकी सूचना मिलने पर हरगोविन्द सल्ट पहुँच गए। विभिन्न स्थानों पर सभाऐं हुई और जनता ने कुली और बेगार न देने का संकल्प दोहराया। खुमाड़ को केन्द्र बनाकर क्षेत्र मे आंदोलन को संचालित किया गया। यहीं के प्राईमरी स्कूल के हेडमास्टर पुरुषोतम उपाध्याय ने इसको नेतृत्व प्रदान किया। उनके द्वारा रचनात्मक कार्यों स्वच्छता,सफाई,अछूत्तोद्धार का अभियान छेड़ा गया। इस क्षेत्र की चारों पट्टियों में पंचायतें गठित हुई, जिसने सभी मामलों पर निर्णय दिए। स्वयं सेवकों की भर्ती की जाने लगी। पुरुषोत्तम के साथ उनके सहायक लक्ष्मण सिंह ने भी इस्तीफा दिया। उस इलाके के समृद्ध ठेकेदार पान सिंह ने भी आंदोलन में भाग लिया। 1927 को प्रेम विद्यालय ताड़ीखेत में गांधीजी के आगमन पर सल्टवासी भी उनका

स्वागत करने पहुँचे थे। 1917 के लाहौर कांग्रेस अधिवेशन में पुरुषोत्तम के नेतृत्व में सल्ट के कार्यकर्ताओं ने भी भाग लिया।

नायक सुधार अधिनियम

नायक जाति की अव्यस्क लड़कियों के द्वारा वेश्यावृति की कुप्रथा थी। आर्य समाज के द्वारा इसके विरुद्व एक आंदोलन शुरु किया गया। अतः 1928 में नायक सुधार अधिनियम पारित हुआ, जिसके द्वारा नाबालिग लड़कियों से इस घृणित कार्य को करवाने पर प्रतिबन्ध लगा।

सविनय अवज्ञा आन्दोलन और उत्तराखंड

असहयोग आन्दोलन के बाद गांधीजी ने उसकी नींव पर सविनय अवज्ञा चलाया। इसका प्रारम्भ उन्होंने नमक सत्याग्रह व डांडी मार्च के रूप में किया। गढ़वाल में भी यह आन्दोलन एक सुनियोजित एवं संगठित ढंग से चलाया गया। यहाँ पर कांग्रेस कमेटी द्वारा नमक कानून के स्थान पर स्थानीय जन समस्याओं, लगान व शराब बन्दी हेतु आन्दोलन चलाया गया। नमकीन पानी के स्त्रोंतो का बहिष्कार भी किया गया। आन्दोलन के संचालन के लिए रूपरेखा तैयार की गई, जिसमें लगान बन्दी आन्दोलन, शराब की दुकानों पर धरना, सार्वजनिक भवनों और स्थलों पर झंडा फहराना तथा सामूहिक सत्याग्रह कर ब्रिटिश शासन का विरोध किया गया। गढ़वाली सैनिकों ने सविनय अवज्ञा आन्दोलन के दौरान पेशावर में अफगान पठानों पर गोली न चलाकर देशभक्ति की एक मिसाल कायम की और गढ़वाल का नाम दुनिया में अमर कर दिया। इसमें गांधीजी के अहिंसा के सिद्धान्त का पालन किया गया। इसके अलावा बेगार व जंगलात की समस्याओं से छुटकारा पाने के लिये जनता ने तिलाड़ी में आन्दोलन किया, जो रवांई गोलीकाण्ड के नाम से जाना जाता है। इस गोलीकाण्ड में कई लोग शहीद हो गये।

अब गांधी जी ने सामूहिक कार्यवाही के स्थान पर सीमित पैमाने पर व्यक्तिगत सत्याग्रह आन्दोलन प्रारम्भ किया। यह आन्दोलन पूर्ववर्ती आन्दोलनों की अपेक्षा कम व्यापक था। इसका उद्देश्य भारत को द्वितीय महायुद्ध में प्रवेश कराने का विरोध करना था। इस आन्दोलन के दौरान टिहरी के प्रताप हाईस्कूल के छात्रों ने छात्र हितों के लिए आन्दोलन किया था। गढ़वाल में जगमोहन सिंह नेगी प्रथम सत्याग्रही थे। गढ़वाल के विभिन्न क्षेत्रों से सत्याग्रहियों ने सत्याग्रह कर अपनी गिरफ्तारी दी, इस दौरान जन–जागरण अभियान चलाया गया। व्यक्तिगत सत्याग्रह सम्पूर्ण

गढ़वाल में जोर पकड़ रहा था, तभी डोला–पालकी की समस्या के कारण गांधीजी ने 25 जनवरी 1941 को गढ़वाल के व्यक्तिगत सत्याग्रह पर प्रतिबन्ध लगा दिया। इसके बाद गढ़वाल कांग्रेस कमेटी के एक प्रतिनिधि मण्डल द्वारा आश्वासन देने के बाद ही गांधी जी ने 28 फरवरी 1941 को व्यक्तिगत सत्याग्रह से प्रतिबन्ध हटा दिया। राष्ट्रीय स्तर पर महात्मा गांधी द्वारा संचालित सविनय अवज्ञा आन्दोलन की गूंज गढ़वाल के पर्वतीय अंचलों में भी पहुँची। अब तक गढ़वाल में आवागमन के साधन भी सुलभ हो गये थे और संसाधनों का भी विकास हुआ था। जिससे राष्ट्रीय व स्थानीय नेताओं का ग्रामीण जनता से सम्पर्क भी आसान हुआ। गढ़वाल की जनता भी गांधीजी के इस आन्दोलन में अपना सहयोग देना चाहती थी। किन्तु गढ़वाल की अपनी कुछ स्थानीय समस्यायें भी थी। अतः सविनय आन्दोलन यहाँ स्थानीय समस्याओं को हल करने के लिए चलाया गया। इनमें महात्वपूर्ण हैं–

(1) बाल सभा– सविनय अवज्ञा आन्दोलन से पहले ही गढ़वाल में देशभक्ति की भावना जन्म ले चुकी थी। सभी किसी न किसी रूप में राष्ट्रीय आन्दोलन में अपना योगदान देने को तत्पर थे। उन्ही में से एक थे– सत्य प्रसाद रतूड़ी जिन्होंने टिहरी में 10 मार्च 1929 को बालसभा की स्थापना की। इसका उद्देश्य बालकों में चरित्र निर्माण व देशभक्ति की भावनाओं को बढ़ावा देना था। बाल सभा की बैठक प्रत्येक शनिवार को होती थी। इस बैठक में देशभक्ति की कहानियाँ सुनाना, अनुशासन पालन सिखाना, भारत व अन्य विषय पर निबन्ध लिखना, भाषण व वाद–विवाद आदि कार्यक्रम होते थे। बाल–सभा के सदस्यों और नगर के गणमान्य व्यक्तियों के सहयोग से 'केसरी' नाम से पत्रिका प्रारम्भ की गयी। बालसभा के सदस्यों में जात–पात की भावना नहीं थी। उसमें नगर के सभी वर्गों के परिवार के बेटे थे। बालसभा जनसेवा भी करती थी। उसने अपने प्रयासों से टिहरी की एक सबसे बुरी छरोली प्रथा को समाप्त करा दिया था। इसमें होलिका दहन के दूसरे दिन लोग–बाग राख, कीचड़, जूते–चप्पल का प्रयोग करते थे व हुडदंग मचाते थे।

(2) गढ़वाल का ऐतिहासिक दुगड्डा सम्मेलन– दिसम्बर 1929 में कांग्रेस का लाहौर में जो अधिवेशन हुआ उसमें गढ़वाल के प्रताप सिंह नेगी, राम प्रसाद नौटियाल, देवकी नन्दन ध्यानी, कृपा राम मिश्र, जगमोहन नेगी आदि नेताओं ने भाग लिया था। वापस आकर इन्होंने गढ़वाल में भी एक सम्मेलन करने का विचार किया। अतः 1930 में दुगड्डा में राजनीतिक सम्मेलन का आयोजन किया गया। सम्मेलन में

प्रताप सिंह नेगी को अध्यक्ष और कृपाराम मिश्र को स्वागत समिति का मंत्री बनाया गया। गोविन्द बल्लभ पन्त को सम्मेलन के उद्‌घाटन के लिये आमन्त्रित किया गया किन्तु उन्हें कुमाऊँ में नमक सत्याग्रह में भाग लेने के कारण सरकार द्वारा बन्दी बना लिया गया। प्रताप सिंह नेगी की अध्यक्षता में एक कमेटी बनायी गई। इस कमेटी में राम प्रसाद नौटियाल, देवकी नन्दन ध्यानी, कृपाराम मिश्र आदि कांग्रेस कार्यकर्ता सम्मिलित थे। समिति को 7 जून 1930 तक यह निर्णय लेने को कहा गया कि गढ़वाल में सत्याग्रह किस तरह चलाया जायेगा।

(3)पौड़ी का राजनैतिक सम्मेलन– सारे देश में अब तक सत्याग्रह शुरू हो गया था। किन्तु गढ़वाल जनपद में सत्याग्रह की रूपरेखा अब तक स्पष्ट नहीं हो पाई थी। इसकी प्रमुख कारण गढ़वाल में कांग्रेस के संगठन और नेतृत्व के संचालन के लिये नेताओं की आपसी सहमति न होना था। अब तक मुकुन्दी लाल बैरिस्टर ने भी कांग्रेस छोड़ दी थी, जिससे कांग्रेस कार्यकर्ताओं के समक्ष कठिनाई उत्पन्न हो रही थी। दुगड्डा सम्मेलन की घोषणा के अनुसार 9 जून 1930 को पौड़ी में एक राजनीतिक सम्मेलन बुलाया गया।

इसमें कुमाऊँ के राजनीतिक कार्यकर्ताओं को भी बुलाया गया था। सम्मेलन में हरगोविन्द पन्त को सभापति बनाया गया। सम्मेलन के अंत में पौड़ी में जिला कांग्रेस कमेटी की स्थापना की गयी। एडवोकेट जीवानन्द डोभाल को कमेटी का अध्यक्ष व एडवोकेट भोलादत्त को मंत्री नियुक्त किया गया। अधिवेशन में देहरादून से भक्तदर्शन भी आये थे। इन्होंने कांग्रेस के तत्वाधान में सत्याग्रह समिति गठित की। समिति ने लगान बन्दी आन्दोलन, शराब की दुकानों पर धरना, सार्वजनिक भवनों और स्थलों पर राष्ट्रीय झंडा फहराना तथा सामूहिक सत्याग्रह कर ब्रिटिश शासन के विरोध को सुनिश्चित किया।

(4) गढ़वाल कांग्रेस का कोट व श्रीनगर सम्मेलन– अभी तक हुये सम्मेलनों में सविनय अवज्ञा आन्दोलन की कोई निश्चित् रणनीति नहीं बनी थी। अतः इस आन्दोलन को गढ़वाल में अन्तिम रूप देने के लिये जून 1930 में कोट सितोनस्यूं (पौड़ी गढ़वाल) में कांग्रेस का एक राजनीतिक सम्मेलन हुआ। इसकी अध्यक्षता भी हरगोविन्द पन्त ने की। उसमें महावीर त्यागी, नरदेव शास्त्री, लाला छज्जूराम तथा उनकी पुत्री सरस्वती देवी ने भाग लिया था। सम्मेलन में पेशावर काण्ड का समर्थन किया गया और प्रस्ताव पारित किया गया, जिसमें टिहरी के तिलाड़ी कांड पर राजशाही के अत्याचारों की भर्त्सना करते हुये कृषक समस्याओं के

प्रति सहानुभूति प्रकट की गई। सम्मेलन में सत्याग्रह की योजनाओं को अन्तिम रूप देते हुये उत्तरी और दक्षिणी गढ़वाल में एक साथ आन्दोलन चलाने का निर्णय किया गया। इसके बाद एक अन्य सम्मेलन श्रीनगर में भाष्करानन्द मैठाणी की अध्यक्षता में किया गया। गढ़वाल के उत्तरी व दक्षिणी हिस्सों में आन्दोलन के सफल संचालन के लिये दो दल बनाये गये। एक दल प्रताप सिंह नेगी के नेतृत्व में देवप्रयाग, उदयपुर, दुगड्डा की ओर गया तथा दूसरा दल राम प्रसाद नौटियाल के नेतृत्व में चमोली की तरफ गया।

(5) चमोली जनपद में सत्याग्रह– चमोली जनपद ब्रिटिश गढ़वाल के उत्तरी भाग में स्थित है, यहाँ रामप्रसाद नौटियाल को सत्याग्रह के संचालन के लिये भेजा गया। इनके साथ दल में 15 अन्य कार्यकर्ता भी श्रीनगर से चमोली तक पैदल चलकर गये। यहाँ देवकीनन्दन ध्यानी पहले से ही जनता को आन्दोलन करने के लिय प्रेरित कर रहे थे। सत्याग्रह का प्रचार करते हुए एक दल ने बद्रीनाथ मन्दिर पर तिरंगा झंडा फहराया। वापस चमोली लौटकर एक सार्वजनिक सभा का आयोजन किया गया। इसकी अध्यक्षता अनुसूया प्रसाद बहुगुणा ने की। सभा में आस पास के व्यक्यिों के अतिरिक्त दूरदराज की ग्रामीण जनता भी भाग लेने के लिये एकत्रित हुई। सभी ने ब्रिटिश प्रशासन के साथ असहयोग की नीति को दोहराया। डिप्टी कमिश्नर इबटसन भी सभा में आया हुआ था। सर्वप्रथम बलि के रूप में देवकी नन्दन ध्यानी को गिरफ्तार कर लिया गया। उन पर जनता को सत्याग्रह के लिये उत्तेजित करने का आरोप लगाया। पौड़ी जेल में अनुसूया प्रसाद बहुगुणा के साथ दुर्व्यवहार किया जा रहा था। उन्हें कठोर यातनायें दी जा रही थी। घटना के विरोध में जनता ने इबटसन को जब वह नैनीताल से लौट रहा था, जगह–जगह कोटद्वार, दुगड्डा तथा पौड़ी में काले झंडे दिखाये और अपना विरोध प्रकट किया।

(6) इबटसन कांड– जब इबटसन गढ़वाल लौट रहा था, तो सत्याग्रहियों ने कोटद्वार तथा दुगड्डा में उसका रास्ता रोककर विरोध प्रकट किया और काले झंडे दिखाये। कांग्रेस के इस प्रदर्शन से नाराज होकर सरकार ने प्रदर्शनकारी युवकों प्रताप सिंह नेगी, केशवचन्द्र जोशी, तथा गंगादत्त जोशी आदि सत्याग्रहियों को गिरफ्तार कर लिया और जेल भेज दिया। पौड़ी की जनता को जब इन सब बातो का पता लगा, तो 18 जुलाई 1930 को कोतवाल सिंह नेगी एवं भोलादत्त चन्दोला के साथ एक विशाल जन–समूह कण्डोलिया के मैदान में एकत्रित हुआ। इबटसन के निवास

स्थान के समीप इबटसन विरोधी नारे लगाये गये व उसे काले झण्डे दिखाये। पौड़ी का विरोध प्रदर्शन सबसे बड़ा प्रदर्शन था। आक्रोशित भीड़ ने इबटसन को घेर लिया व रास्ता रोकने की कोशिश की। इतनी भीड़ को एक साथ देखकर इबटसन घबरा गया व उन पर नियन्त्रण करने के लिये उसने भीड़ पर घोड़े दौड़ा दिये और दायें–बायें हण्टर भी चला दिये। प्रर्दशनकारियों ने भी जवाब देते हुए कंकड़ व पत्थर फेंके किन्तु पुलिस की सहायता से डिप्टी कमिश्नर यहाँ से बच निकला। पौड़ी पहुँचकर उसने प्रदर्शनकारियों को दण्ड देने के लिये दमनात्मक कार्यवाही का आदेश दे दिया। इस प्रकार कांग्रेस ने अपनी संगठित कार्यप्रणाली से आन्दोलन को दिशा निर्देशित किया व जनता को आन्दोलन के लिये व कांग्रेस का साथ देने के लिये प्रेरित किया।

शराबबन्दी आन्दोलन

नशे की बढ़ती हुई प्रवृति से समूचा कोटद्वार क्षेत्र दूषित हो रहा था। युवा अपने लक्ष्य से भटक रह थे। प्रताप सिंह नेगी के नेतृत्व में कोटद्वार, दुगड्डा में सत्याग्रहियों ने शराब की भट्टियों और दुकानों की नाकेबन्दी का अभियान शुरू किया। इसके लिए उन्होंने कोटद्वार में एक सत्याग्रह शिविर का आयोजन किया। दक्षिण गढ़वाल के लैन्सडौन तहसील में सत्याग्रहियों ने शराब की दुकानों पर धरना प्रदर्शन किया। मई 1930 को जगमोहन सिंह नेगी सहित छवाण सिंह, नारायण दास महन्त और गोपाल सिंह के साथ स्वयं सेवकों ने योजनाबद्ध ढंग से शराब की भट्टियों पर धावा बोलकर उन्हें नष्ट कर दिया। जिलाधिकारी एक्टन ने उनके विरूद्ध पुलिस बल भेजा व शराब की दुकानों पर धरना दे रहे सत्याग्रहियों पर लाठियां बरसाई।

सत्याग्रह कार्यक्रम को आगे बढाते हुए अक्टूबर 1930 को लैन्सडौन के यमकेश्वर में एक राजनैतिक सम्मेलन सम्पन्न हुआ। सम्मेलन को जगमोहन सिंह नेगी, कोतवाल सिंह नेगी, नरदेव शास्त्री, हरगोविन्द पन्त आदि कई नेताओं ने सम्बोधित किया। सम्मेलन में सत्याग्रहियों के साथ उमड़ी भीड़ के भय से पुलिस ने कोई दमनात्मक कार्यवाही नहीं की तथा रक्षात्मक कार्यवाही करते हुए सभा स्थल के चारों ओर घेरा डाल दिया था। सभा में नेताओं ने जनता को सविनय अवज्ञा आन्दोलन के अन्तर्गत देश में हो रही घटनाओं व गढ़वाल में हो रही सत्याग्रह आन्दोलन की घटनाओं से अवगत कराया एवं जनता को संगठित होकर ब्रिटिश प्रशासन के विरोध में आन्दोलन छेड़ने को कहा। पुलिस ने सभा समाप्त होने पर

18 सत्याग्रहियों की गिरफ्तारी के वारंट दिखाकर उन्हें बन्दी बना लिया।

(8) जहरीखाल में झंडा सत्याग्रह— गढ़वाल के विभिन्न क्षेत्रों में सत्याग्रह करने के बाद नवयुवकों ने राष्ट्रीय भावनाओं से प्रेरित होकर लैन्सडौन छावनी के निकट शैक्षिक केन्द्र जहरीखाल हाई स्कूल में तिरंगा झंडा फहराने का संकल्प लिया। संकल्प के बाद स्वयं सेवकों का एक दल जहरीखाल के लिए चल पड़ा। बलदेव सिंह आर्य ने इसका नेतृत्व किया। रात्रि हो जाने पर रास्ते में एक मन्दिर में रूके तथा अगले दिन प्रातः ही विद्यालय पहुँच गये। सत्याग्रहियों ने विद्यालय के शिखर पर बिना किसी रूकावट के तिरंगा झंडा फहराया, इसके बाद वहीं पर प्रार्थना सभा की। राष्ट्रीय गीत की आवाज सुनकर विद्यालय परिसर में पुलिस पहुँच गई। सत्याग्रहियों ने मैदान नहीं छोड़ा और राष्ट्रगान गाते रहे। लाठियों का भी जब उन पर असर नहीं हुआ, तो पुलिस ने उन्हें बन्दी बना लिया और लैन्सडौन कारावास में डाल दिया।

(9)लगान बन्दी कार्यक्रम— सविनय अवज्ञा आन्दोलन के अन्तर्गत भूमि पर अतिरिक्त कर न देने का कार्यक्रम भी था। रामप्रसाद नौटियाल गुजडू क्षेत्र के कृषकों के साथ मिलकर कार्यक्रम शुरू करना चाहते थे। किन्तु उस समय कांग्रेस में नरमपंथी विचारधारा के लोग अधिक थे। ये लोग आन्दोलन को अधिक व्यापक व उग्र रूप में फैलाने की हिम्मत न कर सके। आन्दोलन की सीमाओं को लांघने की चिन्ता व हिचक के कारण नमक आन्दोलन को प्रमुख अस्त्र नहीं बनाया जा सका। गढ़वाल में प्रशासन ने नवीन भू—सुधार लागू कर दिये और कृषकों पर 33 प्रतिशत कर का अतिरिक्त बोझ डाल दिया। इससे प्रशासन की आय में वृद्धि हुई किन्तु पहाड़ के किसानों की आर्थिक स्थिति दयनीय हो गयी। थान सिंह रावत, छवाण सिंह और सदानन्द सदगुरू बाबा प्रमुख थे, जिन्होंने अपने को कृषक समस्याओ के साथ सम्बद्ध करते हुए गुजड़ क्षेत्र में लगान बन्दी आन्दोलन में जनता का साथ दिया। कृषकों के इस संगठित कार्य से प्रशासन की जड़ें हिल गई। मालगुजारों ने भी आन्दोलनकारियों के साथ सहयोग किया, जिससे प्रशासन को लगान वसूल करने में कठिनाई उत्पन्न हुई। प्रशासन ने सबक सिखाने के लिए खाटली व गुजडू की कृषक जनता पर सामूहिक आर्थिक दण्ड लगाकर 36 हजार रूपये वसूल किए।

(10) पेशावर कांड— पेशावर कांड की घटना ने गढ़वाल में सविनय अवज्ञा आन्दोलन को मजबूत गति प्रदान की। सन् 1930 के वर्ष में गढ़वाल की तीसरी बटालियन के वीर सपूतों के बलिदान और साहस के कारण गढ़वाल का नाम दुनिया के इतिहास में लिखा गया। उत्तर—पश्चिम

सीमा के मुसलमान खान अब्दुल गफ्फार खाँ के साथ सविनय अवज्ञा आन्दोलन में भाग ले रहे थे। इस आन्दोलन को कुचलने के लिए ब्रिटिश सरकार ने इस क्षेत्र में सेनाओं की विभिन्न इकाईयाँ तैनात कर दी। इसमें गढ़वाल राइफल्स के सैनिकों की टुकड़ी भी पेशावर में थी। अंग्रेज कप्तान रैकेट हिन्दू और मुसलमानों के मध्य वैमनस्य पैदा कर संघर्ष करवाना चाहता था। गढ़वाली सैनिकों को भी इस बात का पता लग चुका था। इसलिए चन्द्र सिंह गढ़वाली ने अपने सभी साथियों को इस बात की सूचना दी कि ब्रिटिश सरकार उनका उपयोग मुसलमानों के विरूद्ध कर सकती है, अतः आप सब सचेत रहे। 23 अप्रैल, 1930 को गढ़वाली सेना की एक कम्पनी पेशावर के किस्साखानी बाजार में तैनात कर दी गई।

इस दिन शहर में कांग्रेस का एक जुलूस ब्रिटिश शासन व्यवस्था के खिलाफ नारे लगाते हुए जा रहा था। खान अब्दुल गफ्फर खाँ कांग्रेस के इस आन्दोलन का नेतृत्व कर रहे थे। जुलूस में हिन्दू मुस्लिम व सभी नर–नारी सम्मिलित थे। दूसरी ओर नगर के काबुली फाटक पर भारतीय स्वतंत्रता आन्दोलन के प्रदर्शनकारी खड़े थे। अंग्रेज कप्तान रैकेट ने सभा कर रही जनता को वहाँ से हटने को कहा। साथ ही कहा कि यदि वे नहीं हटे, तो उन पर गोलियाँ चलायी जायेंगी। कप्तान रैकेट ने हुक्म दिया– 'गढ़वाली थ्री राउण्ड फायर'' । बांयी ओर से आवाज आयी– 'गढ़वाली सीज फायर। ये आवाज थी हवलदार चन्द्र सिंह गढ़वाली की। रायफलें जमीन पर खड़ी हो गई। सैनिकों की इस बगावत के बाद अंग्रेजों ने स्थिति को अपने नियन्त्रण में करते हुए मशीनगनों से भीड़ पर गोली चला दी। कई लोग घायल हुए व कई मारे गये। गढ़वाली सैनिकों की वर्दी, उतारकर उन्हें थाने पहुँचा दिया गया। गढ़वाली सैनिकों की ओर से बैरिस्टर मुकुन्दीलाल ने मुकदमें की पैरवी की। 13 जून, 1930 ई0 को चन्द्र सिंह गढ़वाली को पेशावर काण्ड का नायक ठहराते हुए आजन्म कारवास की सजा दी और 'काला पानी' भेज दिया। 3 सैनिक सरकारी गवाह बन गए। अखिल भारतीय कांग्रेस कमेटी ने 26 जनवरी 1931 को पूर्ण स्वाधीनता दिवस का स्मरण पत्र प्रस्तुत किया। इसमें गढ़वाल राईफल्स के सैनिकों का अभिवादन करते हुए प्रस्ताव पारित किया गया कि उन्होंने अपना जीवन खतरे में डालकर अपने देशवासियों पर गोली चलाने से इंकार किया। उनके प्रति कांग्रेस कृतज्ञता व गौरव प्रकट करती है। रजनी पामदत लिखते हैं कि – अपने देशवासियों पर गोली न चलाने की जो मिसाल गढ़वाली सैनिकों ने कायम की उसके विषय में कम से कम यह तो कहा जा सकता है कि गांधी जी के सर्वाधिक प्रिय सिद्धान्त अहिंसा का यह सफल प्रदर्शन था।

(11) नमक सत्याग्रह– गांधी जी ने सविनय अवज्ञा आन्दोलन का प्रारम्भ नमक सत्याग्रह से किया। 12 मार्च 1930 को गांधी जी ने साबरमती आश्रम से डाण्डी तक पद यात्रा की। उनके साथ 79 सत्याग्रही थे। उनमें सबसे छोटा सत्याग्रही 16 साल का विट्ठल लीलाधर ठक्कर था। गांधीजी के डांडी मार्च के सहयोगियों में कुमाऊँ से ज्योतिराम कांडपाल और भैरवदत्त जोशी भी शामिल थे।

वह आश्रम के स्कूल का विद्यार्थी था और सबसे बड़े स्वयं गांधी जी 60 साल के सत्याग्रही थे। नमक सत्याग्रह के आरम्भ होने पर देश के विभिन्न भागों में कई जन आन्दोलन शुरू हो गए। गढ़वाल में गांधीजी के इस आन्दोलन को स्थानीय जन समस्याओं को दूर करने के लिए चलाया गया व नमक को सत्याग्रह का प्रतीक माना गया। ब्रिटिश गढ़वाल में नमकीन पानी के स्त्रोतों का बहिष्कार कर यहाँ नमक सत्याग्रह आन्दोलन का प्रतीक माना गया। इसी अवधि में मात्र उदयपुर (पौड़ी गढ़वाल) के सत्याग्रहियों ने लूनी जल स्त्रोत को आन्दोलन का प्रतीक मानकर नमक बनाया और कानून का उल्लंघन किया।

सर मालकम हैली जो संयुक्त प्रान्त के गर्वनर थे, का 'अमन सभा' के अनुरोध पर पौड़ी आना हुआ। यहाँ के अधिकारियों व अमन सभाईयों ने उन्हें यह बताना चाहा कि गढ़वाल में तो कांग्रेस मर चुकी है। जयानन्द भारती उन दिनों बाहर गए हुए थे। उनसे यह बात बर्दाश्त नहीं हुई। 'अमन सभा' की स्थापना नवम्बर 1930 को प्रशासन के सहयोग से लैन्सडाउन में हुई थी। इन्हें प्रशासन ने कांग्रेस के प्रतिपक्ष में स्थापित किया था। जयानन्द पुलिस के सख्त पहरे की भी परवाह न करते हुए पौड़ी के विशाल दरबार में किसी प्रकार घुस गए और ठीक गवर्नर के सामने राष्ट्रीय तिरंगें झण्डे का प्रदर्शन करके यह सिद्ध कर दिया कि– ''कांग्रेस अमर है, और गढ़वाल में भी जीवित है।'' सन् 1931 में गढ़वाल और कुमाऊँ जनपद के कांग्रेसी कार्यकर्ताओं का सम्मेलन नैनीताल में आयोजित किया गया। इस अधिवेशन में 200 प्रतिनिधि व 100 से अधिक कार्यकर्ता सम्मिलित थे। आंग्ल शासन की विसंगतियों के विरोध में जनशक्ति को कांग्रेस मंच पर संगठित करने के उद्देश्य से कुमाऊँ परिषद की नैनीताल, अल्मोड़ा तथा गढ़वाल की शाखाओं को कांग्रेस के साथ पूर्ण विलय करने का निश्चय किया गया। काली कुमाऊँ की सल्ट पट्टियों में लगान बन्दी की आवाज उठी। सल्ट क्षेत्र मे नशाबंदी, विदेशी वस्तुओं का बहिष्कार,स्वदेशी का प्रयोग और तंबाकू विरोधी आंदोलन चलाया गया। धर्मसिंह नाम के मालगुजार का तो तंबाकू का पूरा भण्डार

जला दिया गया। नमक सत्याग्रह में भी इस क्षेत्र ने बढचढ कर हिस्सा लिया और चमकना,उभरी एवं हटुली में नमक बनाया गया। 1930 में मालगुजारों ने सामूहिक इस्तीफे दिए। ये लोग ही पटवारी व्यवस्था की रीढ थे। अतः पटवारी ने गलत रिपोर्ट भेजनी शुरू कर दी। सन 1930 को डिप्टी कलेक्टर 5080 जवानो के साथ दमन को निकल पड़ा। खुमाड़ से कुछ दूर नयेड़ नदी तट पर नरसिंगबगड़ में उसने कैंप लगाया और डुंगला गांव को घेरकर बीमार एवं बूढों की पिटाई कर दी क्योंकि अधिकांश उस समय खेतों में थे। स्वतंत्रता सेनानी बचे सिंह के घर की कुर्की कर दी। जब यह सूचना लोगों को मिली, तो रणसिंगा बच गया और सैकड़ों लोग लाठी डंडों, से लैस नयेड़ तट पहुँच गए। अंग्रेज कप्तान तो गोली चलाने पर आमादा था किन्तु डिप्टी कलेक्टर के कहने से रुक गया। यहां तक की डिप्टी कलेक्टर 5 रुपये मुआवजा देने को भी तैयार हो गया। इसके बाद मौलेखाल की सभा में जनता को अत्याचारों से बचाने के लिए गिरफ्तारी देने का निर्णय हुआ एवं ठेकेदार पानसिंह ने पहली गिरफ्तारी दी।

(12) व्यक्तिगत सत्याग्रह– सरकार को पता था कि युद्धकाल में कांग्रेस का सहयोग जरूरी है। अतः समर्थन प्राप्त करने के लिए वासयराय लार्ड लिनलिथगो ने गांधीजी से मुलाकात की तथा युद्ध में सरकार का सहयोग करने को कहा। कांग्रेस ने एकबार फिर युद्ध काल के दौरान सरकार से सहयोग के बदले भारत की स्वतंत्रता की मांग की। वायसराय लार्ड लिनलिथगो का जवाब कांग्रेस की आकांक्षाओं के ठीक विपरीत था। ब्रिटिश सरकार ने कांग्रेस की मांगों को ठुकराकर असहयोग के मार्ग पर चलने को विवश किया। कांग्रेस ने 15 अगस्त 1940 के अपने बम्बई अधिवेशन में यह निर्णय लिया कि महात्मा गांधी के नेतृत्व में सविनय अवज्ञा आन्दोलन चलाया जाये तथा यह आन्दोलन जन आन्दोलन न होकर व्यक्तिगत सत्याग्रह होगा। गांधी ने बिनोवा भावे को पहला सत्याग्रही ही चुना। इसके बाद जवाहर लाल नेहरू ने बिनोवा भावे का अनुकरण किया। 8 दिसम्बर 1940 को डाडामंडी में कांग्रेस कार्यकर्ताओं का एक राजनैतिक सम्मेलन आयोजित किया गया, जिसमें गढवाल जनपद में व्यक्तिगत सत्याग्रह को सुव्यवस्थित चलाने का प्रस्ताव पारित हुआ। सम्मेलन में पारित प्रस्ताव के आधार पर प्रथम सत्याग्रही जगमोहन सिंह नेगी ने अपने निर्वाचित क्षेत्र से सत्याग्रह प्रारम्भ किया और लैन्सडौन में ब्रिटिश शासन विरोधी भाषण देकर अपनी गिरफ्तारी दी। यहीं से गढ़वाल में सत्याग्रह का सूत्रपात्र हो गया। चमोली में व्यक्तिगत सत्याग्रह का संचालन अनुसूया

प्रसाद बहुगुणा कर रहे थे। उन्हें नन्दप्रयाग में गिरफ्तार कर लिया गया। इसी के अन्तर्गत कांग्रेस कमेटी द्वारा गढ़वाल के 308 व्यक्तियों की सूची प्रशासन को भेजी गई। इस सूची में सम्मिलित व्यक्तियों में से लगभग 108 सत्याग्रहियों के ही जेल जाने के प्रमाण मिले हैं।

जिला कांग्रेस कमेटी की एक गुप्त बैठक ढौंरी (देवी–खेत) में की गयी। जिले की प्रत्येक तहसील से वहाँ जन प्रतिनिधि एकत्रित हुए थे। गीताराम पोखरियाल ने 17 जनवरी 1941 को सल्ट महादेव में जनसभा को सम्बोधित किया और प्रशासन विरोधी भाषण देकर अपनी गिरफ्तारी दी। विद्याधर डंगवाल 'भिखारी', बंशीपाल, नारायण पालीवाल के अतिरिक्त सकलानन्द डोभाल ने पौड़ी में, कृपाराम मिश्र ने देवीखेत में व रूकमेश्वर दत मैठाणी ने श्रीनगर में सत्याग्रह कर अपनी गिफ्तारियाँ दी।

सत्याग्रह पर प्रतिबन्ध

जब व्यक्तिगत सत्याग्रह गढ़वाल में बड़ी तीव्र गति से चल रहा था तभी डोला पालकी की समस्या के कारण 25 जनवरी 1941 को महात्मा गांधी ने गढ़वाल के व्यक्तिगत सत्याग्रह पर प्रतिबन्ध लगा दिया क्योंकि इस समय गढ़वाल की आन्तरिक स्थिति अच्छी नहीं थी। सवर्ण हिन्दुओं द्वारा हरिजनों पर अत्याचार किया जाता था। गढ़वाल में विवाह के अवसर पर सवर्णो तथा स्थानीय मुसलमानों की बारातों के डोला पालकी ले जाने का कार्य प्रायः शिल्पकार ही किया करते थे। रमेश चन्द्र बहुखण्डी जो गांधी से निकट से सम्बन्ध रखते थे, ने 6 जनवरी 1941 को गांधी जी को एक पत्र लिखा कि ''गढ़वाल के सत्याग्रही दलितोद्वार के विषय में कोई दिलचस्पी नहीं रखते हैं। लीडर' समाचार पत्र के संवाददाता गोविन्द प्रसाद नौटियाल ने नन्द्रप्रयाग से एक उत्तेजनात्मक समाचार भेजा। इसमें कहा गया था कि गढवाल के शिल्पकार–सवर्णो के विरूद्ध सत्याग्रह प्रारम्भ करने वाले हैं और शीघ्र ही धर्म परिवर्तन करेंगे। गांधी जी पर इस समाचार की तीव्र प्रतिक्रिया हुई। उन्होंने कहा जहाँ आज भी शिल्पकारों पर अत्याचार होते हैं, वहाँ की जनता को सत्याग्रह करने का अधिकार नहीं है। व्यक्तिगत सत्याग्रह पर रोक लगाने से उत्पन्न असन्तोष पर विचार–विमर्श करने के लिए उत्तरी गढ़वाल के सिलोगी गाँव में कांग्रेस कार्यकर्ताओं की एक बैठक आयोजित की गई। प्रान्तीय कांग्रेस कमेटी से इस घटना की निष्पक्ष जांच की मांग की गई। पुरूषोत्तम दास टण्डन ने गांधी सेवा संघ के सदस्य पूर्णचन्द्र विद्यालंकार को डोला–पालकी प्रकरण की जांच के लिए गढ़वाल भेजने का फैसला किया।

सिलोगी गाँव में कांग्रेस कार्यकर्ताओं की बैठक में एक उपसमिति का गठन किया गया। इसमें यह सर्वमान्य हुआ कि शिल्पकारों को भी डोला पालकी का अधिकार है। उपसमिति में रमेश चन्द्र बहुखण्डी, भक्तदर्शन, श्रीदेव सुमन, दयाशंकर भट्ट, भगवती चरण निर्मोही भी सम्मिलित थे। इस समिति ने गढ़वाल का भ्रमण किया। इसके बाद 23 फरवरी 1941 को लैंसडाउन में एक सर्वदलीय सम्मेलन का आयोजन किया गया। यह सम्मेलन गढ़वाल कांग्रेस कमेटी के तत्वाधान में आयोजित किया गया था। इसमें सत्याग्रह कमेटी, आर्यसभा, शिल्पकार सभा, हिमालय सेवा संघ (दिल्ली), अधिवक्ता संघ गढ़वाल तथा सर्वेन्ट सोसायटी ऑफ इंडिया के प्रतिनिधियों ने भाग लिया। सर्वदलीय सम्मेलन के बाद गढ़वाल कांग्रेस कमेटी का एक प्रतिनिधि मंडल इलाहाबाद में 28 फरवरी को महात्मा गांधी से मिलने गया। इस मंडल में प्रताप सिंह नेगी के नेतृत्व में भक्तदर्शन, श्रीदेव सुमन, रमेश चन्द्र बहुचखण्डी तथा कलम सिंह नेगी आदि थे। इस प्रतिनिधि मंडल ने महात्मा गांधी के साथ गढ़वाल की समस्या पर विचार विमर्श किया। इस विचार विमर्श में प्रान्तीय कांग्रेस कमेटी के अध्यक्ष पुरूषोतम दास टण्डन तथा कृष्ण दत पालीवाल भी उपस्थित थे। अन्त में प्रतिनिधि मंडल ने गांधीजी को आश्वासन दिया कि भविष्य में डोला पालकी की घटनायें नहीं होने देंगे। इसके बाद महात्मा गांधी ने 28 फरवरी 1941 को व्यक्तिगत सत्याग्रह से प्रतिबन्धं हटा लिया।

यह समस्या पुनः उत्पन्न न हो सके, इसके लिए बलदेव सिंह आर्य एवं कलम सिंह नेगी के नेतृत्व में एक स्थायी समिति का गठन किया गया। ब्रिटिश सरकार ने भी हरिजनों को उत्पीड़ित करने वाले के विरूद्ध दण्ड का विधान बनाया। दिसम्बर 1941, तक गढ़वाल के सभी क्षेत्रों में व्यक्तिगत सत्याग्रह कार्यक्रम शिथिल हो चुका था। व्यक्तिगत सत्याग्रह में ब्रिटिश गढ़वाल के 308 सत्याग्रहियों को गिरफ्तार किया गया। इस प्रकार व्यक्तिगत सत्याग्रह में गढ़वाल की जनता के साथ–साथ प्रवासी भारतीयों का भी अविस्मरणीय योगदान रहा है। भगवान दास मुल्तानी जैसे व्यापारी ने तो राष्ट्रीय अखबारों को साबुन की पेटियों में रखकर टिहरी की जनता तक पहुँचाया।

भारत छोड़ो आन्दोलन और उत्तराखंड

गांधी जी के 'करो या मरो' के नारे साथ ही सम्पूर्ण देश में भारत छोड़ो आन्दोलन प्रारम्भ हो गया। गढ़वाल में इस दौरान कांग्रेस कार्यकर्ताओं की कई आपात बैठक बुलाई गई। इसमें सभी कार्यकर्ताओं को अपने–अपने

क्षेत्रों में पद यात्रायें कर जनता को आन्दोलन में सम्मिलित करने का निर्देश दिया गया। उदयपुर, लैन्सडौन, गुजडू, डाडामण्डी, चमोली, सियासैण, पौड़ी, टिहरी आदि क्षेत्रों में व्यापक रूप से आन्दोलन हुआ। आन्दोलन में प्रवासी गढ़वालियों ने भी महत्वपूर्ण भूमिका निभाई। महिलाओं ने भी आन्दोलन में कार्यकर्ताओं का साथ दिया।

सम्पूर्ण देश में भारत छोड़ो आन्दोलन प्रारम्भ होने के साथ ही गढ़वाल पर भी इसका प्रभाव पड़ा। गांधी जी के पहले के आन्दोलनों की अपेक्षा यह आन्दोलन अधिक संगठित व व्यापक रूप से प्रारम्भ हुआ। केन्द्रीय नेताओं की गिरफ्तारी के कारण किसी भी बड़े नेता द्वारा किसी भी तरह का कोई भी आदेश नहीं दिया गया था। इसलिये सभी प्रान्तीय नेताओं व व्यक्तियों द्वारा अपने तरीके से विरोध प्रकट किया गया। गढ़वाल में तो आवागमन व संचार साधन भी विकसित नहीं थे। इसलिए केन्द्र में क्या हो रहा है, इसका समाचार बाद में ही मिलता था। उनके आदेशों के अनुरूप सही ढ़ग से आन्दोलन संचालित नहीं हो पाता था। इसलिए पहले भी गढ़वाल की जनता ने स्थानीय समस्याओं के आधार पर आन्दोलन किया था। गढ़वाल में कांग्रेस के कार्यकर्ताओं द्वारा अपने–अपने क्षेत्रों में भारत छोड़ो आन्दोलन प्रारम्भ किया गया। गढ़वाल के बाहर जो प्रवासी गढ़वाली लखनऊ, बम्बई, दिल्ली व बनारस आदि अन्य क्षेत्रों में थे, वे देश में उस दौरान चल रही गतिविधियों व घटनाक्रम की सूचना पत्र द्वारा गढ़वाल में भेजते थे। ''आजादी की घोषणा और जनता का कर्तव्य'' शीर्षक युक्त पत्र जिसे राष्ट्रीय कांग्रेस द्वारा प्रकाशित व प्रचारित किया गया था, गढ़वाल के कुछ भागों में भी पहुँचे थे। 13 अगस्त, 1942 को कांग्रेस के तत्वाधान में पौड़ी में एक सार्वजनिक सभा का आयोजन किया गया। सकलानन्द डोभाल को अध्यक्ष बनाया गया। इस सभा में अधिकतर नवयुवक वर्ग सम्मिलित था। जन जागरण कार्यक्रम के अन्तर्गत उदयपुर क्षेत्र में जगमोहन सिंह नेगी, छवाण सिंह, डबल सिंह ने अपने कार्यकर्ताओं के साथ आन्दोलन का प्रचार–प्रसार किया। ब्रिटिश गढ़वाल से सर्वप्रथम भक्तदर्शन 10 अगस्त 1942 को गिरफ्तार किए गए। इन्हें बिजनौर जेल भेज दिया गया।

सरकार द्वारा दमन च्रक चलाये जाने व स्थानीय नेताओं की गिरफ्तारी से आन्दोलन यद्यपि धीमा जरूर हो गया था किन्तु इसके बावजूद भी नवयुवकों के उत्साह में कमी नहीं आयी थी। उन्होंने सुन्दर लाल ध्यानी के नेतृत्व में पौड़ी, सितौनस्यूं, सबधरखाल, देवप्रयाग के ग्रामीण क्षेत्रों में जनता को आन्दोलन के लिए संगठित व प्रेरित करना प्रारम्भ कर दिया।

जेल में सुन्दर लाल ध्यानी के साथ अमानवीय व नारकीय अत्याचार किये गये, जिससे इनका स्वास्थ्य खराब हो गया। हालत गम्भीर होने पर इन्हें पौड़ी अस्पताल लाया गया। अस्पताल में भी उपेक्षित दृष्टि रखे जाने के परिणामस्वरूप 29 दिसम्बर 1942 को सुन्दर लाल ध्यानी ने अस्पताल में दम तोड़ दिया। पौड़ी कारावास पहले से ही कैदियों के प्रति अत्याचार के कारण बदनाम था। इसकी स्थापना 1902 में की गयी थी। भैरवदत धूलिया इस समय दिल्ली में थे और दिल्ली के तिब्बतिय कॉलेज में अध्यापक थे। वे प्रत्यक्ष तथा अप्रत्यक्ष रूप से गढ़वाल में चल रहे आन्दोलन से जुड़े थे। थानसिंह रावत, छवाण सिंह एवं योगेश्वर प्रसाद बहुखण्डी के विरूद्ध पुलिस ने वारंट जारी कर दिया। ये तीनों ही क्रांतिकारी साहित्य गढ़वाल भेजने लगे। ऐसे समय में भैरवदत धूलिया ने अपनी लिखी पुस्तक 'अंग्रेजों को भारत से निकाल दो' गढ़वाल भेजी। पुस्तिका में गढ़वाल के आन्दोलनकारियों को आन्दोलन करने के लिए आगे के निर्देश दिए गए थे कि–

1. गढ़वाल के संचार साधनों को नष्ट कर दिया जाए,
2. लगाबन्दी आन्दोलन चलाया जाए,
3. मालगूजारों से इस्तीफा दिलवाकर उनके द्वारा अर्जित धन को सार्वजनिक कार्यों में लगाना,
4. सम्पत्ति कुर्क होने की स्थति में नीलामी लगाने वालों की पिटाई,
5. पटवारियों को इस्तीफा देने के लिए बाध्य किया जाए। उनकी लाठी बन्दूक छीनकर चौकियों को नष्ट करना,
6. किस्त के रूप में जमा धनराशि को लूट लिया जाए,
7. अंग्रेज सैनिक जहाँ नजर आए, उनका कुल्हाड़ी बरछे, खुखरियों से वध करें,
8. सरकारपरस्त व्यक्तियों का मुंह काला कर सामाजिक बहिष्कार करना,
9. विद्यार्थियों के लिये विशेष निर्देश देते हुए कहा गया था कि वे पौड़ी, चमोली, लैन्सडौन स्थित अदालतों को नष्ट कर दे,
10. जंगलात की मूनारे तोड़ दी जाए।

लैन्सडौन दमन चक्र के बावजूद ढौरी(डबरालस्यूँ) में जिले के कार्यकर्ताओं का एक गुप्त सम्मेलन हुआ, जिसमें 29 सितम्बर 1942 को लैसडौन छावनी पर आक्रमण की रूपरेखा तैयार की गई। बैठक में

जगमोहन सिंह नेगी ने कहा कि लैसडौन छावनी में जाकर गढ़वाली सैनिकों को खुली बगावत में सम्मिलित होने के लिए प्रेरित किया जाए। आन्दोलन के दौरान ही लैन्सडौन क्षेत्र के सात दुकानदारों ने ब्रिटिश सरकार से विरोध प्रकट करने के लिए तिरंगा झण्डा लहराया। इस कारण उन सातों को दण्डित किया गया। इस आंदोलन के प्रारम्भ में ही कुमाऊँ के प्रथम पंक्ति के नेता बंदी बना लिए गए। अतः नौजवान श्यामलाल वर्मा ने इसकी बागडोर संभाली। लोगों ने तोड़फोड़ की,पुलिस ने लाठीचार्ज किया और नैनीताल का शेष देश से सम्पर्क कट गया। अल्मोड़ा में प्रदर्शनकारियों ने एक्टन पर पत्थर फेंके। अल्मोड़ा के गांधी आश्रम को क्रांतिकारियों का गढ मानकर पुलिस ने लूट लिया।

इस दौरान हुए प्रमुख आंदोलन इस प्रकार हैं–

गुजडू आन्दोलन

गुजडू दक्षिण गढ़वाल का एक ग्रामीण इलाका है। यहाँ कांग्रेस को संगठित किया जाता था तथा आन्दोलन में भाग लेने वाले स्वयं सेवकों की भर्ती के लिए भी एक महत्वपूर्ण स्थान था। यह 'गढ़वाल की बारदोली' के रूप में भी विख्यात था। यहाँ की जनता ने राम प्रसाद नौटियाल के नेतृत्व में आन्दोलन में भाग लिया था। राम प्रसाद नौटियाल सेना से पद छोड़ने के बाद गुजडू में आकर यहाँ की जनता की कठिनाइयों को दूर करने का प्रयत्न करने लगे और जनता को आर्थिक स्वावलम्बी बनाने व राजनैतिक स्वतंत्रता प्राप्ति के लिए संगठित करना प्रारम्भ कर दिया। 1942 के भारत छोड़ो आन्दोलन में यह क्षेत्र सत्याग्रहियों तथा स्वयं सेवकों के उत्पादन केन्द्र के रूप में कांग्रेस का गढ़ बन गया था। यहाँ की जनता सिर्फ अपने क्षेत्र तक ही सीमित नहीं रही। उसने गांधी जी के 'करो या मरो' का सन्देश आस–पास के क्षेत्रों तक पहुँचाया तथा कप्तान राम प्रसाद नौटियाल, शीशराम पोखरियाल तथा थान सिंह रावत के नेतृत्व में आन्दोलन में शामिल होकर ब्रिटिश शासन का विरोध किया। पुलिस ने मालगुजारों और पटवारियों की सहायता से कांग्रेसी नेताओं के संगठित आन्दोलन को खत्म करने की कोशिश की। किन्तु नेता भूमिगत हो गये थे। इस प्रकार गुजडू की जनता ने आन्दोलनकारियों को पनाह देकर उनकी रक्षा की।

अन्त में आन्दोलनकारियों ने छापे मारकर सरकारी अभिलेखों को नष्ट करने का भी प्रयत्न किया। सल्ट दक्षिणी गढ़वाल में कुमाऊँ, गढ़वाल का सीमावर्ती क्षेत्र था, जो उस समय भूमिगत आन्दोलनकारियों का केन्द्र

बन गया था। सरकार ने दक्षिणी क्षेत्र के भूमिगत आन्दोलन को कुचलने के लिए राजस्व विभाग के अधिकारियों व इड़ियाकोट गाँवों में प्रवेश कर भूमिगत कांग्रेसी नेताओं का भेद जानने के उद्देश्य से ग्रामीण जनता पर बर्बरतापूर्वक लाठीचार्ज किया। किन्तु जनता ने फिर भी भूमिगत नेताओं का भेद पुलिस को नहीं दिया। अन्त में पुलिस की कठोर दमनात्मक कार्यवाही से जनता को कोई कष्ट न मिले इसलिए भूमिगत नेता थान सिंह गीताराम पोखरियाल, डबल सिंह, छवाण सिंह आदि कार्यकर्ताओं ने गुजड़ू को छोड़कर दिल्ली में भैरवदत्त धूलिया के करोल बाग स्थित निवास में शरण ली। प्रवासी व्यक्तियों और उनके संगठनों के साथ इन कार्यकर्ताओं ने गढ़वाल की गतिविधियों के साथ सम्पर्क बनाये रखा। 8 नवम्बर 1942 को दीपावली के अवसर पर पुलिस ने भैरवदत धुलिया के निवास स्थान को घेरकर इन सभी को गिरफ्तार कर लिया। सभी आन्दोलनकारियों को लैन्सडौन लाया गया। जहाँ इन पर मुकदमा चला।

डाडामण्डी में आन्दोलन

उदयपुर और गुजड़ू के बाद भारत छोड़ो आन्दोलन डाडामण्डी क्षेत्र में प्रारम्भ हुआ। डाडामण्डी क्षेत्र के अन्तर्गत ही मिडिल स्कूल मटियाली के प्रधानाचार्य उमराव सिंह रावत ने आन्दोलन को तीव्र करने में भरपूर सहयोग दिया। उन्होंने क्रांतिकारी साहित्य को जन साधारण तथा छात्रों में वितरित करवाकर उन्हें आन्दोलन के लिए प्रेरित किया। उमराव सिंह रावत ने आन्दोलन के लिए जनता व छात्रों को प्रेरित किया। इसी आधार पर छात्रों ने दुगड्डा से लेकर द्वारीखाल तक के दूरसंचार के साधनों को क्षतिग्रस्त करते हुए सड़कों के किनारे लगे मील के पत्थर उखाड़ दिए। प्रशासन ने जो 42 आन्दोलनकारियों की सूची बनाई थी, उन्हें 8 अक्टूबर 1942 को बन्दी बना लिया। इनमें आदित्यराम दुतपुड़ी व मायाराम बड़थ्वाल भी सम्मिलित थे। प्रशासन का उद्देश्य ही आन्दोलन का किसी तरह दमन करना और आन्दोलनकारियों को अपने नियन्त्रण में करना था। प्रशासन ने इस आरम्भिक सफलता के पश्चात् उमराव सिंह रावत की बढ़ती हुई गतिविधियों के कारण अन्ततः उन्हें गिरफ्तार करके राजद्रोह का आरोप लगाकर 4 वर्ष की सजा सुनाई। इन गिरफ्तारियों के बाद आन्दोलन शिथिल पड़ गया और उसका प्रभाव समाप्त होने लगा।

संक्षेप में

कांग्रेस के जन्म के पश्चात् भारत के प्रत्येक कोने में कुछ न कुछ राजनैतिक गर्मी अवश्य पैदा हुई। बैरिस्टर मुकुन्दी लाल ने गढ़वाल में कांग्रेस स्थापना की थी। उस समय गढ़वाल हिमालय में कुछ अलग कुरीतियां जैसे–कुली बेगार, कुली बर्दायश, प्रभु सेवा, छोटी बर्दायश, वन आन्दोलन आदि व्याप्त थी। क्रान्ति की जो ज्वाला इस समय देश के प्रत्येक कोने में जल रही थी, उससे उत्तराखंड भी अछूता न था। इस क्षेत्र में स्थानीय कुरीतियों को आंदोलन से जोड़कर समाप्त करने का प्रयास हुआ। धीरे–धीरे इन सामाजिक सुधार आन्दोलन के माध्यम से उत्तराखंड की जनता राष्ट्रीय आन्दोलन से जुड़ने लगी। यही कारण है कि राज्य में द्वितीय चरण के स्वतंत्रता संघर्ष में जनता ने बढ़ चढ़कर हिस्सा लिया। 1927 ई0 के पश्चात् लगातार हो रहे आन्दोलनों की श्रृंखला इसका प्रत्यक्ष प्रमाण है।

बहुविकल्पीय प्रश्न

1. उत्तराखंड के कुजां ताल्लुका में सघर्ष की आवाज 1857 में किसके नेतृत्व में उठी?

   (क) विजय सिंह (ख) गबर सिंह

   (ग) ज्ञान सिंह (घ) इनमें से कोई नहीं

2. उत्तराखंड के निकटवर्ती ताल्लुका नजीबाबाद से संघर्ष की आवाज 1857 में किसके नेतृत्व में उठी?

   (क) बम्बू खां (ख) रामदयाल

   (ग) इनायत खां (घ) इनमें से कोई नहीं

3. काली कुमाऊँ में अंग्रेजी साम्राज्य के विरूद्ध एक गुप्त संगठन स्थापित करने का श्रेय जाता है

   (क) कालू माहरा को (ख) खान बहादुर खाँ को

   (ग) कालेखान को (घ) इनमें से कोई नहीं

4. 1857 के स्वतन्त्रता आन्दोलन के अवसर पर कुमाऊँ कमिश्नर थे

   (क) जार्ज लुशिंगटन (ख) विलियम ट्रेल

   (ग) हेनरी रामजे (घ) इनमें से कोई नहीं

5. कुमाऊँ कमिश्नर जिन्होंने बेगार प्रथा समाप्त की एवं उसके स्थान पर "खच्चर सेना" का निर्माण करवाया
(क) जार्ज लुशिंगटन (ख) विलियम ट्रेल
(ग) हेनरी रामजे (घ) इनमें से कोई नहीं

6. देहरादून में "गढ़वाल यूनियन" की स्थापना किस वर्ष हुई?
(क) 1901 ई0 (ख) 1902 ई0
(ग) 1903 ई0 (घ) इनमें से कोई नहीं

7. 1883 ई0 में अल्मोड़ा में इलबर्ट बिल के समर्थन में आयोजित सभा की अध्यक्षता की थी
(क) हरिप्रसाद टम्टा ने (ख) लक्ष्मी देवी टम्टा ने
(ग) बुद्धि बल्लभ पंत ने (घ) सदानन्द सनवाल ने

8. दयानन्द सरस्वती ने किस वर्ष हरिद्वार कुम्भ में पाखण्ड खण्डिनी पताका फहराई?
(क) 1897 ई0 (ख) 1898 ई0
(ग) 1899 ई0 (घ) इनमें से कोई नहीं

9. 1916 ई0 में कुमाऊँ कमिश्नरी में सरकार द्वारा किसे कौसिल सदस्य नामजद किया गया?
(क) मुकुन्दीलाल (ख) तारादत्त गैरोला
(ग) बुद्धिबल्लभ पंत (घ) सदानन्द सनवाल

10. 'सरोला सभा' उत्तराखंड क्षेत्र की प्रथम जाति आधारित संस्था थी, जिसकी स्थापना हुई थी
(क) 1883 ई0 में (ख) 1884 ई0 में
(ग) 1885 ई0 में (घ) इनमें से कोई नहीं

11. किसके प्रयासों से लखनऊ में गढ़वाल भात्र मण्डल की स्थापना की गई ?
(क) मुकुन्दीलाल (ख) मथुरा प्रसाद नैथानी
(ग) कुलानन्द बड़थ्वाल (घ) तारादत

12. गढ़वाल भात्र मण्डल का प्रथम सम्मेलन कुलानन्द बड़थ्वाल की अध्यक्षता में कहाँ हुआ?
(क) कोटद्वार में (ख) हल्द्वानी में
(ग) देहरादून में (घ) इनमें से कोई नहीं

13. दुगड्डा गढवाल में स्टोवल प्रेस की स्थापना कब की गई?
(क) 1912 ई0 (ख) 1914 ई0
(ग) 1915 ई0 (घ) 1916 ई0

14. '''कुमाऊँ परिषद'' के प्रथम अधिवेशन की अध्यक्षता की थी।
(क) जयदत्त जोशी ने (ख) मोहन जोशी ने
(ग) बुद्धिबल्लभ पंत ने (घ) सदानन्द सनवाल ने

15. गढ़वाल की समस्याओं को दूर करने के लिए सन् 1901 ई0 को ' 'गढ़वाल–हितकारिणी–सभा' की स्थापना की
(क) मुकुन्दीलाल ने (ख) मथुरा प्रसाद नैथानी ने
(ग) कुलानन्द बड़थ्वाल ने (घ) तारादत्त गैरोला ने

16. गढ़वाल में सुधार और जागृति का संदेश जन–जन तक पहुँचाने के लिए गिरजा शंकर नैथानी ने किस मासिक पत्रिका का प्रकाशन प्रारम्भ किया?
(क) समय विनोद (ख) गढवाली
(ग) अल्मोड़ा अखबार (घ) इनमें से कोई नहीं

17. कुंजणी वन आन्दोलन का सम्बन्ध है
(क) गढवाल राज्य से (ख) टिहरी राज्य से
(ग) कुमॉऊ राज्य से (घ) इनमें से कोई नहीं

18. खासपट्टी आन्दोलन का नेतृत्व निम्न में से कौन नहीं कर रहा था?
(क) बंलवती देवी (ख) भगवान सिंह बिष्ट
(ग) भरोसा राम (घ) सदानन्द गैरोला

19. 1919 में अखिल भारतीय कांग्रेस के अमृतसर अधिवेशन में उत्तराखंड का नेतृत्व किया
(क) मुकुन्दीलाल ने (ख) मथुरा प्रसाद नैथानी ने
(ग) कुलानन्द बड़थ्वाल ने (घ) तारादत्त गैरोला ने

20. टिहरी गढ़वाल में ''आधुनिक किसान आन्दोलन का जन्मदाता'' कहा जाता है
(क) गोपाल सिंह राणा को (ख) भगवान सिंह बिष्ट को
(ग) भरोसा राम को (घ) इनमें से कोई नहीं

21. 1917 में गढ़वाल आए किस राष्ट्रीय नेता ने कुली–बेगार जैसी कुप्रथा के विरूद्ध एकजुट होकर कार्य करने की सलाह दी?
(क) मदन मोहन मालवीय (ख) महात्मा गांधी
(ग) दयानन्द सरस्वती (घ) इनमें से कोई नहीं

22. कुली–बेगार जैसी कुप्रथा से गांधी जी को अवगत कराया था
(क) हरगोविन्द ने (ख) चिरंजीलाल ने
(ग) बुद्धिबल्लभ पंत ने (घ) बद्रीदत्त पांडे ने

23. प्रेम विद्यालय ताड़ीखेत में गांधीजी का आगमन किस वर्ष हुआ था?
(क) 1927 ई0 (ख) 1928 ई0
(ग) 1930 ई0 (घ) इनमें से कोई नहीं

24. किस समस्या के कारण गांधीजी ने 25 जनवरी 1941 को गढ़वाल के व्यक्तिगत सत्याग्रह पर प्रतिबन्ध लगा दिया?
(क) डोला–पालकी (ख) कुली बेगार
(ग) कुली बरदायश्त (घ) इनमें से कोई नहीं

25. सत्य प्रसाद रतूड़ी द्वारा 10 मार्च 1929 ई0 को स्थापित बालसभा का उद्देश्य था
(क) बालकों में चरित्र निर्माण (ख) बालकों में देशभक्ति
(ग) 'क' एवं 'ख' दोनों (घ) इनमें से कोई नहीं

उत्तर

1 क	2 क	3 क	4 ग	5 ख	6 क	7 ग
8 क	9 ख	10 ख	11 ख	12 क	13 ग	14 क
15 घ	16 ख	17 ख	18 घ	19 क	20 क	21 क
22 घ	23 क	24 क	25 ग			

12
अध्याय

उत्तराखंड राज्य निर्माण आंदोलन

प्राकृतिक सौन्दर्य विशिष्ट भूगोल के कारण उत्तराखंड की अपनी एक विशिष्ट सांस्कृतिक पहचान रही है। इस क्षेत्र की बोली –भाषा एवं रहन–सहन देश के अन्य भागों से भिन्न है। इन सब कारणों ने इस हिमालय क्षेत्र को भारत के शेष भू–भाग से अलग पहचान दी है। सिगौंली की सन्धि के पश्चात् स्थापित अंग्रेज शासन ने इस पर्वतीय क्षेत्र की संपदा का जो अनियन्त्रित दोहन च्रक शुरू किया था, दुर्भाग्यवश आजादी के बाद भी वह निरन्तर जारी रहा। इस अनियमित दोहन और स्थानीय विकास की अनदेखी ने स्थानीय जनप्रतिधियों को पृथक प्रशासनिक ईकाई की मांग के लिए विवश किया।

इस हिमालय क्षेत्र के लिए कोई पृथक नीति व नियोजन न होने के कारण उपलब्ध अपार संपदा के वृहद् पैमाने पर दोहन ने पर्यावरण असंतुलन को जन्म दिया। खन्न माफियाओं ने सरकारी अधिकारियों से मिलीभगत कर डायनामाइट से सारा पहाड़ हिला दिया, किन्तु स्थानीय जनता के हित के किसी भी उद्योग का स्थानीयकरण नहीं हुआ। फलतः पलायन(ब्रेनड्रेन) ने धीरे–धीरे पहाड़ के हरे–भरे एवं आबाद क्षेत्रों को वीरान करना प्रारम्भ कर दिया। जनता के लिए अस्पताल खुले पर उनमें डाक्टरों की नियुक्ति नहीं हुई, स्कूल खोल दिए गए किन्तु विद्यालय भवन और शिक्षकों का अभाव लगातार बना रहा, घर–घर तक पानी के नल लगवाए किन्तु कभी उनमें पानी नहीं छोड़ा गया। यहाँ भेजे गए अधिकारी स्वयं को सजा के तौर पर भेजा मानकर कभी विकास को प्रमुखता देकर सड़कों के विकास के नाम पर पहाड़ों का

अवैज्ञानिक कटान जो आरम्भ हुआ, उसका परिणाम वर्तमान में भूस्खलन के रूप में निरन्तर जारी है। छोटे–छोटे बाँधों की बजाय टिहरी बाँध जैसी बड़ी–बड़ी परियोजनाऐं शुरू कर, स्थापित लोगों को भी पलायन के लिए बाध्य किया गया। इस अवैज्ञानिक और अनियंत्रित नियोजन से पहाड़ों की हरियाली गायब होने लगी, जल स्त्रोत सूखने लगे। पर्यावरण असंतुलन के कारण प्राकृतिक आपदाओं की तीव्रता बढ़ती गई। परिणामतः पहाड़ की जवानी मैदानों को पलायन करने लगी। अन्ततः सब्र का बांध टूट गया और क्षेत्रीय समस्याओं और विकास से पूरी तरह वंचित पहाड़वासियों के पास पृथक् राज्य का नारा बुलन्द करने के अतिरिक्त कोई मार्ग नहीं बचा।

यद्यपि इस उपेक्षा और समस्याओं से घिरे लोगों में पृथक राजनैतिक सांस्कृतिक पहचान की दिशा में स्वतन्त्रता से पूर्व ही सुगबुगाहट शुरू हो चुकी थी। सर्वप्रथम 1897 ई0 में महारानी को भेजे बधाई संदेश में इस सन्दर्भ में बात रखी गई थी। वर्ष 1923 ई0 में पर्वतीय क्षेत्र को सयुंक्त प्रान्त से पृथक करने का ज्ञापन राज्यपाल को सौपा गया। वर्ष 1928 में कुमाऊँ एवं पृथक प्रान्त शीर्षक का स्मृति–पत्र राज्यपाल के माध्यम से ब्रिटिश सरकार को दिया गया। तब कुमाऊँ से तात्पर्य वर्तमान उत्तराखंड क्षेत्र से था, जिसमें केवल टिहरी रियासत सम्मिलित नहीं था। वर्ष 1929 में कुछ प्रबुद्धजनों ने पृथक संविधान निर्माण के लिए एक संसदीय समिति के गठन की मांग रखी। वर्ष 1946 में कुमाऊँ केसरी बद्रीदत्त पाण्डे ने उत्तर प्रदेश के इस पर्वतीय हिस्से के लिए अलग प्रशासनिक इकाई बनाने की मांग की।

इस पर्वतीय राज्य की मांग को 1928 के काँग्रेस अधिवेशन में उठाया गया। गोलमेज सम्मेलन और केबिनेट मिशन के सम्मुख भी इस मांग को दोहराया गया। 1938, श्रीनगर गढ़वाल के काँग्रेस अधिवेशन में स्वयं जवाहरलाल नेहरू ने इसकी वकालत की। वर्ष 1952 में सी0पी0आई0 के महासचिव पी0सी जोशी ने केन्द्र सरकार को पृथक उत्तराखंड राज्य के संबंध में ज्ञापन दिया किन्तु उत्तर प्रदेश के तात्कालीन मुख्यमंत्री (गोविन्द बल्लभ पंत) जो स्वयं इस पर्वतीय क्षेत्र के निवासी भी थे, ने इस मांग को अस्वीकार कर दिया। कामरेड जोशी ने स्वायतशासी पर्वतीय राज्य के लिए एक सर्वदलीय संघर्ष चलाने का प्रयास किया, जो जन सहयोग के अभाव में आरम्भ न हो सका। वर्ष 1956 में राज्य पुनर्गठन अधिनियम पारित होने से नए राज्यों के गठन का मार्ग खुला। इसके बावजूद इस पर्वतीय राज्य के गठन को कोई महत्व नहीं दिया गया। वर्ष 1967 के रामनगर कांग्रेस अधिवेशन में इस क्षेत्र के लिए पृथक प्रशासनिक ईकाई गठन का प्रस्ताव पारित हुआ।

क्षेत्रीय समस्याओं के लिए 1916 ई0 में भारतीय राष्ट्रीय कांग्रेस में विलय हुआ। 1938 ई0 में श्रीदेव सुमन ने दिल्ली में गढ़ देश सेवा संघ की स्थापना की, जिसे कालान्तर में हिमालय सेवा संघ नाम दिया गया। पौड़ी गढवाल के निवासियों ने पर्वतीय लोगों की मांगें न मानने पर वर्ष 1930 में गढ़वाल जागृत संस्था का गठन किया। वर्ष 1950 में उत्तराखंड एवं हिमाचल के लोगों ने कांगड़ा से हिमायल तक एक पृथक राज्य संघर्ष के लिए पर्वतीय विकास जन समिति का गठन किया। वर्ष 1967 में दयाकृष्ण पाण्डेय की अध्यक्षता में रामनगर की वृहद जन सभा ने पर्वतीय राज्य परिषद का गठन किया, जिसका उद्देश्य पर्वतीय राज की मांग को एक आंदोलन में तबदील करना था। कामरेड पी0सी0 जोशी ने 1970 में कुमाऊँ राष्ट्रीय मोर्चा का निर्माण कर एकबार पुनः पृथक राज्य के लिए संघर्ष का प्रयास किया।

वर्ष 1957 में योजना आयोग के उपाध्यक्ष टी0सी0 कृष्णाचारी ने पर्वतीय क्षेत्र की विशेष परिस्थितियों को ध्यान में रखते हुए उनके लिए पृथक योजनाएें निर्मित कर उनके कार्यान्वयन की सलाह सरकार को दी थी। किन्तु इस ओर किसी सरकार ने ध्यान नहीं दिया, परिणामतः पृथक प्रशासनिक इकाई की बैचेनी बढ़ती गई। वर्ष 1973 में उत्तराखंड के दो सांसदों प्रताप सिंह नेगी और नरेन्द्र सिंह बिष्ट को शामिल करते हुए पृथक पर्वतीय राज्य परिषद का पुनर्गठन किया गया। इसके नेतृत्व में वोट क्लब दिल्ली में धरना प्रदर्शन हुआ। वर्ष 1972 में क्षेत्रीय समस्याओं के लिए संघर्ष करने हेतु नैनीताल में उत्तरांचल परिषद का गठन हुआ। वर्ष 1978 को उत्तराखंड युवा मोर्चा ने पृथक राज्य के नारे के साथ बद्रीनाथ से दिल्ली तक पद यात्रा की। इसी वर्ष जनता पार्टी की सरकार के ही सांसद त्रेपन सिंह नेगी के नेतृत्व में उत्तरांचल राज्य परिषद का गठन कर वोट क्लब पर प्रदर्शन किया गया। वर्ष 1979 में मंसूरी में आयोजित पर्वतीय जन विकास सम्मेलन में पृथक राज्य की मांग उठाने के लिए एक राजनैतिक संगठन उत्तराखंड क्रान्ति दल का गठन किया गया। उसके प्रथम अध्यक्ष कुमाऊँ विश्वविद्यालय के तात्कालीन कुलपति डा0 देवीदत्त पन्त बने। इस दल का एक सूत्रीय कार्यक्रम क्षेत्रीय समस्याओं का समाधान और पृथक राज्य के लिए संघर्ष जारी रखना था। वर्ष 1980 के उपरान्त हुए विधान सभा के चुनावों में इस दल को व्यापक समर्थन मिला। 1988 में इसने असहयोग आंदोलन के तहत गिरफ्तारियां दी। इसी वर्ष भाजपा ने अपने विजयवाड़ा अधिवेशन में इस पर्वतीय क्षेत्र के लिए 'उत्तरांचल' नाम अंगीकृत किया अर्थात भाजपा भी पृथक राज्य निर्माण आन्दोलन में कूद पड़ी। इस कड़ी में भाजपा ने अप्रैल 1990 को वोट क्लब पर एक बड़ी रैली आयोजित की। वर्ष 1991 में उत्तर प्रदेश विधानसभा के चुनावों में भाजपा को भारी सफलता

मिली। उसने सरकार बनाते ही उत्तरांचल राज्य का प्रस्ताव केन्द्र सरकार को भेजा। इस काल में कांग्रेस को छोड़कर अन्य सभी छोटी–बड़ी पार्टियों ने पृथक राज्य की मांग का समर्थन किया। हल्द्वानी में कुमाऊँ शोषित मोर्चा ने तो एक बैठक आयोजित कर पृथक राज्य की मांग का विरोध किया था। वर्ष 1991 में वामधारा के लोगो ने उत्तराखंड संघर्ष मोर्चा बनाया। इस संगठन ने ऑल इंडिया एक्स सोलजर्स कमेटी के साथ मिलकर 1992 में वोट क्लब पर प्रदर्शन किया।

नब्बे के दशक में पृथक राज्य निर्माण की मांग एकाएक तीव्र हुई। कई राजनैतिक क्षेत्रीय संगठन संघर्ष समितियां गठित हुई। 1988 ई0 में सोबन सिंह जीना ने उत्तरांचल परिषद बनाई, तो 1980 में जनसंघर्ष वाहिनी, उत्तराखंड रक्षा मंच, उत्तराखंड जनपरिषद और युवा जनता दल ने संयुक्त रूप से उत्तराखंड संयुक्त संघर्ष समिति का निर्माण किया, जिसके पृथक अध्यक्ष द्वारिका उनियाल चुने गए। वर्ष 1994 में बहादुर राम टमटा ने भी संयुक्त उत्तराखंड राज्य मोर्चा बनाया लेकिन केन्द्र सरकार ने अभी तक इस आंदोलन को अधिक महत्व नहीं दिया। समाजवादी पार्टी की सरकार आने पर मुलायम सिंह यादव ने 1994 में पृथक उत्तराखंड गठन हेतु कौशिक समिति का गठन किया, जिसके अध्यक्ष रमाशंकर कौशिक थे। समिति की सिफारिश पर उत्तर प्रदेश विधानसभा से पृथक राज्य का प्रस्ताव पारित कर केन्द्र सरकार को भेजा गया। लेकिन जैसा कि हमारी राजनैतिक सोच इस प्रकार की स्थापित हो चुकी है कि जब तक कोई समस्या गले की हड्डी न बन जाए, उसका समाधान करना ही नहीं है। अगर कुछ करना है, तो तुष्टीकरण की नीति द्वारा कोई त्वरित समाधान दे दो। उत्तराखंड के पर्वतीय निवासियों के साथ भी यही सब हुआ और एक बड़े संघर्ष की शुरूआत हुई, जिसमें रामपुर तिराहा कांड जैसी अपमानजनक घटना एक लोकतंत्रात्मक देश में लोकतंत्र के गिरते स्तर का बखान करती है।

उत्तराखंड की अगस्त क्रांति

आंदोलन की पृष्ठभूमि एक लम्बे समय से तैयार हो रही थी। क्षेत्रीय समस्याओं की अनदेखी और विकास की अव्यवहारिक नीतियाँ असंतोष के बारूद का ढेर लगा रही थी। इस पर एकदम भिन्न भौगौलिक सामाजिक स्थिति के बावजूद ग्राम सभाओं को जनसंख्या के आधार पर परिसीमन और मात्र 3 प्रतिशत अन्य पिछड़ा वर्ग की जनसंख्या वाले क्षेत्र में 27 प्रतिशत ओ0बी0सी0 आरक्षण ने असंतोष के ढेर को सुलगा दिया। यद्यपि

हिल कैडर ग्राम सभाओं के स्वरूप को यथावत् रखने और 27 प्रतिशत ओ0बी0सी आरक्षण के विरूद्ध जुलाई से ही विरोध प्रारम्भ हो गया था। किन्तु 2 अगस्त 1994 ई0 को पौड़ी गढवाल प्रेक्षागृह के बाहर उत्तराखंड क्रान्ति दल ने आमरण अनशन शुरू कर पृथक राज्य निर्माण आंदोलन को ऐसी व्यापकता प्रदान की कि यह उत्तराखंड राज्य निर्माण आंदोलन के इतिहास की अगस्त क्रान्ति सिद्ध हुई।

उत्तराखंड की इस अगस्त क्रान्ति के शुभारम्भ पर उत्तराखंड क्रान्ति दल के वयोवृद्ध नेता इन्द्रमणि बडोनी, रतनमणी भट्ट, डा0 वासुवानन्द पुरोहित, प्रेमदत्त नौटीयाल, पान सिंह रावत, विष्णुदत बिजोला इत्यादि ने तीन मुद्दों को लेकर आमरण अनशन प्रारम्भ किया। इसी दिन उत्तराखंड क्रान्ति दल की केन्द्रीय कार्यकारिणी की बैठक में गढवाल मण्डल में आन्दोलन की बागडोर दिवाकर भट्ट और कुमाऊँ मण्डल में पूरन सिंह डंगवाल को सौपी गई। लगातार बढ़ रहे जनसमर्थन एवं छात्रों के 27 प्रतिशत आरक्षण मुद्दे पर आंदोलन में कूद पड़ने से इसे गति मिली। आन्दोलनकारियों के अनशन को तुड़वाने के सरकारी एवं गैरसरकारी प्रयास भी हुए। अब आन्दोलन को सभी दलों का समर्थन मिल रहा था, इससे उत्साहित होकर उक्रांद ने पौड़ी जनपद में धारा 144 के बावजूद विशाल जनसभा की। 7 अगस्त को प्रशासन ने अनशनकारियों को बलपूर्वक उठाने का प्रयत्न किया। जनता के विरोध के बावजूद अनशनकारियों को बलपूर्वक उठा लिया गया।

रतनमणि भट्ट और इन्द्रमणि को मेडिकल कालेज, मेरठ एवं शेष को जिला चिकित्सालय में भर्ती कर लिया गया। रात की इस कार्यवाही की खबर पूरे शहर में फैल गई और भोर की पहली किरण के साथ ही विशाल जन–सैलाब सड़क पर उतर आया। पुलिस के दमन के विरोध में घर–घर की चोखट लांघ कर महिलाएँ आदोलन में कूद पडी, सरकारी कार्यालय व्यापारिक प्रतिष्ठान बन्द हो गए, वकीलों ने न्यायालयों का बहिष्कार आरम्भ कर दिया। 7 अगस्त की प्रशासन की इस कार्यवाही ने हिल कैडर व 27 प्रतिशत आरक्षण के मुद्दे को सीधे उत्तराखंड राज्य की मांग में बदल दिया।

प्रथम पंक्ति के नेताओं को जबरन उठाने के तुरन्त बाद रामसिंह पंवार, केदार सिंह बिष्ट,विशाल डिमरी इत्यादि लोग आमरण अनशन पर बैठ गए। देहरादून में भी उक्रांद की महिला प्रकोष्ठ की अध्यक्ष के नेतृत्व में कचहरी में अनिश्चितकालीन धरना प्रारम्भ हो गया। कोटद्वार में भी 11 अगस्त से क्रमिक अनशन प्रारम्भ हुआ। धीरे–धीरे आंदोलन की गति तीव्र हुई। सम्पूर्ण पहाड़ में क्रमिक अनशनों का दौर प्रारम्भ

हुआ। उत्तराखंड क्रांति दल द्वारा प्रारम्भ किए गए इस आंदोलन को वृहद आकार और स्वरूप प्रदान करने का श्रेय यहाँ की महिलाओं और छात्रों को जाता है।

कुमाऊँ मण्डल में 15 अगस्त से काशी सिंह ऐरी के नेतृत्व में नैनीताल में आमरण अनशन प्रारम्भ हुआ। दूसरे दिन से ही अनशनकारियों की स्थिति खराब होने से आंदोलन के हिंसक होने की संभावनाऐं बढ़ी। छात्र नेताओं ने अपील जारी की कि वे लाठी–डण्डों से लैस होकर आंदोलन में शिरकत करे ताकि किसी भी पुलिस कार्यवाही के प्रति उत्तर दिया जा सके। कुमाऊँ विश्वविद्यालय के शिक्षक व छात्र नेता आंदोलन के समर्थन में आ चुके थे। साहित्यकार प्रोफेसर लक्ष्मण सिंह बमारोही ने तो दुख व्यक्त करते हए कहा कि ''उत्तराखंड की सांस्कृतिक विरासत और संस्कृति को बचाने के लिए अब यह महसूस होने लगा है कि पृथक राज्य हमें क्यों न मिले ?''

सम्पूर्ण पर्वतीय क्षेत्र में आंदोलन की व्यापकता को देखते हुए राजधानी दिल्ली में भी गतिविधियां तेज हुई। युवा वर्ग ने केन्द्र सरकार पर दबाव बनाने के लिए दिल्ली में जनसम्पर्क आरम्भ किया। उक्रांद दिल्ली ईकाई के अध्यक्ष खिमानन्द खुलवे के नेतृत्व में जन्तर–मन्तर पर धरना शुरू हुआ। मुलायम सिंह के बयान के पश्चात् छात्रों ने बड़े पैमाने पर तोड़–फोड़ की, यातायात व्यवस्था चरमरा गई। प्रशासन की स्थिति देखते हुए पी0ए0सी0 बुला ली। विधानसभा के मानसून सत्र में तरूण पंत एवं मोहन पाठक ने दर्शक दीर्घा से उत्तराखंड राज्य के समर्थन एवं ओ0बी0सी0 आरक्षण विरोधी नारे लगाए और पर्चे फैंके। इसी क्रम में पहाड़ के सभी नौ विधायकों ने आरक्षण विरोधी आंदोलन के समर्थन में उनकी माँग न माने जाने पर विधानसभा की सदस्यता त्यागने की धमकी दी।

उत्तराखंड की तात्कालीन स्थिति की गूंज जब लखनऊ और दिल्ली में गूंजी, तो आरक्षण विरोधी और पृथक राज्य के समर्थक सांसद गोलबन्द होने लगे। इस बीच दिल्ली में उक्रॉंद के दिल्ली प्रदेश महासचिव पी0सी0 भट्ट की अनशन के दौरान ही मृत्यु ने प्रशासन की नींद उड़ा दी। इस बीच 26 अगस्त को इन्द्रमणि वडोनी ने अपना अनशन समाप्त कर दिया। 27 अगस्त को ऐरी ने पी सी भट्ट का अनशन समाप्त कराया किन्तु उनकी स्थिति में कोई सुधार नहीं हुआ। बहरहाल अनशनकारियों का अनशन तो समाप्त हुआ किन्तु यह पहाड़ की जनता में क्रान्ति की मशाल जला चूका था। ऐसा जनून तो इस क्षेत्र में स्वतन्त्रता आंदोलन के दौर में भी देखने को नहीं मिला।

खटीमा कांड

1 सितम्बर 1994 के दिन खटीमा में आंदोलन सर्मथकों ने शांतिपूर्वक जलूस निकालने का निर्णय लिया था। इस पूर्व निर्धारित कार्यक्रमानुसार खटीमा और उसके आस–पास के गांव के हजारों लोग रामलीला मैदान में एकत्रित हुए। यहाँ से जुलूस आरक्षण विरोधी एवं पृथक राज्य की मांग के नारे लगाता हुआ रोडवेज बस स्टैण्ड, पीलीभीत रोड स्थिति पेट्रोल पम्प से निकल कर जब यह हुजुम सितारगंज रोड स्थित थाने के निकट पहुँचा ही था कि अचानक एक आँसू बम भीड़ के मध्य गिरा और भगदड़ शुरू हुई। भीड़ में शामिल कुछ संदिग्ध लोगों ने थाने की ओर पत्थर फैंके। पहले से तैयार पुलिस ने बिना चेतावनी के अश्रुगैस व गोलियाँ दागनी शुरू कर दी। इस कांड में पुलिस ने 60 राउड़ करीब गोलियां चलाई, जिससे कई लोगों की मृत्यु घटना स्थल पर हुई। कई लोग पुलिस की लाठियों का शिकार हुए।

चूंकि अचानक हुए हमले से विशाल जन सैलाब में भगदड़ मच गई, जिसे जिधर छुपने का मार्ग दिखा भागने लगा। इस कारण कुचल कर दबने से अधिक लोग घायल हुए। खटीमा के आस–पास पुलिस आतंक का खौफ कई दिनों तक रहा। पुलिस दमन यही खत्म नहीं हुआ बल्कि इस हत्याकांड का दोष निर्दोषों के सिर मढ़ने के लिए पुलिस ने गांव–गांव छापे मारकर लोगों को गिरफ्तार किया।

खटीमा में बेकसूर लोगों की हत्या स्थानीय कोतवाल और कुछ अन्य लोगों की साजिश का नियोजित परिणाम था। पुलिस ने 1 सितम्बर के प्रथम पहर से ही खटीमा की ऊँची इमारतों पर ईट, पत्थर, अश्रु बमों के साथ मोर्चा लगा लिया था। हत्याकांड के लिए स्थल भी पूर्व निर्धारित था। भीड़ की तरफ से न तो फायरिंग ही की गई न ही किसी हथियार का प्रयोग पुलिसकर्मियों पर हुआ। भीड़ में शामिल लोगों ने किसी भी तरह के उकसावे की कार्यवाही भी नहीं की थी। जिससे स्पष्ट है कि प्रशासन की आंदोलन को दबाने की यह एक सुनियोजित चाल थी, जिसने कई बेकसूर लोगों की जाने ली। गोलीकांड के कई दिन बाद तक भी पुलिस मतृकों की संख्या तीन ही मानती रही जबकि गोपीचंद, धर्मनंद भट्ट, परमजीत सिंह और रामपाल नामक लोग तो घटना स्थल पर ही शहीद हो गये थे।

मसूरी कांड

उत्तराखंड राज्य आंदोलन के इतिहास में पहला पुलिस हत्याकांड खटीमा में हुआ। खटीमा कांड के विरोध में सारे पहाड़वासियों ने अपना

विरोध प्रदर्शन किया। इसी क्रम में आंदोलनकारियों ने मसूरी में 2 सितम्बर को मौन जूलूस निकालने की तैयारी की थी, किन्तु शान्ति भंग की आशंका से पुलिस के घटना स्थल पर कब्जा और आंदोलनकारियों की गिरफ्तारी ने शांत जनता को आक्रोशित कर दिया। लोग गिरफ्तार आंदोलनकारियों को मुक्त करने एवं धरना स्थल पुलिस कब्जे से खाली कराने की मांग करने के लिए सड़कों पर उतर आए। आंदोलन स्थल पर पुनः एक बार असामाजिक तत्वों ने गनहिल की तरफ से कुछ पत्थर उछाले जो न केवल पुलिस बल्कि स्थल पर मौजूद आंदोलनकारियों पर भी पड़े। पुलिस ने बिना चेतावनी के यहाँ भी लाठियां बरसाना, अश्रु गैस दागना शुरू कर दिया। इस घटनाक्रम में 6 लोग मारे गए, स्वयं क्षेत्राधिकारी घायल हुए, जिन्होंने समय पर मेडिकल सुविधा न मिलने के कारण बाद में दम तोड़ दिया।

इस पुलिस बर्बरता में जहाँ 6 लोग मारे गए वही कई अन्य घायल भी हुए। इसके अगले दिन मंसूरी में कर्फ्यू लगा दिया गया। इस घटना के औचित्य पर स्वयं परगनाधिकारी का अदालत को दिया बयान था, जिसमें उन्होंने कहा कि–''पी.ए.सी.'' के जवानों ने बिना आर्डर फायरिंग की एवं घटना के पश्चात् राइफल तानकर उनसे फायरिंग आर्डर पर हस्ताक्षर करवा लिए''। कालान्तर में मानवाधिकार संगठनों की जाँच में भी पुलिस की कार्यप्रणाली पर ऊँगली उठाई गई। बहरहाल पृथक् राज्य आंदोलन की कड़ी में प्रशासन की गैर जिम्मेदार कार्यवाही का यह दूसरा नमूना था।

बाटा–घाट कांड

पुलिस प्रशासन की बर्बरता की हद बाटाघाट मसूरी में देखने को मिली, जहाँ एक अत्यंत संकरे से स्थान पर पूर्व सोची समझी रणनीति के तहत आंदोलनकारियों को रोककर बल प्रयोग किया गया। बाटाघाट का यह घटनाक्रम 15 सितम्बर, 1994 का है, जब मसूरी कूच आंदोलन के तहत अपार जन समूह भिन्न–भिन्न क्षेत्रों से शहीदों को श्रद्धांजलि देने मसूरी आ रहा था। पुलिस की जबरदस्त नाकेबंदी के बावजूद कई लोग तो मसूरी पहुँच गए किन्तु उत्तरकाशी, बडेथी, छाम, भक्तियाना, प्रतापनगर, चम्बा एवं टिहरी की ओर से मसूरी आने वाले आंदोलनकारियो को पुलिस ने वुडस्टाक स्कूल से पहले एक संकरी जगह पर रोक दिया। काफी देर की नोंक–झोंक के बाद अचानक पुलिस ने बिना चेतावनी के लाठी चार्ज एवं हवाई फायर शुरू कर दिया। संकरा रास्ता एवं गहरी खाई के पास होने से भीड़ के पास भागने का मार्ग न था। अतः पुलिस ने बटों

से पीटकर लोगों को खाई में फेंका। इस कांड में कई लोग मारे गए एवं असंख्य घायल पुलिस की लूटपाट के शिकार हुए। बाटाघाट कांड पुलिस की दरिन्दगी का एक ऐसा रक्त रंजित अध्याय है, जिस कारण आज भी लोगों को खाकी वर्दी से खून की बदबू आती है।

मुजफ्फरनगर कांड

पुलिस एवं प्रशासन की बर्बरता यहीं समाप्त नहीं हुई। इसमें अभी एक बड़ा काला अध्याय जुड़ना शेष था। उत्तराखंड आंदोलन संचालन समिति को 2 अक्टूबर, 1944 को दिल्ली में रैली की अनुमति तो मिल गई थी किन्तु तात्कालीन प्रदेश सरकार ने प्रशासन को आंदोलनकारियों को दिल्ली न पहुँचने देने की सख्त हिदायत दी। इसके बाद राष्ट्रपिता महात्मा गांधी के जन्म दिवस पर अहिंसा के पुजारी का उत्सव उत्तर प्रदेश पुलिस ने ऐसा तांड़व कर मनाया कि जिसे कभी भुलाया नहीं जा सकता है।

पर्वतीय क्षेत्र की निरन्तर उपेक्षा एवं धरने, प्रदर्शन आन्दोलन के बावजूद भी सरकार द्वारा इस ओर कोई ध्यान न दिए जाने के कारण 2 अक्टूबर 1994 को हिमालय की जन–भावना का अहसास कराने के लिए दिल्ली कूच का निर्णय लिया। इसमें शामिल होने के लिए उत्तराखंड पर्वत के कोने–कोने से लोग दिल्ली पहुँचने लगे। कुमाऊँ मण्डल से दिल्ली जाने वाली बसों को कोई विशेष विरोध का सामना नहीं करना पड़ा। लेकिन गढ़वाल मण्डल के भिन्न–भिन्न क्षेत्रों से निकली बसों को प्रशासन ने नियोजित तरीके से रोकने का प्रयास शुरू कर दिया। प्रथम प्रयास मोहड, सहारनपुर के निकट गणेशपुर वन चौकी पर आंदोलनकारियों को रोकने का प्रयास हुआ, किन्तु यहाँ से आंदोलनकारी आगे बढ़ गए। इसके पश्चात् बाहदराबाद पुलिस चौकी पर वाहन रोक लिए गए, काफी जद्दोजेहद के बाद पुलिस ने रास्ता खोल दिया। इसके पश्चात् लक्सर रोड स्थित पेरूपुर चौकी पर आंदोलनकारियों को रोका गया लेकिन आंदोलनकारी इस अवरोध को तोड़कर आगे बढ़ गए। इस बीच रात्रि नौ बजे तक चमोली, टिहरी, उत्तरकाशी जिलों की गाड़ियां भी हरिद्वार के अंतिम छोर गुरूकुल नारसन पहुँच गई। यहाँ प्रशासन ने भारी फौजों के साथ आंदोलनकारियों को रोकने का प्रयास किया। आगे खड़ी बसों के शीशे तोड़ती पुलिस ने छात्रों पर लाठियाँ बरसाई। जब पुलिस ने युवतियों से दुर्व्यवहा की कोशिश की, तो छात्रों ने पथराव कर दिया और पुलिस को पीछे हटना पड़ा। इस बीच कुछ अजनबी लोगों ने सेना के ट्रक, प्राइवेट ट्रक, जीप व मारूति वैन को आग लगा दी एवं स्थानीय ठेलियों व खोकों

को आग के हवाले करके गायब हो गए। पुलिस द्वारा पीछे हटने के बाद आंदोलनकारी स्वयं रास्ता साफ कर आगे बढ़े।

गुरूकुल नारसन पर घटित इस घटनाक्रम से पूर्व काफी बसें आगे निकल चुकी थी, जिन्हें रात्रि 10 बजे के आस–पास रामपुर तिराहे से पहले सिसौना में रोक दिया गया। यहाँ भारी संख्या में फोर्स के साथ मेरठ जनपद की पुलिस पहले से ही घात लगाए बैठी थी। पूर्व नियोजित योजना के तहत 4–4 की संख्या में बसों को आधे–आधे घंटे के अन्तराल पर छोड़ने की बात कहकर 4 बसों को आगे जाने दिया गया एवं शेष वाहनों को रोक लिया गया। रात्रि के घोर अंधकार में जैसे ही ये चारों बसे रामपुर तिराहे पर पहुँची, पुलिस ने रैली रद्द की सूचना देकर इन्हें रोक लिया। आंदोलनकारी जब बिना किसी अधिकृत सूचना के दिल्ली जाने की जिद पर अड़े रहे, तब इस बीच पुलिस ने चारों बस ड्राईवरों से चाबियाँ छीन ली। अचानक खेतों से आंदोलनकारियों पर पथराव होता है और पुलिस आंदोलनकारियों पर टूट पड़ती है। थोड़ी देर में गोलियां भी चलने लगी। पुलिस ने टॉर्च लेकर बसों में दुबकी महिलाओं को उतारा और उनसे जो घृणित कार्य शुरू किया, वह तो लोकतन्त्र के लिए शर्मनाक घटना है।

निहत्थे व अहिंसक आंदोलनकारियों पर कहर बरसाने के बाद पुलिस व पी.ए.सी के जवान सिसौना की ओर बढ़े। अपने जुल्मों के निशान मिटाने के लिए पुलिस ने कुछ दूरी पर सुरक्षा दीवार खड़ी कर दी। मार्ग खुलवाने की जद्दोजहद ज़ारी थी। विभिन्न क्षेत्रों की बसों के पहुंचने से सिसौना क्षेत्र आंदोलनकारियों से भर गया था। पुलिस अत्याचार से बचते–बचाते जब घायल एवं पीड़ित आंदोलनकारियों ने अपनी व्यथा सुनाई, तो जन आक्रोश भड़क उठा। बसों को छोड़ आंदोलनकारी पैदल आगे बढ़े। "बोल पहाड़ी हल्ला बोल" का नारा बुलन्द करते लोग, दिल्ली कूंच करने लगे। अचानक भारी पथराव शुरू हुआ। जिसके बाद आंदोलनकारियों ने भी पुलिस पर पथराव किया। सुबह सात बजे के आस–पास पुलिस ने बिना किसी चेतावनी के गोलियां बरसानी शुरू कर दी। जिसमें राजेश लखेड़ा, सतेन्द्र चौहान, रविन्द्र रावत, गिरीश भद्री इत्यादि लोग शहीद हुए। पुलिस लोगों को बेसुध होने तक यातनाएँ देती रही। इस मुजफ्फरनगर कांड में कई लोग शहीद हुए जबकि घायल स्त्री–पुरूषों की संख्या का अनुमान लगाना कठिन है।

विश्व के सबसे बड़े लोकतन्त्र के लिए इससे शर्म की बात क्या हो सकती है कि एक ओर तो देश का प्रधानमंत्री अहिंसा की सत्यमूर्ति गाँधी

को राजघाट पर पुष्प अर्पित कर रहा है और दूसरी तरफ उसकी मशीनरी हिंसा के ताण्डव में संलग्न है। राष्ट्रीय राजमार्ग–45 की यह घटना इस लिए भी उद्वेलित करती है कि आखिर हमने अंग्रेजी हुकुमत से स्वतंत्रता किसलिए प्राप्त की? जब जनता को अपनी आवाज रखने का अधिकार इस देश की सरकार नहीं देना चाहती है, तो क्यों हम लोकतंत्र का चोला पहनकर विश्व में उसकी पैरवी करते हैं? इस घटना के लिए मेरठ के पुलिस उपमहानिरीक्षक को पूरी तरह जिम्मेदार माना गया यद्यपि अब तक भी यह स्पष्ट नहीं है कि इस घटनाक्रम में अजनबी चेहरे कौन थे? आखिर क्या कारण थे कि उपमहानिरीक्षक को जनरल डायर का रूप धारण कर अपनी ही माँ–बहनों से दुर्व्यवहार करने को विवश होना पड़ा।

रामपुर तिराहे की यह घटना हमारे सम्मुख कई प्रश्न छोड़कर गई है। समय के साथ उत्तराखंड राज्य बना। रामपुर तिराहे पर हर वर्ष शहीद मेला लगता है। यहाँ 1995 में एक शहीद स्मारक भी बनाया गया है लेकिन उन अनछुए प्रश्नों का जवाब तलाशना अब भी बाकी है जिनके कारण बार–बार मानवता को शर्मशार होना पड़ता है।

मुजफ्फरनगर कांड की प्रतिक्रिया

रामपुर तिराहे पर हुई बर्बरता एवं दुर्व्यवहार की खबर आग की तरह पूरे पहाड़ में फैल गई। अंधाधुंध फायरिंग एवं महिला व्यभिचार की घटना के विरोध में 3 अक्टूबर 1994 से हिंसा का तांड़व शुरू हो गया। बेगुनाहों की मौत एवं महिलाओं के सम्मान से खिलवाड़ करने वाली सरकार के खिलाफ पहाड़ की जनता ने जिस तरह अपने गुस्से का इजहार किया उस प्रकार के बगावती तेवर पृथक राज्य निर्माण आंदोलन में पहले कभी देखने को नहीं मिले।

सम्पूर्ण पहाड़ में स्कूल, कॉलेज, व्यापारिक प्रतिष्ठान एवं सरकारी कार्यालय बंद हो गए। बच्चे, बूढे एवं जवान स्त्री–पुरूष सभी सड़कों पर उतर आए। जनता ने प्रशासन के खिलाफ उग्र प्रदर्शन करते हुए बड़ी संख्या में सरकारी वाहन एवं भवनों को क्षतिग्रस्त किया। उत्तरकाशी में जिलाधिकारी कार्यालय में तोड़–फोड़ हुई। देहरादून में तीन पुलिस चौकियों सहित 14 सरकारी कार्यालयों को आग के हवाले कर दिया गया। अभूतपूर्व हिंसा के कारण देहरादून, ऋषिकेश, पौड़ी, श्रीनगर व कोटद्वार में कर्फ्यू लगा दिया गया। उत्तराखंड के दर्जनों शहर उग्र प्रदर्शन एवं पुलिस फायरिंग के धमाकों से गूंजने लगे। सम्पूर्ण उत्तराखंड युद्ध–भूमि में बदल गया।

रामपुर तिराहा कांड में शहीद रविन्द्र रावत की शवयात्रा पर पुलिस लाठीचार्ज से देहरादून शहर की स्थिति और भी खराब हो गई। टिहरी जिले के प्रमुख नगरों में पुलिस बलों पर पथराव किया गया। जनता एवं प्रशासन के मध्य गुरिल्ला युद्ध जैसी स्थिति उत्पन्न हो गई। यही आगराखाल में जनता के भय से पुलिसकर्मी चौकी छोड़कर ही भाग गए। पौड़ी जनपद भी अभूतपूर्व हिंसा की चपेट में रहा। अल्मोड़ा, पिथौरागढ़, नैनीताल, हल्द्वानी, रामनगर, रानीखेत में भी कमोवेश यही स्थिति थी। हरिद्वार में उग्रभीड़ ने सपा नेता अम्बरीश के कपड़े तक फाड़ डाले एवं उन्हें बचाने आए नगर अध्यक्ष का सिर फोड़ दिया गया। रूड़की में अस्पताल के इमरजंसी में भर्ती एक घायल फौजी ने परगनाधिकारी को अपनी बेल्ट से पीटकर लहुलुहान कर दिया। पुलिस के खिलाफ जनता का आक्रोश बढ़ता ही जा रहा था। गोपेश्वर, ऊखीमठ व कर्णप्रयाग में भी कर्फ्यू लगाना पड़ा। नौगाँव में क्रोधित भीड़ ने पुलिस की राईफलें जला दी। हुण्डा पुलिस चौकी व धरासु थानों को भी आग के हवाले कर दिया गया। कर्णप्रयाग का पुलिस क्लब जला दिया गया। पीपलकोटी के पुलिस जवानों को जानबचाने के लिए जंगलों की शरण लेनी पड़ी, रामनगर में युवको ने रोडवेज की बसों एवं लोक निर्माण विभाग कार्यालय में भी आग लगा दी। नैनीताल में कई सरकारी वाहनों, दफ्तरों एवं पुलिस चौकी में आग लगाई गई। हल्द्वानी, टनकपुर में व्यापक उग्र प्रदर्शन हुआ।

पी.ए.सी, सी.आर.पी.एफ और रेपिड एक्शनफोर्स की तैनाती के बाद भी हिंसा का तांड़व नहीं रूका। पहाड़ के छोटे–छोटे क्षेत्रों मे भी हिंसा–आगजनी की घटनाए घटी। अधिकांश स्थल, तो ऐसे थे जहाँ शायद पहली बार कर्फ्यु लगा। सप्ताह भर चले इस ताण्डव को रोकने एवं गृहयुद्ध जैसी स्थिति से बचने में प्रशासन को भारी मशक्कत करनी पड़ी।

श्रीयंत्र टापू कांड

श्रीनगर गढ़वाल एक पौराणिक एवं ऐतिहासिक महत्व का नगर है। यह शहर अलकनंदा नदी के बाऐं तट पर अवस्थित है। शहर से दो किमी की दूरी पर अलकनंदा नदी के मध्य में एक छोटा सा टापू है। श्रीयंत्र होने के कारण इस टापू को श्रीयंत्र टापू नाम से जाना जाता है। पृथक राज्य आंदोलन को नए तरीके से हवा देने के लिए अपनी उग्र छवि लिए प्रसिद्ध उत्तराखंड क्रान्ति दल के फील्ड मार्शल दिवाकर भट्ट ने मुजफ्फरनगर कांड के बाद शिथिल हुए आंदोलन को गति देने के लिए इस मानवरहित श्रीयंत्र टापू को चुना। आवश्यक सामग्री एकत्रित करने के पश्चात्

1995 को प्रातः तिरंगा व उक्रांद ध्वज लहराकर इस टापू पर क्रमिक अनशन प्रारम्भ किया। आरम्भ में शासन ने इस हल्के में लिया। अतः पूर्व निर्धारित कार्यक्रमानुसार उक्रांद ने 11 अक्टूबर से क्रमिक अनशन को आमरण अनशन में, विशनपाल परमार एवं दौलतराम पोखरियाल की इस स्वैच्छिक घोषणा के साथ शुरू किया कि –"या तो उत्तराखंड राज्य बनेगा या हमारी अर्थी उठेगी" जैसे–जैसे आमरण अनशन के दिन बढ़ते गए वैसे–वैसे इसे भारी समर्थन मिलने लगा। मुजफ्फरनगर कांड के बाद पुनः सभी संगठनों ने अपनी एकता का प्रदर्शन किया। नदी के मध्य होने पर कई दिन यह तय न हो सका कि आंदोलन स्थल कौनसा जनपद है, अन्ततः पुराने अभिलेखों के आधार पर इसे पौड़ी जनपद में माना गया।

25वें दिन तक अनशनकारियों के स्वास्थ्य में काफी गिरावट आ गई थी। 4 नवम्बर को प्रशासन ने दोनों अनशनकारियों को बलपूर्वक उठाने के उद्देश्य से घेराबन्दी की डाक्टरों एवं पत्रकारों को ढाल बनाकर पुलिस फोर्स ने श्रीयंत्र टापू की ओर बढ़ना शुरू कर दिया। पुलिस लाख मना करने के बावजूद जब नहीं रूकी तो आंदोलनकारियों ने पथराव शुरू किया जिससे नाविक नियंत्रण खौ बैठा, जिसे स्वयं आदोलनकारियों ने सुरक्षित किनारे लगाया। अतः हारकर प्रशासनिक अमला लौट गया।

इस मध्य भिन्न–भिन्न अंचलों से लोगों ने श्रीनगर पहुँचकर अपना समर्थन व्यक्त किया। मुजफ्फरनगर कांड से सीख लेते हुए आंदोलनकारियों ने सचेतता का परिचय देते हुए सूर्यास्त के बाद महिलाओं को टापू पर नहीं रूकने दिया। 9 नवम्बर को दिवाकर भट्ट एवं अन्यों को उनकी इच्छा के विरूद्ध टापू से हटा लिया गया। श्री यंत्र टापू पर अब केवल 55 आंदोलनकारी थे, जो बेहद सतर्क थे। 9 नवम्बर सांय होते ही क्षेत्र छावनी में तब्दील हो गया। तीन नावों से टापू पर उतरे सशस्त्र पुलिसकर्मियों ने शान्तिपूर्ण एवं अहिंसक आंदोलन को रक्तरंजित कर दिया। आंदोलनकारियों को बड़ी बेशर्मी से पीटा गया, दो युवकों की जान लेने के बाद भी पुलिसकर्मियों का कहर जारी रहा। इसे देखते हुए सड़कों पर उग्र जनसैलाब उमड़ पड़ा, जिसकों खदेड़ने के लिए पुलिस को भारी मशक्कत करनी पड़ी।

श्रीनगर एवं आस–पास के क्षेत्र में तो उसी दिन किन्तु 11 नवम्बर से पूरा पहाड़ फिर जल उठा। पुलिस एवं प्रशासन के विरूद्ध उग्र प्रदर्शन शुरू हुआ। उत्तरकाशी में राज्यपाल द्वारा उद्घाटित गढ़वाल महोत्सव के पंडाल को जला दिया गया। अतः इस घटना ने फिर एक बार शांत देवभूमि को अशांत किया, फिर से धरना प्रदर्शनों का एक लम्बा सिलसिला प्रारम्भ हुआ।

खैट अनशन

जिला टिहरी में भागीरथी व भिलंगना नदी के उत्तर स्थित पौराणिक पर्वत "खैट" लगभग दस हजार फीट की ऊँचाई वाला पर्वत है। आच्छारियों (परियों) की किवदंती के लिए मशहूर इस चोटी पर शक्ति रूपी का दुर्गा मंदिर है। उत्तराखंड क्रांति दल के फील्ड मार्शल दिवाकर ने इतना दुर्गम स्थल सोच समझकर चुना। इसी पर्वत पर हुए अनशन के परिणामस्वरूप उत्तराखंड राज्य निर्माण आंदोलन के मुद्दे पर सकारात्मक सरकारी पहल की शुरूआत हुई।

पौड़ी श्रीयंत्र टापू के अनशनों का परिणाम देखकर दिवाकर ने ऐसे स्थान की तलाश की जहाँ प्रशासन जल्दबाजी न कर सकारात्मक पहल के जरिए पृथक राज्य मुद्दे पर गम्भीरता से पेस आएगा। इस दुर्गम पर्वत पर सड़कमार्ग के खत्म होने के बाद कम से कम 6 किमी0 की खड़ी चढ़ाई तय करके ही पहुँचा जा सकता है। अतः अनशन की सूचना सार्वजनिक होने से पूर्व ही दिवाकर व सुन्दर सिंह चौहान अपने विश्वसनीय साथियों के साथ पहले ही खैट पहुँच गए। यहाँ स्थित दुर्गा मन्दिर से पूर्व घटनाओं को देखते हुए पूरी चौकसी बरती गई। आगन्तुकों को भी सुरक्षा में तैनात लोगों को पूर्ण तसल्ली होने के बाद ही मिलने दिया जाता था। फील्ड मार्शल के स्वयं अनशन पर बैठने से उनके समर्थक अपने निजी हथियारों के साथ सुरक्षा में तैनात हो गए।

अनशन स्थल की दुर्गमता का अन्दाजा इस बात से हो जाता है कि कई किलोमीटर दूर तक यहाँ पीने का पानी नहीं मिलता। अतः पीने के पानी का भण्डारण आंन्दोलनकारियों ने पहले से ही टंकियों में किया था। आवागमन का मार्ग इतना सकरा है, कि जरा सी असावधानी और सीधे स्वर्ग लोक की यात्रा। व्यापक जन समर्थन के कारण चिन्ताजनक हो रही कानून व्यवस्था को संभालने के लिए कई क्षेत्रों के उपजिलाधिकारी अनशनकारियों को मनाने आए, जिलाधिकारी टिहरी ने वस्तुस्थिति की जानकारी देकर समस्या का हल निकालने के लिए दिसम्बर में राज्यपाल से वार्ता की। प्रतिकूल मौसम की वजह से 80 वर्षीय सुन्दर सिंह और 49 वर्षीय दिवाकर भट्ट का क्रमशः 13 व 12 किग्रा0 वजन कम हो गया, लगातार गिरती–बिगड़ती स्थिति के बाद भी दिवाकर भट्ट का एलान कि –"आन्दोलन में हम पहले इसलिए पिटते रहें, क्योंकि हमने अपना बचाव नहीं किया लेकिन अब पुलिस ने बल प्रयोग किया तो हम बचाव में डटकर मुकाबला करेंगे। अगर मैं शहीद हो गया तो मेरी लाश पर मेरे परिजनों का अधिकार नहीं होगा और मेरा अन्तिम संस्कार उक्रांद करेगा। प्रशासन

बल प्रयोग की बात न सोचे, अगर ऐसा हुआ तो मेरा एक–एक साथी तब तक मुकाबला करेगा जब तक वह अपने पैरों पर जिंदा खड़ा है।''

प्रदेश स्तर पर सरकार के पास अनशनकारियों को मनाने का कोई हल न था। अतः राज्यपाल ने केन्द्र सरकार को स्पष्ट संकेत दिया कि अब समस्या का हल केवल केन्द्र के पास ही है। स्थिति की गंभीरता को देखते हुए गृहमंत्री एम कामसन ने फैक्स भेजकर गृह मंत्रालय की ओर से उत्तराखंड राज्य के संबध में औपचारिक वार्ता का निमंत्रण दिया। कार्यकर्ताओं के दबाव में अनशनकारी 4 जनवरी 1996 को टिहरी तो गए किन्तु वार्ता से पूर्व अनशन समाप्त न करने पर डटे रहे। दिल्ली पहुँचकर सरकार से अनुकूल समय न मिल पाने एवं अस्पष्ट नीति के चलते दोनों अनशनकारी जंतर–मंतर पर इस चेतावनी के साथ बैठे गए कि अगर हमारे साथ धोखा हुआ, तो वे पुनः खैट पर्वत पर लौट जाएंगे। अतः 15 जनवरी 1996 को केन्द्रीय गृहमंत्री कामसन ओर विदेश राज्य मंत्री सलमान खुर्शीद ने स्वयं जंतर–मंतर पहुंचकर, 16 एवं 20 जनवरी को मुद्दे पर गृह मंत्रालय के औपचारिक वार्ता का आश्वासन देकर 32 दिनों से चला आ रहा अनशन समाप्त करवाया। यद्यपि इन दोनों वार्ता में कोई सकारात्मक हल नहीं निकला और पुन वार्ता के सरकारी आश्वासनों के बीच वार्ता समाप्त हो गई। किन्तु खैट अनशन की मुख्य उपलब्धि यह थी कि अब सरकार ने गंभीरता से पृथक राज्य मुद्दे को लिया और सकारात्मक औपचारिक पहल की शुरूआत केन्द्र सरकार ने की।

इसके पश्चात् पृथक राज्य निर्माण तक बड़े आंदोलन की आवश्यकता नहीं हुई। इतना जरूर है कि आंदोलनकारी चुपचाप नहीं बैठे। 26 जनवरी 1996 को पृथक मांग पर ध्यान आकर्षित करने के लिए उक्रांद की श्रीमती सरोजनी, भूपाल सिंह इत्यादि 12 लोगों ने गणतंत्र दिवस समारोह में ध्वजारोहण के तुरन्त बाद नारेबाजी की। इसी वर्ष मार्च में लोगों ने'' राज्य नहीं तो चुनाव नहीं'' के नारे चुनाव आयोग के सम्मुख लगाए। वर्ष 1997 में काग्रेस के सतपाल महाराज, हरीश रावत ने भी पृथक राज्य के गठन में पहल के लिए केन्द्र सरकार से आग्रह किया। 29 मार्च, 1997 को उत्तर–प्रदेश की तात्कालीन मुख्यमंत्री मायावती ने पुनः पृथक उत्तराखंड राज्य का प्रस्ताव केन्द्र को भेजने की घोषणा की। इसी वर्ष माह जून में प्रधानमंत्री इन्द्रकुमार गुजराल ने पन्तनगर में कहा कि केन्द्र ने उत्तराखंड राज्य के गठन की कार्यवाही शुरू कर दी है। माह जुलाई में उक्रांद के नेतृत्व ने सरकार को चेतावनी दी कि यदि 15 अगस्त तक पृथक राज्य विषय पर आवश्यक कार्यवाही न हुई, तो 16 अगस्त 1997 से पुनः आंदोलन तेज किया जाएगा। भारतीय जनता मोर्चा ने भी राज्य गठन की

घोषणा न करने पर उत्तराखंड के केन्द्रीय मंत्रियों के बायकाट की घोषणा की। वर्ष 1998 में पृथक राज्य निर्माण के मुद्दे के साथ उद्यम सिंह नगर, हरिद्वार इत्यादि के क्षेत्रों को उत्तराखंड में शामिल किये जाने पर गतिरोध उजागर हुआ। इसी वर्ष 21 अगस्त को केन्द्र सरकार ने तीन राज्यों के निर्माण सम्बन्धी विधेयक सम्बंधित राज्य विधान सभाओं को मंजूरी के लिए भेजे। हरिद्वार एवं उद्यम सिंह नगर पर जारी गतिरोध के बावजूद अन्ततः 21 सितम्बर, को उत्तर प्रदेश पुनर्गठन विधायक 1988 विधान सभा पटल पर रखा गया। लगभग 36 संशोधनों के साथ हरिद्वार को प्रस्तावित राज्य में शामिल न करने व उधमसिंह नगर को शामिल करने के आग्रह के साथ विधेयक को पारित कर केन्द्र को भेज दिया गया।

वर्ष 1999 में भी राज्य गठन की शीघ्र मांग की कवायद जारी रही। दिसम्बर माह में उक्रांद ने 13 जिला मुख्यालयों पर सांकेतिक धरना देकर प्रधानमंत्री एवं राष्ट्रपति को ज्ञापन भेजा। दिसम्बर माह में केन्द्रीय मन्त्रिमंडल ने संशोधन के साथ उत्तराखंड राज्य गठन के प्रस्ताव को मंजूरी दे दी। इस वर्ष पुनः उत्तराखंड संयुक्त संघर्ष समिति को जीवित कर जंतर–मंतर पर धरना दिया। जिसमें काग्रेंस के हरीश रावत ने भी भाग लिया। वर्ष 2000 के प्रारम्भ में देहरादून में विशाल रैली आयोजित की गई। 2 फरवरी को रेलगाड़ियों को रोककर राज्य निर्माण की ढिलाई पर रोष व्यक्त किया गया। अन्ततः बाजपेयी के नेतृत्व वाली केन्द्र सरकार ने उत्तरांचल राज्य निर्माण विधेयक 2000 उत्तर प्रदेश विधानसभा को भेजा। इस बार राज्य सरकार ने सहमति व्यक्त करते हुए प्रस्ताव केन्द्र को भेज दिया। इस प्रकार 27 जुलाई 2000 को यह विधेयक लोकसभा में प्रस्तुत हुआ। 1 अगस्त को लोकसभा और 10 अगस्त को राज्य सभा से पारित यह विधियेक 28 अगस्त 2000 को राष्ट्रपति के हस्ताक्षर से अधिनियमित हुआ। इस प्रकार लगभग साठ दशकों से चली आ रही पृथक पर्वतीय राज्य की मांग का स्वप्न साकार हुआ।

इस प्रकार पृथक राज्य के लिए संघर्षरतः विभिन्न संगठनों के आंदोलन को उत्तराखंड क्रान्ति दल की पहल पर उत्तराखंड संयुक्त समिति के 26 अगस्त 1994 में गठन से एकरूपता प्राप्त हुई। किन्तु नेतृत्व की छीना–छपटी, महत्वाकांक्षी लोगों की आंदोलन को कब्जाने की होड़, एक के बाद एक घटित होती दुर्घटनाऐं एवं बेकसूर लोगों की शहादत और दिशाहीन नेतृत्व के कारण अपने चरम पर पहुँचने के बावजूद पृथक राज्य का आंदोलन बिखर गया। पहाड़वासियों का दुर्भाग्य था कि क्षेत्र की बड़ी राजनैतिक पार्टी कांग्रेस, भाजपा ने भी आंदोलन का समर्थन तो

किया किन्तु कभी एक साथ मिलकर नेतृत्व नहीं संभाला। अतः नेतृत्व की अदूरर्शिता और नेताओं में महानायक बनने की महत्वकांक्षा के कारण ही असंख्य जाने और महिलाओं से दुर्व्यवहार होने के बाद ही 6 वर्ष बाद 9 नवम्बर 2000 को पृथक पर्वतीय राज्य उत्तराखंड अस्तित्व में आया।

बहुविकल्पीय प्रश्न

1. उत्तरांचल राज्य परिषद का गठन कर वोट क्लब पर प्रदर्शन करने वाले थे
   (क) त्रेपन सिंह नेगी (ख) प्रताप सिंह नेगी
   (ग) नरेन्द्र सिंह बिष्ट (घ) इनमें से कोई नहीं
2. वर्ष 1979 मसूरी में आयोजित पर्वतीय जन विकास सम्मेलन में पृथक राज्य की मांग उठाने के लिए एक राजनैतिक संगठन उत्तराखंड क्रान्ति दल का गठन किया गया जिसके प्रथम अध्यक्ष बने
   (क) देवीदत्त पन्त (ख) रामदयाल
   (ग) द्वारिका उनियाल (घ) इनमें से कोई नहीं
3. समाजवाद पार्टी की सरकार आने पर मुलायम सिंह यादव ने 1994 में पृथक राज्य उत्तराखंड के गठन हेतु किस समिति का गठन किया?
   (क) दीक्षित समिति (ख) कौशिक समिति
   (ग) भटनागर समिति (घ) इनमें से कोई नहीं
4. उत्तराखंड राज्य निर्माण आंदोलन के इतिहास की अगस्त क्रान्ति का प्रारम्भ हुआ था
   (क) अगस्त 1994 ई0 में (ख) सितम्बर 1994 ई0 में
   (ग) अक्टूबर 1994 ई0 में (घ) इनमें से कोई नहीं
5. खटीमा में बेकसूर लोगों की हत्या की घटना कब हुई?
   (क) अगस्त 1994 ई0 में (ख) सितम्बर 1994 ई0 में
   (ग) अक्टूबर 1994 ई0 में (घ) इनमें से कोई नहीं
6. श्रीयंत्र टापू कहाँ स्थित है?
   (क) देवप्रयाग (ख) श्रीनगर
   (ग) टिहरी (घ) इनमें से कोई नहीं
7. आच्छारियों (परियों) की किवदंती के लिए मशहूर पौराणिक पर्वत "खैट" जहाँ शक्ति रूपी दुर्गा मंदिर है, उत्तराखंड के किस जिले में पड़ता है?
   (क) चमोली (ख) पौड़ी
   (ग) टिहरी (घ) इनमें से कोई नहीं
8. उत्तराखंड राज्य निर्माण के लिए चला खैट पर्वत अनशन कितने दिनों तक चला?
   (क) 18 (ख) 28
   (ग) 32 (घ) इनमें से कोई नहीं

9. पृथक् पर्वतीय राज्य उत्तराखंड अस्तित्व में आया
   (क) 8 नवम्बर 2000 ई0 (ख) 9 नवम्बर 2000 ई0
   (ग) 10 नवम्बर 2000 ई0 (घ) इनमें से कोई नहीं
10. जनपद टिहरी में भागीरथी व भिलंगना नदी के उत्तर में स्थित पौराणिक पर्वत "खैट" की ऊँचाई है
   (क) दस हजार फीट (ख) बारह हजार फीट
   (ग) चौदह हजार फीट (घ) इनमें से कोई नहीं
11. किस स्थल पर श्रीयंत्र टापू पर पुलिसिया कहर के विरोध में राज्यपाल द्वारा उद्घाटित गढ़वाल महोत्सव के पंडाल को जला दिया गया?
   (क) उत्तरकाशी (ख) श्रीनगर
   (ग) टिहरी (घ) इनमें से कोई नहीं
12. रामपुर तिराहा कांड से उत्पन्न गुरिल्ला युद्ध जैसी स्थिति के कारण यहाँ पुलिस जवानो को जानबचाने के लिए जंगलों की शरण लेनी पड़ी
   (क) पीपलकोटी (ख) रामनगर
   (ग) देहरादून (घ) इनमें से कोई नहीं
13. राष्ट्रपिता महात्मा गांधी के जन्म दिवस पर उत्तर प्रदेश पुलिस ने उत्तराखंड के आंदोलनकारियों पर किस स्थल पर कहर बरपाया था?
   (क) गणेशपुर (ख) पेरूपुर
   (ग) रामपुर (घ) इनमें से कोई नहीं
14. उत्तराखंड राज्य आंदोलन के इतिहास में पहला पुलिस हत्याकांड हुआ
   (क) खटीमा में (ख) मसूरी में
   (ग) बाटा–घाट में (घ) इनमें से कोई नहीं
15. उत्तराखंड राज्य निर्माण आंदोलन के इतिहास में अगस्त क्रान्ति के नाम से प्रसिद्ध घटना का प्रारम्भ हुआ था
   (क) पौड़ी में (ख) अल्मोड़ा में
   (ग) श्रीनगर में (घ) इनमें से कोई नहीं

उत्तर

1 क	2 क	3 ख	4 क	5 ख	6 ख	7 ग
8 ग	9 ख	10 क	11 क	12 क	13 ग	14 क
15 क						

13
अध्याय

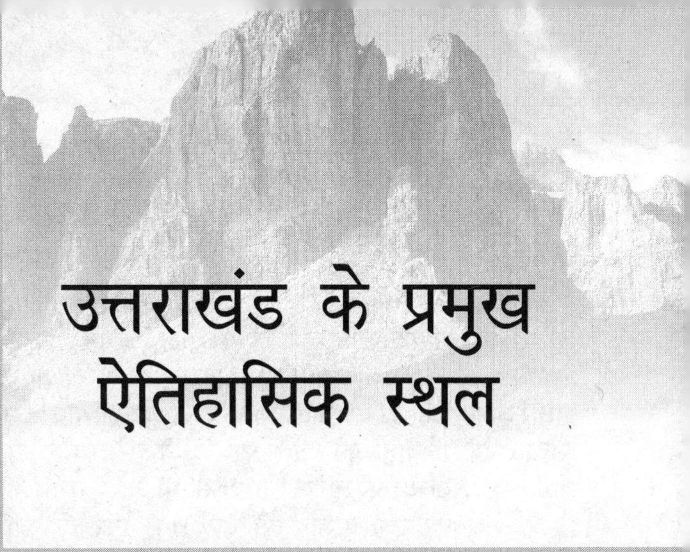

उत्तराखंड के प्रमुख ऐतिहासिक स्थल

गोपेश्वर

केदारखण्ड में वर्णित 'गोस्थल' ही राजस्व–अभिलेखों में 'गोथला गाँव' है, जो वर्तमान में गोपेश्वर के नाम से प्रसिद्ध है। सुन्दर स्वास्थ्यवर्धक आबोहवा तथा मनमोहक प्राकृतिक छटा बिखेरता हुआ, यह पर्वतीय नगर गंगा की सहायक धारा बालसुती (बालखिल्य) के बायें किनारे पर अवस्थित है। बदरीनाथ–केदारनाथ को जोड़ने वाले यात्रा–पथ के ठीक मध्य में स्थित यह एक तीर्थ था तथा उक्त यात्रा–पथ पर होने के कारण ही प्रारंभ से ही यह एक महत्वपूर्ण स्थल रहा है। इसकी भौगोलिक स्थिति को देखने से ज्ञात होता है कि यह नागपुर परगना में स्थित है। 'नागपुर मंडल' प्रारम्भिक काल से ही एक प्रशासनिक इकाई रही है। समय–समय पर कुणिन्दों एवं नागों द्वारा इस स्थल को अपना केंद्र बनाये जाने के साक्ष्य प्राप्त होते हैं। अतः सम्भव है कि कभी इस मण्डल का मुख्यालय गोपेश्वर भी रहा हो।

छठी शताब्दी के लगभग नागवंशीय राजा गणपतिनाथ यहाँ तक आया था। अपनी विजयों के उपलक्ष्य में उसने यहाँ अपना अभिलेखयुक्त एक त्रिशूल की स्थापना की।यहाँ के मंदिर परिसर को देखने से ऐसा जान पड़ता है कि अपने त्रिशूल–लेख में गणपतिनाग द्वारा जिस 'रूद्रमहालय' का उल्लेख किया गया है, वह किसी प्राकृतिक आपदा द्वारा नष्ट हो गया हो। कालान्तर में वर्तमान शिव मंदिर का निर्माण आठवीं शती ई0 के अन्तिम दशकों में कार्तिकेयपुर के आरम्भिक राजाओं के काल में हुआ।

गुप्तोत्तर काल से लेकर मध्यकाल तक गोपेश्वर राजनीतिक घटनाओं के अतिरिक्त, एक महत्वपूर्ण तीर्थ के रूप में धार्मिक गतिविधियों का भी केंद्र स्थल रहा। 1960 ई0 में सीमांत जनपद चमोली के अस्तित्व में आने के पश्चात् गोपेश्वर को इसका मुख्यालय बनाया गया। 1948 ई0 में गीता स्वामी द्वारा सर्वप्रथम यहाँ एक विद्यालय की स्थापना हुई, जो 1954 में हाईस्कूल तथा 1862 में इंटर कॉलेज बन गया। इसके अतिरिक्त नवीन संचार एवं परिवहन की सुविधाओं के विकसित होने से यह नगर ऊखीमठ, चमोली के अन्य आन्तरिक भागों से भी जुड़ गया है। इस प्रकार प्राचीन यात्रा–पथ पर एक 'पड़ाव' से एक नव नगर के रूप में विकसित होकर यह जनपदीय मुख्यालय बना।

देवप्रयाग

पंच प्रयागों में सर्वाधिक धार्मिक महत्व रखने वाला यह देवतीर्थ 'देवप्रयाग', अलकनंदा व भागीरथी के संगम पर स्थित है, जिसका धार्मिक महात्मय स्थानीय पुराण केदारखंड के अध्याय 148 से 163 तक विस्तारपूर्वक वर्णित है। देवप्रयाग से अलकनन्दा व भागीरथी के संगम के पश्चात् बहने वाली जलधारा को गंगा के नाम से जाना जाता है। अन्य शब्दों में कहे, तो देवप्रयाग से ही आगे बढ़ने पर भागीरथी को गंगा के नाम से जाना जाता है। पौराणिक मान्यताओं के अनुसार भगवान विष्णु जी द्वारा राजा बलि से तीन पग धरती का दान यहाँ देवप्रयाग में ही मांगा गया था। यहाँ पर दो कुण्ड हैं, जिनमें से भागीरथी की ओर वाले कुण्ड को ब्रहमकुण्ड तथा अलकनंदा की ओर वाले कुण्ड को वशिष्ठकुण्ड कहते हैं। पौराणिक कथाओं में इस स्थल के नाम के सम्बंध में ही उल्लेख मिलता है कि सतयुग में देवशर्मा नाम के ऋषि ने यहाँ पर तप किया था, जिसके कारण इस क्षेत्र का नाम देवप्रयाग पड़ा। धार्मिक महात्म्य के साथ–साथ पुरातात्विक दृष्टि से भी यह स्थान अत्यधिक महत्वपूर्ण है। यहाँ स्थित श्री रघुनाथ मंदिर के पृष्ठभाग की शिला पर ब्राही लिपि में यात्रा–लेख' उत्कीर्ण हैं, जिनकी संख्या लगभग चालीस है। डॉ. छाबड़ा द्वितीय इन्हें पंचम शताब्दी ई0 को मानते हैं। इसके अतिरिक्त यहाँ से शिलाओं, भितियों, घण्टों तथा ताम्रपत्रों पर अनेक पँवार कालीन लेख भी प्राप्त हुए हैं, जिनमें से 34वें राजा जगतपाल का वि0सं01512 का तामपत्र सर्वाधिक प्राचीन है।

पश्चिमोन्मुख वर्तमान श्री रघुनाथ मंदिर 'छत्र रेखा–प्रसाद' रूप में मध्य हिमाद्री शैली का एक सुन्दर उदाहरण है। जिसका निर्माण 12वीं–13

वीं शती ई. में किसी पंवार राजा द्वारा किये जाने का उल्लेख प्राप्त होता है। 1803 ई. में आए एक भीषण भूकंप ने मन्दिर एवं मन्दिर परिसर के अन्य भवनों को अत्यधिक क्षति पहुँचाई। कालान्तर में दौलत राव सिंधिया द्वारा दिये गये दान से इस मन्दिर का जीर्णोद्धार किया गया। मन्दिर के पार्श्व भाग में आज भी एक प्राचीनतम 'परिवार–मन्दिर 'के अवशेष देखे जा सकते हैं। इन्हें देखकर यह ज्ञात होता है कि वर्तमान मंदिर से पूर्व भी यहाँ श्री रघुनाथ जी का भव्य मन्दिर रहा होगा। इसी मन्दिर के प्रागण के नीचे 'आदि विश्वेश्वर' का एक प्राचीन मन्दिर स्थित है। श्री रघुनाथ जी के इस मन्दिर को धर्मपरायण पंवार राजाओं द्वारा पच्चीस गाँव गूँठ पर चढ़ाये जाने का उल्लेख प्राप्त हुआ है। इसके अतिरिक्त कहीं–कहीं आदि गुरू शंकराचार्य द्वारा भी श्री रघुनाथ जी के प्रधान मन्दिर के जीर्णोद्धार किया जाने का भी उल्लेख प्राप्त होता है।

श्रीनगर

श्रीनगर उत्तराखंड के आद्य–ऐतिहासिक नगरों में से एक है। परगना देवलगढ़ पट्टी कठ्लस्यूँ में यह नगर अलकनंदा के बायें तट पर स्थित है। समुद्रतल से इसकी ऊँचाई 526 मी. है। गंगाद्वार (हरिद्वार) से बदरी–केदार के प्राचीन यात्रा मार्ग पर अवस्थित यह नगर प्राचीन काल से ही अनेक राजवंशों की राजधानी के रूप उनके उत्थान व पतन का साक्षी रहा है। महाभारत–काल में इसके कुलिन्दधिपति सुबाहु की राजधानी होने का उल्लेख प्राप्त होता है, जिसके अनुसार पाण्डवों ने अपने गन्धमादन से कैलाश की तीर्थयात्रा करते हुए 'सुबाहुपुर' में आतिथ्य ग्रहण किया था। इसके अतिरिक्त एक लंबे समय तक यह नगर अजयपाल से लेकर प्रद्युम्नशाह तक पँवार नरेशों की राजधानी रहा। अनुश्रुतियों के अनुसार राजधानी के रुप में इसकी स्थापना अजयपाल ने की थी। 1804 ई0 में इस पर गोरखा द्वारा अधिकार कर लिया गया। इसके पश्चात् 1815 ई0 में अंग्रेजों ने महाराजा सुदर्शनशाह से श्रीनगर को हस्तगत कर इसे ब्रिटिश गढ़वाल का मुख्यालय बना दिया, जो 1840 ई0 तक मुख्यालय बना रहा।

हरिद्वार से 133 किमी0 की दूरी पर बसे श्रीनगर के समय–समय पर बाढ़, भूकंप आदि प्राकृतिक आपदा के कारण कई बार क्षतिग्रसत होने तथा पुर्नस्थापित होने के भी साक्ष्य प्राप्त होते हैं। एक पूर्वकालीन बाढ़ तथा 1803 ई. में आए भीषण भूकंप ने पंवारवंशीय इस राजधानी को अपार क्षति पहुँचायी थी। इसके पश्चात् 25 अगस्त, सन् 1894 में अलकनंदा में आयी विनाशकारी बाढ़ पुर्नस्थापित श्रीनगर को एक बार

फिर बहा ले गई और इस बार बाढ़ का प्रभाव इतना अधिक था कि महाराजा अजयपाल के सुदृढ राजभवन का कोई अवशेष नाममात्र के लिए भी न रहा। वर्तमान श्रीनगर की स्थापना अंग्रेजी शासनकाल में 'पुराने श्रीनगर' के उत्तर–पूर्व में कोदड़ के समतल मैदान में सुनियोजित रूप से की गई। अलकनंदा में आई इस विनाशकारी बाढ़ के कारण 'पुराने श्रीनगर' में कमलेश्वर तथा अन्य दो–तीन देवालयों के ही ध्वंसावशेष शेष रहे। पँवारकालीन देवालयों में लक्ष्मीनारायण–समूह, वैरागणा के पाँच मन्दिर, भक्तयाणा में गोरखनाथ गुफा मन्दिर, गंगा–तट पर पच्चायतन केशवरायमठ तथा लक्ष्मीनारायण ठाकुर द्वार (शंकरमठ) आदि मन्दिरों को आज भी जर्जर अवस्था में देखा जा सकता है। 'केशवरायमठ' के द्वारा लेख में ''श्री शाके 1547 संवत् 1682 माघ माह से राज बैस्यीयों केसोराई को मठ महीपतिसाही।'' उत्कीर्ण है। ठाकुर शूरवीर सिंह पँवार के अनुसार, यह मठ आचार्य केशवराय (दास) द्वारा 1625 ई0 में बनवाया गया था। इसके अतिरिक्त महाराज 'अजयपाल–का–राजप्रसाद जो ऐतिहासिक स्मारक था, को फै0 हार्दविक द्वारा सन् 1976 ई में नगर के मध्य जीर्ण–शीर्ण अवस्था में देखे जाने का उल्लेख मिलता है। 1894 ई0 में अलकनंदा में आई भीषण बाढ़ के कारण पुराने श्रीनगर में तो प्राक्–पँवारकालीन कोई भी पुरावशेष नहीं मिलता है किन्तु 'वर्तमान श्रीनगर' के समीप श्रीकोट गंगानाली में प्राक्–पँवारकालीन एक शिव मन्दिर के अवशेष प्राप्त हुए हैं। जिनमें छः आकारवादी लिंग, एक वलययुक्त लिंग, लकुलीश, तथा नदी आदि की मूर्तियाँ, उसी स्थल पर नवनिर्मित वर्तमान चन्द्रेश्वरमहादेव मन्दिर में एकत्र है। गंगा–पार राणी हार गाँव में 'राजराजेश्वरी मन्दिर' प्राक्– पँवारकालीन वास्तुकला का एक उत्कृष्ट उदाहरण है।

उत्तराखंड के इतिहास में श्रीनगर मात्र ऐतिहासिक दृष्टि से ही नहीं वरन् धार्मिक व सांस्कृतिक रूप से भी महत्वपूर्ण रहा है। 'श्रीक्षेत्र', 'श्रीपुर' आदि नामों से पुकारे जाने वाले इस नगर में स्थित 'कमलेश्वर मन्दिर' गढ़वाल के प्राचीनतम् मंदिरों में से एक है। यहाँ प्रत्येक वर्ष अनन्त चतुर्दशी के दिन विशाल मेला लगता है। इस दिन मन्दिर परिसर में निःसंतान दम्पत्ति द्वारा संतान प्राप्ति हेतु की जाने वाली खड़ दीपक पूजा के कारण यहाँ का महत्व और अधिक बढ़ जाता है। यहाँ अलकनंदा के मध्य श्रीयंत्र के आकार की एक शिला है, जिसे श्रीयंत्र टापू के नाम से जाना जाता है। इसके अतिरिक्त नगर के चारों ओर चार शिवलिंगों की स्थापना भी पुरानी ही प्रतीत होती है।

चूँकि तात्कालीन गढ़वाल में तब कोई बाजार अथवा 'नगर' नहीं था। अतः गढ़वाल क्षेत्र का एकमात्र नगर होने के कारण पहले लोग इस स्थान को 'बाजार' के नाम से भी पुकारते थे। यह नगर तब आम्र–कुजों से सुशोभित हुआ करता था। 'सामशाही बागान' का नाम बीसवीं शती ई0 के प्रारम्भ तक लिया जाता था। यह क्षेत्र प्रारम्भ से ही मूर्तिकला का एक प्रमुख केन्द्र रहा है। आज भी भक्तयाणा में तात्कालीन मूर्तिकारों के वंशज परिवार निवास करते हैं। इसके अतिरिक्त राजधानी में संस्कृत व हिन्दी साहित्य के अनेक विद्वानों को भी आश्रय प्राप्त था। राज्य द्वारा सम्मान पाने वाले साहित्यकारों में मतिराम, भूषण, तथा रतन कवि आदि प्रमुख थे। पँवार राजा चित्रकला में भी अपार रूचि रखते थे। 'गढ़वाल चित्रशैली' को विकसित करने में उनके द्वारा दिया गया सहयोग, उनके चित्रकला प्रति प्रेम को प्रमाणित करता है । यही कारण है कि दिल्ली से आए चित्रकार श्यामदास तुँवर को उन्होंने ससम्मान राज्य का चित्रकार नियुक्त किया। 'गढ़वाल चित्र–शैली' को विकसित करने में विख्यात चित्रकार मौलाराम का महत्वपूर्ण योगदान रहा, जिन्होंने अपना संपूर्ण जीवन श्रीनगर में रहते हुए चित्र साधना में व्यतीत किया। इस प्रकार यह क्षेत्र प्राचीन काल से ही साहित्य एवं ललित कलाओं के उत्थान में अन्य पर्वतीय क्षेत्रों की अपेक्षा अधिक विशिष्ट स्थान रखता है। इसी श्रृंखला को आगे बढ़ाते हुए 1973 ई0 में यहाँ गढ़वाल विश्वविद्यालय की स्थापना हुई तथा गंगा पार चौरास में भी विश्वविद्यालय परिसर का विस्तार हुआ।

द्वाराहाट

पली की मल्ला दोरापट्टी की समतल–शोभनीय भूमि पर बसा द्वाराहाट एक ऐतिहासिक स्थल है। यह स्थल कात्यिुरियों की पाली पछाऊँ शाखा की राजधानी थी। यहाँ उनके मन्दिर तथा न्यायालय आदि के होने का उल्लेख प्राप्त होता है। अनुश्रुतियों में, चांचरी (चन्द्रगिरी) पहाड़ी पर अवस्थित वर्तमान 'थर्प' को इन्हीं के राजभवन का ध्वंसावशेष बताया जाता है। यहाँ पर कत्युरी काल के लगभग 30 देवालय हैं। ये सभी मन्दिर समूह आठ समूह में विभक्त किए जा सकते हैं यथा ध्वज–मन्दिर, रतनदेवल के सात मन्दिर, कचहरी समूह के 12 मन्दिर, मनियान समूह, मृत्युंजय समूह, अर्चाधीन बदरीनाथ मन्दिर, कुटुम्बड़ी समूह एवं बणदेवाल इत्यादि। प्रत्येक देवालय में पानी की सुविधा हेतु नौला, कूप अथवा पोखर बना है। द्वाराहाट के निकट ही स्यालदा जाति के राजपूतों द्वारा निर्मित स्यालदे पोखर है। यहाँ के देवालयों से हमें अनंतपाल का कालिकामूर्ति लेख, थल

कुर्क वापी लेख, गणेशमूर्ति लेख दनगिरि देवमूर्ति लेख, सोमदेव का वापी लेख इत्यादि कई लेख भी प्राप्त होते हैं।

चम्पावत

वर्तमान में चंपावत उत्तराखंड राज्य का सबसे छोटा जनपद है। इसका प्राचीन नाम चम्पावती था जो कि चंद राजाओं की प्राचीनतम् राजधानी थी। यहाँ से चंदों के प्राचीन दुर्ग सम्भवतः कोटलगढ़ के अवशेष राजबूंगी नाम के टीले से प्राप्त होते हैं। इसकी प्रस्तर प्राचीर अत्यंत सुदृढ एवं कलात्मक है। यहाँ के बालीश्वर–सुग्रीवेश्वर तथा चंपादेवी–रत्नेश्वर मन्दिर में एक साथ दो गर्भगृह हैं। इन मन्दिरों से भी चंदकालीन लेख मिलते हैं, यथा तारचंद का भित्तिलेख, अभयचंद के तीन लेख, ज्ञानचंद के लेख के अलावा बाजबहादुर का ताम्रपत्र, जगतचंद का ताम्रपत्र, उद्योगचंद का ताम्रपत्र इत्यादि लेख प्राप्त हुए हैं। कालान्तर में अंग्रेजों ने गोरखों से इसे छीनकर इसके उत्तर में लोहाघाट में छावनी की स्थापना की।

अल्मोड़ा

प्राचीन वैदिक ग्रंथ मानसखंड में वर्णित अल्मोड़ा को काषाय पर्वत पुकारा गया है। यह तीन ओर से कोसी और सुयाल नदियों की गहरी घाटियों से घिरा एक प्राकृतिक दुर्ग है। चंद शासकों ने चंपावत से अपनी राजधानी यहाँ स्थानान्तरित की थी। विभिन्न तथ्यों से इसके निर्माण की अवधि 1544–45 ई0 के आस–पास ठहरती है। चंद अभिलेखों से इस नगर के लिए आलमनगर या राजपुर नाम भी प्रयुक्त हुआ है। नगर के पूर्व में कत्युरियों का खगमराकोट दुर्ग, मध्य में बहादुरचंद निर्मित 'मल्ला महल' एवं छावनी के अंदर प्रस्तर निर्मित लालमंडी का किला (Fort Moyeara) है। चंद काल में यह नगर साहित्य एवं ललित कलाओं के लिए प्रसिद्ध रहा। महाकवि भूषण एवं मतिराम भी यहाँ कुछ समय रहे। 1743 ई0 में रोहिल्लों ने यहाँ लूटपाट की। 1790 ई0 में गोरखों द्वारा अधिकृत हुआ। 1815 ई0 को इस पर अंग्रेजी नियंत्रण स्थापित हुआ।

कुमाऊँ मण्डल का प्रथम इंटर कॉलेज ''रामजे–कॉलिजिएट'' 1817 ई0 में यहीं स्थापित हुआ। अल्मोड़ा नगर के आस–पास से लखु उड़्यार के अवशेष, कसारदेवी का ब्रह्मी लेख, कट्‌टारमल का सूर्य देवाल एवं विनसर जैसे ऐतिहासिक स्थल अवस्थित हैं।

देहरादून

नवगठित उत्तराखंड राज्य की राजधानी एवं राज्य का सबसे बड़ा नगर देहरादून है। शुंग कालीन मृणमुद्रा पर इसके लिए 'द्रोणीघाटे' अंकित है। एक किवदंती के अनुसार प्राचीनकाल में कुणिदों का इस क्षेत्र पर अधिकार था। कालान्तर में राजा विराट का इस क्षेत्र पर नियंत्रण रहा जिसकी राजधानी 'वैराट' अथवा वैराठगढी के अवशेष वर्तमान कालसी के आस–पास से प्राप्य हैं। महाभारत काल में पांडवों ने भी इसी क्षेत्र मे वास किया था, जिसके साक्ष्य लाखामंडल से मिलते हैं। कालसी में यमुना नदी तट से अशोक का प्रस्तर– शिलालेख भी प्राप्त है। कालांतर में रूहेला सरदार नजीबुदौला ने इस क्षेत्र पर अधिकार किया।

संस्कृत के शब्द द्रोणी से कालांतर में इस संपूर्ण क्षेत्र को दूण अथवा दून कहा जाने लगा। वर्तमान शहर की स्थापना श्री गुरू राम राय जी ने टिहरी नरेश फतेशाह से प्राप्त तीन ग्राम खुड़बुड़ा, राजपुर और चमासरी के साथ की । इन ग्रामों का अनुदान गुरू राम राय को तात्कालीन मुगल शासक औरंगजेब की संस्तुति पर गढदेश के राजा ने किया था। गुरू राम राय जी सातवें सिक्ख गुरू हर राय जी के सबसे बड़े पुत्र थे। उन्होंने धामावाला में अपना डेरा स्थापित किया था। कहा जाता है, उनके दून में डेरा स्थापित करने के बाद ही इस क्षेत्र को डेरादून एवं देहरादून कहा जाने लगा।

नवंबर 1815 ई0 को यह क्षेत्र गोरखा नियंत्रण से मुक्त होकर अंग्रेजी नियंत्रण में आया और इसको सहारनपुर जिले का हिस्सा बनाया गया। 1825 ई0 में इसे कुमाऊँ प्रांत के अधीन कर दिया गया। जुलाई 1828 को कर्नल यंग ने लढ़ौरा (मसूरी) में छावनी की स्थापना की। शीध्र ही जून 1829 को इसे यंग के अधीन स्वतंत्र जिला बना दिया गया और मेरठ डिविजन से संबद्ध कर दिया गया।

इस बीच कृषकों की गिरती स्थिति के कारण इस क्षेत्र में विद्रोह भी हुए। इनमे सबसे संगठित विद्रोह कलुआ गुजर के नेतृत्व में दून और उसके आस–पास के गूजर कृषकों ने किया। इस कार्य में कलुआ को काउर और भूरा जैसे दो मजबूत सहयोगी भी मिले। कलुआ के अधीन गूजर कृषकों ने स्वयं के लिए राजा ग्राम में किलेबंद मुख्यालय तैयार किए। कुंजा युद्ध के आरम्भ में ही कलुआ की मृत्यु और भूरा के चोटिल हो जाने बाद अन्ततः काउर भी पकड़ा गया और इस प्रकार अंग्रेजों के विरूद्ध आरम्भ हुए संगठित कृषक आन्दोलन का अंत हो गया।

कालान्तर में यह क्षेत्र अंग्रेजों को इतना भाया कि उन्होंने सितंबर 1878 में यहीं पर इम्पीरियल फॉरेस्ट स्कूल एवं इसी वर्ष सर्वे ऑफ इंडिया की स्थापना की। वर्ष 1932 में सैन्य अफसरों ने प्रशिक्षण के लिए भारतीय सैन्य अकादमी स्थापित की।

शिक्षा के क्षेत्र में दयानंद एंग्लों वैदिक सोसाइटी ने 1902 ई0 में यहाँ एक संस्कृत विद्यालय स्थापित किया, जो आज डी.ए.वी. कॉलेज के नाम से शिक्षा का एक बड़ा केंद्र है। एम.के पी (1902 ई0), दून स्कूल (1935 ई0) के अतिरिक्त वर्तमान में एस.जी.आर.आर. (पी.जी.) कॉलेज, एस.जी.आर. आर.आई.टी.एस, ग्राफिक एरा,डी.आई.टी, महंत इन्द्रेश हॉस्पिटल, हिमालयन हॉस्पिटल इत्यादि महत्वपूर्ण संस्थान उच्च शिक्षा के लिए कार्यरत हैं। स्कूली शिक्षा के लिए तो यह ब्रिटिश काल में ही प्रसिद्धि पा चुका है। वर्तमान में यह उत्तराखंड राज्य की राजधानी भी है।

उत्तराखंड के प्रमुख नगर एवं उनका प्राचीन नाम

नगर	प्राचीन/प्रचलित नाम
देहरादून	द्रोण नगरी, वननगर
ऋषिकेश	कुब्जग्राम, संतनगरी
हरिद्वार	मायापुर, गंगाद्वार
अल्मोड़ा	खगमारा पहाड़ी
पिथौरागढ़	सोर
टिहरी	त्रिहरि, गणेश तीर्थ
जागेश्वर	योगीश्वर
बैजनाथ	वैद्यनाथ
रूद्रप्रयाग	पुनाड़
जोशीमठ	ज्योतिमढ़
लैन्सडाउन	कालो डांडा
काशीपुर	गोविषाण
गोपेश्वर	गोथला
उत्तरकाशी	बाडाहाट

उत्तराखंड के कुछ प्रमुख किले

खलंगा/नालापानी/नालागढ़ (गोरखा) देहरादून

लोहाघाट (कत्युरी) –काली कुमाऊँ

अस्कोट का किला (लखनपुर कोट)–डीडीहाट, पिथौरागढ़

कालसी का किला–जौनसार–भाबर

बैराट का किला– कालसी के निकट

रूद्रपुर का किला (शिवदेव जोशी)–काशीपुर

विसाड का किला– बंदनी देवी के निकट अल्मौड़ा

मानिल का किला (कत्युरी)– सल्ट क्षेत्र में

राजबुंगी (सोमचंद)– चम्पावत

खगमारा का किला– अल्मौड़ा

कलुवागढ़ी –ग्राम रांझा, रूड़क

तालिका–1

आइन–ए–अकबरी के अनुसार दिल्ली सूबे के उत्तरी पर्वतों का एक भाग कुमाऊँ कहलाता था। इसमें कुमाऊँ सरकार के अधीन 21 परगने बताए गए हैं। मुगल इतिहासकार ने संपूर्ण उत्तराखंड के पर्वतीय राज्य के लिए कुमाऊँ पर्वत नाम का ही प्रयोग किया है।

क्रम संख्या	आइन–ए–अकबरी में नाम
1.	अदाहों
2.	पोगासी
3.	पेागेसा
4.	विस्सेवा
5.	बैजोतर
6.	पगनदीवार
7.	पकती
8.	पोरी
9.	रतीला
10.	छंगुई

11.	जगराहों
12.	जरिया
13.	जावन
14.	जौली
15.	सजेगर
16.	गदरपुर
17.	दबारकोट
18.	तलवर
19.	भलवोर्ड
20.	सीता कोई
21.	कोस्से

(कुमाऊँ सरकार के परगने)
स्त्रोत–आइन–ए–अकबरी

उत्तराखण्ड से प्राप्त प्राक् एवं आद्य–ऐतिहासिक साक्ष्य

	पुरातात्विक साक्ष्य	प्राप्ति स्थल	विषेषता
1.	गोरखा उड्यार (मानव, भेड़, बारहसिंगा, लोमड़ी आदि के रंगीन चित्र)	डुग्री ग्राम, चमोली	पीले रंग की धारीधार चहान पर गुलाबी व लाल रंग से अंकित चित्र
2.	किमनी ग्राम शैलाश्रय (हथियार+पशुचित्र)	कर्णप्रयाग–ग्वालदम मोटर मार्ग पर, पिण्डर घाटी	श्वेत रंग का चित्रित शैलाश्रय
3.	काले रंग का आलेख	यमुना घाटी, उत्तरकाशी	शंख लिपि में लिखा
4.	लखु उड्यार नरकंकाल, मिट्टी के बर्तन जानवरों के अंग	अल्मोड़ा–पिथौरागढ मोटर मार्ग, अल्मोड़ा	नागफनी आकार का भव्य शिलाश्रय, मुख्य विषय सामूहिक नृत्य (लाल, काला, सफेद रंग)

5.	फडकानौला शैलाश्रय (खोज 1985 ई0 में डा0 मठपाल)	सुयालन्दी तट पर, अलमोड़ा	3 चित्रित शैलाश्रय
6.	पेटशाला ग्राम शैलाश्रय (खोज 1989 ई0 में डॉ0 मठपाल)	लखु उड्यार से 2 किमी. दक्षिण–पश्चिम, अल्मोड़ा	2 चित्रित शैलाश्रय
7.	फलसीमा ग्राम–शिलाश्रय	जनपद अल्मोड़ा	
8.	कसार देवी पहाड़ शैलाश्रय	जनपद अल्मोड़ा	
9.	लवेथाप ग्राम शैलाश्रय	अल्मोड़ा विनसर मोटर मार्ग पर	लल रंग से निर्मित चित्र

	पुरातात्विक साक्ष्य	**प्राप्ति स्थल**
1.	ताम्र मानव आकृतियाँ	बनकोट (8), नैनीपातल (5), अल्मोड़ा
2.	ओखली (Cup Marks)	चन्द्रशेखर मन्दिर, द्वारहाट नौगाँव, मुनिया की दाई तथा जोयों गाँव, ज0 अल्मोड़ा डॉ0 जोशी ने कुमाऊँ में जसकोट देवीधुरा में, डॉ0 कटौच की गोपेश्वर एवं पश्चिमी नयार घाटी में इसके अवशेष मिले हैं।
3.	ताम्र उपकरण तथा गैरिक सदृश मृदभाण्ड (Ochre Coloured Pot)	बहादराबाद, हरिद्वार
4.	कालसी घाटी से प्राप्त उपकरण	जनपद देहरादून, आरम्भिक पाषाणकालीन
5.	मलारी ग्राम शवाधान (Burials) (लौह उपकरण + पशु कंकाल, मानव कंकाल + स्वर्ण मुखैटा + 10) मृतिका पात्र	जनपद चमोली
6.	सिस्ट तथा अर्न बरियल (दो प्रकार का शवाधान)	सानडा, बसेड़ी ग्राम (भिंकिया सैण)

14
अध्याय

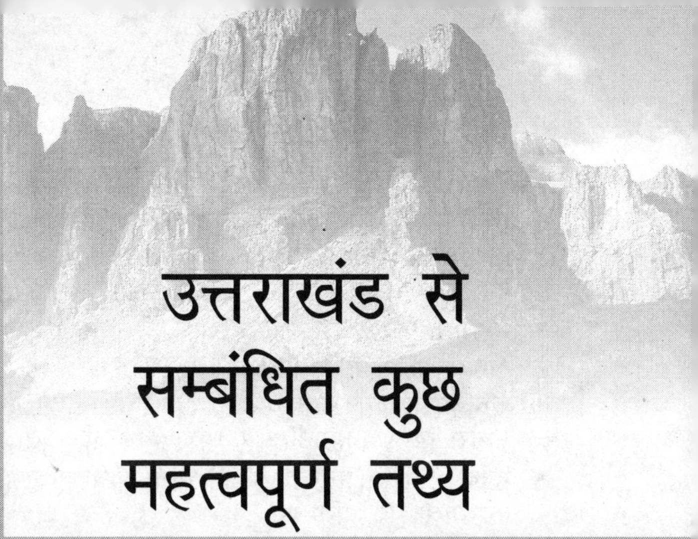

उत्तराखंड से सम्बंधित कुछ महत्वपूर्ण तथ्य

- इसका कुल क्षेत्रफल 53484 वर्ग किमी है, जो देश के कुल क्षेत्रफल का 1.6वाँ भाग है।
- 2011 की जनगणना के अनुसार जनसंख्या की दृष्टि से इसका 20वाँ स्थान है।
- प्रदेश के नरेन्द्रनगर क्षेत्र में सर्वाधिक वर्षा होती है, जिस कारण यह क्षेत्र उत्तराखंड का चेरापूंजी के नाम से भी जाना जाता है।
- उत्तराखंड प्रथम भारतीय राज्य है, जिसने पृथक आपदा प्रबन्धन मंत्रालय का गठन किया है। इस मंत्रालय का मॉडल ऑस्ट्रेलिया मॉडल पर आधारित है।
- इस क्षेत्र में कई जीवन रक्षक बूटियाँ उपलब्ध है। इनमें किलमोड़ा से पीलिया, मधुमेह का उपचार हो रहा है। कैंसर के ईलाज में प्रयुक्त "टैक्साल" की कई गुना प्रभावी मात्रा यहाँ उपलब्ध थूनेर प्रजाति के वृक्ष के छाल से प्राप्त होती है।
- एशिया का सबसे पहला राष्ट्रीय पार्क हेली नेशनल पार्क' वर्ष 1936 में इस क्षेत्र में ही स्थापित किया गया, जो वर्तमान में 'कार्बेट नेशनल पार्क' के नाम से प्रसिद्ध है ।
- राज्य में वर्तमान समय से 6 राष्ट्रीय उद्यान और 6 वन्य जीव विहार हैं।
- राज्य का सबसे बड़ा जनजातीय समुदाय जौनसारी है।
- हिमालय की हिमाच्छादित उतुंग पर्वत श्रेणियों पर पाया जाने वाला पक्षी मोनाल (Lophophorw Impejanaus) राज्य पक्षी है।

- ऊँचे पर्वतों की कठोर चट्टानों एवं दुर्गम क्षेत्रों पर उगने वाले बारहमासी पौधे 'ब्रहाकमल' (Saussurea Abvallata) का पुष्प राज्य का पुष्प है।
- महोगेनी प्रजाति के वृक्षों के साथ उगने वाला बुरांश (Rhododendron Arbrreum) राज्य का राजकीय वृक्ष है।
- स्कन्दपुराण में नन्दा पर्वत को केदारखण्ड (गढ़वाल क्षेत्र) और मानस खण्ड (कुमाऊँ क्षेत्र) का विभाजक बताया है।
- हर्षवर्धन के शासनकाल में ही चीनी यात्री हवेनसांग उत्तराखंड राज्य की यात्रा पर आया था,
- हवेनसांग ने अपने यात्रा वृतांत में हरिद्वार को 'मो–यू–लो' और हिमालय को ''पो–लि–हि–मो–यू–लो'' कहा है।
- 1968 ई0 में सुयाल नदी के बाएँ तट (अल्मोडा) पर स्थित लखु उड्यार से राज्य में प्रागैतिहासिक चित्रित शैलाश्रयों की पहली खोज हुई।
- बाड़वाला (देहरादून) से इष्टिका (ईट) के प्रयोग के साक्ष्य अश्वमेघ यज्ञकुण्डों से मिलता है।
- गोपेश्वर तथा बाड़ाहाट (उत्तरकाशी) से कत्युरी काल के त्रिशूल पर अभिलेख उत्कीर्ण मिलता है।
- कातिकेयपुर (जोशीमठ) से प्राचीनतम् ताम्रपत्र प्राप्त हुआ है।
- उत्तराखंड राज्य का प्राचीनतम उल्लेख रामायण और महाभारत में मिलता है।
- मलारी ग्राम (चमोली) से 5.2 किलोग्राम का सोने का मुखौटा मिला है।
- हुडली (उत्तरकाशी) से नीले रंग के शैलचित्र प्राप्त हुए हैं।
- पश्चिमी रामगंगा घाटी में महरू–उड्यार से भी चित्रित शैलाश्रय प्राप्त हुए।
- पिण्डर घाटी में किमनी नामक स्थल से भी चित्रित शैलाश्रय प्राप्त हुए हैं।
- डुगरी स्थित ग्वरख्या–उड़यार के शैलचित्रों का मुख्य विषय पशुचारक संस्कृति है।
- ''आगरी'' जाति के लोग यहाँ चिरकाल से खनन कार्य करते आ रहे हैं।
- सानणा–बसेड़ी से चित्रित धूसर मृदभाण्डों (PWG) से मिलते–जुलते मिट्टी के पात्र मिलते हैं।

- उत्तराखंड की चित्रित धूसर संस्कृति का काल 1000 ई0पू0 के आस–पास है।
- उत्तराखंड नाम का उल्लेख सर्वप्रथम ऋग्वेद में मिलता है।
- ऐतरेय ब्राह्मण में उत्तराखंड को उत्तर कुरूओं का निवास स्थल कहा गया है।
- हरिद्वार को 'गेरूए रंग की संस्कृति–सभ्यता' का नगर कहा गया है।
- देवप्रयाग की पट्टी सितोन्स्यू में सीताजी के पृथ्वी के गर्भ में समाने की मान्यता के कारण प्रतिवर्ष मनसार मेला लगता है।
- राजा विराट की राजधानी बैराठगढी के अवशेष जौनसार से अभी भी मिल जाते हैं।
- कोटद्वार गढ़वाल स्थित कण्वाश्रम (मालिनी नदी तट पर) शकुन्तला एवं दुष्यंत की प्रणयकथा के लिए विख्यात है।
- सर्वप्रसिद्ध नाग मन्दिर बेरीनाग (पिथौरागढ) में स्थित है।
- श्रीनगर महाभारत काल में कुणिद नरेश सुबाहु की राजधानी थी।
- कैप्टन हार्डविक ने स्वयं 1796 ई0 में श्रीनगर के मध्य जीर्ण– शीर्ण अजयपाल के राजप्रसाद को देखा था।
- युवान च्वाड़ ने तो किउ–पि–स्वड़ः–न' नाम से गोविषाण का विस्तृत वर्णन दिया है।
- सर्वप्रथम पुरातत्वविद कर्निंघम ने गोविषाण का सर्वेक्षण किया।
- अमलावा नदी के बाएँ तट अवस्थित कालसी का प्राचीन नाम 'कालकूट' था।
- कालसी नगर से प्राप्त महत्वपूर्ण पुरातात्विक सामग्री में महान मौर्य सम्राट अशोक द्वारा यमुना–टौंस संगम पर स्थापित शिलालेख है, जो कि पाली भाषा में है।
- कालसी शिला प्रज्ञापनों का पता वर्ष 1860 ई0 में लगा।
- श्रीरघुनाथ मन्दिर देव प्रयाग में है, जहाँ से ब्राह्मी लिपि में चालीस से अधिक यात्री लेख मिले हैं।
- श्रीरघुनाथ मन्दिर से प्राप्त वामनगुहा लेख भी महत्वपूर्ण है।
- अभिलेखों में उल्लेखित 'गोथला' ग्राम ही प्राचीन गोपेश्वर है।
- 'बाड़ाहाट' वर्तमान उत्तरकाशी का प्राचीन नाम है।
- केदारखण्ड में सौम्यकाशी एवं उत्तरकाशी नाम से 'बाड़ाहाट' का वर्णन मिलता है।
- कुमाऊँ में गोमती नदी की घाटी में 'कत्यूर' अवस्थित है।

- चम्पावत् को ही चन्दों की प्राचीनतम् राजधानी चम्पावती के रूप में पहचाना गया है।
- चंदों के प्राचीन दुर्ग कोटलगढ़ के अवशेष राजबूंगी नामक टीले पर चम्पावत में स्थित हैं।
- जनपद देहरादून के जौनसार–भावर क्षेत्र स्थित इस स्थल से राजकुमारी ईश्वरा का शिलालेख मिला है।
- भद्रमित्र की मृणमृदा देहरादून जनपद के अम्बाड़ी ग्राम से प्राप्त हुई है।
- कल्हण की रचना राजतरंगिनी में ललितादित्य के अभियानों की कड़ी में 'केदारमण्डल' एवं 'स्त्रीदेश' का उल्लेख प्राप्त होता है।
- सम्भवतः कुणिन्द जाति उत्तराखंड पर राज्य करने वाली पहली राजनैतिक शक्ति थी।
- कुणिन्द वंश का सबसे शक्तिशाली शासक अमोधभूति था।
- कुणिन्द अराध्य छत्रेश्वर अथवा चत्रेश्वर थे।
- युगशैल वंश के प्रतापी राजा शीलवर्मन के यमुना तट (कालसी) पर अश्वमेघ यज्ञ करने के साथ साक्ष्य प्राप्त हुए हैं।
- समुद्रगुप्त के प्रयाग प्रशस्ति में वर्णित नेपाल के पश्चिम् स्थित कर्तापुर राज्य की साम्यता इतिहासकार गढ़वाल–कुमाऊँ से करते हैं।
- गोपेश्वर से ही प्राप्त त्रिशूल लेख (1268 ई0) से इसी वंश के अशोकचल्ल की विजयों का वर्णन मिलता है।
- घट्पाल गिरी पर्वतीय प्रवेशद्वार की रक्षा के लिए नियुक्त पदाधिकारी था।
- करिका राज्य के मुख्य राजमिस्त्री को कहा जाता है।
- चोरोद्वारिणिक चोर तथा डाकुओं से समाज एवं राज्य की सुरक्षा की जिम्मेदारी के लिए यह विभाग था।
- एक द्रोणवाप भूमि से तात्पर्य उतने क्षेत्र से होता है, जितने में 32 सेर बीज छिटक कर बोया जा सकता है।
- अल्मोड़ा स्थान को केन्द्र बनाकर वसंतदेव ने एक स्वतंत्र राज्य की स्थापना की जिसे कत्युरी राज्य के नाम से जाना जाता है।
- कत्युरी युग के राजवंशों ने मध्य हिमालय को प्रथम बार राजनैतिक एकता के सूत्र में बाँधा और लगभग 300 वर्षों के शासनकाल में वास्तुकला की अनमोल धरोहर हमारे लिए छोड़ी है।
- कत्युरी वंश की प्रारम्भिक राजधानी जोशीमठ थी, कालान्तर में राजधानी कार्तिकेयपुर बनी।

- खर्परदेव कन्नौज नरेश यशोवर्मन का समकालीन था।
- नालंदा से प्राप्त अभिलेख से हमें गोंड (बंगाल) नरेश धर्मपाल द्वारा गढ़वाल क्षेत्र तक अभियान का उल्लेख मिलता है।
- गोपेश्वर अभिलेख से क्राचल्लदेव के शासनकाल का वर्णन मिलता है।
- जोशीमठ से प्राप्त हस्तलिखित ग्रन्थ ''गुरूपादुक'' है।
- कत्युरी वीरवाहिनी में पदातिक सेना का नायक ''गौलिमक'' होता था।
- कत्युरीकाल में राजस्व की मुख्य स्त्रोत भूराजस्व ही था।
- पंवार वंश का संस्थापक कनकपाल को माना जाता है, जिसकी पुष्टि 'सभासार' नामक ग्रन्थ से होती है।
- हरिकृष्ण रतुड़ी का मानना है कि कनकपाल धारा नगरी से आए थे।
- डॉ. पातीराम का मानना है कि कनकपाल मालवा से गढ़वाल आए।
- चाँदपुर गढ़ी से प्राप्त एक शिलालेख पर अंकित लेख से प्रतीत होता है कि कनकपाल गुर्जर प्रदेश के किसी क्षेत्र से गढ़वाल आए थे।
- गढराज्य में भाटों रचित गीत 'पवाड़ा' या ''पैवाड़ा'' कहलाते हैं।
- श्याम परमार की रचना 'भारतीय लोक साहित्य' है।
- भक्त दर्शन ने पुस्तक '' गढ़वाल की दिवंगत विभूतियों'' की रचना की।
- बालकृष्ण शान्ति भट्ट ने पुस्तक ''गढ़वाल जाति प्रकाश'' की रचना की।
- पंडित हरिकृष्ण रतुड़ी ने पुस्तक 'गढ़वाल के इतिहास' की रचना की।
- कवि देवराज की लिखी 'गढ़वाल राजा वंशावली' की हस्तलिखित पाण्डुलिपि प्राप्य है।
- राजा अजयपाल के शासनकाल में पंवार राजाओं ने पहली बार अपनी राजधानी परिवर्तन कर श्रीनगर (गढ़वाल) को चाँदपुर–गढ़ी के स्थान पर नवीन राजधानी बनाया।
- राजा अजयपाल को गढ़वाल क्षेत्र की 52 गढ़ियों (ठकुराईयों) को विजित कर एक विशाल गढ़राज्य की स्थापना का श्रेय जाता है।
- पातीराम ने समस्त गढ़ों को जीतने वाला राजा अजयपाल को 'गढपाल' कहा।
- जौनसार–भावर क्षेत्र में इन दुर्गों को 'टिम्बा' कहा जाता है।
- महाभारत में पहाड़ी लोगों को पाषाणयोधीन तथा अश्मयुद्ध विशारद कहा गया है।

- अजयपाल पंवार वंश का महानतम शासक था।
- देवलगढ़ अजयपाल की राजधानी थी।
- देवलगढ़ में अजयपाल ने एक राजप्रसाद एवं अपनी कुलदेवी 'राज राजेश्वरी' का मन्दिर बनवाया।
- प्रो0 अजय सिंह रावत ने अजयपाल की तुलना महान मौर्य सम्राट अशोक से की है।
- तांत्रिक विधा की पुस्तक 'सांवरी ग्रन्थ' की हस्तलिखित प्रति में अजयपाल को 'आदिनाथ' कहकर सम्बोधित किया गया है।
- सहजपाल मुगल सम्राट अकबर का समकालीन था।
- गढ नरेशों द्वारा ''शाह'' उपाधि लगाने की परम्परा का प्रचलन राजा बलभद्र ने किया।
- देव प्रयाग के क्षेत्रफल मन्दिर के द्वार पर रघुनाथ मन्दिर से प्राप्त शिलालेख मानशाह द्वारा उत्कीर्ण माने जाते हैं।
- गढ़वाल के राजकवि भरत की कृति 'मानोदय' है ।
- सी0 वैसल्स कृत ''अर्ली जैसूइट ट्रेवल्स इन सैन्ट्रल एशिया'' में प्रकाशित एनड्राडे महोदय के विवरण में महीपतशाह के तिब्बत अभियान का विस्तृत वर्णन है।
- एनड्राडे ने 11 अप्रैल 1626 ई0 में 'शापरॉंग' नामक स्थल पर एक चर्च की स्थापना की।
- महीपतशाह की रानी कर्णावती गढ़वाल के इतिहास में 'नाक कटी रानी' के नाम से प्रसिद्ध है।
- 'स्टोरियो डू मोगोर के लेखक के अनुसार शाहजहाँ के शासनकाल में मुगलों की एक लाख पदाति एवं तीस हजार घुडसवारों की सेना को गढराज्य पर आक्रमण के लिए सेनापति 'नजावत खाँ' के नेतृत्व में भेजा गया।
- वर्ष 1655 ई0 में खल्ली तुल्ला के नेतृत्व में गढराज्य पर पुनः मुगल आक्रमण हुआ।
- 'ट्रैवल्स इन इडिया' के अनुसार मुगल आक्रमणों के द्वारा गढ़राज्य को भयभीत करने का प्रयास किया गया किन्तु गढ़वाल की सेना ने हर बार मुगल सेना को अपार क्षति पहुँचाई।
- गुरू गाविन्द सिंह की आत्मकथा विचित्रनाटक में वर्णित है कि पाँवटा से 6 मील की दूरी पर स्थित भैगणी नामक स्थल पर गढ़नरेश ओर सिक्ख केसरी के मध्य युद्ध हुआ था।
- फतेशाह का दरबार भी नवरत्नों से सुशोभित था। इन नवरत्नों में शामिल थे, सुरेशानन्द बर्थवाल, खेतराम धस्माना, रूद्रीदत्त किमोठी,

हरिदत्त नौटियाल, वासवानन्द बहुगुणा, शशिधर डगवाल, सहदेव चन्दोला, कीर्तिराम कनठौला, हरिदत्त थपलियाल।

- फतेशाह के काल में जयशंकर द्वारा रचित 'फतेहशाह कर्ण ग्रन्थ' आज भी देवप्रयाग के पंडित चक्रधर शास्त्री की पुस्तकालय में रखा है एवं श्री रतन कवि का हस्तलिखित ग्रन्थ 'फतेहशाह' ठा0 शूरवीर सिंह के संग्रहालय में उपलब्ध है।
- कविराज सुखदेव के ग्रन्थ 'वृत विचार' में भी फतेशाह का यशोगान है।
- हिन्दी जगत के कवि मतिराम की रचना 'वृत कौमुदी' में फतेहशाह की भूरि–भूरि प्रशंसा की गई है और उसकी तुलना छत्रपति शिवाजी से की है।
- फतेहशाह ने सिक्खों के गुरूराम राय द्वारा देहरादून में गुरूद्वारे के निर्माण का न केवल स्वागत किया अपितु इसकी आय हेतु खुडबुड़ा, बाजपुर एवं चमासारी ग्राम दान में दिए।
- कालान्तर में फतेशाह के पौत्र प्रदीपशाह ने छायावाला, भजनवाला, पंडितवारी तथा घाटावाला ग्राम गुरू रामराय जी को प्रदान किए।
- प्रदीपशाह के समय गढ़राज्य से भावर एवं दून घाटी रोहिल्ला सेनापति ने हस्तगत की थी।
- मौलाराम ने अपनी रचनाओं में पराक्रमशाह को विलासी, दुराचारी एवं चरित्रहीन राजकुमार कहा है।
- गोरखों का गढ़वाल पर प्रथम आक्रमण 1791 ई0 में हुआ।
- गोरखों ने 1790 ई0 में कुमाऊँ राज्य हस्तगत कर लिया था।
- 1803 ई0 में गोरखों ने गढ़राज्य पर पुनः आक्रमण किया।
- 'बाराहाट' (उत्तरकाशी) में प्रद्युम्नशाह गोरखों से दुबारा पराजित हुए।
- 'चमुआ' (चम्बा) नामक स्थान पर पुनः गढसेना गोरखों से परास्त हुई।
- गढनरेश एवं गोरखों के मध्य अंतिम और निर्णायक युद्ध खुड़बुड़ा (देहरादून) नामक स्थल पर हुआ। इसमें प्रद्युम्नशाह वीरगति को प्राप्त हुए।
- गोरखों ने प्रद्युम्नशाह की अत्येष्टि राजकीय सम्मान के साथ हरिद्वार में की।
- सेरा–खड़कोट एवं मझेड़ा ताम्रपत्र से चन्दों के बम शासकों से सम्बन्धों की जानकारी प्राप्त होती है।

- चंद वंश की प्रारम्भिक राजधानी चंपावती नदी तट पर बसी चंपावत नगरी थी।
- बालू कल्याण चंद के काल में 'अल्मोड़ा' को पूर्णतः चदों की राजधानी बनाया गया।
- गणेश सिंह वेदी की पुस्तक 'शशिवंश विनोद' है।
- कुर्मांचल में चंद वंश की स्थापना बाहर से आए एक राजकुमार सोमचेद ने की।
- आत्मचंद ने मैदानी क्षेत्र से पट्टवायों (रेशम बुनकरो) की श्रेणियों को बुलवाया और रेशम व्यापार के लिए चीन से दौत्य सम्बंध स्थापित किए।
- ज्ञानचंद पहला चंद राजा था जो स्वयं दिल्ली फिरोजशाह तुगलक के दरबार में नजराना देने गया था। फिरोज ने प्रसन्न होकर उसे 'गरूड़' की उपाधि प्रदान की।
- विजयबम के मझेड़ा ताम्रपत्र में ज्ञानचंद को 'श्री राजा विजय ब्रह्मा' उद्‌बोधित किया गया है।
- रूद्रचंद ने 'थल' में एक शिवमन्दिर बनवाया।
- मुगल सम्राट अकबर का समकालीन कूर्मांचल नरेश रूद्रचंद था।
- रूद्रचंद ने कुमाऊँ में भी चौथानी ब्राह्मणों की एक मंडली बनाई।
- रूद्रचंद नेघरों में सेवा कार्य के लिए 'छयोड़' तथा छयोड़ियों का प्रवाधान किया गया।
- लक्ष्मीचंद ने न्याय के क्षेत्र में न्योवली एवं 'बिष्टाली' नामक कचहरी बनाई। न्योवली न्यायालय दीवानी मामले एवं बिष्टाली न्यायालय फौजदारी मुकदमें सुना करती थी।
- लक्ष्मीचंद ने अनेकों बाग–बगीचे लगवाएँ जैंसे नरसिंह बाड़ी, पांडेखोला, कबीना तथा लक्ष्मीश्वर आदि। उसने 1602 में बागेश्वर के बैद्यनाथ मन्दिर का जीर्णोद्वार करवाया।
- बाज बहादुर को गढ़वाल के अभियान में मुगलों का साथ देने के लिए 'बहादुर' और 'जमीदार' की उपाधि भी दी।
- बाज बहादुर चंद ने कैलाश मान सरोवर जाने वाली तीर्थ यात्रियों के लिए 1673 ई0 में गूंठ भूमि दी थी।
- तीलु रौतेली नामक वीरांगना ने बाज बहादुर चंद के गढराज्य आक्रमण का सफल विरोध किया।
- बाज बहादुर चंद का समकालीन डोटी शासक देवपाल था।

- थल (पिथौरागढ़ जनपद) से प्राप्त एक 'हथिया देवाल' का निर्माण बाज बहादुर चंद ने करवाया था।
- 'हथिया देवाल' की बनावट एलौरा (महाराष्ट्र) के कैलाश मन्दिर से मिलती–जुलती है।
- उद्योतचंद ने त्रिपुरा सुन्दरी, पार्वतीश्वर एवं चंद्रेश्वर नामक मंदिरों का निर्माण भी करवाया।
- ज्ञानचंद ने बधानगढ़ी को लूटा और वहाँ से नंदादेवी की स्वर्ण प्रतिमा अपने साथ ले गया और उसे अल्मोड़े के नंदादेवी मन्दिर में पुर्नस्थापित करवाया।
- जगतचंद ने श्रीनगर के भीषण युद्ध में गढ़नरेश फतेशाह को परास्त किया।
- देवीसिंह को कुछ विद्वान कुमाऊँ के मुहमद तुगलक की संज्ञा देते हैं।
- प्रदीपशाह ने अपनी पारम्परिक शत्रुता को भुलाकर कल्याण चंद को संरक्षण प्रदान किया।
- शिवदेव जोशी ने काशीपुर एवं रूद्रपुर में किलों का निर्माण करवाया।
- शिवदेव जोशी ने विन्सर ग्राम को ग्रीष्मकालीन पर्यटन स्थल के रूप में विकसित किया और यहाँ विन्सर महादेव का मन्दिर बनवाया।
- शवदेव जोशी ने चार हजार कुमाऊँनी सैनिक बीरबल नेगी के नेतृत्व में पानीपत के मैदान में मुगल सेना की सहायता हेतु भेजे।
- चंद वंश के शासकों ने अधिकांश शासनादेश नेपाली मिश्रित कुमाऊँनी भाषा में जारी किए हैं।
- 'कटार की मूंठ' चंद वंश का राजकीय चिन्ह रहा।
- ताम्रपत्र के लेखक 'जोईसी' कहलाते थे।
- राजा द्वारा प्रदत्त भूमिदान को रौत कहा जाता था।
- ग्राम के प्रशासन को 'सयाना' अथवा 'बूढा' चलाते थे। सयाना/बूढा अपने क्षेत्र में न्यायधीश का कार्य भी करते थे एवं जिस स्थल पर इनकी पंचायत होती थी, उसे 'बूढाचौरा' कहते थे।
- फांसी : ऊँचें पहाड़ों पर दी जाती थी, जिसके लिए 'शूली का डांडा' शब्द प्रयुक्त मिलता है।
- दंड देने वाले अधिकारी को 'डडै' कहते थे।
- पहाड़ी क्षेत्रों में एक प्रकार के भूदास ''कैनी' कहलाते थे।
- राजा रौत, गूढ, विष्णुप्रीति में जिसे भूमि प्रदान करता था, वह 'थातवान' कहलाता था।
- अधाली तौल की इकाई थी जोकि 15 किलोग्राम के बराबर थी।

- चंदकाल में 36 प्रकार के राजकर लगाए गये थे, जिन्हें 'छतीसी' कहा जाता था।
- युद्ध के अवसर पर लिया जाने वाला अतिरिक्त कर मांगा था।
- मिझारी नामक कर कामगारों पर लगता था।
- बूनकरों पर लगाए जाने वाले कर को तान/टांड कहते थे।
- उत्कीर्णक का कार्य सुनार एवं टमटा करते थे।
- पिथौरागढ़ का प्राचीन नाम 'सोर' नाम भी 'सोर नामक नाग' जाति के आधार पर ही पड़ा।
- चंद राजा स्वयं शैव सम्प्रदाय के उपासक थे।
- त्रिमंलचंद ने जागेश्वर के मन्दिर बनवाए, जो कि आज भारतीय पुरातत्व सर्वेक्षण संस्थान (ASI) द्वारा संरक्षित हैं।
- हस्तिदल चौंतरिया, जगजीत पांडे, अमरसिंह थापा एवं शूरवीर थापा के नेतृत्व में गोरखा सेना ने वर्ष 1790 के प्रारम्भ में कुमाऊँ अभियान के लिए प्रस्थान किया।
- हर्षदेव जोशी ने कुमाऊँ अभियान में गोरखाओं का समर्थन किया।
- गैंतोड़ा ग्राम के युद्ध में अमर सिंह थापा ने लाल सिंह की सेना को शिकस्त दी।
- नेपाल नरेश का प्रतिनिधि जो कुमाऊँ प्रांत का शासनभार देखता था, उसे सुब्बा कहते थे।
- कुमाऊँ का प्रथम सुब्बा जोगा मल्ला शाह था।
- 1791 ई0 में हर्षदेव की मदद से गोरखों ने गढ़वाल राज्य पर प्रथम आक्रमण किया।
- लंगूरगढ की सन्धि के तहत प्रद्युम्नशाह ने नेपाली दरबार को वार्षिक कर देना स्वीकार कर लिया।
- 1795 ई0 में अमरसिंह थापा को कुमाऊँ का नया प्रशासक नियुक्त कर अल्मोड़ा भेजा गया।
- चौंतरिया, बमशाह चौतरिया इत्यादि के नेतृत्व में गोरखा सेना ने लंगूरगढ़ी अपमान को धोने के लिए जनपद चमोली से गढ़राज्य में प्रवेश किया।
- खुड़बुड़ युद्ध से पूर्व प्रद्युम्नशाह ने लण्ढ़ोरा रियासत वर्तमान सहानपुर में जाकर शरण ली।
- 14 मई, 1804 ई0 को प्रसिद्ध खुड़बुड़ा का युद्ध हुआ, जिसमें प्रद्युम्नशाह वीरगति को प्राप्त हुआ और उसके छोटे भाई प्रीतमशाह को गोरखे बन्दी बनाकर नेपाल ले गये।

- पराक्रमशाह भागकर हिन्डूर गया अथवा कांगड़ा रियासत के संसारचंद की शरण में गया था।
- प्रद्युम्नशाह का अल्पव्यस्क पुत्र सुदर्शनशाह हरिद्धार के समीप स्थित ज्वालापुर में ब्रिटिश संरक्षण में लम्बे समय तक रहा।
- हर्षदेव जोशी 1797 ई0 में गढ़नरेश के वकील के रूप में ब्रिटिश रेजीडेण्ट के पास बनारस भी गया।
- जोगा मल्ला ने कुमाऊँ में सर्वप्रथम भू–प्रबन्ध व्यवस्था का शुभारम्भ किया।
- पाली, सोर और ब्रहामण्डल में बसे नगरकोट से आए लोग, जो पूर्वकाल से ही भाड़े पर कार्य करने के लिए इस क्षेत्र में आते थे जिनमें से कुछ ने स्थानीय कन्याओ सें विवाह किया और वे यहाँ बस गए। इनकी स्वामिभक्ति को संदेहास्पद मानकर काजी नरशाही ने एक मंगलवार की रात्रि सबकी हत्या करवा दी। आज भी लोग इस कुत्सित घटना को 'मंगल की रात और नरशाही का पाला' के रूप में याद कर सिहर उठते हैं।
- गुरूरामराय दरबार के तात्कालीन महन्त हर सेवक दास जी ने लोगों को दून घाटी में पुनःस्थापित करने का अथक प्रयास किया।
- गोरखा प्रशासन विशुद्ध सैन्य प्रशासन था।
- फ्रेजर महोदय ने अनुमान लगाया है कि अपने पूरे शासनकाल में गोरखों ने लगभग दो लाख से अधिक स्त्री–पुरूष एवं बच्चों का विक्रय किया।
- कत्यूरी एवं चंद काल के मन्दिरों को प्रदत्त भूमि 'विश्नुप्रीत' कहलाती थी। गोरखों में वे इसको 'गूठ' कहते थे।'
- प्रत्यक्षदर्शी कैप्टन रैपर के अनुसार–'प्रतिवर्ष हरिद्वार स्थित गोरखा चौकी में दास–दासियों की बिक्री होती थी।'
- सुवांगी दस्तूर एक प्रकार का भू–कर था।
- 'गोला दीप' एक प्रकार की अग्नि परीक्षा थी।
- गोरखों के दण्ड विधान का विस्तृत वर्णन ट्रेल महोदय ने दिया है।
- गोरखे मूलतः हिन्दू एवं मंगोलाइट नस्ल का मिश्रित रूप थे।
- प्रधान अधिकारी पद पर रहते हुए वे 'जागिरिया' कहलाते थे एवं पेशनयाप्ता होने पर 'ठाकुरिया' कहलाते थे।
- गोरखा काल में कार्यरत सैनिकों को 'जागचा' एवं सेवामुक्त सैनिकों को 'ढाकचा' कहा जाता था।
- गोरखा सेना का मुख्य अस्त्र 'खुकरी' होता था।

- 'खुकरी' निर्माण का प्रमुख केन्द्र डोटी का 'गढ़ी' नामक नगर था।
- गढी नगर के नेवार जाति के लुहार मुख्य रूप से खुकरियां बनाकर गोरखा सेना को उपलब्ध कराते थे।
- 1815–16 में अंग्रेजों द्वारा स्थापित देहरादून स्थित खंलगा स्मृति स्तम्भ गोरखा वीरों की बहादुरी एवं उनके सही व्यक्तित्व को अंग्रेजी सलामी है।
- गोरखों का प्रिय त्यौहार 'दशाई' अथवा दशहरा है। इस दिन गोरखे अपने अस्त्र–शस्त्रों की पूजा करते हैं।
- नेपाल का अधिकांश साहित्य नेवारी भाषा में मिलता है।
- गोरखाली की उत्पति संस्कृत से मानी जाती है।
- 1787 ई0 में भीमसेन थापा ने जब गोरखपुर के करीब 200 से अधिक गांवों का अधिग्रहण किया, तो ईस्ट इंडिया कम्पनी की चुप्पी टूट गई।
- अप्रैल 1814 ई0 को गर्वनर जनरल लार्ड हेस्टिंग्स ने अपनी सेना को गोरखों द्वारा अधिग्रहित ब्रिटिश क्षेत्र को वापस लेने का आदेश दे दिया।
- मेजर ब्रेदशॉ को गोरखों से समझौता करने हेतु नियुक्त किया गया।
- गवर्नर लार्ड मायरा ने दृढ निश्चय करते हुए नवम्बर 1814 को नेपाल के विरूद्ध युद्ध की औपचारिक घोषणा कर दी।
- मेजर जनरल मार्ले को एक हजार सैनिकों के साथ राजधानी काठमाण्डू पर, आक्रमण हेतु तैनात कर दिया गया।
- मेजर जनरल जे0एस0वुड को चार हजार सैनिकों के साथ गोरखपुर पर आक्रमण हेतु तैनात कर दिया गया।
- मेजर जनरल जिलेस्पी को साढ़े तीन हजार सैनिकों के साथ देहरादून पर, आक्रमण हेतु तैनात कर दिया गया।
- मेजर–जनरल ऑक्टरलोनी को साढे छः हजार सैनिकों की कमान के साथ गोरखा साम्राज्य के एकदम पश्चिमी भाग में तैनात कर दिया गया।
- गोरखाली भाषा में 'खलंगा' का शाब्दिक अर्थ सैन्य शिविर से होता है।
- इस युद्ध में गोरखों के शौर्य एवं वीरता का सम्मान करते हुए अंग्रेजों ने खंलगा (नालापानी क्षेत्र) में रिस्पना नदी के बांई ओर दो स्मारक स्थापित किए। इनमें से एक जनरल रोलो गिलेस्पी और उसके मृत सैनिकों की स्मृति में तथा द्वितीय बलभद्र सिंह थापा एवं उसके वीर सैनिकों के सम्मान में स्थापित किया।

- मलाऊं किले की विजय अंग्रेजों के लिए अत्यंत महत्वपूर्ण थी, इसका अंदाजा इस बात से लगाया जा सकता है कि जनरल आकटरलोनी ने यही पर पहली गोरखा राइफल की स्थापना की, जो कि आज भी भारतीय सेना में मलाऊं राईफलस के नाम से प्रसिद्ध है।
- उत्तराखंड में अंग्रेजों ने सर्वप्रथम काशीपुर में एक भांग की फैक्टरी स्थापित की।
- 1802 ई0 में लार्ड वेलीजेली ने गॉट महोदय को कुमाऊँ की जलवायु, जंगल एवं परिस्थितियों का संकलन करने के लिए भेजा।
- मारकिसस ऑफ हेस्टिंग्स लार्ड मायरा काशीपुर होते हुए कुमाऊँ भ्रमण पर आये थे और उन्होंने ही सर्वप्रथम इस सुन्दर प्रदेश को ब्रिटिश नियंत्रण में देखने का स्वप्न देखा था।
- मार्च 1816 को पुष्ट हुई सिंगौली की सन्धि के पश्चात् अंग्रेजों का उत्तराखंड पर राजनीतिज्ञ अधिकार हो गया।
- ब्रिटिश कुमाऊँ को एक गैर–विनियमित क्षेत्र के रूप में प्रशासित किया गया।
- उत्तराखंड राज्य की राजस्व पुलिस व्यवस्था अंग्रजों की विशिष्ट देन है। वर्तमान में भी उत्तराखंड भारत वर्ष का एकमात्र राज्य है, जो पटवारी व्यवस्था द्वारा ग्रामीण क्षेत्रों को संचालित करता है।
- गार्डनर को 1815 ई0 में कुमाऊँ का पहला कमिश्नर नियुक्त किया गया।
- ट्रेल महोदय को कुमाऊँ बंदोबस्त के लिए जाना जाता है।
- विलियम ट्रेल कुमाऊँ, गढ़वाल के द्वितीय आयुक्त थे।
- ट्रेल महोदय ने कुमाऊँ, गढ़वाल में 20 वर्ष सेवा दी, जिसमें लगभग 19 वर्ष तक वे यहाँ के आयुक्त रहे। उन्हें कुमाऊँ का प्रथम वास्तविक आयुक्त भी माना जा सकता है।
- ट्रेल महोदय ने गोरखा राजस्व व्यवस्था के स्थान पर स्थानीय परिस्थितियों एवं पूर्व परम्पराओं के अनुसार कुमाऊँ प्रान्त का 26 परगनों में विभाजन किया और अस्सी के बंदोबस्त के रूप में राजकीय अभिलेखों में राजस्व का ग्रामवार अंकन कराया।
- ट्रेल ने अपने कार्यकाल में कुल 7 बंदोबस्ती चक्र पूर्ण किए।
- सन् 1826 ई0 में देहरादून व चंडी क्षेत्र को कुमाऊँ में शामिल किया गया।
- कुमाऊँ को रेगुलेशन प्रान्तों की भाँति एक नियमित प्रांत बनाने के लिए अधिनियम– 10 (Act-10) अप्रैल 1838 ई0 में प्राख्यापित हुआ।

- नियमित प्रांत बनाने के लिए अधिनियम– 10 (Act-10) व्यवस्था के तहत प्रथम कमिश्नर जार्ज लुशिंगटन बने।
- जार्ज लुशिंगटन ने नैनीताल शहर की स्थापना की।
- बड़े की अनुशंसा पर तराई– भावर में द्वैध शासन व्यवस्था लगी।
- लुशिंगटन महोदय ने कुमाऊँ में असम रूल्स को स्थानीय परिस्थितियों के अनुरूप बनाने का प्रयास किया। इसके कारण ही सदर की दीवानी एवं निजामत अदालतों ने उसके सुझावों के माध्यम से संशोधित नियमों की श्रृंखला जारी, की, जिन्हें बाद में 'कुमाऊँ प्रिंटेड रूल्स' कहा गया।
- कवि गुमानी पंत ने लुशिंगटन की प्रशंसा में कुद छंदों की रचना की।
- बैटन ने सन् 1852–53 में चाय की खेती को प्रोत्साहित किया।
- हेनरी रामजे ने ब्रिटिश कुमाऊँ में विभिन्न पदों पर कुल 44 वर्षों तक कार्य किया।
- रामजे मूलतः स्काटलैंड के निवासी और लार्ड डलहौली के चचेरे भाई थे।
- अंग्रेज लेखकों ने तो हेनरी रामजे को 'कुमाऊँ का राजा' की संज्ञा से भी विभूषित किया है।
- 1857 के सैनिक विद्रोह के अवसर पर उत्तराखंड रामजे के अधीन था।
- रामजे ने बैकेट महोदय को बंदोबस्त का कार्य सौंपा।
- बैकेट द्वारा किया गया बंदोबस्त गढ़वाल–कुमाऊँ के एक ही अधिकारी द्वारा किया गया अन्तिम बंदोबस्त था।
- रामजे ब्रिटिश कुमाऊँ के पहले वन संरक्षक ळाह थे।
- राजस्व पटवारियों की पुलिस शक्तियों के सम्बन्ध में नियम मार्च 1916 में बने।
- ब्रिटिश गढ़वाल का मुख्यालय 'श्रीनगर' गढ़वाल था, जिसे 1840 ई0 में पौड़ी स्थानान्तरित कर दिया गया।
- 1890 ई0 में अल्मोड़ा जनपद को दो जनपद नैनीताल एवं अल्मोड़ा में विभक्त कर दिया गया।
- 1904 ई0 के नैनीताल गजेत्यिर में इस क्षेत्र के लिए 'हिल स्टेट' शब्द का प्रयोग हुआ है।
- मुगल इतिहासकारों ने संपूर्ण उत्तराखंड के पर्वतीय राज्य के लिए कुमाऊँ पर्वत नाम का ही प्रयोग किया है।

- विकेट महोदय ने राजस्व निर्धारण का जो तरीका निर्धारित किया वह बंदोबस्त सन अस्सी के बंदोबस्त के नाम से प्रसिद्ध है।
- कुमाऊँ में जंगलात विभाग बनाने पर प्रथम पहल ट्रेल महोदय ने 1826 में की।
- वर्ष 1865 से जंगल संरक्षित किए जाने लगे।
- ट्रेल महोदय ने स्वयं स्वीकार किया है कि–'इस प्रांत में अपराधों की संख्या कम होने से फौजदारी पुलिस की कोई आवश्यकता नहीं है। कत्ल को यहाँ कोई जानता नहीं। चोरी व डकैती बहुत कम होती है।'
- पहाड़ों में अल्मोड़ा का थाना सबसे प्राचीन है, जो 1837 ई0 में स्थापित हुआ।
- सर्वप्रथम अंग्रेजों ने एक स्कूल श्रीनगर गढ़वाल में 1840 ई0 में शुरू किया।
- वर्ष 1871 ई0 में प0 बुद्धिबल्लभ पंत शिक्षा इन्सपेक्टर बने।
- रवांई क्षेत्र टिहरी रियासत को वर्ष 1824 में दिया गया।
- वर्ष 1942 से कुमाऊँ कमिश्नर को ही टिहरी रियासत में राजनैतिक प्रतिनिधित्व सौंप दिया गया।
- सुदर्शनशाह ने भागीरथी एवं भिलंगना नदी के संगम स्थल पर गणेश प्रयाग (त्रिहरि) नामक स्थल पर अपनी राजधानी की स्थापना करवाई। इससे पूर्व इस स्थल पर मछुआरों की कुछ झोपड़ियां थी और इसे टिपरी नाम से पुकारा जाता था।
- सुदर्शनशाह ने टिहरी में एक राज प्रासाद बनवाया जो पुराना दरबार नाम से प्रसिद्ध था।
- 1857 ई0 के विद्रोह के दौरान सुदर्शनशाह ने अंग्रेजों की हर संभव मदद की।
- प्रतापशाह ने नई राजधानी प्रतापनगर की स्थापना अपने नाम से की। इसके साथ ही अपने नाम से शहर स्थापित करने की प्रथा का शुभारम्भ करने का श्रेय भी प्रतापशाह को ही जाता है।
- ब्रिटिश सरकार ने प्रतापशाह को 'कम्पेनियन ऑफ इण्डिया' एवं 'नाइट कमाण्डर' जैसी उपाधियों से विभूषित किया। वर्ष 1900 ई0 में वे इग्लैण्ड की यात्रा पर गए जहाँ उन्हें ग्यारह तोपों की सलामी दी गई।
- प्रतापशाह ने टिहरी शहर में प्रताप हाईस्कूल एवं हीवेट संस्कृत पाठशाला की स्थापना की।

- कीर्तिशाह को अपनी रियासत के लोगों का विद्युत से परिचय कराने का श्रेय जाता है।
- कीर्तिशाह ने उत्तरकाशी में कोढ के रोगियों की चिकित्सार्थ 'कोढी खाना'की स्थापना की।
- कीर्तिशाह ने रियासत के कृषकों की सहायता के लिए कृषि बैंक स्थापना की।
- आधुनिक छापाखाने की नींव भी कीर्तिशाह के समय ही पड़ी।
- कीर्तिशाह ने टिहरी शहर में एक आधुनिक वैधशाला का निर्माण कराया।
- कीर्तिशाह ने रामतीर्थ के विचारों को प्रोत्साहन दिया एवं जापान में आयोजित अन्तर्राष्ट्रीय धर्म सम्मेलन में भाग लेने भी स्वामी जी को भेजा था।
- कीर्तिशाह ने अलकनन्दा नदी के दाऐं तट पर 'कीर्तिनगर' की स्थापना की।
- नरेन्द्रशाह ने प्रताप हाई स्कूल टिहरी को उच्चीकृत कर प्रताप इण्टरमीडिएट कॉलेज में तबदील किया।
- नरेन्द्रशाह ने वर्ष 1933 ई0 में अपने पिता की स्मृति में एक लाख रूपये की एकमुश्त रकम एवं छः हजार रूपये की सालाना राशि बनारस हिन्दू विश्वविद्यालय को सहायता के रूप में प्रदान की। इसी रकम से स्थापित 'महाराजा कीर्तिशाह चैम्बर ऑफ केमस्ट्री' वर्तमान में भी प्रतिवर्ष यह छात्रवृति प्रदान करता है।
- 1921 में नरेन्द्रशाह ने अपने नाम पर नरेन्द्रनगर की स्थापना की।
- अंग्रेजी सरकार ने नरेन्द्रशाह को अठारहवीं गढ़वाल राईफल रेजीमेंण्ट का मानद लैफ्टिनैण्ट एवं के0सी0एम0आई0' की उपाधियों से भी अलंकृत किया।
- बनारस विश्वविद्यालय ने भी नरेन्द्रशाह को वर्ष 1937 ई0 में एल0एल0डी0 उपाधि प्रदान की।
- नरेन्द्रशाह के समय वर्ष 1930 में यमुना नदी तट पर स्थित तिलाड़ी मैदान की घटना है, जिसे रवांई कांड के नाम से जाना जाता है।
- नरेन्द्रशाह के समय दूसरी घटना टिहरी कारागार में बन्दी श्रीदेव सुमन द्वारा चौरासी दिनों तक की भूख हड़ताल के बाद उनकी मृत्यु थी।
- 1 अगस्त 1949 को टिहरी राज्य का विलय भारत संघ में कर, इसे तात्कालीन संयुक्त प्रांत का 50वां जनपद बना दिया गया।

- कीर्तिशाह ने टिहरी में ही मुहमद मदरसा और कैम्पबैल बोर्डिंग हाउस बनवाया।
- प्रतापशाह ने वर्ष 1876 में टिहरी रियासत में पहला 'खैराती शफाखाना' स्थापित करवाया।
- सर्वप्रथम आधुनिक चिकित्सालय की स्थापना 1923 ई0 में नरेन्द्रशाह ने की।
- रेडक्रॉस सोसाइटी की स्थापना राज्य में वर्ष 1934 ई0 में हुई।
- न्याय व्यवस्था के आधुनिकीकरण की पहल नरेन्द्रशाह ने की।
- नरेन्द्रशाह ने परम्परागत एवं प्रथागत नियमों को संहिताबद्ध करवाया जिन्हें 'नरेन्द्र हिन्दू लॉ' के नाम से जाना जाता है।
- वर्ष 1938 ई0 में नरेन्द्रशाह ने राज्य में एक हाईकोर्ट की स्थापना की।
- भूमिकर का 7/8 भाग नकद लिया जाता था, जिसे 'रकम' कहते थे।
- सुदर्शनशाह ने वादी से शुल्क लेने की प्रथा आरम्भ की।
- सकलाना क्षेत्र के कमीण, सयाणा एवं प्रजा का 1935 ई0 का संगठित आन्दोलन टिहरी रियासत का प्रथम जन आन्दोलन था।
- अठूरवासियों के विद्रोह का नेतृत्व बद्रीसिंह असवाल ने किया।
- राजा भवानीशाह के शासनकाल में भी रवांई की प्रजा ने विद्रोह किया।
- टिहरी रियासत में 1882 ई0 में लछमू कठैत के नेतृत्व में बासर ढंढक हुआ।
- 1903–04 में टिहरी रियासत के कजरवेटर केश्वानन्द रतुड़ी द्वारा दैण और पुच्छी नामक कर लगाने पर विप्लव हुआ।
- टिहरी रियासत में 'बरा–बेगार' की कुप्रथा के विरूद्ध स्थानीय व्यक्ति रूपसिंह ने आवाज बुलन्द की।
- 30 मई 1930 को टिहरी रियासत की सेना ने यमुना नदी तट पर स्थित तिलाड़ी के मैदान में एकत्रित रवांई क्षेत्र जनता पर गोलियों की बरसात कर दी। इसी कारण इस रक्तरंजित घटना को टिहरी रियासत के इतिहास में टिहरी का जलियावाला काण्ड भी कहा जाता है।
- जन आन्दोलन के कारण टिहरी रियासत में 'आजाद पंचायत' लोकप्रिय होने लगी।
- रवांई आंदोलन का नेतृत्व कर रहे नागणा के हीरा सिंह, कसरू के दयाराम एवं खमुण्डी के बैजराम और लाला राम प्रसाद सभी साधारण कृषक थे।

- रवांई हत्याकाण्ड के वक्त राजा नरेन्द्रशाह यूरोप की यात्रा पर थे।
- 1935 ई0 में सकलाना पट्टी के उनियाल गाँव में सत्यप्रसाद रतूड़ी द्वारा 'बाल सभा' की स्थापना की।
- बाल सभा' का उद्देश्य छात्र–छात्राओं में राष्ट्रीयता का प्रचार–प्रसार करना था।
- 1936 ई0 दिल्ली में 'गढ़देश सेवा संघ' की स्थापना की गई।
- मार्च, 1938 ई0 को दिल्ली में अखिल पर्वतीय सम्मेलन हुआ, जिसमें स्वयं बद्रीदत पाण्डे व श्रीदेव सुमन ने भाग लिया।
- 1938 में श्रीनगर गढवाल में एक राजनैतिक सम्मेलन आयोजित हुआ, जिसकी अध्यक्षता प0 जवाहरलाल नेहरू ने की जिसमें सम्मेलन में श्रीदेव सुमनजी ने टिहरी राज्य की प्रजा के कष्टों से सम्बन्धित एक प्रस्ताव भी पारित करवाया था।
- जून 1938 ई0 में मानवेन्द्र नाथ की अध्यक्षता में ऋषिकेश के सम्मेलन में टिहरी राज्य की जनता की समस्याओं पर मंथन हुआ।
- टिहरी राज्य प्रजामण्डल की स्थापना देहरादून में श्याम चन्द्र नेगी के आवास पर हुई थी।
- श्रीदेव सुमनजी ने जेल में 3 मई 1944 से भूख हड़ताल शुरू कर दी, जोकि 25 जुलाई को उनकी मृत्यु पर ही समाप्त हुई।
- श्रीदेव सुमनजी ने लगभग 209 दिन कारावास में बिताए, जिसमें से अन्तिम 84 दिन भूख हड़ताल पर रहने के बाद अपने प्राण त्याग दिए।
- इतिहासविद् शेखर पाठक ने उनकी भूख हड़ताल को 'ऐतिहासिक अनशन' की संज्ञा दी।
- आजाद हिन्द फौज के सैनिक टिहरी जन आन्दोलन के समर्थन में वर्ष 1946 ई0 में यहाँ आए और उनके प्रयासों से 26 जुलाई 1946 ई0 को प्रथम बार सुमन दिवस मनाया गया।
- 12 अगस्त 1948 को व्यस्क मताधिकार के आधार पर टिहरी विधानसभा का पृथक चुनाव हुआ, जिसमें 24 स्थान प्रजामण्डल, 5 प्रजा हितैषणी सभा और 2 स्वतंत्र प्रत्याशियों को प्राप्त हुए।
- यद्यपि इस उपेक्षा और समस्याओं से घिरे लोगों में पृथक् राजनैतिक सांस्कृतिक पहचान की दिशा में स्वतन्त्रता से पूर्व ही सुगबुगाहट शुरू हो चुकी थी। सर्वप्रथम 1897 ई0 में महारानी को भेजे बधाई संदेश में इस सन्दर्भ में बात रखी गई थी। वर्ष 1923ई0 में पर्वतीय क्षेत्र को सयुंक्त प्रान्त से पृथक् करने का ज्ञापन राज्यपाल को सौंपा गया।

- उत्तराखंड पर्वतीय राज्य की मांग को 1928 के काँग्रेस अधिवेशन में उठाया गया।
- 1938 में श्रीनगर गढ़वाल के काँग्रेस अधिवेशन में स्वयं जवाहरलाल नेहरू ने इसकी वकालत की।
- वर्ष 1952 में सी0पी0आई0 के महासचिव पी0सी0 जोशी ने केन्द्र सरकार को पृथक् उत्तराखंड राज्य के संबंध में ज्ञापन दिया।
- वर्ष 1972 में क्षेत्रीय समस्याओं के लिए संघर्ष करने हेतु नैनीताल में उत्तरांचल परिषद् का गठन हुआ।
- वर्ष 1978 को उत्तराखंड युवा मोर्चा ने पृथक् राज्य के नारे के साथ बद्रीनाथ से दिल्ली तक पद यात्रा की।
- वर्ष 1978 में जनता पार्टी की सरकार के ही सांसद त्रेपन सिंह नेगी के नेतृत्व में उत्तरांचल राज्य परिषद् का गठन कर वोट क्लब पर प्रदर्शन किया गया।
- वर्ष 1979 में मसूरी में आयोजित पर्वतीय जन विकास सम्मेलन में पृथक् राज्य की मांग उठाने के लिए एक राजनैतिक संगठन उत्तराखंड क्रान्ति दल का गठन किया गया।
- उत्तराखंड क्रान्ति दल के प्रथम अध्यक्ष कुमाऊँ विश्वविद्यालय के कुलपति डा0 देवीदत्त पन्त बने।
- भाजपा ने अपने विजयवाड़ा अधिवेशन में इस पर्वतीय क्षेत्र के लिए 'उत्तरांचल' नाम अंगीकृत किया।
- मुलायम सिंह यादव ने 1994 में पृथक् उत्तराखंड गठन हेतु कौशिक समिति का गठन किया, जिसके अध्यक्ष रमाशंकर कौशिक थे।
- 2 अगस्त 1994 ई0 को उत्तराखंड क्रान्ति दल ने पौड़ी गढवाल प्रेक्षागृह के बाहर आमरण अनशन शुरू कर पृथक राज्य निर्माण आंदोलन को व्यापकता प्रदान की। इसे उत्तराखंड राज्य निर्माण आंदोलन के इतिहास की अगस्त क्रान्ति कहा जाता है।
- 1 सितम्बर 1994 के दिन खटीमा में आंदोलन समर्थकों ने शांतिपूर्वक जुलूस में पुलिस ने बिना चेतावनी के अश्रुगैस व गोलियाँ दागी, जिसे खटीमा कांड के नाम से जाना जाता है।
- मसूरी के निकट बाटाघाट का घटनाक्रम 15 सितम्बर, 1994 का है।
- श्रीयंत्र टापू पर आवश्यक सामग्री एकत्रित करने के पश्चात् 8, अक्टूबर, 1995 को प्रातः तिरंगा व उक्रांद ध्वज लहराकर उत्तराखंड क्रान्ति दल ने क्रमिक अनशन प्रारम्भ किया।
- जिला टिहरी में भागीरथी व भिलंगना नदी के उत्तर स्थित पौराणिक पर्वत ''खैट'' लगभग दस हजार फीट की ऊँचाई वाला पर्वत है।

- पौराणिक पर्वत ''खैट'' आच्छारियों (परियों) की किवदंती के लिए मशहूर है।
- पौराणिक पर्वत ''खैट'' की चोटी पर शक्ति रूपी का दुर्गा मंदिर है।
- उत्तराखंड क्रांति दल के फील्ड मार्शल दिवाकर ने पौराणिक पर्वत ''खैट'' जितना दुर्गम स्थल सोच समझकर चुना। इसी पर्वत पर हुए अनशन के परिणामस्वरूप उत्तराखंड राज्य निर्माण आंदोलन के मुद्दे पर सकारात्मक सरकारी पहल की शुरूआत हुई।
- सर्वप्रथम मुगल बादशाह अकबर के शासन काल में सन् 1557 में पुर्तगाली मिशनरी द्वारा पहला प्रिंटिंग प्रेस गोवा में स्थापित किया गया।
- 29 जनवरी 1780 को भारत में मुद्रित पहला समाचार पत्र 'द बंगाल गजट' अथवा 'द कलकता जेनरल एडवटाइजर' के नाम से प्रकाशित हुआ।
- वर्ष 1624 में अन्तोनियो दे अनद्रादे नामक पहला ईसाई था, जो श्रीनगर पहुँचा।
- सन् 1853 में मंसूरी में अन्दरिया नामक एक कबीर पंथी साधू देवभूमि के नाम से जानी जाने वाली उत्तराखंड की भूमि पर ईसाई धर्म की दीक्षा लेने वाला पहला व्यक्ति था।
- उत्तराखंड की भूमि पर ईसाई धर्म की दीक्षा लेने वाला पहला गढ़वाली 'ख्याली ओड' था, जो पेशे से एक राज मिस्त्री था। उसने सन् 1867 में ईसाई धर्म की दीक्षा ली।
- सन् 1870 में अल्मोड़ा में पहली बार सामाजिक, राजनैतिक, सांस्कृतिक और आर्थिक समस्याओं के समाधान हेतु 'डिबेटिंग क्लब' नामक एक छोटी सी संस्था अस्तित्व में आई।
- सन् 1871 में अल्मोड़ा से ही देश का पहला हिन्दी भाषी आंचलिक समाचार पत्र 'अल्मोड़ा अखबार' प्रकाशित हुआ।
- सन् 1868 में 'समय विनोद' नाम से एक हिन्दी समाचार–पत्र नैनीताल से जय दत्त जोशी नामक वकील के सम्पादन में प्रकाशित हुआ था।
- सन् 1842 में जॉन मेकिनन नाम के ईसाई पादरी ने 'द हिल्स' नाम से उत्तराखंड का पहला आंग्ल भाषी समाचार पत्र प्रकाशित किया।
- समय विनोद उत्तराखंड से प्रकाशित होने वाला हिन्दी का पहला समाचार–पत्र था।
- 1871 में बुद्धिबल्लभ पंत के सम्पादन में 'अल्मोड़ा अखबार' का प्रकाशन प्रारम्भ हुआ।

- विश्म्भरदत्त चन्दोला के द्वारा 'गढ़वाली' का प्रकाशन 1905 में किया गया।
- 18 अक्टूबर 1918 को विजयदशमी के अवसर पर बद्रीदत पाण्डे के सम्पादन में 'शक्ति' का पहला अंक प्रकाशित हुआ।
- समाचार पत्र 'कुमाँऊ कुमुद' का प्रकाशन सन् 1922 में बसन्त कुमार जोशी द्वारा अल्मोड़ा से किया गया।
- स्वामी विचारानन्द सरस्वती देहरादून में अभय नामक एक प्रिन्टिंग प्रेस चलाते थे।
- गिरिजा दत नैथाणी ने 1902 में लैन्सडौन से 'गढ़वाल समाचार' नाम से एक मासिक का प्रकाशन प्रारम्भ किया।
- कृपाराम मिश्र 'मनहर' सम्पादन में अप्रैल 1929 ई0 में गढदेश का पहला अंक प्रकाशित हुआ।
- मुंशी हरिप्रसाद टम्टा ने सदियों से उपेक्षित व दबे–कुचले इस वर्ग को समाज में उचित अधिकार दिलाने के उद्देश्य से अल्मोड़ा से सन् 1934 में समता नामक साप्ताहिक हिन्दी समाचार–पत्र का प्रकाशन प्रारम्भ किया।
- भगवती प्रसाद पांथरी के सम्पादन में 15 अगस्त 1947 को देहरादून से युगवाणी नामक समाचार पत्र का पहला अंक प्रकाशित हुआ।
- कुजां ताल्लुका रुड़की के विजय सिंह के नेतृत्व में 1824 ई0 में विद्रोह हुआ, जिसको अंग्रेजी सेना ने बड़ी बर्बरता से दबा दिया।
- गढ़वाल के प्रसिद्ध चित्रकार मोलाराम की कृतियों से भी स्पष्ट होता है कि अंग्रेजी शासन भी पूर्ववती गोरखाराज के समान स्वेच्छाचारी, व्यभिचारी कृत्यों से परिपूर्ण था। उन्होंने तो इसे गोरखा आततयी शासन के पुनरावृति की संज्ञा दी है।
- 1901 में देहरादून में ''गढ़वाल यूनियन'' की स्थापना हुई, जिसके प्रयासों से बेगार सम्बन्धी प्रश्न प्रान्तीय कौन्सिल और गर्वनर–जनरल की कौन्सिल में प्रथमतः उठाए गए।
- 1883 ई0 में अल्मोड़ा में इलबर्ट बिल के समर्थन में आयोजित सभा की अध्यक्षता बुद्धिबल्लभ पंत ने की थी।
- वर्ष 1897 ई0 में दयानन्द सरस्वती ने हरिद्धार कुम्भ में पाखण्ड खण्डिनी पताका फहराई।
- अन्ततः 1916 ई0 में कुमाऊँ कमिश्नरी को एक नामजद मेम्बर मिला।
- तारादत्त गैरोला को सरकार द्वारा प्रथम कौंसिल सदस्य नामजद किया गया।
- धनीराम वर्मा ने 1907 में कोटद्वार नगर में गोरक्षणी सभा की स्थापना की।

- 1907 में मथुरा प्रसाद नैथानी के प्रयासो से लखनऊ में गढ़वाल भ्रात्र मण्डल की स्थापना की गई, जिसका प्रथम सम्मेलन कुलानन्द बड़थ्वाल की अध्यक्षता में 1908 ई0 में कोटद्वार में हुआ।
- कुमाऊँ क्षेत्र में काग्रेस की स्थापना वर्ष 1912 ई0 में हुई।
- कुमाऊँ क्षेत्र में मोहन जोशी, चिरंजीलाल, बदरीदत्त पाण्डे इत्यादि ने इस क्षेत्र में होमरुल की स्थापना कर राष्ट्रीय आन्दोलन में सहयोग किया।
- 1916 ई0 में गोविन्दबल्लभ पंत, प्रेमल्लभ इत्यादि ने मिलकर ''कुमाऊँ परिषद'' की स्थापना की। इसका प्रथम अधिवेशन 1917 ई0 में अल्मोड़ा में हुआ, जिसकी अध्यक्षता जयदत जोशी ने की।
- वर्ष 1923 में कुमाऊँ परिषद का विलय कांग्रेस में कर दिया गया।
- तारादत गैरोला ने 19 अगस्त सन् 1901 ई0 को 'गढ़वाल यूनियन' अथवा 'गढ़वाल–हितकारिणी–सभा' की स्थापना की।
- 1903 में लैसडौन में श्री गिरिजादत नैथानी ने 'गढ़वाल समाचार' नामक पत्र का प्रकाशन किया।जिसका उद्देश्य गढ़वाल में सामाजिक व राजनैतिक चेतना जागृत करना था।
- कुंजणी पट्टी में किसानों के असंतोष का नेतृत्व नेता अमर सिंह ने किया और नई वन व्यवस्था और बढ़े हुए करों के खिलाफ आवाज उठाई।
- खास पट्टी आन्दोलन का नेतृत्व विख्यात महिला नेता बलवंती देवी, भगवान सिंह बिष्ट, भरोसा राम आदि स्थानीय नेताओं ने किया।
- 5 मई 1887 को अल्मोड़ा में गढ़वाल बटालियन का जन्म हुआ।
- 10 मार्च 1915 को न्यू चैपल (फ्रांस) की लड़ाई में गढ़वाली सैनिकों ने अपनी वीरता का प्रदर्शन किया।
- कुमाऊँ परिषद का तृतीय सम्मेलन वर्ष 1919 ई0 के कोटद्वार में बद्रीदत जोशी की अध्यक्षता में सम्पन्न हुआ।
- कुमाऊँ परिषद का चौथा अधिवेशन 1920 में काशीपुर में गोविन्द पंत की अध्यक्षता में हुआ।जिसमें तय हुआ कि बद्रीदत पाण्डे के नेतृत्व में एक शिष्ट मंडल नागपुर कांग्रेस में भाग लेगा, जो महात्मा गांधी को राज्य आने का आमंत्रण देगा।
- मुकुन्दीलाल और अनुसूया प्रसाद बहुगुणा ने तो गढ़वाल में रौलेट एक्ट का भी विरोध किया ।
- 1919 में अमृतसर में जो अखिल भारतीय कांग्रेस का अधिवेशन हुआ उसमें मुकुन्दीलाल और अनुसूया प्रसाद बहुगुणा दोनों ने भाग लिया और उत्तराखंड का नेतृत्व किया।

- 1919 ई0 के अन्तिम दिनों में गढ़वाल में कांग्रेस कमेटी की स्थापना हुई।
- टिहरी गढ़वाल में श्री गोपाल सिंह राणा ने असहयोग आंदोलन के दौरान वन आन्दोलन का नेतृत्व किया था।
- गोपाल सिंह राणा को टिहरी गढ़वाल में "आधुनिक किसान आन्दोलन का जन्मदाता" कहा जाता है।
- 1917 में मदन मोहन मालवीय गढ़वाल आए।
- कमिश्नर ट्रेल ने ढोला–पालकी समस्या का हल निकालने के लिए वर्ष 1922 ई0 से खच्चर सेना के विकास का प्रयास आरम्भ किया।
- 1923 में इस बेगार प्रथा को बंद कर दिया गया।
- सन् 1921 में सरयु नदी तट पर कुली–बेगार न करने का संकल्प लिया गया।
- कुमाऊँ के सल्ट में जब बेगार लेने का फैसला किया, तो हरगोविन्द सल्ट पहुँच गए। विभिन्न स्थानों पर सभाएं हुई और जनता ने कुली और बेगार न देने का संकल्प दोहराया।
- खुमाड़ को केन्द्र बनाकर क्षेत्र में कुली और बेगार न देने के आंदोलन को संचालित किया गया, जिसका नेतृत्व प्राईमरी स्कूल के हेडमास्टर पुरुषोत्तम उपाध्याय ने किया।
- 1927 में गांधीजी के प्रेम विद्यालय ताड़ीखेत में आगमन पर सल्टवासी भी उनका स्वागत करने पहुँचे थे।
- 1917 के लाहौर कांग्रेस अधिवेशन में पुरुषोत्तम के नेतृत्व में सल्ट के कार्यकर्ताओं ने भी भाग लिया।
- 1928 में नायक सुधार अधिनियम पारित हुआ, जिसके द्वारा अव्यस्क लड़कियों के द्वारा वेश्यावृति की कुप्रथा बंद हुई।
- व्यक्तिगत सत्याग्रह आन्दोलन में गढ़वाल में जगमोहन सिंह नेगी प्रथम सत्याग्रही थे।
- डोला–पालकी की समस्या के कारण गांधीजी ने 25 जनवरी 1941 को गढ़वाल के व्यक्तिगत सत्याग्रह पर प्रतिबन्ध लगा दिया।
- 1929 में कांग्रेस का लाहौर में जो अधिवेशन हुआ उसमें गढ़वाल के प्रताप सिंह नेगी, राम प्रसाद नौटियाल, देवकी नन्दन ध्यानी, कृपा राम मिश्र, जगमोहन नेगी आदि नेताओं ने भाग लिया था।
- 1930 में दुगड्डा में राजनीतिक सम्मेलन की अध्यक्षता प्रताप सिंह नेगी ने की।
- 1930 में कोट सितोनस्यूं (पौड़ी गढ़वाल) में कांग्रेस का एक राजनीतिक सम्मेलन हुआ, जिसकी अध्यक्षता हरगोविन्द पन्त ने की।

- प्रताप सिंह नेगी के नेतृत्व में कोटद्वार, दुगड्डा में सत्याग्रहियों ने शराब बन्दी का अभियान शुरू किया।
- जहरीखाल में झंडा सत्याग्रह का बलदेव सिंह आर्य ने नेतृत्व किया।
- 13 जून, 1930 ई0 को चन्द्र सिंह गढ़वाली को पेशावर काण्ड का नायक ठहराते हुए आजन्म कारावास की सजा दी और 'काला पानी' सजा दी गई।
- गांधीजी के डांडी मार्च के सहयोगियों में कुमाऊँ से जयोतिराम कांडपाल और भैरवदत्त जोशी भी शामिल थे।
- सन् 1931 में गढ़वाल और कुमाऊँ जनपद के कांग्रेसी कार्यकर्ताओं का सम्मेलन नैनीताल में आयोजित किया गया।
- 1940 को डाडामंडी में यक्तिगत सत्याग्रह को सुव्यवस्थित चलाने हेतु कांग्रेस कार्यकर्ताओं का एक राजनैतिक सम्मेलन आयोजित किया गया।
- चमोली में व्यक्तिगत सत्याग्रह का संचालन अनुसूया प्रसाद बहुगुणा कर रहे थे।
- दक्षिण गढ़वाल के एक ग्रामीण इलाके गुजड़ू में कांग्रेस को संगठित किया जाता था तथा आन्दोलन में भाग लेने वाले स्वयं सेवकों की भर्ती की जाती थी।
- गुजड़ू 'गढ़वाल की बारदोली' के रूप में भी विख्यात था।